Marco Althaus, Vito Cecere (Hg.)

Kampagne! 2

Medienpraxis

Band 3

LIT

Marco Althaus, Vito Cecere (Hg.)

KAMPAGNE!2

Neue Strategien
für Wahlkampf, PR und Lobbying

LIT

Umschlagbild: Quellen: Eigen, SPD, CDU, FDP, RPR, n-tv/Emnid
mit freundlicher Genehmigung.

Bibliografische Information Der Deutschen Bibliothek
Die Deutsche Bibliothek verzeichnet diese Publikation in der Deutschen Nationalbibliografie; detaillierte bibliografische Daten sind im Internet über http://dnb.ddb.de abrufbar.

Grevener Str./Fresnostr. 2 48159 Münster
Tel. 0251–23 50 91 Fax 0251–23 19 72
e-Mail: lit@lit-verlag.de http://www.lit-verlag.de

Inhalt

Teil 3: Medien

Teil 4: Profession

Anhang

Zum Geleit

PROFIS MACHEN MÜDE DEMOKRATEN MUNTER

PETER RADUNSKI
BERLIN

MANCHMAL SCHIENEN SIE WICHTIGER ZU SEIN als Politik und Politiker, die Wahlkampfprofis im Wahljahr 2002. Aber das täuscht. Die Professionalisierung des Wahlkampfmanagements schreitet zweifellos fort, ist aber längst noch nicht Merkmal der aktuellen Wahlkampfführung in Deutschland.

Wie hätte sonst die Union Flutkatastrophe und die Debatte über den Irakkrieg verschlafen und verpatzen können, und Schröder fast acht Monate lang wahlkämpfen müssen, bis er sein Thema endlich gefunden hatte? Fehlte der SPD ein durchgängiges Thema für ihre Kampagne, so versäumte die Union eine wirksame Reaktion auf die unvorhergesehenen Ereignisse der Schlussphase. Deshalb ist es gut, dass *Kampagne!2* dazu beitragen will, deutsche Wahlkämpfe zu professionalisieren. Professionalisierung ist das Schlüsselwort für Wahlerfolge der Zukunft. Ereignis- und Themenmanagement, Krisenbewältigung, Onlinewahlkampf, Mobilisierungskampagnen, Spendenwerbung und Personalisierung – das sind die Stichworte professioneller Wahlkampfführung. Vielfältige Aufgaben, die nur im Team bewältigt werden können, in enger Abstimmung mit der Politik. Kommunikation und Politik müssen Hand in Hand arbeiten. Wahlkämpfe sind dauerndes Entscheidungshandeln von Politikern und Wahlkampfmanagern. Und dabei wird deutlich: Entscheidung ist ein knappes Gut wie Zeit und Geld. Professionelle Disziplin ist erforderlich, wenn im Tempo- und Stimmungswandel moderner Wahlkämpfe eigene Politik kommuniziert werden soll.

Professionalisierung und Modernisierung heißt die Aufgabe, nicht Amerikanisierung. In Amerika werden zwar alle Mittel des modernen Wahlkampfes erprobt, die man kennen muss, aber in einem anderen politischen System und einer gewachsenen politischen Kultur mit eigener Tradition. Intelligente Rezeption für den deutschen Wahlkampf ist gefragt, nicht die Kopie.

Professioneller Wahlkampf ist auch ein Beitrag zur Stärkung der Demokratie. Wo gekonntes Themenmanagement politische Inhalte vermittelt, hilft es dem Bürger, Themen zu verstehen und fördert Partizipation. Zu oft wird Wahlkampf als Tiefpunkt demokratischer Politik verstanden, dabei könnte er doch ein Höhepunkt demokratischer Kultur sein: Wahlkampf verstanden als die Zeit, in der sich eine Gesellschaft oder eine Nation über Ziele und Werte streitet und durch Wählervotum verständigt. Es gab Wahlen in den USA, die wurden von Kommentatoren als Neuerfindung Amerikas bezeichnet. Es ist ermutigend und anregend zu sehen, wie Politiker und Parteien in den Reformstaaten Mittel- und Osteuropas sich schnell und intensiv in das moderne Wahlkampfmanagement eingearbeitet haben, um den demokratischen Entscheidungsprozeß für ihre Bürger verständlich und nachvollziehbar zu machen.

Spaßgesellschaft und Mediendemokratie können nicht überspielen, dass der Ernst in die Politik zurückgekehrt ist. Die Frau und der Mann auf der Strasse haben längst begriffen, wie schnell die Welt sich ändert und wie wenig der Wandel von der Politik gesteuert oder beherrscht wird.

Modernes Wahlkampfmanagement muss diesem neuen Ernst entsprechen. Welche zeitgemäßen und problembewussten Wahlkampfkonzepte werden angesichts der gesellschaftlichen Veränderung entwickelt?

Können Richtungs- und Sachentscheidungen so kommuniziert werden, dass nicht Angst und Stimmungen die Wahlentscheidungen dominieren, sondern ein Mix aus Information, Emotion und Sachkenntnis eine bewusste Wählerentscheidung herbeiführt?

Welche spannende Aufgabe für das moderne Wahlmanagement, dessen Ergebnisse Politik wie Wirtschaft und Kultur interessieren!

Wo Wähler sich abwenden, Parteien inaktiv verharren und Politiker unsicher im Medienstrom schwimmen, wird Professionalität, wird *Kampagne!2* gebraucht.

VORWORT

MARCO ALTHAUS UND VITO CECERE

HANNOVER / BERLIN IM NOVEMBER 2002

AUF EINEM ROTEN SOFA IN DER KONFERENZ-ecke der NiedersachsenKampa, der SPD-Landtagswahlkampfzentrale in Hannover, entstand die Idee für dieses Buch. Der Vorgänger *Kampagne!* fand seit Erscheinen im Juni 2001 eine rasant wachsende Leserzahl unter Politikmanagern und solchen, die es werden wollen. *K!2* fängt da an, wo *Kampagne!* aufhörte: Bei den Strategien für den Bundestagswahlkampf 2002.

Viele, die an diesem Wahlkampf mitgewirkt haben, gehörten zu den Lesern des ersten Bandes in der Lit-Reihe Medienpraxis. Von ihnen kam viel Lob, aber auch zahlreiche Anregungen, Themenwünsche und Kritik. Mit einem neuen Autorenteam greifen wir diese auf. Mit

K!2 hoffen wir erneut dem *State of the Art* ein Handbuch zu geben, und zwar für die Praxis ebenso wie für das politik- und medienwissenschaftliche Seminar an der Hochschule. Wir konstatieren nicht nur die Professionalisierung. Wir wollen sie forcieren.

Auch *K!2* ist kein reines Wahlkampfbuch. Zwar spüren die Autoren vorrangig den aktuellen Trends im Electioneering nach. Im Zentrum stehen die Macher des Kanzlerduells 2002, ihre Teams und ihre Strategien. Aber diese spielen in der gesamten politischen PR und im Lobbying eine Rolle. Eine neue Public-Affairs-Beraterprofession gründet sich darauf. Und je schneller die Drehtür zwischen Politik und Beratungsagenturen rotiert, desto schneller wird auch das Berufswissen dieser Gruppen verschmelzen.

Dies ist ein Fachbuch mit eigener Agenda: Es setzt einen realistischen Kontrapunkt gegen Mythos und Hype rund um die Kampagnenmacher, denen die politische Popkultur gelegentlich mehr Einfluss andichtet, als ihnen tatsächlich zukommt. Das 1998 abgehobene Image der Spin Doctors als geniale Inszenierer, allmächtige Einflüsterer und clevere Schnellredner landete im Verlauf des Wahljahrs auf dem harten Boden von journalistischer und wissenschaftlicher Häme, von Publikumsverdruss und Politikermisstrauen.

Die Botschaft dieses Buches ist: Im Maschinenraum der Demokratie stehen Ingenieure, deren Leistung draußen oft verzerrt wahrgenommen wird. Ihr Einfluss (und ihre Privilegien) aber beruhen auf seriösem Handwerk, Kreativität, Gründlichkeit, Redlichkeit, wissenschaftlicher Ausbildung und der Bereitschaft, immer wieder dazu zu lernen – auch und gerade vom politischen Gegner.

Im ersten Teil wird das strategische Denken in Kampagnen diskutiert. Bernd Becker und Marco Althaus liefern Analysen prominenter Wahlkampagnen in Großbritannien, Frankreich, Italien und Spanien. Der Blick über die Grenzen, aber nicht immer nur nach Amerika, belegt die geringe Zahl strategischer Optionen und zugleich die hohe Bedeutung flexibler, medienfreundlicher Kampagnenformen. Mit dem Kampf um die Mitte in Deutschland beschäftigt sich Vito Cecere in seinem Beitrag über die strategische Standortbestimmung von Union und SPD seit 2001. Althaus zieht Erkenntnisse aus der militärischen Strategiediskussion heran, um Anforderungen an eine dynamische Kampagnenorganisation zu formulieren. Heiko Kretschmer sieht ein Defizit an Krisenmanagement-Instrumenten in der Politik und gibt Hinweise für die Prävention. Alexander Mauß erklärt den Unterschied zwischen oberflächlicher Stimmungs-Demoskopie und strategischer Umfrageforschung, die nach Zielgruppen und politischen Chancen und Risiken fragt. Ebenfalls um quantitative Analyse dreht sich das Targeting-Instrument, das von Althaus Schritt für Schritt erläutert wird.

Die Wahlkampagnen 2002 stehen im Mittelpunkt des zweiten Teils. Susanne Fengler und Uwe Jun gehen dem Duell von Kanzler und Kanzlerkandidat aus politikwissenschaftlicher Sicht nach und vergleichen den Gesamtablauf mit 1998. Oliver Röseler öffnet die Türen zu den Organisationsstrukturen der Unionskampagne mit der Besonderheit eines Wahlkampfes zwischen Berlin und München. Jorgo Chatzimarkakis und Stefan Kapferer erläutern die Eigenständigkeits-Strategien der FDP hinter der 18-Prozent-Idee, Martin Biesel die Mechanik der Fundraising-Kampagne des „Bürgerfonds 18|2002". Die Rezepte der Grünen zwischen solider Personalisierung, geringem Etat und originellen Sprüchen unter dem Claim „Grün wirkt" bringt Marcus Becher auf den Punkt. Die spezifischen Bedingungen ostdeutscher Kampagnen, an denen ausgerechnet die Ost-Partei PDS am Ende scheiterte, erläutert Nora Damme. Schließlich wird ein Blick auf die „Politikfabrik" geworfen: ein Kampagne-Projekt von 80 Studierenden des Otto-Suhr-Instituts für Politische Wissenschaft an der Freien Universität Berlin zur Mobilisierung junger Wähler. Ihr Webangebot „Wahl-o-mat" erlangte sogar Kultstatus. Daniel Holefleisch stellt das Projekt vor.

Der dritte Teil dreht sich um die Medien. Caroline König sortiert den Werkzeugkasten der Pressearbeit für die Soundbite-Ära. Über den Stellenwert von Bildbotschaften und Bildstrategien schreibt

Marco Althaus. In der Verbindung von High-Tech und High-Touch durch den Einsatz des Telefons sehen er und Peter Treichel Chancen. Sie zeigen nicht nur die Leistungsfähigkeit klassischer Telefonaktionen, sondern auch die technischen Möglichkeiten computergestützter Telefonservices im Dialogmarketing, den rechtlichen Rahmen, Akzeptanz, Organisation und Kosten. Der Wahlkampf im und mit dem Internet nimmt einen besonderen Stellenwert ein. Eine Bilanz des Online-Campaigning 2002 ziehen Dietrich Boelter und Vito Cecere am Beispiel der Internetstrategie der SPD im Bundestagswahlkampf. Das CDU-Gegenstück liefert Stefan Scholz, der unter anderem das internetbasierte Rapid-Response-Konzept vorstellt. Alexander Bilgeri verdeutlicht die Möglichkeiten des weltweiten Netzes als Dokumentationsquelle und Recherchetool im virtuellen Informationsmanagement sowie der Politikberatung im und mit dem Internet. Stephanie Ohnmacht beschreibt, wie eine Kampagne einen Mehrzweck-Datenspeicher als Informationssystem für die örtliche Wahlkreisbetreuung aufbaut.

Teil vier widmet sich dem Thema Professionalisierung und Politikberatung. Axel Wallrabenstein beschreibt, wie das Boomtown Berlin als Metropole der Public Affairs gewachsen ist, welche Agenturservices es gibt, wie sie sich spezialisieren und rekrutieren. Dominik Meier berichtet über das Selbstverständnis und die Ziele der Berliner Initiative junger Politikberater, aus der die 2002 gegründete Deutsche Gesellschaft für Politikberatung (degepol) entstand. Wie Politikberatung im Postkorporatismus funktionieren kann, erläutert schließlich Daniel Dettling.

K!2 spannt den Bogen zwischen aktuellen Konzeptionen und Trends im Wahlkampf sowie Anforderungen an die politische PR und deren Profession. Es will damit Schwung in die Drehtür zwischen Politik und Politikberatung bringen.

Dank gilt nicht nur den Autorinnen und Autoren. Für ihr Engagement danken wir auch Frank Weber bei Lit und Ralf Dierker im Korrektorat und für ihre unendliche Geduld unseren Familien.

International Electioneering I

EUROPAS NEUER WAHLKAMPFSTIL

MARCO ALTHAUS
HANNOVER

DIE THESE VON DER „AMERIKANISIERUNG" EUROpäischer Wahlkämpfe ist populär. Aber eigentlich ist das, was von Amerika ausging, längst ein *International Style*. Zwar bleibt die politische Kultur national. Doch weltweit werden Wähler ungebundener, Medien bunter und aggressiver, Kommunikations- und Researchtechniken zahlreicher, Profis professioneller und Politiker williger, sich jenseits traditioneller Massenorganisationen in der Mitte persönliche Mehrheiten zu erobern.

Der Bildungshunger von Kampagnenprofis nährt inzwischen eine ganze Nische der US-Tourismusbranche. Ein konstanter Strom von Parteidelegationen ergießt sich in Tagungshotels von Washington

„Boris retten"

TIME überraschte nach den russischen Präsidentschaftswahlen 1996 mit dem Exklusiv-Titel „Rescuing Boris": Unter strengster Geheimhaltung hatte ein Team von US-Beratern um Dick Dresner (Ex-Partner von Dick Morris), Steven Moore, George Gorton, Joe Shumate und Felix Braynin in Zimmer 1120 des Moskauer Hotels Präsident vier Monate lang die Jelzin-Kampagne mitgesteuert. Die vier berieten direkt Jelzins Tochter Tatjana Djaschenko, den Kopf der Kampagne. Sie glaubte den Umfragen, Fokusgruppen und Modellen, sie gab ihnen massiven Einfluss, eine Viertelmillion Dollar Honorar und unbegrenzten eigenen Etat.

bis Kalifornien, und das nicht nur in Präsidentschaftswahljahren. Nahezu jeder prominente Political Consultant ist eingeladen worden, um mit Gästen aus Schweden, Taiwan, Kolumbien, Österreich, Polen oder Südafrika über Spots, Telefonmarketing oder Targeting zu reden. Für manche springen lukrative Aufträge dabei heraus, vor allem in Präsidialdemokratien. Wer aber glaubt, nur Yankee-Consultants seien im Exportwahlkampf tätig, der irrt. Europäische und südamerikanische Berater haben über Schwesterparteien, parteinahe Stiftungen und internationale Berufsverbände lange Klientenlisten aufgebaut.

Davon abgesehen ist es nicht so, dass US-Berater aus dem Flugzeug steigen und dann die politischen Sitten ihres Gastlandes verändern. Sie werden vielmehr eingeladen, wenn sich amerikanische Wahlkampftechniken bereits breit gemacht haben und die Auftraggeber meinen, sie könnten diese noch perfektionieren.

Die große Bandbreite der Parteien- und Wahlsysteme ist dabei eine Herausforderung an die Flexibilität der Profis, und die nationale politische Kultur kommt hinzu. In manchen Ländern kämpfen zwei, in anderen ein Dutzend Parlamentsparteien gegeneinander: Koalitions- und Stichwahl-Strategien prägen manche Kampagnen, andere gar nicht. Manche Wahlkämpfe dauern nur Wochen, andere fast ein Jahr; manche Wahltermine sind festgelegt wie Weihnachten, andere werden kurzfristig verkündet. In manchen Ländern finanzieren sich Wahlkämpfe überwiegend aus Staatskassen und Mitgliedsbeiträgen, in anderen vollständig aus mehr oder minder legalen Spenden. In manchen Ländern wirkt Wahlkampf wie eine große bunte Fiesta, in anderen wird kühl-rational debattiert. In manchen Ländern dominieren TV-Spots, in anderen sind sie verboten. Wo sie erlaubt sind, sind sie teils gratis, teils bezahlt, teils sekundenkurz, teils minutenlang. Mailings funktionieren dort, wo Parteien und kommerzielle Adresshändler trotz Datenschutz politisch brauchbare Datenbanken pflegen, das Porto nicht zu teuer ist und die Post zuverlässig ist; Telemarketing funktioniert dort, wo die Verbindungen günstig, die Anschlussdichte hoch und das Verbraucherschutzrecht liberal ist. Das gleiche gilt für Telefonumfragen. Was inhaltlich und taktisch erlaubt ist, was als Tabu gilt – auch das reicht von streitlustig bis zum Konsenszwang, von prüde bis lasziv, von steif bis locker. Geschlechterrollen, regionale und ethnische Konflikte sind hoch unterschiedlich. Schließlich hat jedes Land seine eigenen politischen Rituale, Traditionen und Symbole im Wahlkampf: Stundenlange Reden vor einem Fahnenmeer oder TV-Duelle zum Beispiel, Nominierungsparteitage als mehrtägige ritualisierte Krönungsmessen, parteifarbener Firlefanz und Fanartikel.

Doch haben sich trotz all dieser Unterschiede gemeinsame Trends gezeigt. Wahlkampagnen unterliegen der Globalisierung wie alles andere. Die Ähnlichkeit innenpolitischer Themen, der öffentlichen Meinung und der Medienwelt ist oft verblüffend. Die gemeinsame Messlatte bleibt dabei das Wahlgeschehen in den USA: In Dutzenden von Staaten modellierten Politiker in den Neunzigern Kampagnen nach den Clinton-Feldzügen 1992 und 1996. Sprüche wie „It's the economy, stupid" (James Carville) oder das Gegenteil

Ferndiagnose

Noch bevor Dick Morris der Einladung des Adolf-Grimme-Instituts zu den Marler Medientagen im September 2002 folgen konnte, griff er schon aus New York in den Bundestagswahlkampf ein. Das Institut veröffentlichte Morris' Vortragsexposé, und seine Ratschläge prangten prompt auf vielen Titelseiten. Schröder und Stoiber seien unglaubwürdig. „Die Wähler begreifen, dass ein Politiker, der Arbeitsplätze verspricht, genauso gut Regen versprechen könnte." Werte, Rechte und Soziales zählten mehr als klassische Geldbeutel-Themen. Denn die Wähler wollten zwar Wirtschaftskompetenz, wüssten aber, dass Politiker in der globalisierten Wirtschaft wenig ausrichten könnten. Das sei in ganz Europa so: „Als Chirac Kriminalität zum Wahlkampfthema machte, wurde er gewählt. Als Jospin über gerechtere Einkommen sprach, schaffte er es nicht einmal in die Endrunde." Tony Blair habe mit Gesundheitswesen, Bildung und Kriminalität gewonnen.

„Shut up talking about the economy" (Dick Morris) führten Profis in fast jedes Parteihauptquartier jeder Demokratie dieser Erde ein. War room, rapid response, speed kills, spin cycle, triangulation: Das Vokabular ist global. Doch die Transferleistung aus Amerika verzichtete auf Inhalte und Wählertraditionen. Viele glaubten, in ihren Ländern allein mit Aggressivität, Tricks und Tempo Wahlverhalten ändern zu können. Inzwischen ist die Blase hoher Erwartungen geplatzt wie die der Neuen Märkte.

Nach einem Jahrzehnt, in dem Carville und Morris als Gastredner und Gaststrategen aberwitzige Honorare auf dem ganzen Erdball einsammelten, setzt neue Nachdenklichkeit bei den Strategen ein. Dass Populisten und Radikale profitieren, wenn sich in der Mitte nur stilistische Polaritäten zeigen, überraschte viele. Sie verdauen die Enttäuschung, dass beim großen Vorbild USA 2000 Wahlrecht und Richterspruch am Ende wichtiger waren als Megabudgets und Medienberater. Und die Erkenntnis kam: Die Grundoptionen für Strategien sind begrenzt und in der Regel historisch wohl erprobt.

In Frankreich, Italien, Spanien und Großbritannien erprobten Parteistrategen neue Techniken und Konzepte. Sie hatten aus den USA, aber durchaus auch aus Deutschland Lektionen gelernt. Die folgenden Fallstudien schildern nicht die Kampagnendynamik von Woche zu Woche, sondern richten Schlaglichter aus. Drei der ausgewählten Beispiele zeigen den Erfolg von Mitte-Rechts-Parteien. Hinter den Gemeinsamkeiten liegen jedoch unterschiedliche Grundentscheidungen, und die Wähler reagierten sehr unterschiedlich. Dass sie in rebellischer Stimmung sind und keine Stabilitätsfanatiker, das zeigen diese Wahlen allerdings auch.

Frankreich 2002

Die Cohabitation war an allem Schuld. Fünf Jahre lang hatten der konservative Präsident Jacques Chirac und der sozialistische Premier Lionel Jospin gemeinsam regiert – als Doppelchefs der Exekutive, so dass die Wähler nicht recht wussten, wen sie nun für Regierungsleistungen belohnen oder für Stillstand und Skandale bestrafen sollten. Die Zwangsehe habe, hieß es später, Unterschiede verwischt, Stimmen auf Außenseiter zersplittert und zum sensationellen Erfolg des Rechtsextremisten Le Pen geführt, der in die Stichwahl gegen Chirac gehen konnte.

Aber die Cohabitation ist nur eine Ursache; der Wahlkampf eine andere. Das Duell Chirac-Jospin wurde technisch hochprofessionell organisiert. Die Hauptaufgabe des Wahlkampfes aber, Bürger für die Wahl zu interessieren und einen klaren Kontrast für eine demokratische Richtungs- und Personalentscheidung zu kommunizieren, verfehlte er völlig. Mobilisierung und Wahlbeteiligung sackten ab, und Millionen Wähler stimmten – aus Langeweile oder Protest – entweder gar nicht ab oder statt für die Hauptrivalen für eine bunte Liste chancenloser Kandidaten. Die verwischten Unterschiede bei ohnehin niedriger Glaubwürdigkeit und Sympathie waren das Hauptproblem der beiden Favoriten. Wortspiele über „Chirospin“,

„Jacques Jospin", „Lionel Chirac" oder „Chispin-Josrac" gab es zuhauf. Der Wahlkampf war ein Ähnlichkeitswettbewerb. Schon die Slogans waren verwandt: Chirac proklamierte „La France en grand, la France ensemble" (etwa: Für ein großes und geeintes Frankreich). Jospin forderte „La vie en mieux, la vie ensemble" (Für ein besseres und gemeinsames Leben). Die jeweils rund 100 Punkte umfassenden Programme der beiden (Jospin: „Ich verpflichte mich", 40 Seiten; Chirac: „Engagement für Frankreich", 24 Seiten) unterschieden sich nur in Details. Je näher die beiden Kandidaten sich bei den Themen kamen, desto mehr schätzten die Wähler die beiden Programme als fast identisch ein. Während der Kampagnen waren es fast drei Viertel der Wähler. Hinzu kam der Déjà-vu-Effekt: Chirac und Jospin hatten schon 1995 gegeneinander kandidiert. Für Chirac, der schon in der Siebzigern Premier gewesen war, war es die dritte Präsidentschaftskandidatur.

Jospins Dilemma, Chiracs Müdigkeit

Von diesen Ähnlichkeiten musste Jospin als Herausforderer mehr befürchten. Zwar war Chirac mit gebrochenen Versprechen wie Skandalgeruch belastet und galt als passiv. Chiracs Negativwerte waren hoch, aber würde sich Jospin davon distanzieren können? Er entschied sich für die simple Botschaft, er sei anders und werde im Präsidentenamt anders als Chirac führen. Der Claim: „Présider autrement". Anders sollte heißen: weniger passiv als Chirac, weniger wankelmütig, an konkreten Projekten orientiert. Jospin formulierte ein Fünf-Ziele-Programm: Er wolle ein aktives, modernes, gerechtes, sicheres, starkes Frankreich. Zu jedem dieser fünf Punkte gab es in den Wahlkampfwochen je ein großes Medienereignis, kleine Kongresse oder Pressekonferenzen unter dem jeweiligen Titel: Une France active,

Une France moderne, Une France juste, Une France sûre, Une France forte.

Verantwortungsbewusste Verlässlichkeit sollte neben der wirtschaftlich und gesellschaftspolitisch soliden legislativen Bilanz Jospins Image-Eckpfeiler werden. Er war fünf Jahre lang Premier, so lange wie kein Regierungschef seit 21 Jahren, und hatte die Koalition aus Sozialisten, Kommunisten, Grünen und Bürgerbewegung kontinuierlich zusammen gehalten – auch gegen Chirac.

Die Solidität hatte ein Manko. Als Person ist Jospin nüchterner und intellektueller als Chirac; eher ein Stoiber- als ein Schröder-Typ. Ihm haftete an, langweilig und zugeknöpft zu sein. Das versuchte er im Wahlkampf durch hemdsärmelige Auftritte zu korrigieren. Doch die Kampagne erntete bald Kritik aus den eigenen Reihen als leidenschaftslos und bürokratisch.

Chirac dagegen war stets ein Meister darin gewesen, Bäder in der Menge auszukosten, mit grenzenloser Energie Hände zu schütteln, Küsschen zu verteilen, charmant zu plaudern und jovial Kinder oder Tiere zu herzen. Jospins Chance: Chirac wirkte nicht mehr so kraftvoll, auf Tour eher wie ein Wanderprediger, nicht wie eine Wahlkampflegende. Als er Anfang März seinen Vorsprung in den Umfragen verlor, lag das auch am von den Sozialisten genährten Negativimage des erschlafften, einsamen, von der Realität enthobenen Amtsinhabers. Das ging so weit, dass sich der RPR-Parteimanager Patrick Devedjiian öffentlich den Chirac von 1995 zurückwünschte, der „mit nassem Hemd in die Wahlschlacht zog". Seine Wahlkampfzentrale versuchte Chirac revitalisiert auf die Marktplätze zahlreicher Kleinstädte zu bringen. Nicht konservativ oder liberal, sondern populär sollte Chirac wirken. Die Beziehung zum Volk sollte direkt, nicht über Parteien vermittelt wirken.

Sensibel achtete Chiracs Team darauf, dass er seinen Präsidenten-Amtsbonus nicht durch zu starke parteiliche Polarisierung in Gefahr brachte. So blieb er sogar einer Großveranstaltung seiner neogaullistischen *Rassemblement pour la République* RPR, der zentristischen *Union pour la Démocratie Française* UDF und der *Démocratie Libérale* (DL) fern, bei der der Startschuss für das Chirac-Wahlbündnis *Union en Mouvement* (UEM) fiel. Der Gründungsakt war mit Blick auf Stichwahl und folgende Parlamentswahl enorm wichtig: Aus der UEM wurde nach der gegen Le Pen gewonnenen Stichwahl die *Union pour la Majorité Présidentielle* (UMP), die „Union für die Mehrheit des Präsidenten".

Pop-Hymnen und Teleprompter

„Nie war ein französischer Wahlkampf so nach US-Vorbild durchgestylt wie dieser zwischen Chirac und Jospin. Ihre Berater haben von Bush und Schröder gelernt. Die Kandidaten drängeln sich in der Mitte. Image ist alles, das Programm nichts", kommentierte bissig eine Zeitung den „Wahlkampf à l'amèricaine".[1]

Wahr ist, dass Chiracs und Jospins Auftritte im amerikanischen Stil inszeniert wurden: Zu Pop-Hymnen (Jospin: „Ensemble" von Jean-Jacques Goldmann, Chirac: „Chariots of Fire" von Vangelis) bahnten sich beide händeschüttelnd den Weg durch die Fans zur

[1] Christoph Nesshöver. „Wahlkampf à l'américaine". *Handelsblatt*, 14.03.02 : 12.

Bühne, wo Präsident und Premier auf überdimensionierten Bühnen in immer gleichem Corporate Design ihre Reden hielten. Jospins Umgebung war stets scharlachrot, mit dem passenden Programm-Claim der Woche („Une France active“ usw.) in strahlendem Weiß. Chirac trat auf vor staatsmännisch dunkelblau getönten, auf die tennisplatzgroßen Leinwände projizierten gigantischen Aufnahme eines mengebadenden Chirac, links und rechts von ihm der Teleprompter, damit kein Ablesen vom Blatt den Augenkontakt mit der Kamera störte. Jospin, der sich weiter durch Zettelmanuskripte kämpfte, spottete, Chirac sei jetzt wohl ein „wahlkämpfender Fernsehmoderator“. In Telegenität war Chirac nicht zu schlagen.

Auch die Aufstellung der je etwa 100 Mann starken Wahlkampftruppen zeigte amerikanischen Sinn für Symbolik. Chirac wollte sich nicht wie 1995 vorwerfen lassen, im Nobelviertel zu weit vom Volk entfernt zu residieren. Er eröffnete seine Wahlkampfzentrale im ehemaligen Kaufhaus *Tapis Rouge* in einem der Kleine-Leute-Viertel von Paris, rund um die Porte Saint Martin zwischen Billigläden, Cafés und Peepshows. Bürgerliche Wähler sind hier klar in der Minderheit. Wahlkampfmanager Antoine Rufenacht, Bürgermeister von Le Havre, unterhielt vom „Quartier général“ (QC) aus jedoch engen Kontakt zum Generalsekretär des Elysée, Dominique de Villepin. Auch Tochter Claude Chirac, die sich vom staatlich bezahlten Job als Imageberaterin im Elysée beurlauben ließ, kam als Kommunikationschefin der Kampagne mit an Bord.

Einen halben Kilometer weiter bezog Jospins Mannschaft für zwei Monate ein vom Pariser Modeschöpfer Gaultier gemietetes Haus. Neben den Büros und Sitzungsräumen gehörte ein 600 Menschen fassender Saal dazu, der für Veranstaltungen genutzt wurde. Die Wahlkampfzentrale sollte – in Abgrenzung zu der mit einem Hauch von Geheimniskrämerei umwehten Chirac-Zentrale – die Offenheit einer Kreativwerkstatt zeigen, ihr Name: „Atelier de campagne“. Warum Atelier? Weil dort in handwerklicher, künstlerischer Arbeit ein „schönes Produkt“ entstehen sollte, und weil sich Jospin von Chiracs militärisch betiteltem „QC“ abgrenzen wollte, in dem der Präsident „befehle“, um „einen Krieg oder eine Schlacht“ zu führen.[2] Aber auch in Jospins Atelier hieß das Büro seiner Kommunikationschefin Marie-France Lavarni „War room“. Mehrere Minister bot Jospin auf: Dominique Strauss-Kahn und Martine Aubry als Sprecher, Jean Glavany als Manager.

Fernsehduelle gelten als amerikanisch, sind aber bereits seit 1974 zur Präsidentenstichwahl französische Tradition. In der ersten Wahlrunde lehnte allerdings Chirac eine von UDF-Kandidat François Bayrou vorgeschlagene TV-Debatte mit allen Kandidaten ab. Eine derartige Debatte würde die Öffentlichkeit nur noch mehr verwirren, ließ er mitteilen. Jospin hatte sich dagegen schon zur Teilnahme bereit erklärt – wenn auch Chirac dabei sei.

Massiv aufgerüstet wurden die Internetpräsenzen, um Dialogbereitschaft zu zeigen. Jospins Atelier zeigte sich europafreundlich:

[2] Jochen Hehn, „Atelier, Hauptquartier und War Room“. *Die Welt* 02.03.02: o.S.

Der Premier stellte sich in seinem Atelier simultan übersetzt einem Videochat mit den Lesern der großen Tageszeitungen aus Spanien (*El Pais*), Großbritannien (*Independent*), Italien (*La Repubblica*) und Deutschland (*Die Welt*). Rivale Jean-Pierre Chevènement schaltete allerdings schon eine Stunde vorher live ins „Cybermeeting" zu den Auslandsfranzosen. Jospin nutzte das Internet zudem, um die TV-Puppe „Monsieur Vouzémoi“ virtuell auf Wahlkampfreise zu schicken und dabei allerlei Bosheiten gegen Chirac auszustoßen. Der Präsident dagegen demonstrierte seine Surfkenntnisse in einem Pariser Internet-Café; sein Finanzkomitee nutzte das Web als Fundraising-Werkzeug. UDF-Kandidat Bayrou richtete in 22 Städten Internet-Büros ein, wo Bürger mit ihm gratis chatten konnten.

Thema Nummer eins: Innere Sicherheit

Wirklich „große“ Themen schienen zunächst zu fehlen, zumal das Korsett des EU-Stabilitätspakts wenig Raum bot. Chirac ruderte zurück, als Ankündigungen großzügiger Steuersenkungen und Mehrausgaben sogar von den eigenen Leuten als unseriös zerpflückt wurden. Langfristig angelegte Themenvorschläge zu Sozialpartnerschaft, Renten und Haushaltsdefizit zündeten nicht. Die Wirtschafts- und Arbeitsmarktpolitik bot wenig Kontrastprogramm, weil Stimmung und die Regierungsbilanz relativ positiv war, profilierte Wirtschaftspolitiker im Chirac-Lager dagegen fehlten.

Als wichtigstes Wahlkampfthema identifizierte Chiracs Team die innere Sicherheit und die wachsende Kriminalität – ein vor allem dem Premier angelastetes Defizit. Eine diffuse Verunsicherung und regelmäßige Schlagzeilen über Gewalt und Kleinkriminalität im Alltag, Überfälle und Ausländerbanden gaben den Themenrahmen vor. Beim Wahlkampfauftakt in einer Pariser Vorstadt eröffnete Chirac folgerichtig mit Forderungen nach Null-Toleranz den „Feldzug gegen Gewalt und Kriminalität“ mit Ideen des New Yorker Ex-Bürgermeisters Rudy Giuliani. Zwar kündigte er auch mehr soziale Prävention an. Doch immer wieder kritisierte Chirac die Milde der

Sozialisten: Es sei naiv zu glauben, allein der Kampf gegen Arbeitslosigkeit lasse die Kriminalität sinken. Jospin dagegen kopierte Blairs Sowohl-als-auch-Rhetorik: Er wolle „hart gegen Kriminalität und hart gegen die Wurzeln der Kriminalität" vorgehen.[3]

Neben dem Wettlauf um immer neue Law-and-Order-Vorschläge – von geschlossenen Heimen für straffällige Jugendliche bis zur Errichtung eines neuen Ministeriums für öffentliche Sicherheit – lieferten sich Chirac und Jospin ein Rennen um Medienpräsenz: Jede sicherheitsrelevante Nachricht wurde kommentiert, jeder in tragische Fälle verwickelte Familie kondoliert. Der Amoklauf im Rathaus des Pariser Vororts Nanterre, bei dem ein Arbeitsloser acht Kommunalpolitiker erschoss, war der Höhepunkt: Jospin war bereits drei Stunden – um vier Uhr früh – nach den Schüssen am Tatort, Chirac keine zwei Stunden später um sechs.

Die Eskalation des Themas war allerdings auch eine perfekte Vorlage für den Rechtsaußen Le Pen. Während sich Chirac und Jospin gegenseitig Versagen vorwarfen, konnte der *Front National* glaubwürdig beide für die Defizite an den Pranger stellen – und die Einwanderer erneut als Ursache des sozialen Verfalls.

Superlügner und Altersfragen

Chirac ging mit schwerem Gepäck in den Wahlkampf: Skandalgeruch, Affären und Korruptionsverdächtigungen aus seiner Zeit als RPR-Vorsitzender und Pariser Bürgermeister. Ex-Parteimanager Didier Schuller hatte zugegeben, mit Wissen Chiracs Spenden als Schmiergelder angenommen zu haben, und gab nun munter Interviews, um mit Chirac abzurechnen. Der Ermittlungsrichter Eric Halphen, der sieben Jahre der RPR-Masche hinterherrecherchiert hatte, ohne zu Urteilen zu kommen, publizierte ein Enthüllungsbuch, in dem er von Einschüchterung und Sabotage berichtete.

[3] Christoph Nesshöver : „Frankreich ruft nach Law and Order", *Handelsblatt*, 28.03.02

Für Justiz und parlamentarische Untersuchungen blieb Chirac wegen seiner Amtsimmunität nicht greifbar, aber seine Gegner versuchten daraus Kapital zu schlagen – etwa aus seiner Verweigerung einer Zeugenaussage. Der Hebel setzte in der Glaubwürdigkeitslücke des Law-and-Order-Mannes Chirac an: „Wenn wir von Null Toleranz sprechen, ist das Prinzip klar: Es muss für alle von ganz oben bis ganz unten gelten", so Jospin. Seine PR-Leute sorgten dafür, dass das Korruptionsthema immer wieder in die Medien kam; und auf Chiracs Kundgebungen ließen sozialistische Störer für die Kameras immer wieder Hoch-Schuller-Rufe erklingen.

Jospin rechnete in seinem Anfang März erschienenen Wahlkampfbuch *Le Temps de répondre* (Zeit zu antworten)[4] auch mit den fünf Jahren Kohabitation mit Chirac ab. Er sei illoyal, unverantwortlich, opportunisch, windig und manipulativ. Inhaltlich sei Chirac ein „passiver" Präsident gewesen. Solche Äußerungen – und nicht Jospins biographische Berichte, etwa über seine Jugendzeit als Trotzkist, oder Programmideen – machten das Buch zum Bestseller.

Zu den persönlichen Attacken gehört die Kategorie giftiger Humor. Frankreich ist ein satirefreundliches Land. Die Parteien wussten die Spottnachfrage geschickt zu bedienen. Den Vogel schoss dabei Jospins Manager Glavany ab: Er nannte Chirac mit Blick auf gebrochene Steuerversprechen und RPR-Schmiergeldaffären einen „Supermenteur" (Superlügner), und das blieb hängen: Kurz vor den abendlichen Hauptnachrichten flog regelmäßig eine Chirac-Latexpuppe im Supermannkostüm durch die satirische Puppen-Newssendung „Guignols" auf Canal Plus. Immer wenn ein Politiker nicht mehr weiterwusste, flog der Latex-Chirac mit roter Maske und wehendem Umhang herbei und log den Armen aus der Klemme. In einer Umfrage gaben 33 Prozent der Befragten an, die Superlügner-Puppe entspreche ihrem Bild von Chirac; 62 Prozent amüsierten sich. Auf Wahlkampfkundgebungen musste sich Chirac mit Störern

[4] Das Buch besteht aus den Aufzeichnungen mehrerer Gespräche seit November 2001 mit dem Politologen Alain Duhamel.

der Sozialisten auseinander setzen, die ihm „Superlügner“-Sprechchöre entgegen sangen. Die Geschichte schlug so hohe Wellen, dass ein entnervter Chirac schließlich sogar in seriösen Interviews immer wieder nach dem Puppen-Klon gefragt wurde.

Einen Tiefschlag landete Jospin, als er laut über die Kondition des 69-jährigen Chirac nachdachte. Chirac habe „viel von seiner Energie und seiner Kraft verloren“, er sei „müde, gealtert, Opfer eines Verschleißes, den die Ausübung der Macht mit sich bringt.“ Eine Bemerkung, für die er sich entschuldigen musste. Das lag nicht nur daran, dass der weißhaarige, 63-jährige Jospin selbst wenig jugendlich wirkte. „Wir sind ein sehr altes Land mit einer cäsaristischen, papistischen, monarchistischen, bonapartistischen Tradition. Der Vater der Nation ist in gewisser Weise tabu, man darf die Hand nicht gegen ihn heben“, erklärte der Politologe Olivier Duhamel später.[5] Dieselbe Erfahrung hatte Chirac schon 1988 als Premier machen müssen, als er seinerseits das Alter gegen den damals 71-jährigen Präsidenten François Mitterrand ins Spiel gebracht hatte. In Interviews konnte sich Chirac daran jedoch nicht mehr erinnern.

Alters- und Skandalvorwurf konterte Chirac scharf: „Man findet die Wahrheit nicht im Mülleimer.“ Ehrenwerte Menschen wie ihn mit Dreck zu bewerfen, weil die politischen Argumente fehlten, „das sind die Methoden aller Extremismen und aller Faschismen“.[6] Hier gab sich Chirac – früherer Spitzname „Bulldozer“ – wenig präsidial als Opfer und Märtyrer.

„Wer ist der verkniffene Typ neben Sylviane?“

Ein Novum in der französischen Wahlkampfgeschichte war die wichtige Rolle von Bernadette Chirac und Sylviane Agacinski. Waren die künftigen First Ladies früher stets im Hintergrund geblieben,

[5] „Mangel an Ehrlichkeit“, *Spiegel*, 14/2002: 127.

[6] Gerd Kröncke: „Gallische Streithähne“, *Süddeutsche Zeitung*, 11.03.02: 1.

so symbolisierte ihr Schaulaufen gesellschaftspolitisch und kulturellen Kontrast. Was früher lachhaft schien, war auf einmal ganz normal: Die Franzosen sollten sich nach Wahlkämpferwillen für ein politisches Ehepaar entscheiden, nicht nur für einen Kandidaten.

Ein Jahr vor der Präsidentenwahl hatte Jospin noch gesagt: „Ich schicke meine Frau nicht vor, in der Republik ist Wahlkampf schließlich keine Familienangelegenheit." Aber nach Bernadette Chiracs erfolgreicher Kommunalwahl-Tour 2001 fing Jospin an zu zweifeln. Gute Talkshow-Quoten und volle Säle waren ihr sicher, wenn sie über traditionelle Familienwerte, Unsicherheit auf den Straßen und die Verdienste ihres Präsidentengatten sprach. Das setzte sich im Präsidentschaftswahlkampf fort. Ihr Buch über ihr Leben mit Jacques (*Conversation*), geradezu eine Liebeserklärung, wurde mit über 300.000 verkauften Exemplaren ein Wahlkampf-Bestseller. Die 68-jährige zeigte sich als erzkatholisch-konservative Stimme des *France Profonde* (des tiefen, wahren Frankreich), sie kritisierte Scheidungen, Abtreibungen, Schwulenehe und falsch verstandene Fortschrittlichkeit zu Lasten der Familien. Sie ist eine Landadlige, die ihren Gatten nach 47 Ehejahren noch siezt. Ihr Leben verlief im Schatten seiner Karriere, sie trat nur als Ratsherrin in der Gemeinde Bity, wo das Chateau der Chiracs steht, oder für wohltätige Stiftungen auf. Die Herzen flogen ihr zu.

Sylviane Agacinski-Jospin ist eine bekannte Philosophieprofessorin und Publizistin schwerer Bücher wie „Geschlechterpolitik" und „Kritik des Egozentrismus". Sie zog als selbstbewusste Feministin in den Wahlkampf für ihren Mann. Er sei „schon immer feministisch" gewesen, versicherte sie der Boulevardzeitung *Parisien*. Sie ließ sich von Helmut Newton für *Paris Match* fotografieren, die Homestory zeigte ihr Faxgerät auf dem Küchentisch. Sie lieferte auf endlosen Fototerminserien die Bilder einer aktiven, emanzipierten Frau – und sei es beim Trommeln mit Inselbewohnern auf Martinique. Schön, charmant, elegant, modern, kultiviert und ein frischer Typ und Freigeist – das wurde als perfekter Kontrast zu Bernadette

Chiracs betulichem Oma-Look inszeniert. Der Kontrast funktionierte allerdings auch in die andere Richtung. Jospin wirkte neben ihr umso grauer und schwerfälliger. „Wer ist der verkniffene Typ neben Sylviane?", fragte ein Pariser Satireblatt.[7]

Die Biographie der 56-jährigen Agacinski gefiel Linken und Liberalen. Aus einer polnischen Einwandererfamilie stammend, stand sie im Pariser Mai 1968 auf den Barrikaden und war Anti-Gaullistin. Sie hatte selbst Karriere gemacht und einen Sohn, bevor sie Jospin heiratete. Sie stellte klar: Auch beim Einzug in den Präsidentenpalast würde sie ihre Professur nicht aufgeben. Als weiblicher Part eines Glamour-Paares wie Cherie Blair, das sein Privatleben medial zelebriert, stellte sie sich nicht vor die Kameras. Anders als Hillary Clinton zeigte sie weder Neigung zu aktueller Politik-Statements noch gab sie jemals zu, Einfluss zu besitzen.[8]

Kampf gegen den Zweikampf

Der Präsidentschaftswahlkampf war nicht nur ein Zweikampf zwischen Elysée-Palast und Hôtel Matignon. Zwar blieben die Medien fixiert auf das Duell. Und selbst die Meinungsforscher schlossen erst ein, zwei Tage vor der Wahl ein Aufrücken des Rechtsextremisten Jean-Marie Le Pen in die Stichwahl nicht mehr aus. Dass er mit einem knappen Prozent den Premierminister überholen könnte, dass selbst rote Hochburgen bei extrem niedriger Wahlbeteiligung zu 30 bis 40 Prozent an Le Pen fallen könnten – diese Sensation prognostizierte niemand. Genauso wenig wie die Neben-Sensation, dass die Kommunistische Partei mit ihrem Kandidaten Robert Hue praktisch ausradiert wurde.

Le Pen war zu Anfang nicht der unangefochtene Runner-up. Diese Rolle füllte der 63-jährige Jean-Pierre Chevènement, der

---

[7] Dorothea Hahn: „Die Frauen als Wunderwaffe". *Neue Presse* 19.04.02: 3.

[8] Gerd Kröncke: „Madame liebt nicht den Platz im Schatten". *Süddeutsche Zeitung* 27.02.02: 3.

schon fünfmal Minister in sozialistischen Regierungen gewesen, aber dreimal aus Protest zurückgetreten war. Bis zu 15 Prozent der Stimmen wurden ihm vorausgesagt. Das hätte für den zweiten Wahlgang reichen können. Am Ende wurden es nur sechs, und es war nur genug, um Jospin aus dem Rennen zu werfen. Die beiden Favoriten versuchten ihn als irrelevanten Zählkandidaten zu ignorieren. Er dagegen tat alles, um die einfache Links-Rechts-Polarisierung zu stören. Er sprach von Chirac und Jospin als zwei Seiten einer Medaille. Er positionierte sich als Etablierter, der für seine Überzeugungen etwas riskiert, als aufrechter Republikaner im Saubermann-Stil von US-Senator John McCain, dem Vietnamhelden und Bush-Rivalen 2000.

„Ich bin weder rechts noch links“, sagte Chevènement, obwohl er lange Sozialist war, man ihn „Che“ und einen Linksjakobiner nennt. „Die Linke hat keinen Bezug mehr zur arbeitenden Bevölkerung, die Rechte hat die Nation vergessen.“ Antiföderal und antieuropäisch, forderte er in De-Gaulle-Pose, die „Unabhängigkeit Frankreichs wieder herzustellen“ und begründete dies mit „Brüssel, Wall Street, EZB und ausländischen Finanziers, die unsere Unternehmen kolonisieren“ und mit der „ultraliberalen Globalisierung“, die menschliche Arbeit abwerte. So schien er Nationalist und linker Attac-Sympathisant zugleich. Die Folge: In der 1992 aus dem Kampf gegen die Maastricht-Ratifizierung gegründeten *Mouvement des Citoyens* (Bewegung der Bürger) fühlen sich Altgaullisten ebenso wohl wie Linksintellektuelle.[9]

[9] Christoph Nesshöver: „Der dritte Mann“. *Handelsblatt*, 21.02.02: 6.

Der Schocker

Le Pen trat mit 73 Jahren zu seinem letzten Wahlkampf an. Dass er – dank Wahlenthaltung und Protestwählern –bis zur Stichwahl kommen könnte, danach sah es zunächst gar nicht aus. Ihm fehlten zur Zulassung einige der 500 notwendigen „Paten"-Unterschriften von Abgeordneten und Bürgermeistern. Nicht nur rechtsextreme Rivalen, auch Chiracs Leute machten Druck auf konservative Politiker, die Le Pen als Zählkandidat unterstützen wollten. Le Pen bezichtigte den Präsidenten prompt eines Komplotts. Kurioserweise machten mehrere Präsidentschaftskandidaten, auch Chevènement, dies zum Wahlkampfthema und verurteilte dies – an die Adresse der Exekutive – als miserablen Stil und skandalös.

Le Pen galt lange schon als abgeschrieben. Zu viel schien er sich geleistet zu haben: Die Handgreiflichkeiten gegen eine sozialistische Politikerin 1997, die zeitweise zum Entzug des passiven Wahlrechts geführt hatte, Gerichtsprozesse wegen antisemitischer Äußerungen, zweimalige Aufhebung seiner Immunität als Europaabgeordneter. Sein FN musste 1999 die Abspaltung der Nationalrepublikaner hinnehmen, deren Präsidentschaftskandidat auch 2,4 Prozent einsammeln sollte. Und doch erreichte Le Pen am Wahltag fünf Millionen Stimmen. Fast ein Drittel der Arbeitslosen, ein Viertel der Arbeiter, ein Fünftel der Angestellten und der Bauern wählten ihn. Bei Jugendlichen errang er hohe

Anteile. Allerdings erhielt sie absolut nur rund 200.000 mehr Stimmen als in der ersten Wahlrunde 1995. Auch geografisch hielt Le Pen nur alte Hochburgen. Die Treue seiner Wähler kombiniert mit Aufsplitterung der Etablierten und Wahlenthaltung von einem Drittel der Stimmberechtigten: Das machte den FN-Erfolg aus.

Im Wahlkampf zeigte der FN unter Kampagnenchef Bruno Gollnisch Bewährtes: Fremdenfeindliche und sozialpopulistische Rhetorik, radikale Wirtschaftsvorschläge wie die Wiedereinführung des Franc, EU-Austritt, Schließung der Handelsgrenzen, dazu Anti-Establishment-Parolen gegen das von Chirac verkörperte dekadent-korrupte System, präsentiert auf ruppige Weise von Dampfredner Le Pen vor flatternden Fahnen.

Je mehr Chirac und Jospin sich des Themas Innere Sicherheit annahmen, desto leichter fiel es ihm, das zu sagen, was sie nicht zu sagen wagten. Und desto mehr Häme schüttete er über ihre späte „Lepenisierung" aus, während sie ihn, das Original, mit Bann belegten. Beide ließ er auf FN-Wahlplakaten mit Pinocchionasen abbilden, um an deren frühere Lügen zu erinnern, Jospins „Ich war niemals Trotzkist" und Chiracs „Ich habe Le Pen niemals getroffen." Der Rechtsextremist zeigte sich aber durchaus auch als integrer, couragierter Sympathieträger – kein Feuerkopf und nicht nur ein streitlustiger Volkstribun oder Robin Hood. Sondern wechselweise als sympathischer älterer Herr, der im Fernsehen auch mal einen Rapper mimt, als Leuchtturm in der Brandung, als Superpatriot oder Staatsmann in spe, der sich zu kümmern verspricht und dafür seine Partei der kleinen Leute fest hinter sich weiß. Im Gegensatz zu Jospin und Chirac strotzte der 74-jährige vor Agilität, Kraft und Siegeswillen.

Gegen Ende des Wahlkampfes wurde er immer moderater und milder. Er zeigte ein großes Herz, indem er sich für Chancengleichheit mittelloser Schüler und Studenten, Arbeitsloser und Obdachloser einsetzte. „Im Sozialen bin ich links, in der Wirtschaft rechts, und national bin ich Franzose" oder „Ich bin ein Mann der rechten Mitte", solche einfachen Positionsbeschreibungen waren auch für Gemäßigte akzeptabel. Sein Lieblingsthema Einwanderung sparte er bei den letzten Auftritten aus, traf junge Immigranten, ließ sich sogar Wasserpfeife rauchend in einem arabischen Café in einem Pariser Ausländerviertel ablichten.

Sein historischer Ausnahmeerfolg versetzte das Land noch am Wahlabend in den Ausnahmezustand mit Massendemonstrationen, Schockschlagzeilen und republikanischen Schwüren. Was dann folgte, war kein klassischer Wahlkampf mehr, sondern eine Volksbewegung. Traditionelle Wahlkampfaktivitäten wie etwa das TV-Duell der beiden Stichwahlkandidaten fielen aus: Chirac ließ sich nicht auf gleiche Augenhöhe mit dem Paria ein. „Angesichts von Intoleranz und Hass sind keine Kompromisse und Diskussionen möglich", so Chirac.[10] Staatsmännisch präsentierte sich Chirac jetzt als Präsident aller Franzosen gegen den Spalter. Selbst die, die ihn jahrelang bekämpft hatten, riefen zu seiner Wahl am 5. Mai auf. Der Präsident bemühte sich mit Ruhe und Entschlossenheit, die Botschaft „Ich habe verstanden" zu vermitteln und nannte sein Regierungsprogramm nicht zufällig „Autorität und Aktion". Chirac, über Nacht vom „Superlügner" mit kaum 20 Prozent der Wählerstimmen im ersten Wahlgang zum Garanten der Demokratie geworden, siegte über Le Pen mit 82 Prozent.

[10] „Chirac lehnt Fernsehdebatte mit Le Pen ab", *dpa* 23.04.02.

Die Parlamentswahl: „Ich habe Sie verstanden"

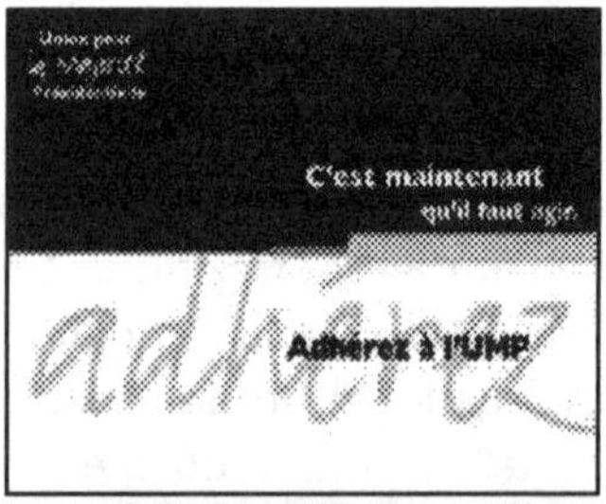

So eindrucksvoll bestätigt, konnte Chirac – nach der Bestellung eines neuen Übergangsregierung – bei der Parlamentswahl am 6. und 15. Juni vom Bürger eine handlungsfähige Mehrheit in der Nationalversammlung einfordern. Die Chiracisten sammelten die Rechten im Wahlbündnis *Union pour la Majorité Présidentielle* (UMP). Zwar gab es noch keine Verschmelzung von RPR, UDF und DL, aber es gab jeweils nur einen gemeinsamen Kandidaten in jedem der 577 Wahlkreise. Eine Siegesgarantie war das nicht: Bei Gewinnen des *Front National* wären rund 150 der berüchtigten *Triangulaires* (Dreiecksrennen)[11] zwischen Konservativen, Sozialisten und FN wahrscheinlich, wovon früher fast immer die Linke profitiert hatte. Tatsächlich schafften es nur 37 FN-Kandidaten in die Stichwahl, und den gedemütigten Sozialisten, die die rechte Hegemonie verhindern wollten und ein „Machtgleichgewicht" forderten, kamen im ersten Wahlgang ihre früheren Verbündeten der KP, Grünen und Bürgerbewegung abhanden.

Das UMP-Bündnis warb schlicht mit dem Einheits-Appell „Adhérez à l'UMP" und dem Aufruf, den Präsidenten gegen die lähmende Cohabitation zu stützen: „Pour soutenir l'action de Jacques Chirac". Sie konzentrierten sich ausschließlich auf zwei Themen, innere Sicherheit und Steuersenkungen, um Beschäftigung und Wachstum anzukurbeln – ein von der Regierung geschickt in Szene gesetztes Programm von Wahlgeschenken.

---

[11] Bei den Parlamentswahlen gelangt in den zweiten Wahlgang, wer im ersten mehr als 12,5 Prozent der Stimmen erzielt.

Berlusconis Sieg: Italien 2001

Erst seit 1993 in der Politik, ein Jahr später siegreich, acht Monate nach der Wahl wieder im Aus, weil die Lega Nord von Umberto Bossi ihm von der Fahne ging; 1996 eine knappe herbe Wahlniederlage gegen den leisen Romano Prodi und ein grandioses Comeback im Frühjahr 2001 gegen Francesco Rutelli: Das ist Silvio Berlusconi, Ministerpräsident, Medienmogul und Milliardär – dieser moderne Citizen Kane ist inzwischen eine Wahlkampflegende. Er hat seine 1993 gegründete *Forza Italia* zur wichtigsten Kraft in Italiens Parteiensystem gemacht wie einst die *Democrazia Christiana*. Die FI legte um neun Prozent zu. Berlusconi holte sichere Mehrheiten in beiden Parlamentskammern und stutzte dabei seine Partner Lega Nord und die neofaschistische Alleanza Nazionale zurück.

Berlusconis Charisma und seine Medienmaschine sind nicht unüberwindbar. Die Massendemonstrationen 2002 überraschten, weil sie fast aus dem Nichts organisiert zu werden schienen. Dies zeigte sich aber auch schon 1996, als der blasse Professor Romano Prodi sich auf leisen Sohlen das Amt des Regierungschefs holte. Berlusconi flog im Jet, Prodi tourte im Bus. Berlusconi beherrschte die Fernsehbilder, Prodi die Marktplätze. 80.000 Aktivisten trugen die Kampagne in den örtlichen Komitees des neuen Mitte-Links-Bündnis *Ulivo* (Olivenbaum) aus Ex-Christdemokraten, Ex-Sozialisten und Ex-Kommunisten und neuen Reformern. Es glückte – aber Berlusconi bekam eine neue Chance, nachdem die Linke drei Ministerpräsidenten verschlissen hatte, Geist und Organisation des Bündnisses verloren waren. Als Francesco Rutelli 2001 für *Ulivo* antrat, versuchte er – auch auf Anraten seines Strategen Stanley Greenberg, Bill Clintons und Al Gores Chefdemoskopen, Berlusconi mit den eigenen Waffen zu schlagen: als charismatischer Aufsteiger, dessen Kampagne in Abkehr des früheren altbacken-professoralen Stils der *Ulivo*-Führung konsequent auf Charme, Eloquenz, Personalisierung, Showelemente und knappe Slogans setzte. Zwar zeichnete sich der Wahlkampf durch scharfe persönliche Attacken aller gegen alle aus, doch inhaltlich setzte Mitte-Links eher auf Imitation denn auf Konfrontation: In der Wirtschaftspolitik versprach sie mehr Privatisierungen, mehr Investitionen in Technologie und mehr Aufmerksamkeit für die kränkelnde Ökonomie im Süden; zudem mehr Law and Ordner und Zuwanderungsbegrenzungen. Berlusconi klang radikaler und reformwilliger – und dabei glaubwürdiger.

Tony Blairs *Pledge* Card stand Pate für einen eine A4-Seite füllenden Vertrag mit dem italienischen Volk“ mit fünf Wahlversprechen, den Berlusconi kurz vor dem Wahltag live im Fernsehen unterzeichnete (und den er als Regierungschef regelmäßig öffentlich hochhält). In diesem *Contratto*, dessen Faksimile auf liniertem Papier mit Schreibmaschinenschrift im Internet zum Download steht, verpflichtete er sich auf Steuersenkungen und die Abschaffung der Erbschafts- und Schenkungssteuern, höhere Renten, deutliche Senkung der Kriminalität, ein Investitionsprogramm für Infrastruktur und 1,5 Millionen mehr Arbeitsplätze. Dieser Scheck werde eingelöst, sagte Berlusconi, sonst werde er die Politik wieder verlassen. Ergänzt wird der Vertrag durch einen „Regierungsplan für eine Legislaturperiode“, ein 100-Seiten-Buch, das neben dem Zeitplan zum Beispiel auch Karten mit Infrastrukturvorhaben enthält.

Die Einmischung des Auslands war hoch. Internationale Medien referierten die Details der Korruptionsermittlungen gegen Berlusconi, der *Economist* ließ sich sogar zu einem Titel „Unfit to Rule Italy“ hinreißen, der belgische Außenminister, Kommentatoren und Politiker aus ganz Europa fragten laut, ob man überhaupt mit einer Regierung zusammenarbeiten können, die die Lega Nord und die Neofaschisten ins Kabinett lasse. Die Parallele zur Isolierung Österreichs nach dem Rechtsruck lag auf der Hand. Rutelli versuchte damit immer wieder zu punkten und vor Italiens drohender Isolierung in der EU zu warnen. Es half nichts: Die Italiener wählten Berlusconi wohl auch aus Trotz, und sie gaben seinem Wahlblock fast 30 Prozent der Stimmen. Das hatte seit Mussolini keiner mehr geschafft. Das Nachsehen hatten viele Kleinparteien, denn die Wähler konzentrierten sich – bei mit rund 80 Prozent hoher Wahlbeteiligung – auf die Parteien der beiden großen Wahlbündnisse.

Mann aus der Mitte

Berlusconi ist eine Ausnahmeerscheinung. Ein Populist, der sich dem Aufstand der Kleinbürger gegen die etablierte politische Klasse anschloss, obwohl er mit ihren Vertretern lange Zeit gute Geschäfte gemacht hatte. Er ist ein Unternehmer, der mit politischer Protektion und Patronage groß wurde. Das allerdings kommunizierte er nicht, sondern eher die Formel: Unabhängiger Reichtum gegen verfilzte Politik, Marktmacht statt politische Macht. Als Anfang der Neunziger die Parteikartelle wie Dominosteine fielen, nutzte er die Chance, sich als Gegenmodell zu positionieren. Als Politik-Unternehmer stilisierte er sich in der Staatskrise als Retter und Hoffnungsträger mit dem Überzeugungstalent eines Animateurs.

Sein Wahlbündnis *Casa delle Libertà* („Haus der Freiheit") trägt weniger ein Programm als vorrangig die Elemente seiner Personalisierungsstrategie ins Land: Volksnähe kombiniert mit dem Status als Outsider. Er präsentiert sich in Äquidistanz zu Rechts und Links, zu Tradition und Moderne, zu Wirtschaft und Gewerkschaftslager. Dick Morris nannte diese Strategie bei Clinton „Triangulation": Statt sich einem Lager zuordnen zu lassen, erhebt sich der Präsident über beide und bildet die erhabene Spitze eines Dreiecks. Soziale und politische Gegensätze der Gesellschaft löst der große Kommunikator durch Kostümwechsel in seiner eigenen Person auf: Im Jahr 2000 zeigten ihn seine Großplakate sowohl als „Präsident der Arbeiter" im blauen Pullover wie als „Präsident der Unternehmer" im feinen Anzug. Glaubwürdig war das, weil sich Berlusconi, Sohn eines kleinen Bankbeamten, zunächst nur Kellner auf einem Kreuzfahrtschiff und später unbedeutender Bauunternehmer, aus dem Nichts nach oben geboxt hatte. Entsprechend dienen immer wieder biografische Rückbezüge zur Rechtfertigung politischer Positionen.

Wie volkstümlich er ist, zeigt er immer wieder durch seine legeren Auftritte im Pulli. „Einer von uns", das ist Berlusconis zentrale volksnahe Botschaft. *Una Storia Italiana* hieß die in 12 Millionen Stück Auflage kostenlos an alle Haushalte verschickte Biographie. In der Broschüre wurde der Kandidat als einfacher Mann aus der Mitte des Volkes dargestellt, der sich als Unternehmer gegen die Bevormundung durch eine korrupte Politikerkaste gewehrt hat und der darum weiß, was der kleine Mann will und fühlt. Sein TV-Imperium Mediaset und die regierungsnahen Sender ermöglichen es, immer neue Rollen als Volkstribun zu übernehmen und Bilder davon zu verbreiten. „Das Erfolgsrezept Berlusconis ist Omnipräsenz. Er muss immer, überall, gleichzeitig und in erster Person anwesend sein. Dass er dies in der ihm zunehmend gefügigen TV-Wirklichkeit vorzugaukeln vermag, auch dafür wurde er gewählt."[12]

Berlusconis Aggressionen

Berlusconi machte nicht als sanfter Landesvater in spe und allein mit harmoniebetonten Bildern Wahlkampf. Er verkündete aggressive Botschaften, nannte seine Gegner Lügner, provozierte und beleidigte sie (wie Premier D'Alema, der „in seinem Leben nie gearbeitet hat"), und schreckte vor Einschüchterung nicht zurück.

Seine Interessenkonflikte – und sein Anklageregister, das Rätsel seiner frühen Geldquellen und möglicher Mafia-Verbindungen — werden seit Jahren schrill ausgepfiffen. Bücher, Zeitungsartikel, Prozessakten und Dossiers gingen Berlusconis Aufstieg nach. Auch die Gerichtsverfahren wegen Bilanzfälschung, Bestechung und Betrug sorgten für Wirbel. Wenn Berlusconi dann massiven Druck auf Intendanten, Redaktionen und Autoren ausübte, stellte das immer wieder die Frage der Pressefreiheit und der Kontrolle über die Medien in den Mittelpunkt des Wahlkampfes. Die gleichen Fragen stellten sich, wenn Berlusconi über Justiz und Staatsanwälte herzog.

[12] Ulrich Ladurner: „Der Pizzachauvinist". *Die Zeit*, 18. Juli 2002: 5.

Dass die Bürger lange Zeit die Interessenverquickung akzeptierten, hat eine auch in Amerika nicht selten anzutreffende Logik: Wer schon reich ist und viel hat, der unterwirft sich nicht den krummen Deals der Durchschnittspolitiker. Er ist nach dieser Logik im Gegenteil besonders geeignet dafür, den Saustall auszumisten und die Verquickung von Wirtschaft und Politik zu beenden. Dass er den einen oder anderen Schleichweg nahm, wird dem erfolgreichen Unternehmer als den Umständen angemessen nachgesehen, ja als sportlich und clever akzeptiert. Zudem wird der Justiz, die gegen Berlusconi ermittelt, ein parteipolitisches Motiv unterstellt.

Forza Italia: Konzerneigene Partei mit Medienbonus

Berlusconis Parteiapparat der *Forza Italia* innerhalb des Wahlbündnisses *Casa della Libertà* ist straff geführt und konsequent auf Kampagnentauglichkeit ausgerichtet. Sie ist aber durchaus Programmpartei: Die FI ist positioniert als „Kraft der Freiheit" und steht als Symbol für einen tief greifenden Wandel von Staat und Wirtschaft. Ihr *Contratto* bot eine Richtungsalternative zum wohlfahrtsstaatlichen Konsens. Berlusconi steht mit seiner Person für ein Grundthema der Partei, das ihre Kampagne unendlich wiederholte statt variierte: die Entfesselung der Leistung Italiens durch Zurückdrängen des bürokratischen, ineffizienten, bevormundenden Umverteilungsstaates und seiner korrupten alten Eliten – bewerkstelligt durch Outsider mit unmittelbarem Auftrag des Volkes, in Rom aufzuräumen. Diffuse Ängste vor sozialem Abstieg und Überfremdung wurden mit bedient durch das Versprechen neuer innerer Stabilität der nationalen Leistungsgemeinschaft und scharfem Vorgehen gegen illegale Einwanderer. Diese Botschaft vereint liberale Aufsteiger und Selbstständige, autoritätsgläubige Modernisierungsverlierer, Politikverdrossene und marktradikale Ideologen in einer Wählerkoalition der Mitte.

Was 1994 noch eine lose verkoppelte Sammlung von Marketingvehikeln war, eine Instant-Partei auf der Basis von AC-Mailand-

Fanklubs, ist heute allerdings eine gewachsene liberalkonservative Partei mit ernst zu nehmenden Einzelkandidaten. Doch tritt die Partei nach wie vor völlig hinter die Persönlichkeit ihres Vorsitzenden zurück, und die enge Verflechtung mit Berlusconis Unternehmen lässt sie wie eine Konzerntochter erscheinen.

Viele Mitglieder und Funktionäre sind Geschäftspartner oder Angestellte von Berlusconi-Firmen, und auch die anderen wissen, dass sie ihre Jobs dem Medienkonzern verdanken. Die Partei versteht sich von oben bis unten auf die öffentliche Wirkung, und der Medienbonus ist ebenso wenig Zufall wie die ungewöhnliche Fraktionsdisziplin der *Forza* im Parlament. Fürs Kreative und die Produktion seiner TV-gerechten Parteiveranstaltungen hat Berlusconi die konzerneigene Werbeagentur *Pubblitalia*; ihr Geschäftsführer Marcello Dell'Utri war der Wahlkampfmanager der Partei. Die Parteistrategie wird mitgeformt und interpretiert von den Zahlen des konzerneigenen Meinungsforschungsinstituts *Diacron*.

Zu Berlusconis Konzern gehören drei terrestrisch ausgestrahlte Programme Canale 5, Rete 4 und Italia 1 mit mehr als 90 Prozent der TV-Werbeeinnahmen and 45 Prozent Zuschaueranteil in Italien; außerdem Zeitungen wie *Il Giornale* und Zeitschriften wie das Nachrichtenmagazin *Panorama*. Seine Fernsehsender füllen die Nachrichten oft zur Hälfte mit Berlusconi und seiner Partei. Berlusconi-Magazine bringen oft Berlusconi-Titelbilder. Über Jahre konnte er zudem nach Gutdünken in den eigenen Sendern Wahlkampfspots schalten und hatte damit praktisch ein Monopol – denn die Staatsfunker der drei RAI-Anstalten durften keine politischen Spots senden. Eine irrwitzige Situation: Die politische Konkurrenz musste Berlusconi bezahlen, um Wahlwerbung schalten zu dürfen – oder darauf verzichten. *Forza Italia* bekam die Sendezeit dagegen gratis. Zu den Europawahlen im Sommer 1999 strahlte die Partei über 800 mal ihre Spots aus, die Mitte-Links-Regierungsparteien keinen einzigen. Zu den Regionalwahlen im April 2000 sendete Berlusconi Werbespots bereits im Februar.

Diese Wildwestzustände wurden noch 2000 durch die *Ulivo*-Parlamentsmehrheit geändert: Ein Gesetz regelte erstmals Wahlwerbung im Fernsehen und garantiert allen Parteien gleiche Bedingungen. Berlusconis typische 30-Sekunden-Spots wurden verboten, alle Parteien erhalten seitdem im Wahlkampf zweimal täglich Sendezeiten von zwei bis drei Minuten im Staatsfernsehen. Eine weitere Regelung erlaubt den Auftritt von Politikern nur im Rahmen politischer Sendungen. Dabei sei angemerkt, dass sich das italienische TV auch in den politischen Sendungen eher am Infotainment und Showformaten amerikanischer Prägung als etwa an den Standards deutscher Sender orientiert. Es ist bunter, schneller, und die unterhaltende Darstellung hat stets Vorrang. Eine Kampagne, die vor allem Fernsehmotive erzeugt, hat automatisch die größere Präsenz.

Darauf sind Berlusconis Auftritte und Reisen getrimmt. Das war schon 1993/94 so, als er die Gründungsveranstaltung seiner *Forza Italia* grandios inszenierte – einschließlich des gemeinsamen Singens einer von Berlusconi angeblich selbst getexteten Parteihymne. Die Veranstaltung wurde begleitet von 1200 TV-Spots in vier Wochen und einer massiven Anzeigenkampagne. Seine eigene Parlamentskandidatur kündigte er nicht etwa per Pressemitteilung oder Pressekonferenz an, sondern auf seinen drei TV-Sendern gleichzeitig per zehnminütiger Videoauf-

FORZA ITALIA

zeichnung aus dem Arbeitszimmer seiner Villa bei Mailand. Es wirkte wie eine Fernsehansprache aus dem Oval Office. Die für Interviews, Ansprachen und Spots immer wieder genutzte Szenerie mit Bücherwand, Skulptur, Ölgemälde, Familienfotos mit den Kindern sichtbar auf dem Schreibtisch gehört längst zu den bekanntesten Sets im italienischen Fernsehen. Auch über den Wahlkampf hinaus: Wenn das Parlament muckt, dann geht Berlusconi aus der Villa auf Sendung – und wendet sich über die Köpfe der Eliten hinweg ans Volk, um die Stimmung zu drehen.

Wo Berlusconi keine bezahlte Werbung schalten konnte, nutzte er seine Firmen für Medienereignisse: Die Eröffnung einer Filiale seiner Supermärkte, die Veranstaltung seiner Versicherungen, Banken oder Immobilienfirmen, oder die Spiele seines Fußballklubs *AC Mailand*. Und selbst bei der klassischen Wahlkundgebung wirkt Berlusconi wie ein TV-Entertainer oder Televangelist: Hinter ihm eine Videowand mit seinem ins Gigantische vergrößerten Live-Bild, schlendert er mit dem Mikro in der Hand vor den Zuhörern auf und ab, ein Rednerpult braucht er nicht – nur eine richtig große Bühne.

Als ihn Ministerpräsident Massimo D'Alema 2001 zum Fernsehduell forderte, ignorierte es Berlusconi, wie er schon andere direkte Schaukämpfe mit anderen Politikern immer wieder abgelehnt hatte. Er sprach dem Premier einfach die Autorität ab, für die ganze Mitte-Links-Koalition zu sprechen. Stattdessen begab er sich auf eine spektakuläre Kreuzfahrt – eine Luxusvariante der späteren Guidomobil-Tour. Er charterte einen 200 Meter langen Luxusliner, taufte ihn auf den Namen *Azzura: la nave della libertà* (Himmelblau: Das Schiff der Freiheit) und umfuhr damit von Genua aus Italien bis nach Venedig. Mit dabei Berlusconis 90-jährige Mutter Rosa, ein Sterne-Koch und ein Starpianist, der Klavier spielte, wenn nicht Berlusconi es selbst tat.

Die Kreuzfahrt kostete zwar 40.000 Euro täglich, garantierte aber mediale Dauerpräsenz. 100 Journalisten waren an Bord akkreditiert. Schon das Ablegen war perfekt inszeniert, als Flugzeuge mit

Schleppbannern *Forza Italia = Libertà* über den Hafen sausten. In jeder Hafenstadt wurde eine Wahlparty mit Kundgebung organisiert, entweder am Kai oder im Bauch des Schiffes, dessen Parkplatz zu einem Veranstaltungszentrum mit 2500 Plätzen umgebaut war. Berlusconi setzte auch dann noch eins drauf: Nach einem Abendspaziergang auf der Strandpromenade besuchte er ein typisches Restaurant der Stadt. Beim Auslaufen bildeten seine Fans ein Spalier, Musikkapellen standen an den Kaien, und der Wahlkampfdampfer fuhr unter Feuerwerk aufs Meer hinaus.[13] Versuche der Gegner, das perfekte Bild zu stören – etwa durch im Hafen dümpelnde Kähne mit Anti-Berlusconi-Transparenten und Demos mit ins Meer geworfenen roten Luftballons – wirkten geradezu hilflos.

Berlusconismo – das ist die Konzentration in Bild und Wort auf den Kandidaten als Botschaft. Mit Berlusconi, den seine Anhänger „Cavaliere" (Ritter) und englisch „leader" nennen, ist die Personalisierung des Wahlkampfes perfekt. Sein Name, sein Gesicht, sein Leben, seine Worte, seine Ideen standen unangefochten im Zentrum. Seine persönliche und unternehmerische Biografie, eine Art italienische Variante des amerikanischen Traums, ersetzt die fehlende Parteihistorie der nur acht Jahre alten *Forza Italia*.

Seine lange unangefochtene Popularität und Führungsstärke ist nicht nur Berlusconis Medienmacht zu verdanken, sondern auch seinem Talent als volksnaher Redner, charismatischer Animateur, telegener Darsteller in vielen Rollen, die in anderen Parteien aufs Team verteilt sind. Er selbst verkörperte die Hoffnung auf ein besseres Morgen und Führungsstärke an der Spitze eines Staates, dem die Mehrheit des Volkes grundlegend misstraut – mehr als Berlusconi.

---

[13] Cyrus Salimi-Asl: „Keine Kreuzfahrt, sondern ein Kreuzzug". *Freitag*, 7. April 2000: o.S.

Aznars Sieg: Spanien 2000

Der Wahlsieg von Ministerpräsident José María Aznar im März 2000 war zwar erwartet worden, aber nicht in dieser Dimension: Die Wiederwahl mit absoluter Mehrheit entledigte Aznar seiner schwierigen Koalitionspartner; sie demonstrierte, dass die einst als Franco-Partei gefürchtete konservative *Partido Popular* (PP) heute als moderne Volkspartei feste Verankerung gefunden hat; sie warf die von 1982 bis 1996 regierenden Sozialisten in den Staub; sie marginalisierte Kommunisten, Populisten und rechte Rivalen; und sie bestätigte einen der farblosesten und untelegensten Politiker Spaniens mit einem persönlichen Triumph. Der PP-Sieg war eine klare Stärkung der konservativen Grundströmung im Land, und der knappe Wahlsieg von 1996 sieht nun im Rückblick auch nicht mehr wie ein Betriebsunfall aus. Diesmal legte die Partei in allen Landesteilen zu, absolut und prozentual, auch in roten Hochburgen.

„España va bien", Spanien geht's gut – diesen Slogan wiederholte Aznar unermüdlich, seit sich nach dem Amtsantritt 1996 wirtschaftliche Erfolge einstellten. Er war im Vorwahlkampf wie im nur zwei Wochen dauernden offiziellen Wahlwerbefeldzug die zentrale Botschaft. Mit Argumenten unter dem gemeinsamen Titel „Hechos" (Tatsachen) und dem auf allen Plakaten neben Aznars Gesicht gesetzten Claim „Vamos a Más" (Vorwärts zum Mehr, frei übersetzt: Wir werden noch mehr erreichen) führten die Konservativen eine hauptsächlich auf den Regierungschef und den Wirtschafts- und Finanzminister Rodrigo Rato abgestellte Kampagne. Die Personalisierung war konsequent, aber nicht inhaltsleer: Die beiden Spitzenleuten standen mit ihren Eigenschaften für eine Politik, die außergewöhnlich viel mit Zahlen und Vergleichen belegt wurde. Dies stand im seltsamen Kontrast zu der auf Emotionen abstellenden, leicht träumerischen Werbelinie der Sozialisten unter dem Motto „La España que tú harías" (Spanien, wie du es gestalten würdest).

PP-Chef Aznar hatte 1996 knapp über die Sozialisten gesiegt, weil die Bevölkerung die Korruptionsskandale nach 14 Jahren satt hatte. Eine absolute Mehrheit verfehlte die PP damals, so dass eine Koalition mit katalanischen, baskischen und kanarischen Regionalparteien notwendig wurde – ein permanenter Krisenherd im Kabinett. Sich die Wiederwahl im März 2000 zu sichern, war trotz des Aufschwungs keine leichte Aufgabe. Denn die bisher in Sozialisten und Kommunisten zersplitterte Linke bedrohte Aznar in einem historischen Wahlbündnis. Das Meinungsklima war für die Konservativen rauer geworden: Aznars Reformen, so die zentrale Botschaft von Links, förderten soziale Ungleichheit und die Umverteilung von unten nach oben; von der Privatisierungspolitik hätten nur Aznars Unternehmerfreunde profitiert, die neue private Monopole entstehen ließen. Die Teilprivatisierung von Gesundheits- und Sozialaufgaben komme einem Sozialabbau gleich. Die regionale Spannung zwischen dem industrialisierten Norden und dem agrarischen Süden, der nicht so recht vom starken Wachstum profitierte, bot sich als Spaltungsthema an. Die Rückkehr des ETA-Terrors Ende 1999 und das Tauziehen um die Auslieferung des früheren Diktators von Chile, Pinochet, stellten die Urteilskraft und sichere Hand der Regierung in Frage. Die Kommentatoren waren sicher: Dies werde der härteste Wahlkampf im Spanien nach Franco.

Fehlstart der Linken

Aznars wichtigste Startvorteile lagen – neben den wirtschaftlich guten Daten – im Fehlstart der Linken. Der populäre, charismatische Sozialistenchef Felipe González hatte sich 1997 aus der Politik zurückgezogen, seine *Partido Socialista Obrero Español*, PSOE, wurde von dem innerparteilich wenig beliebten Ex-Minister Joaquín Almunia in die Wahl geführt. Die Sozialisten hatten Flügel- und föderale Kämpfe hinter sich. Almunia musste sich 1998 einer Mitgliederbefragung stellen, bei der Ex-Ministerkollege José Borrell 55 Prozent bekam. Umfragen zeigten auch das Wahlpotenzial Borrells als möglicher Herausforderer Aznars. Der erste Test sollte die Europawahl 1999 sein: Die Sozialisten schnitten die Kampagne ganz auf Borrell zu, doch die entfernte Verwicklung in einen Korruptionsskandal setzte Borrell einen Monat vor der Europawahl ein Ende. Als Almunia Spitzenkandidat wurde, schien er nur ein Notnagel.

Almunia hatte aber immerhin ein historisches Bündnis mit der von den Kommunisten geführten Vereinigten Linken (*Izquierda Unida*, IU) geschlossen, das Gonzalez nie gewollt hatte. So etwas hatte es seit dem Bürgerkrieg nicht mehr gegeben. Strategisch hätte es Aznars Konservative in Bedrängnis bringen können. Die IU hatte bereits bei der Europawahl 1999 kräftig Federn gelassen und stand vor einem weiteren Wahldesaster. Eine echte Bündelung der linken Kräfte blieb jedoch aus: Gemeinsame Listen und Direktkandidaten gab es nicht, so dass viele Sitze der Konservativen in Wackelwahlkreisen sicher blieben. Ein gravierender Strategiefehler.

Der rot-rote Pakt erleichterte es Aznar dagegen, die Sozialisten als zu weit links zu brandmarken und ihr klassenkämpferische, kollektivistische und unmoderne Ziele anzudichten. Am Ende brachte es der Linken Mobilisierungsprobleme: Dass die Wahlbeteiligung von 70 Prozent rund sieben Punkte unter der von 1996 lag, ging eindeutig zu ihren Lasten. 18 Prozent der PSOE-Wähler von 1996 blieben zu Haus, bei den IU-Wählern verweigerten sich sogar 43 Prozent. Dagegen wanderten eine halbe Million Stimmen von den Sozialisten zu den Konservativen, und sogar 90.000 bisherige Anhänger der Vereinigten Linken wählten Aznar.[14]

Farblosigkeit als Imagebonus

Aznar ist das Gegenteil eines telegenen Medienlieblings, wie der Sozialist Gonzalez es war. Aznar kann keine Massen begeistern, weder Zuhörer noch Journalisten. Ernst, wortkarg, kalt, distanziert,

[14] Helmut Wittelsbürger: „Die Parlamentswahlen in Spanien am 12. März 2000". Analyse der Konrad-Adenauer-Stiftung, KAS-AI 4/00: 38.

gefasst, blass und humorlos, eher spröde und steif, das sind seine Attribute. Er war ein wenig auffälliger ehemaliger Steuerinspektor aus Kastilien, der mehrmals an den Sozialisten gescheitert war. Gonzalez spottete, Aznar sei ein Roboter; eine Zeitung charakterisierte ihn als „jungen Mann ohne Leidenschaften". Nach dem Wahltriumph legte ein Karikaturist Aznar die Worte in den Mund: „Und was wäre passiert, wenn ich obendrein noch Charisma hätte?"[15]

Ähnlich wie später Edmund Stoiber drehte Aznar seine telegene Schwäche zum erwünschten Attribut. Seine Kampagnen aus der Opposition 1993 und 1996 stellten Redlichkeit, Verantwortungsbewusstsein, Zielstrebigkeit, Beharrlichkeit und menschliche Durchschnittlichkeit (nebst Kirchgang, Jogging, Lieblingsspeisen und Familie) kommunikativ ins Zentrum, um den Kontrast zur vermeintlichen Effekthascherei der PSOE-Regierung zu schärfen. Im Wahlkampf 2000 wurde Aznar in seiner Farblosigkeit allerdings von dem neuen Sozialistenchef deutlich übertroffen. Einen Wettstreit darum, wer langweiliger wirken und regieren würde, hätte nun kaum den erwünschten Kontrast gebracht, den Herausforderer Almunia dagegen auf Augenhöhe in einem Ähnlichkeitswettbewerb. Darum lehnte Aznar auch das von vielen Bürgern erwartete TV-Duell mit Almunia ab. Er hätte nur einer Elefantenrunde mit den Spitzenkandidaten aller Parteien zugestimmt – aber das wollte Almunia nicht.

Stattdessen setzte Aznar voll auf den Amtsbonus, ein Image als effektiver, ruhiger Macher in bewegten Zeiten. Er präsentierte sich – langweilige Reden hin oder her – als Symbol der Stabilität in einem Land, dessen Politik in den letzten Jahrzehnten nie besonders stabil gewesen war. Aznar, der wirtschaftlich erfolgreiche Staatsmann auf dem Weg des „Vorwärts zu Mehr". Dass er ankündigte, nur noch dieses eine Mal antreten zu wollen, unterstrich die seriöse Linie.

Er brachte den ausgeglichenen Haushalt, die neuen Jobs, die Erfüllung der Maastricht-Kriterien und den Wirtschaftsboom als Er-

[15] Hubert Kahl, „Junger Mann ohne Leidenschaften". *dpa* 13.03.2000.

gebnis seiner Politik in Stellung. Die These: Ein Regierungswechsel würde Rückschritt bedeuten – zurück zur Instabilität durch sozialistische Wirtschaftspolitik, zurück zu Korruption, Filz und Skandalen. In der abschreckenden konservativen Kernbotschaft „Wir oder das Chaos" stand Aznar erneut für Fakten-untermauerte Solidität, Verlässlichkeit und Führungsstärke.

Die musste Aznar in einer innenpolitische Krise mitten im Wahlkampf unter Beweis stellen. Die baskische ETA tötete mit einer Autobombe zwei Politiker drei Wochen vor dem Wahltag. Dies war bereits der zweite Anschlag seit dem Ende der ETA-Waffenruhe im Dezember. Aznar reagierte sofort auf das anschwellende Thema innere Sicherheit: kompromisslose Repression der ETA und Isolierung ihrer politischen Verbündeten, Verteidigung der unteilbaren Nation, Appell an die Geschlossenheit Spaniens gegen den Terror. Damit grenzte sich die PP gleichermaßen von den Regionalparteien ab, mit denen sie koalierte, und vom autonomiefreundlichen Wahlprogramm der Linken, das weit über die Dezentralisierungsziele der Konservativen hinaus ging. Trotzdem achtete Aznar auf den staatsmännisch-überparteilichen Schulterschluss der Demokraten gegen die Gewalt: Mit dem Gegner Almunia marschierte er sogar Seite an Seite auf einer Demonstration – ein perfekter medialer Schachzug.

Der schwarze Blair nimmt die Angst vor Rechts

Aznars wichtigste Aufgabe als Oppositions- und Regierungschef in den Neunzigern war es, den Spanien klarzumachen, dass sie 20 Jahre nach Ende der Franco-Diktatur keine Angst mehr vor einer konservativen Regierung zu haben brauchen. Um in der Mitte wählbar zu sein, durfte die Partei nicht mehr mit Franco assoziiert werden – obwohl viele ehemalige Franco-Funktionäre in der PP Mitglied sind. Sie durfte auch nicht mehr mit dem autoritären Zentralismus der früheren Franco-Partei in Verbindung gebracht werden. Wenn die *Partido Popular* ihren Anspruch als echte Volkspartei geltend machen wollte, musste sie die Verständigung mit allen

Sozialpartnern und allen Regionen betonen. In der Koalition mit den Regionalparteien bewies sie dann auch ihre Kompromissfähigkeit. Allerdings waren es teure Kompromisse mit Geschenken für die Provinzen der Juniorpartner.

Immerhin war Aznars Regierung trotz knapper Mehrheit nie in einer Existenz bedrohenden Krise, größere Kabinettsumbildungen gab es nicht, und Aznar hatte seine Minister recht gut im Griff. 2000 wurde erstmals in der jüngeren spanischen Geschichte eine Legislaturperiode ohne vorgezogene Neuwahlen zu Ende gebracht. Was es an Affären und Verfehlungen gab, wurde verhältnismäßig professionell aufgelöst. Diese Stabilität sollte die Spanier beeindrucken.

Aznars Regierung platt als rechts zu bezeichnen, führt in die Irre. Seine Agenda erinnert eher an den „dritten Weg" von New Labour; kein Wunder, dass der Spanier als „schwarzer Tony Blair" bezeichnet wird. Aznar hatte bei Antritt versprochen, das international rückständige Spanien auf pro-europäischen Modernisierungskurs zu bringen und den Weg für Wachstum und Arbeit frei zu machen. Dieser Weg war einer der sozialen Marktwirtschaft, nicht der radikalen Deregulierung à la Berlusconi (auch wenn dies von Verbrüderungsgesten mit dem Italiener überdeckt wird). Dabei brachte Aznar all seine Integrationskraft auf, um die 1989 formierte *Partido Popular* als bürgerliche Sammlung aus liberalen, konservativen und christdemokratischen Kräften zusammen zu halten, sie in der Mitte zu verankern und ihr ein modernes, geschlossenes und glaubwürdiges Image zu geben. Das zahlte sich im Wahlkampf aus. Mit diesen Vorgaben konnte das Kampagnenteam unter Erziehungsminister Mariano Rajoy eine reibungslos funktionierende Wahlkampfmaschinerie aufstellen, die ebenfalls Labours Lektionen gelernt hatte. Der Claim 2000 „Vorwärts zu Mehr" bediente ohne Kunstgriffe und wenig Showeffekten den Anspruch der Spanier auf einen größeren Anteil am Kuchen und ein modernes Vaterland als Chancenland – ähnlich wie Blairs „We deserve better, and we can do better."

International Electioneering II

LABOUR: ENDE DER TOTALEN KAMPAGNE

BERND BECKER
BONN

DIE REGIERENDE LABOUR PARTY KONNTE IM UNterhauswahlkampf 2001 ihre Kampagne auf für die Regierung günstige Ausgangsbedingungen aufbauen. Labour dominierte seit Mai 1997 fast alle Umfragen, und niemand bezweifelte ernsthaft einen Wahlerfolg bei der kommenden Unterhauswahl.

Hierbei spielte der weitgehende Ausfall der Konservativen Partei als größter Oppositionspartei eine wesentliche Rolle. Ebenso wichtig: Labours erfolgreiche Positionierung als Partei der Wähler der Mittelklasse, die mit einer kompetent geführten Wirtschaftspolitik den Mythos von der Regierungsunfähigkeit Labours nachweislich ad acta legen konnte (Butler/Kavanagh 2002: 21 ff.). Beide große Parteien bestritten zentral gesteuerte und inszenierte Wahlkämpfe, gestaltet nach dem Vorbild der Labour-Kampagne von 1997. Doch 2001 offenbarte die nach der Wahl 1997 viel gepriesene und analysierte Wahlkampfmaschine Labours die Probleme einer Regierungspartei bei der Wahlkampfführung. Die Defizite einer nach amerikanischem Vorbild gestalteten Kampagnenführung machte ebenso der Misserfolg der Tories deutlich.

Sieg ohne Triumph

Die Ergebnisse der britischen Unterhauswahl vom 7. Juni 2001 sind schnell aufgelistet: ein erneuter Erdrutschsieg der Labour Party unter Tony Blair; eine neuerliche Wahlniederlage der Tories; das beste Wahlergebnis der Liberalen seit 72 Jahren. Labour erhielt rund 41 Prozent der Stimmen und 412 Sitze. Die Tories erreichten knapp 32 Prozent und damit 166 Mandate. Die LDP entsendet mit rund 18 Prozent der Stimmen 52 Abgeordnete ins Unterhaus. Die verbleibenden 29 Sitze verteilen sich auf die Parteien aus Nordirland, Wales und Schottland. Damit verfügt Labour über eine Unterhausmehrheit von 165 Sitzen. Blair schickt sich an, der erste Labourpremier zu werden, der eine volle zweite aufeinanderfolgende Amtszeit regieren kann. Doch trotz des Erfolges gab es bei Labour kaum Jubel, denn der Sieg wird durch zwei Umstände getrübt: der Wahlbeteiligung, die mit nur 59 Prozent so niedrig lag wie seit 80 Jahren nicht mehr, und dem katastrophalen Zustand der Tories.

Der Preis der Kampagne

Der Wahlkampf Labours 1997 hatte für die Kampagnenführung auf der Insel neue Maßstäbe gesetzt (Becker 2001: 263ff.; Jun 2001: 90ff.). Dies betraf unterschiedliche Bereiche, etwa: das *Agenda-Setting*, das *Rapid Rebuttal*, eine zentral gesteuerte Fokussierung auf *eine* Botschaft, die Identifizierung und Betreuung von Zielgruppen. Diese „Techniken“ fanden auch 2001 wieder ihre Anwendung, dieses Mal ebenso bei den Tories – das hatte seinen Preis: Die Konservativen gaben 12 Millionen, Labour 11 Millionen Pfund für den Wahlkampf aus. Die Ausgaben der Parteien für die Wahlkampagnen haben sich seit den 80er Jahren ständig erhöht. Zwischen 1983 und 1997 stiegen sie bei den Tories um den Faktor drei, bei Labour um den Faktor fünf.

Da es in Großbritannien keine staatliche Parteienfinanzierung gibt, sind die britischen Parteien auf die klassischen Quellen angewiesen: Mitgliedsbeiträge, Spenden, Erlöse aus kommerzieller Tätigkeit. Die Konservativen galten traditionell als „wohlhabender" als ihre Konkurrenten. Dieses Bild ist überholt. Labour und die Liberaldemokraten haben im letzten Jahrzehnt die klassische „Finanzlücke" zu den Tories schließen und ihre Finanzquellen erweitern können. Heute profitieren Labour und die Tories von Spenden wohlhabender Einzelpersonen und der Wirtschaft. Ständig sind die großen Parteien bemüht, ihre Finanzlage zu verbessern. So hat Labour große Anstrengungen unternommen, um durch professionelles *Fundraising*, das von externen Spezialisten durchgeführt wird, die Finanzbasis zu verbreitern: *Fundraising Dinners* zur Auffüllung der Wahlkampfkasse gehören zum Alltagsgeschäft. Da es bei den Spendeneinnahmen der Parteien um erhebliche Summen im Millionen-Pfund-Bereich geht, werden sie in Großbritannien sehr kritisch kommentiert, wobei immer der Vorwurf der Einflussnahme durch die Spender auf die Politik im Raum steht.

Um der Ausgabenexplosion eine Grenze zu setzen und die Parteien vor Überschuldung zu bewahren (trotzdem sind nach der Wahl 2001 sowohl die Tories als auch Labour tief in den roten Zahlen) wurde 2000 die Höchstgrenze für die Wahlkampfausgaben gesetzlich auf maximal 19,8 Millionen Pfund für Parteien, die in allen 659 Wahlkreisen Kandidaten aufstellen, festgelegt. Für die Parteien, die nur in den 641 Wahlkreisen Großbritanniens antreten, gilt eine Obergrenze von 15,4 Millionen Pfund. Im Frühjahr 2001 beschloss die Regierung eine einheitliche Ausgabenhöchstgrenze von 16,3 Millionen Pfund für alle Parteien. Dies liegt deutlich unter den

Summen, die die beiden großen Parteien im Wahlkampf 1997 (Labour 26 Millionen und die Tories 28,3 Millionen Pfund) ausgegeben haben (Becker 2002).

Als Regierung in den Wahlkampf

Für Labour war der Wahlkampf 2001 trotz der günstigen Ausgangsbedingungen und dem Rückgriff auf die Techniken der Kampagne von 1997 schwierig. 2001 musste Labour als *Campaigning Government* agieren und diese Rolle wurde als problematisch empfunden. Einer der Wahlkampfstrategen in Millbank Tower sagte dazu: „Wahlkampf aus der Opposition heraus ist wie Segeln bei einer steifen Brise – aus der Regierung heraus aber wie Segeln bei Windstille" (Butler/Kavanagh 2002: 22).

Ohne echte Herausforderung vom politischen Gegner musste Labour die Kampagne statt gegen die Tories um die eigenen Leistungen als Regierungspartei herum aufbauen. Dabei waren Blairs Popularitätswerte immer deutlich höher als die seiner Partei – an seiner Person lag es nicht, dass der Wahlkampf nie wirklich in Schwung kam.

Langeweile und niedrige Wahlbeteiligung

Die Demoskopen warnten von Anfang an vor einer niedrigen Wahlbeteiligung – dass sie nur bei 59 Prozent liegen würde, hatte niemand erwartet (Butler/Kavanagh 2001: 123 f.). 1997 waren noch 74 Prozent der Wahlberechtigten zur Urne gegangen. Bei der Wahl 2001 waren die Rahmenbedingung für eine hohe Wahlbeteiligung, wie 1997, als es um eine echte Richtungsentscheidung ging, nicht gegeben. Während des Wahlkampfes wurde nicht etwa die Frage diskutiert, wer denn wohl gewinnen würde.

Von Interesse war einzig die Frage, wie hoch der Sieg Blairs ausfallen und wie groß damit seine Unterhausmehrheit sein würde. Eine Untersuchung im Auftrag der Wahlkommission kam zu dem

Ergebnis, dass es vor allem die Wahlkampagne selbst war, die die Wähler vom Wählen abgehalten hat. Der Wahlkampf habe das Interesse der Bürger nicht entfacht, die Wähler hätten „trotz, nicht wegen der Kampagne gewählt" (The Guardian, 03.07.2001).

Sowohl Labour als auch die Tories orchestrierten ihre Kampagne mit monatelanger Planung und ähnlichen Instrumentarien. Es wurden Ablaufpläne erstellt, die Agenda für die täglichen Pressekonferenzen und die Wahlkampftouren der Spitzenpolitiker abgestimmt. Fokusgruppen sollten die Stimmungslage in der Wählerschaft transparent machen. Die Wahlkampfzentralen versuchten, den Medien die für die Partei jeweils günstigsten Themen zu verkaufen. Es zeigt sich aber, dass gerade diese generalstabsmäßig durchgestylte Kampagnenführung dazu führt, dass Spontaneität und die Fähigkeit, die Wähler für die Botschaft der Parteien zu begeistern, verloren gehen. Dies gilt, wie der Vergleich zwischen 1997 und 2001 deutlich macht, um so mehr, wenn eine erfolgreiche Regierung in den Augen der Medien und der Öffentlichkeit ohne jeden Zweifel die Wahl gewinnen wird. Die „totale" Kampagne, mit Rund-um-die-Uhr-Betreuung der Medien, inszenierten Bustouren der

"The Tories present: Economic Desaster II, Coming to a home, hospital, school and business near you. — Don't go back." *Labour-Wahlplakat im Kinostil 2001.*

Spitzenpolitiker und Ähnlichem mehr, macht es unausweichlich, dass die Berichterstattung der Medien ebenso kontinuierlich stattfindet – und so erschöpfen sich nicht nur die Ressourcen der Kampas und der Politiker schneller, Inhalte treten zunehmend in den Hintergrund, sie ermüden offensichtlich auch das Publikum und schaffen eine Situation, in der es den Parteien, vor allem einer Regierungspartei, schwer fällt, die eigenen Leistungen und Inhalte zu kommunizieren (Stanyer 2002: 386).

Kampagne mit den üblichen Instrumenten

Die heisse Wahlkampfphase, die sich über einen Monat (vom 8. Mai bis 7. Juni 2001) hinzog, etablierte sich rasch in monotoner Routine. Die Tories hatten aus ihren Fehlern von 1997 gelernt und setzten unmittelbar nach dem 8. Mai ihren „Fast Start" – Plan um, der die Verteilung von 10.000 Flyern an Zielgruppenwähler in allen *marginal seats* ebenso beinhaltete wie die schnelle Publikation des Wahlkampfprogramms, das die Tories gut eine Woche (!) vor Labour veröffentlichten – neben der Schlägerei des stellvertretenden Premierministers Prescott mit einem eierwerfenden Passanten schon die einzige wirkliche Überraschung des Wahlkampfes.

Obwohl die Frage eines Fernsehduells der Spitzenkandidaten Blair und Hague diskutiert wurde, kam ein solches nicht zu Stande. Die Wahlkampfstrategen Labours lehnten ein TV-Duell angesichts des großen Vorsprungs in allen Umfragen ab. Eine wesentliche Rolle dürfte hierbei die Tatsache gespielt haben, dass der in den Augen der Öffentlichkeit unterlegene Duellant (also William Hague) dabei überproportional gewinnen kann, wenn er die an ihn gerichteten Erwartungen übertrifft.

Labour: Noch einmal wie 1997

Labour nutzte wie 1997 Millbank Tower als Kampa und *war room*, wobei die Parteizentrale ohnehin dorthin gezogen war. Nach dem

Sieg im Mai 1997 hatte sich das Wahlkampfpersonal schnell in neuen Positionen innerhalb der Regierungsmaschinerie verteilt. Vom Oktober 1998 an begann schrittweise der Wiederaufbau der Wahlkampfzentrale, die dieses Mal auch mit Personal aus No 10 besetzt wurde. Die reibungslose Kommunikation der beiden Zentren sollte von vornherein sichergestellt werden.

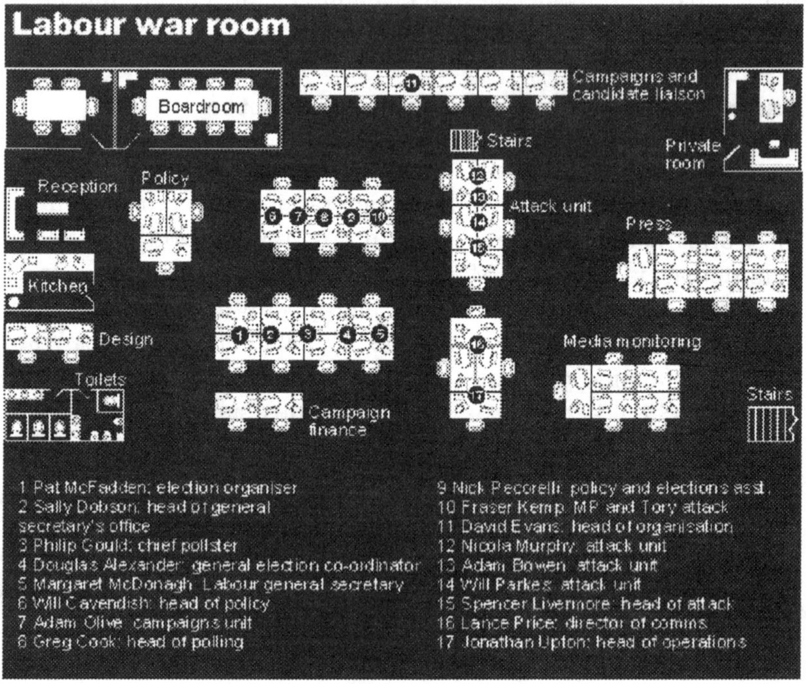

WITH PERMISSION BY THE GUARDIAN

Personelle und strukturelle Kontinuität

Gordon Brown wurde zum Leiter des *Campaign Strategy Committee* ernannt, Peter Mandelson führte die Planungsabteilung (nach seinem Rücktritt als Minister übernahm Douglas Alexander diese Aufgabe). Blair begann ab Frühsommer 2000 die Wahlkampfvorbereitung in seinen Terminplan mit einzubeziehen. Personell und strukturell versuchte Labour die 97er Kampagne zu duplizieren, wobei die personelle Verquickung mit No 10 eine labyrinthische Struktur der Wahlkampfzentrale etablierte (Butler/Kavanagh 2002: 36). In Millbank selbst wurden Excalibur und die *Attack and Rebuttal Unit* wiederbelebt und die Organisation des Wahlkampfs gebündelt. Bis März 2001 etwa hatte man in den von der Partei anvisierten 146 Schlüsselwahlkreisen rund eine Million Wähler durch Telefonanrufe kontaktiert.

Auch 2001 wurde der Wahlkampf Labours, wie schon 1997, als eine perfekt inszenierte Medienkampagne geführt. Doch dieses Mal war wenig von der angeblichen Medienbeherrschung durch Labours *Spin Doctors* zu sehen. Im Wahlkampf wurde natürlich alles getan, um Tony Blair und die Labourregierung mediengerecht ins rechte Licht zu setzten. Dabei offenbarte die Labourmaschine aber Schwächen: So wurde Journalisten in den Wahlkampfbussen, eingedenk ihrer Mobiltelefone, erst eine halbe Stunde vor Ankunft mitgeteilt, wohin die Reise gehe. Labour stritt sich mit der Presse darüber, ob Konfrontationen, wie die zwischen Blair und einer aufgebrachten Bürgerin in Birmingham, von den Medien inszeniert worden seien. Blair selbst machte nur wenige Rundgänge, denn man konnte nicht garantieren, dass er nur auf wohlgesonnene Wähler treffen würde. 1997 brauchte man diese Vorsichtsmaßnahmen nicht.

Neue Werbeprofis

BMP, die Agentur, die 1997 die Kampagne betreut hatte, wurde im April 2000 durch die in amerikanischem Besitz stehende Agentur TWBA ersetzt. Mit rund einjährigem Vorlauf wurde der Werbefeldzug Labours in enger Absprache mit Millbank und No 10 gestaltet, der im November 2000 mit der Posterserie „If you voted for change in 1997, thank you“ begann, die die Erfolge der Regierung Blair mit Gesichtern zufriedener, sich selbst beglückwünschender junger Menschen in verschiedenen Politikbereichen auflistete.

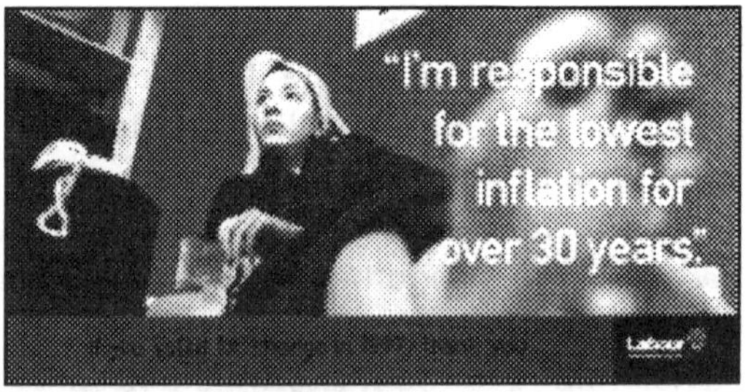

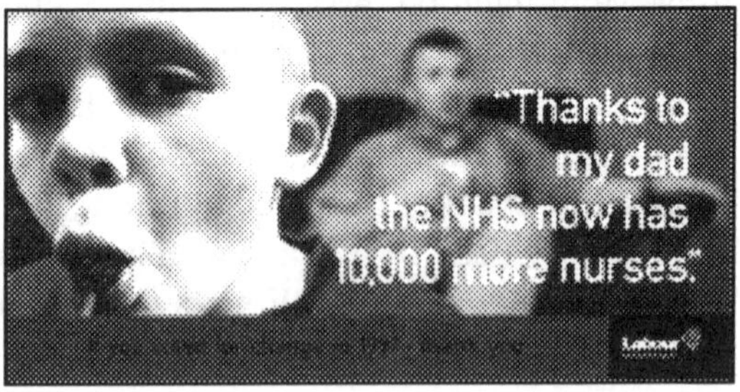

Während des Wahlkampfes selbst trat Labour nicht mit allzu originellen Postern oder Materialien hervor, abgesehen vielleicht von dem Plakat, das William Hague mit der Frisur von Margaret Thatcher zeigte. Allerdings hatten alle Parteien mit der Schwierigkeit zu kämpfen, dass die Wahlwerbung weit weniger Aufmerksamkeit erregte als noch 1997 (Butler/Kavanagh 2002: 132 ff.).

Basis der Werbestrategie war auch 2001 besonders die qualitative Meinungsforschung bei Themenmanagement und Werbemitteltests. So arbeitete Labour erneut, ebenso wie die Tories mit Fokusgruppen. Philip Gould hatte zusammen mit James Carville und Stan Greenberg (aus Clintons Team von 1992) noch 1997 die Agentur GCGNOP gegründet, die ab September 1997 für Labour Meinungsforschung betrieb und dies ab Februar 2000 auf monatlicher Basis etablierte. Während des Jahres 2000 arbeitete Gould im Schnitt mit zwei Fokusgruppen pro Woche, wobei dies im Nachgang zu den an die Öffentlichkeit geratenen Memos Goulds an Blair (Becker 2000: 875 f.) zunächst von TBWA übernommen wurde und Gould erst ab dem 8. Mai 2001 wieder selbst die Fokusgruppenarbeit durchführte und die Ergebnisse auswertete.

Inhalte der Kampagne

Wie 1997 brachte Labour eine scheckkartengroße Garantiekarte (*Pledge Card*) unter die Wähler. So sollten die zentralen Punkte des Wahlprogramms transportiert werden. Was aber 1997 eine Karte mit konkreten Versprechen und deren Finanzierung war, wurde 2001 zu einer vagen Aneinanderreihung von Versprechen ohne Hinweis auf deren Finanzierung. Anders als 1997 wurden Garantien bezüglich der Höhe der Einkommenssteuersätze nicht wiederholt.

Hier zeigt sich der deutlichste Paradigmenwechsel von 1997 zu 2001: Nicht mehr die Steuerpolitik, sondern die Reform des öffentlichen Sektors rückte in den Mittelpunkt, die Behebung der Missstände bei der Bahn, den Schulen und im Gesundheitswesen. All dies Probleme, die das Alltagsleben der Briten betreffen und dringender Reformen bedürfen. Für diese Änderung gibt es mehrere Gründe. 1997 musste der Wähler von der angeblich vorhandenen wirtschaftspolitischen Kompetenz New Labours überzeugt werden. Ein eigenes Wahlprogramm für die Wirtschaft und die Hofierung der Wähler der Mittel- und Oberschicht in der Steuerfrage waren zentrale Themen. Bis zur Wahl 2001 hatte Schatzkanzler Brown durch umsichtiges Haushalten seine Partei von dem Ruf befreit, sie könne mit Geld nicht umgehen. Der wirtschaftliche Erfolg und das Vertrauen der Wirtschaft in die Labour Party und nicht in die Tories war daher die Basis, auf der Labour 2001 den Wahlkampf führte.

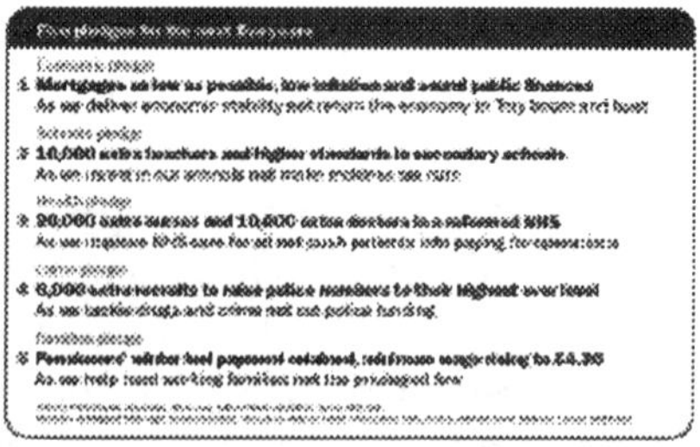

Economic pledge
1. Mortgages as low as possible, low inflation and sound public finances
As we deliver economic stability **not** return the economy to Tory boom and bust
Schools pledge
2. 10,000 extra teachers and higher standards in secondary schools
As we invest in our schools **not** make reckless tax cuts
Health pledge
3. 20,000 extra nurses and 10,000 extra doctors in a reformed NHS
As we improve NHS care for all **not** push patients into paying for operations
Crime pledge
4. 6,000 extra recruits to raise police numbers to their highest ever level
As we tackle drugs and crime **not** cut police funding
Families pledge
5. Pensioners' winter fuel payment retained, minimum wage rising to £4.20
As we help hard working families **not** the privileged few
Thank you for helping us build the foundations.

Tories: Professionelle Kampagne ohne Wirkung

Für die britischen Konservativen bietet das Wahlergebnis wenig Tröstliches. Ein einziger Sitz konnte im Vergleich zu 1997 hinzu gewonnen werden. In Schottland ist die Partei zumindest wieder vertreten, wenn auch nur durch einen Wahlkreis. Doch dies ändert nichts am düsteren Gesamteindruck. Die Tories stehen nach der Wahl 2001 exakt da, wo sie bereits 1997 standen: Vor der überragenden Unterhausmehrheit Labours, die in einer Legislaturperiode bestenfalls reduziert, nicht jedoch umgedreht werden kann. Der konservative Wahlkampf war dabei eigentlich logisch aufgebaut

(Butler/Kavanagh 2001: 242 ff.; Webb 2002 : 365). Da man mit einer niedrigen Wahlbeteiligung rechnete, war die Hauptaufgabe, die Stammwähler zu mobilisieren. Mit „Gewinnerthemen" wie Euro, Asyl und Kriminalität sollte die Trendwende geschafft werden.

Die Partei ließ sich dabei von den Erfolgen bei den Kommunal- und Europawahlen blenden, die sie im Jahr 2000 verbuchen konnte. Bei der Unterhauswahl 2001 war der Euro hingegen kein Gewinnerthema, denn die Regierung hatte sich längst verpflichtet, nichts ohne ein Referendum zu tun. Der Wähler würde also entscheiden dürfen, aber nicht am 7. Juni 2001, wie es die Tories propagierten. Die stabilen Zinsen, ein zentraler Gesichtspunkt für eine Gesellschaft von Hausbesitzern und der anhaltende wirtschaftliche

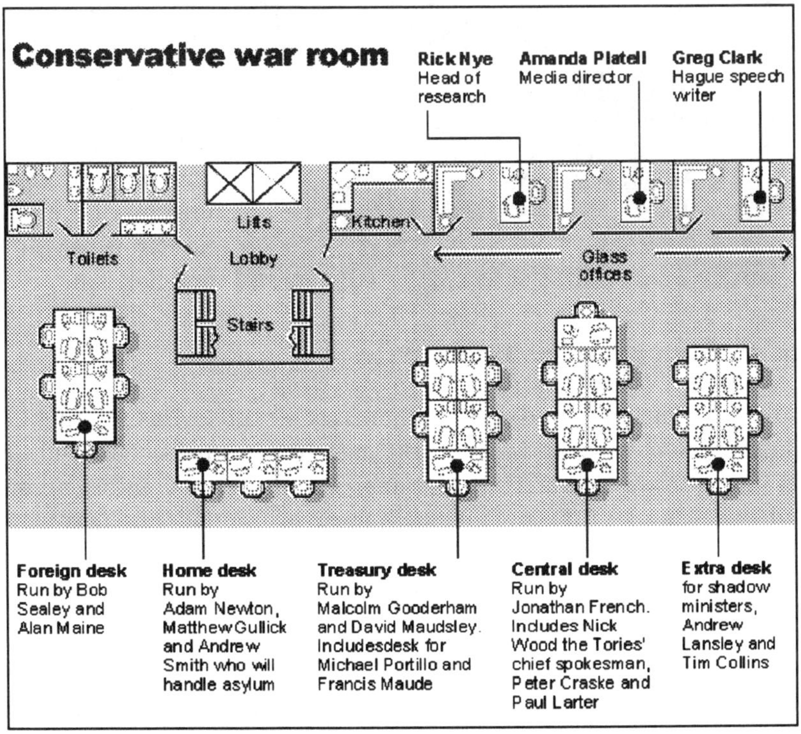

WITH PERMISSION BY THE GUARDIAN

Erfolg des Landes ließen den Tories auch auf diesem Gebiet keinen Raum. Bei den zentralen Themen Bildung, Infrastruktur, Gesundheit trauten die Wähler der Opposition sogar weniger zu als Labour.

So bestätigte sich der Grundsatz, dass die Stärke einer Regierung maßgeblich vom Zustand der Opposition abhängt. Dieser blieb 2001 schlecht: Die Tories sind überaltert und haben keine programmatische Alternative zur Labour Party entwickelt, die sich ungehindert als eine Partei der Mitte etabliert hat.

Mehr Dialog durchs Internet

Alle Parteien nutzten das Web intensiver als 1997. Das Internet bot den Parteien jetzt die Möglichkeit, mit einem erheblichen Teil der Wähler – etwa einem Drittel – einen unmittelbaren, informationssatten Dialog zu führen. Untersuchungen zeigen jedoch, dass lediglich 18 Prozent der User Gebrauch von den „politischen" Angeboten der Parteien machten, wobei das Interesse am Internetangebot seit 1997 allerdings klar zugenommen hatte (Stanyer 2002: 377 ff.).

Mehrere Websites (keepthetoriesout.co.uk, stophague.com) versuchten die gegen die Tories eingestellten Bürger über das Internet zum Stimmentausch zu motivieren. Das Ziel war, Labourwähler und solche der LDP zu einer taktischen Stimmabgabe zu bewegen, um so zu verhindern, dass Torykandidaten allein wegen des Stimmensplittings der Gegner gewinnen würden. Eine Website (www.tacticalvoter.net) gab das nötige Wissen zum taktischen Wählen, wie etwa die Ergebnisse von 1997 (nach Wahlkreisen sortiert) und eine darauf basierende Wahlempfehlung weiter. Es konnten Name, E-Mail-Adresse und Details zum eigenen Wahlkreis hinterlassen werden, woraufhin man mit Wählern in Kontakt gebracht wurde, die sich in ihrem Wahlkreis bereit erklärt hatten, ihre Stimme zu tauschen. Dies trägt dem Umstand Rechnung, dass aufgrund des britischen Wahlrechts die meisten Sitze sicher in der Hand einer Partei liegen und die Wahlentscheidung in einer beschränkten Zahl umkämpfter Wahlkreise (*marginal seats*) fällt. Schon ein Umschwung von wenigen Stimmen kann hier dazu beitragen, dass eine andere Partei gewinnt. Bei der Wahl 2001 waren nach Berechnungen von Paul Webb nur 120 Wahlkreise *marginal seats*, von denen 75 Prozent im Süden oder den Midlands lagen – hier konzentrierten die großen Parteien ihre Wahlkampfaktivitäten (Webb 2002: 366).

Auch wenn sich ein schlüssiger Beleg für den Erfolg dieses „Stimmenhandels" nicht führen lässt, gibt es Hinweise, die auf Auswirkungen in einzelnen Wahlkreisen hindeuten. Nach einem Bericht der Hansard Society erhielt tacticalvoter.net zum Beispiel in Cheadle 47 Angebote zum Stimmentausch – der Tory-MP verlor den Wahlkreis gegen eine Mehrheit von 33 Stimmen an die LDP, in Dorset South gab es 185 Angebote, der Tory MP verlor den Sitz mit 153 Stimmen an Labour (Stanyer 2002: 384).

Britische Lektionen

Welche Lehren lassen sich aus dem Unterhauswahlkampf 2001 für zukünftige Kampagnen ziehen? Erstens: Labour hat beim Versuch, die Medien und die Partei permanent und im Detail im eigenen Sinn zu beeinflussen, übersteuert. Damit lähmte sich Labour selbst – und den Wähler. Am Ende stand der offizielle Abschied vom *Spin*

Doctoring und die Rückkehr zum nüchterner präsentierten Inhalt.

Zweitens: Wer die direkte Kommunikation mit dem Wähler ausschließlich über die Köpfe der Parteimitglieder hinweg betreibt, darf sich nicht wundern, wenn das Engagement ausbleibt. Die Amateure werden immer noch gebraucht.

Drittens: Die Zukunft gehört nicht allein der gut geölten Profimaschine, sondern einem partizipativen Wahlkampfstil, der auch Ad-hoc-Wahlhelfern möglichst viele Angebote zum Mitmachen und Mitkämpfen gibt.

Zurück zum Inhalt

Das Problem der Labourregierung war nicht, dass sie Medienmanagement betrieb (und weiter betreibt) sondern das Ausmaß und die Fixierung darauf in den ersten Regierungsjahren. Durch den offensiven, öffentlich geradezu als Markenzeichen herausgestellten spin der Medien entstand ab 1997 das Image der *Control Freaks* Tony Blair, Alastair Campbell (Blairs Pressedirektor) und anderer, wobei der Einfluss und die Möglichkeiten der Medienstrategen häufig übertrieben dargestellt und die Frage der Einflussnahme der Politik auf die Medien, quasi als Gegenreaktion von Seiten der Journalisten zunehmend selbst zur „Story" wurde.

Die „schwarze Kunst" der *Spin Doctors*, die sich meisterhaft auf das Geschäft der politischen Manipulation verstehen, ist weitgehend ein Mythos. Sowohl Peter Mandelson als auch Alastair Campbell äußerten sich jüngst selbstkritisch zu ihrer Rolle bei der Fixierung der Regierung auf ihr Erscheinungsbild in den Medien, die sie heute als Fehlpositionierung einschätzen.

Mit solchen Stellungnahmen versucht die Regierung im Frühjahr/Sommer 2002 verstärkt weg vom *Spin*-Image zu kommen (Mandelson 2002: ix ff.; *The Guardian*, 2.11.2000: „Mandelson admits hype was mistake"; *The Times*, 9.5.2002: „I spun too much repents Campbell").

Die Techniken professioneller Medienarbeit – im Wahlkampf 1997 von Labour eindrucksvoll demonstriert – wurden in der Regierungsarbeit Blairs fortgeschrieben. Auch nach der Regierungsübernahme haben die Kommunikationsexperten um den Premierminister ihre zentrale Stellung nicht verloren (Scammell 2000: 182). Für Blair und seine Mitstreiter sind politisches Handeln und dessen Präsentation identische Vorgänge, Teil des gleichen Prozesses, der von denselben Menschen ausgeführt wird. So erklärt sich die zentrale Rolle des Medienmanagements, der Einfluss von Personen wie Alastair Campbell oder Peter Mandelson. Labour versuchte in den ersten Regierungsjahren, Politik permanent unter selbst gesetzten Wahlkampfbedingungen zu implementieren und erlebte gerade dadurch seit 1997 die schwersten Krisen (Becker 2000: 882 ff.).

Der stete Kontakt von Meinungsforschern, Medienberatern und Marketingfachleuten, der Versuch, ein professionelles Kommunikationsmanagement zu etablieren und die eigenen Ziele an Hand der gewonnenen Erkenntnisse auszurichten – all das muss neu abgewogen werden. Statt zu versuchen, ständig jede Schlagzeile in der Presse positiv zu bestimmen, möglichst optimal im Fernsehen zu erscheinen, sollten die Parteien – dies gilt vor allem, wenn man als Regierung Wahlkampf führt – die eigenen Leistungen (sofern solche vorzuweisen sind) für sich sprechen lassen.

Nicht über die Köpfe der Parteimitglieder

Die direkte Interaktion zwischen der Parteiführung, der Regierung und dem Bürger unterminiert die traditionellen Formen der Politikvermittlung durch die Parteien und ihre lokalen Organisationen. Die aktiven Parteimitglieder verlieren, wie die gesamte Parteiorganisation, an Bedeutung – und dies um so mehr, wie sich die Parteiloyalitäten unter den Wählern auflösen und die Wahl zu einer immer wieder neu zu fällenden Entscheidung wird (Jun 2002). Um Wähler wird geworben – nicht mehr so sehr auf Parteitagen, Veranstaltungen oder in den Ortsvereinen – sondern durch professionelle

Vermarktung der eigenen Leistung, ständige Beobachtung des politischen Gegners und flexible Programmatik.

Ohne aktive, engagierte Parteibasis ist es aber unmöglich, erfolgreich Politik zu machen oder Wahlen zu gewinnen. Genau in diesem Dilemma stecken alle Großparteien in westlichen Demokratien – auch die Labour Party, die mit ständig sinkenden Mitgliedszahlen und desillusionierter Mitgliedschaft vor dem Problem steht, die alten Mitglieder halten zu müssen, ohne die neuen Wähler zu verlieren. Für die Parteien bedeutet dies die Abkehr von der Fehleinschätzung, mittelfristig werde die „klassische" Mitgliederpartei durch die neuen, direkten Kommunikationskanäle überflüssig.

Im Gegenteil: Die Masse der Bürger wird sich auch in Zukunft nicht politisch aktivieren lassen. Wer das Engagement der Parteimitglieder durch zunehmende Zentralisierung und Negierung der lokalen Wurzeln der Parteien unterminiert, verliert nicht nur die notwendige Basis, die für die Aktivierung der Menschen im Verlauf eines Wahlkampfes erforderlich ist. Er verliert auch die Verbindung zu denjenigen, die er regieren soll – und diesen Verlust kann keine Fokusgruppe auffangen.

Die letzte Kampagne im Stil der 90er Jahre?

Politik steht unter dem Druck zum *permanent campaigning*, dem ständigen Versuch, professionell medienzentriert Aufmerksamkeit und Akzeptanz in der Öffentlichkeit herzustellen. Doch das erweist sich zunehmend als Sackgasse. Der Unterhauswahlkampf offenbarte wachsendes Desinteresse, ja Überdruss der Bürger an politischer Information. So lautet das Fazit eines Beobachters, „dass in einer von den Medien gesättigten Umgebung ein bedeutender Teil der Öffentlichkeit die Quellen politischer Information, der sie sich ausgesetzt sieht, filtert und verlängerten Kontakt damit, wenn möglich, vermeidet. Dies bedeutet, dass es Politiker zunehmend schwerer finden werden, ein Massenpublikum mit ihrer Botschaft zu erreichen und dass es den Medien schwerer fallen wird, ihr Publikum mit politischen Informationen und Programmen zu gewinnen und zu halten" (Stanyer 2002: 386). Offensichtlich findet diese Feststellung auch bei denjenigen Wiederklang, die die zentralisierte, am US-Vorbild ausgerichtete Medienkampagne in den 90er Jahren in Großbritannien eingeführt hatten: In einem Artikel für den *Spectator* erklärte Philip Gould, dass eine Top-down-Kampagne, die auf einer zentral gesteuerten Maschine basiere, richtig für die 90er Jahre gewesen sei (Gould spricht vom „total campaigning" – „the campaign as integrated machine – rooted in message, able to defend itself against attack with extraordinary speed", Gould 2002). In Zukunft aber müssten die Wähler integriert werden, müsse sich die politische Sprache im Leben der einfachen Menschen verwurzeln. Nicht mehr Kontrolle – sondern mehr Vertrauen in die Menschen:

> Participatory campaigning in which citizens are not merely the passive object of communications but become intrinsically involved in the communications process, will be the model of the future. ... bottom-up, not top-down, local not national, interactive not one-sided, individual connection not mass communication, communication through word of mouth not mass technology.

Es bleibt abzuwarten, wie sich der hier ankündigende Paradigmenwechsel bei der Kampagnenführung niederschlagen wird. Ohne Zweifel haben die Inszenierungen zur rascheren Abkoppelung der Bürger von der Politik beigetragen.

Soll diese Kluft wenigstens ein Stück weit wieder geschlossen werden, dann müssen den Bürgern an den alltäglichen Problemen orientierte Lösungsmodelle präsentiert werden – und dies mit dem Willen und dem Können zu politischer Umsetzung und nicht bloß als imagefördernde Soundbites.

Damit steht die politische Klasse vor einem einschneidenden Richtungswechsel in Selbstverständnis und der Definition politischen Handelns. Verabschieden muss sich die Politik von der Auffassung, von vornherein alles besser als die Bürger zu wissen und stets adäquate Lösungsmodelle parat zu haben. Statt dessen müssen Parteien und Politiker sich wieder den einfachen Menschen und ihren Problemen zuwenden, sich von parteipolitisch motivierten Ideologien befreien und pragmatisch Politik betreiben. Dies bedeutet nicht, dem Volk aufs Maul zu schauen und danach zu handeln – es bedeutet nicht opportunistische Schönwetterpolitik, die durch die mediale Politikinszenierung gefördert wird. Es bedeutet die Entwicklung tragfähiger Konzepte, den Mut zu regieren, auch unpopuläre Entscheidungen zu treffen und negative Schlagzeilen hinzunehmen. Kurz, es bedeutet, Vertrauen in die eigenen Leistungen und Konzepte und die Umsetzungsfähigkeit der eigenen Mannschaft und in die Fähigkeit der Bürger, erfolgreiche Politik als solche zu erkennen und zu honorieren. Sollen Wahlkampagnen zukünftig erfolgreich sein, muss auf dieser Basis eine neue Verbindung zwischen Wählern und Politik geschaffen werden.

Becker, Bernd: *Politik in Großbritannien - Einführung in das politische System und Bilanz der ersten Regierungsjahre Tony Blairs.* Paderborn: Schöningh (UTB), 2002

Becker, Bernd: „New Labour auf Dritten Wegen – Blairs Politikvermarktung und was die SPD daraus lernte." Althaus, Marco (Hrsg.): *Kampagne! Neue Strategien für Wahlkampf, PR und Lobbying,* Münster: LIT 2001: 258 – 275

Becker, Bernd: „Tony Blair in No 10 Downing Street und die Probleme, Politik als Produkt zu verkaufen." *Zeitschrift für Parlamentsfragen* 4 (2000): 871 - 885

Butler, David / Kavanagh, Dennis: *The British General Election of 2001.* Houndmills: Palgrave, 2002

Gould, Philip: „Power to the People". *The Spectator,* 18.05.2002

Jun, Uwe: „Der Wahlkampf der SPD zur Bundestagswahl 1998: Der Kampf um die ‚Neue Mitte' als Medieninszenierung." Gerhard Hirscher / Roland Sturm (Hrsg.): *Die Strategie des „Dritten Weges".* München: Olzog, 2001: 51 - 95

Jun, Uwe: „Politische Parteien und Kommunikation in Großbritannien – New Labour und Konservative als professionalisierte Medienkommunikationsparteien." Alemann, Ulrich von / Marschall, Stefan (Hrsg.): *Parteien in Mediendemokratien.* Opladen: Westdeutscher Verlag, 2002

Lees-Marshment, Jennifer: *Political Marketing and British Political Parties – The Party's just begun.* Manchester: Manchester University Press, 2001

Mandelson, Peter: *The Blair Revolution Revisited.* London: Politicos, 2002

Scammell, Margaret: „New Media, New Politics." In: Dunleavy, Patrick / Gamble, Andrew / Holliday, Ian und Peele, Gillian (Hrsg.): *Developments in British Politics 6.* Houndmills: Palgrave, 2000: 169-184

Stanyer, James: „Politics and the Media: A Loss of Political Appetite?" *Parliamentary Affairs 55* (2002): 377–388

Webb, Paul: „Parties and Party Systems: More Continuity than Change". *Parliamentary Affairs* 55 (2002): 363-376

Standortbestimmung bei SPD und Union

KAMPF UM DIE MITTE

VITO CECERE
BERLIN

DIE DEMOKRATISCHE LINKE HAT DIE GESELLschaftliche Mitte erobert." Mit diesen Worten hat Bundeskanzler Gerhard Schröder den Erfolg seiner Partei bei der Bundestagswahl 2002 kommentiert und hinzugefügt: „Dieses Land ist ein für allemal kein CDU-Staat mehr."[1]

Aus Sicht des SPD-Vorsitzenden wurde der Kampf um die Mitte am 22. September entschieden – vorerst zumindest. Die strukturelle Mehrheitsfähigkeit der CDU/CSU scheint gebrochen, nachdem die SPD – wenn auch nur knapp – zum zweiten Mal hintereinander als stärkste Partei aus einer Bundestagswahl hervorgegangen ist.

Der Kanzler und seine Partei könnten also mit dem nach langem und schwierigem Wahlkampf erzielten Erfolg zufrieden sein und es damit auf sich bewenden lassen. Neben der Irak-Frage und dem entschlossenen Handeln der Bundesregierung in der Flutkatastrophe haben die so genannten „weichen Themen", die etwas über das Gesellschaftsbild aussagen, die Bundestagswahl 2002 entschieden. Und diese Themen standen hauptsächlich auf der Agenda der SPD.

Doch die Mitte ist viel zu wichtig und auch zu flüchtig, um sich auf dem Erreichten auszuruhen. In der Mediendemokratie ist politische Kommunikation ein temporeicher, äußerst dynamischer Prozess. Die Positionierung einer Partei im politischen Spektrum ist schwieriger geworden.

Kurzum: Nach der Wahl ist vor der Wahl. Und nach wie vor gilt in Deutschland die Regel, dass diejenige Partei die besseren Chancen bei Wahlen hat, die sich glaubwürdig als politische Heimat der Mitte präsentiert. Denn Mitte steht für Ausgewogenheit und Balance, für die Verbindung von Tradition und Modernität. Mitte steht für das vorherrschende Lebensgefühl in einer Gesellschaft, für eine zeitgemäße Wertorientierung. Mitte steht für Gemeinwohl statt Partikularinteressen und damit für potenzielle Mehrheitsfähigkeit.

Die Auseinandersetzung um die politische Mitte entspricht der hierzulande verbreiteten Sehnsucht nach Konsens und Ausgleich. Dabei geht es in der Debatte vordringlich um politische Prinzipien, weniger um ein politisches Programm, welchem das Etikett „Mitte" aufgeklebt werden könnte – ein Unterschied, der in der Diskussion der vergangenen Jahre bisweilen zu Missverständnissen geführt hat.

Beim interpretatorischen Wettlauf um den Mitte-Begriff differenzieren Politiker und Publizisten nicht immer zwischen Wertvorstellungen und Handlungsmaximen einerseits sowie Programmen und Initiativen andererseits. Und wo beides in Einklang gebracht werden müsste, bleibt doch vieles vage. Gleichwohl hat sich mit dem Regierungsantritt der rot-grünen Koalition die Frage nach Standort und Vertretung der gesellschaftlichen Mitte in einem neuen Licht gestellt. Für die Kampagnenmacher der Parteien eine ebenso spannende wie schwierige Herausforderung.

Von der alten zur neuen Mitte

In der alten Bundesrepublik galt die CDU als Inbegriff einer Volkspartei der Mitte. Seit Konrad Adenauers Wahlerfolgen in den Fünfzigern war diese Anmutung bei den westdeutschen Wählern überwiegend gesetzt – und keine andere Partei hat der CDU dieses Label ernsthaft streitig machen können. Die lange Erfolgsserie bei Wahlen hing eng mit dieser unangefochtenen Positionierung zusammen. Bis auf eine Ausnahme – bei der legendären „Willy-Wahl" 1972 – lag die CDU/CSU bei Bundestagswahlen stets vor der Sozialdemokratie.

So zählte die Ungleichverteilung der Machtchancen zu den prägenden Merkmalen des bundesrepublikanischen Parteiensystems. Die Union verdankte ihre Erfolgsgeschichte einem spezifischen Charakter als bürgerliche Integrationspartei, die ein weltanschaulich, konfessionell und sozial breites Wählerspektrum an sich binden konnte. Mit einer gemäßigt konservativen Politik übte sie über ihr katholische Kernmilieu hinaus Anziehungskraft sowohl auf kirchenfernere Milieus als auch auf die kleinbürgerlich-protestantischen Mittelschichten aus. Damit verfügte die CDU/CSU lange Zeit über die größere politische Basis als die SPD.

Auch in den Aufbruchjahren der späten 60er war die Union auf diese Weise fest in der Mitte der westdeutschen Nachkriegsgesellschaft verankert. Die Modernisierung der CDU in den Siebzigern öffnete die Partei für neue Wählerschichten. Hinzu kam eine Polarisierungsstrategie („Freiheit oder Sozialismus"), mit der die Standortbestimmung in der Mitte flankiert wurde. Damit erarbeitete sich die Union einen Vorsprung im Parteiensystem, der ihnen bis in die Neunziger Jahre die strukturelle Mehrheitsfähigkeit sicherte.

Für einen Wahlsieg auf Bundesebene musste die CDU ihre breite Anhängerschaft mobilisieren. Wechselwähler konnte sie leichter erreichen als die politische Konkurrenz, da ihr die Meinungsführerschaft bei den für den bürgerlichen Mittelstand wahlentscheidenden Themen – Wachstum und Wohlstand – fast immer sicher war. Ein nahezu geniales politisches Erfolgsrezept: Die CDU als parteilich organisierter Ausdruck des politischen Wohlgefühls der Bonner Republik. Wie kein zweiter verkörperte Helmut Kohl bis in die 90er Jahre hinein eine gesellschaftliche Mitte, die vom Lebensstil der Wiederaufbau- und Wohlstandsgeneration, vom Streben nach sozialem Aufstieg und Zugehörigkeit zur Mittelschicht beseelt war.

Ohne Worte: Reduktion der CDU-Wahlkampfbotschaft 1994 mit der nicht näher erklärungsbedürftigen Marken-Persönlichkeit Helmut Kohl im Mittelpunkt. Ein kreativer Geniestreich der Agentur Coordt von Mannstein, Solingen.

Die deutsche Einheit und die anhaltenden politischen und personellen Probleme der SPD trugen dazu bei, dass die Union in den 90ern erst relativ spät von den Krisenerscheinungen und Erosionsprozessen der bürgerlich- konservativen Parteien in Westeuropa erfasst wurde. Mit dem Wegfall des Antikommunismus als politische Klammer verlor die CDU einen wichtigen Bezugspunkt für eine vielschichtiger werdende Wählerschaft. Gleichzeitig trug die Partei dem gesellschaftlichen Wandel in Deutschland immer weniger Rechnung. In 16 Jahren Kohl verlor die Regierungspartei CDU den Kontakt zu neuen Milieus und Wählergruppen. Politische Prioritäten, neue Haltungen und Lebensgefühle in der Bevölkerung wurden nicht mehr ausreichend wahrgenommen, der Sensor für gesellschaftliche Entwicklungen kam abhanden. Die einstige Volkspartei der Mitte entfernte sich vom neuen Mainstream.

Angesichts dieser Entwicklung manifestierte sich bei der Bundestagswahl 1998 eine Zäsur im deutschen Parteiensystem. Sozialdemokraten und Christdemokraten tauschten die Plätze. Vorangegangen war ein Wahlkampf, in dem die SPD sich erfolgreich als Partei der „Neuen Mitte“ positioniert hatte. Damit gelang es den Genossen, neben der Motivation ihrer Stammwähler auch Wechselwähler und konjunkturelle Nichtwähler für sich zu gewinnen – ein Unterfangen, das in der Vergangenheit gelegentlich zu einem erheblichen Spagat und auch zu politischen Verrenkungen geführt hatte.

1998 schaffte die SPD jedoch eine Integrationsleistung, die man vorher eigentlich nur der Union zugetraut hatte. Mit der Botschaft „Innovation und Gerechtigkeit“ wurde die SPD nicht nur zur Mehrheitspartei in den traditionellen Arbeitnehmerschichten in Ost und West; sie konnte überdies auch jene Wähler für sich gewinnen, die mit ihrem Lebensgefühl und ihren politischen Ansprüchen den gesellschaftlichen Wandel in Deutschland buchstäblich verkörperten. Die vielbeachtete neue Mitte fiel politisch ins Gewicht, und die strukturell ungünstigere Positionierung der SPD auf dem Wählermarkt schlug in eine Mehrheitsfähigkeit um.

Die Mitte ist bunter geworden

Es muss sich also etwas Grundlegenderes bewegt haben in der Wählerschaft. Mit dem Wandel der überwiegend kollektiv organisierten Industriegesellschaft zu einer zunehmend individualisierten Dienstleistungs- und Wissensgesellschaft haben sich die Anforderungen und die Bedingungen für die Parteien in Deutschland offensichtlich verändert. Nicht nur aus wahlstrategischen Gründen ist es in der Tat wohl angebracht, von einer „neuen Mitte“ zu sprechen.

Mitte ist heute nicht mehr gleichzusetzen mit Mittelschicht oder Mittelstand. Mitte definiert sich längst nicht mehr nur nach materiellen Kriterien. Vielmehr umfasst die Mitte in den westlichen Demokratien heute ganz unterschiedliche ökonomisch, kulturell und politisch orientierten Wählergruppen. Die Mitte ist ein bunter Platz geworden. Zu ihr zählen junge Facharbeiter und Akademikerinnen ebenso wie die Familienmütter und -väter der Generationen Golf bis X. Neben dem mittelständischen Unternehmer stehen in der Mitte der Gesellschaft heute auch die Vertreter der ehemals neuen Linken, die nach ihrem sprichwörtlichen Marsch durch die Institutionen in Ämtern, Mandaten und verantwortlichen Positionen angekommen sind. Die Mitte produziert und erbringt Dienstleistungen, sie zahlt Steuern, erzieht Kinder und pflegt Eltern.

Das Einende und zugleich Neue an dieser Mitte ist aber ihre veränderte politische Haltung. Eigenverantwortung und zivilgesellschaftliches Engagement sind als Prinzipien heute im Zentrum der Gesellschaft fest verankert. Die neue Mitte mischt sich ein, sie verlangt nach Modernität, Internationalität, Toleranz und Flexibilität. Sie lehnt autoritäres Denken ebenso ab wie eine Fremdbestimmung durch Staat und Markt. Und sie nimmt soziale Ungerechtigkeiten nicht hin. Hier zeigt sich das Erbe der neuen sozialen Bewegungen. Die demokratische Linke, um noch einmal mit Gerhard Schröder zu sprechen, hat neue gesellschaftliche Räume erobert.[2]

Demografisch gesehen stehen heute die Jahrgänge 1950 bis 1970 in der Mitte der Gesellschaft. Sie sind durch die politischen Erfahrungen der 60er, 70er und 80er Jahre geprägt. Diese Bevölkerungsgruppe ist quantitativ stark, weil geburtenstarke Jahrgänge in ihr vertreten sind. Meist gut ausgebildet, haben sich die Babyboomer zu Leistungsträgern der Gesellschaft entwickelt. Der Eintritt in die mittleren Jahre mag ihre individuellen Wünsche und Interessen verändert haben; bei Wertvorstellungen und Prinzipien ist sich diese Generation weitgehend treu geblieben. Das Wahlergebnis von 1998 stützt diese These. In der Wählerschaft der CDU/CSU war ein deutlichen Anstieg der Stimmanteile nach Altersgruppen festzustellen. Die Union hatte bei den über 60jährigen ihre größte Wählergruppe, während die SPD bei den Wählern zwischen 45 und 59 Jahren ihre höchsten Stimmanteile hatte.

Den Regierungswechsel allein mit einer Kohl-muss-weg-Stimmung zu erklären, würde zu kurz greifen. Der Einschnitt war tiefer. Die Strategen von SPD und CDU haben das schnell erkannt, wenngleich es zunächst nicht von allen offen ausgesprochen wurde – aus nachvollziehbaren Gründen. Mit Blick auf die Ausgangslage für die Bundestagswahl 2002 war jedoch frühzeitig auf beiden Seiten klar, dass man an der eigenen Standortbestimmung arbeiten musste.

Der Tanz um die goldene Mitte

„In Wahlkämpfen", so der Wahlkampfberater der schwedischen Sozialdemokraten, Bo Krogvig, „geht es darum, die Gesellschaft in der wir leben, treffend zu beschreiben; ein politisches Programm, das sich in diesen Realitäten bewegt, zu erstellen; eine Strategie, einen Plan und eine Taktik, die es erlauben, mit einer politischen Vorstellung und einem Programm den Menschen die Hand zu geben."[3] Der Rückschluss aus dieser Empfehlung lautet: Wahlerfolge brauchen Vorlaufzeiten. Die Beschreibung gesellschaftlicher Zustände mag einem vielleicht noch auf die Schnelle gelingen; ein politisches Programm und eine strategische Grundlinie, die den gesellschaftlichen Realitäten nicht nur gerecht werden, sondern authentisch darin aufgehoben sind, das ist gewiss keine einfache und rasch zu lösende Aufgabe. Ein politischer Akteur wird hierbei nicht glaubwürdig sein, wenn er oder sie das Lebensgefühl einer Gesellschaft nicht erfassen, verstehen und widerspiegeln kann. Und dazu braucht es Verständnis, Einfühlungsvermögen und Zeit.

In Deutschland gewinnen Parteien Wahlen nicht nur mit Themen – ob Gewinner- oder Angriffsthemen –, nicht nur mit professioneller Kommunikation, guter Semantik, ausgefeilten Botschaften und modernen Werbemitteln; auch nicht nur mit dem sympathischeren und kompetenteren Kandidaten an der Spitze. Es ist vielmehr die Summe aus all diesen Elementen.

Und noch etwas Wichtiges kommt hinzu: die Philosophie und die Authentizität einer Kampagne. Dabei geht es um die Verortung einer Partei, die ganz wesentlich mitentscheidet über Erfolg und Misserfolg bei Wahlen. Ist sie modern, offen und den Problemen zugewandt? Ist sie dialogbreit und versteht, was die Menschen bewegt? Hat sie ein zeitgemäßes Programm und ein Spitzenpersonal, hinter dem die ganze Partei steht?

Auf die glaubhafte Verbindung von Person, Programm und Performance kommt es an. Parteien werden nicht für das gewählt, was sie geleistet haben, sondern für die Perspektiven, die sie den Wählern eröffnen. Das setzt allerdings voraus, soziale und politische Realitäten eines Landes so darzustellen, wie sie auch mehrheitlich von den Menschen wahrgenommen und empfunden werden.

Manche Politiker sprechen in diesem Zusammenhang von der Lufthoheit über den Stammtischen, die es zu gewinnen gelte. Das war vielleicht früher einmal richtig. Heute ist dieses Ansinnen wohl eher Ausdruck eines veralteten Mitte-Begriffs. Denn das vorherrschende Lebensgefühl einer Gesellschaft umfasst mittlerweile etwas anderes als die Betulichkeit einer patriarchal geprägten Wohlstandsgesellschaft, die sich hinter dem Stammtisch-Bild verbirgt. Eine Partei, die heute bei Wahlen erfolgreich sein will, muss einigermaßen in der Lage sein, das Lebensgefühl einer modernen, zunehmend ausdifferenzierten Gesellschaft abzubilden und mit der eigenen politischen Positionierung zu verbinden.

Das ist eine strategische Aufgabe ersten Ranges, die nicht mit einer kurzfristigen Kampagne, wie es Wahlkämpfen in Deutschland gemeinhin zu eigen ist, gelöst werden kann. Schließlich geht es um Grundhaltungen zu zentralen gesellschaftspolitischen Fragen, um eine Grundmelodie für den politischen Wettbewerb. Beides kann gegenüber der Wählerschaft nur glaubwürdig vertreten werden, wenn eine Partei frühzeitig die richtige Tonlage anstimmt.

Dabei ist die erste Hälfte einer Legislaturperiode entscheidend, in denen Regierungs- und Oppositionsparteien die Images erhalten, mit denen sie in den nächsten Wahlkampf ziehen. Und so überraschte es nicht, als der Tanz um die goldene Mitte bereits im Frühjahr 1999 wieder eröffnet wurde – und zwar durch die CDU.

CDU: Mitten im Leben

Nachdem die SPD im Wahlkampf den Begriff der „Neuen Mitte" erfolgreich für sich reklamiert hatte, stand die CDU unter Erneuerungsdruck. Neben programmatischen und personellen Veränderungen mussten ein modernes Erscheinungsbild und eine neue Kommunikationsstrategie her. Dass die Rückeroberung der verlorenen Mitte dabei offenbar von besonderer strategischer Bedeutung für die CDU war, machte nicht zuletzt ein neuer Claim deutlich, der fortan die Werbemittel und Publikationen der Partei zieren sollte: „Mitten im Leben" wollte die CDU unter der Führung ihres neuen Parteivorsitzenden Wolfgang Schäuble von nun an wieder stehen und damit die angestrebte Erneuerung in der Opposition zum Ausdruck bringen. Und es lief zunächst gar nicht schlecht für die Christdemokraten. Im ersten Jahr der rot-grünen Koalition gelangen der Partei einige beachtliche Wahlerfolge bei den Europa-, Landtags- und Kommunalwahlen. Dass man dies nicht zuletzt den politischen Schwierigkeiten der Bundesregierung zu verdanken hatte, störte da nicht.

Gleichwohl war auch den Strategen der CDU klar, dass die Voraussetzungen für ein Comeback in die Regierungsverantwortung auf Bundesebene noch längst nicht geschaffen waren. Der eigene Standort musste erst neu bestimmt und justiert, die Mitte zurückerobert werden. Parallel zur programmatischen Arbeit in mehreren neu eingerichteten Präsidiumskommissionen wurde die kommunikative Linie der CDU auf dieses Ziel ausgerichtet. Einen ersten symbolischen Angriff startete die damalige CDU-Generalsekretärin Angela Merkel mit einem für die Partei bis dahin eher ungewöhnlichen Event: Im Frühjahr 1999 fuhr sie mit einem Möbelwagen vom Bonner Konrad-Adenauer-Haus in die schräg gegen-überliegende Parteizentrale der SPD. Zweck dieser medienwirksamen Aktion: Die Mitte aus dem Erich-Ollenhauer-Haus abholen und wieder wohlbehalten zur CDU zu überführen.

Dass es so einfach nicht gehen würde, zeigte sich einige Monate später, als die CDU mit einer Spendenaffäre bislang nicht gekannten Ausmaßes konfrontiert wurde, in deren Verlauf die Partei ihren Vorsitzenden Schäuble und – vielleicht schwerwiegender noch – ihren Ehrenvorsitzenden Kohl verlor. Es zeigte sich, dass der Weg der Erneuerung und damit verbunden der Weg zurück zur politischen Heimat der Mitte noch sehr weit und holprig war.

Die SPD konnte sich dagegen langsam von den Rückschlägen des ersten Regierungsjahres erholen. Mit der neuen Führung um Parteichef Schröder und Generalsekretär Müntefering ging eine Konsolidierung von Organisation und Kommunikation einher. Die Lücke, die Lafontaines Rücktritt hinterlassen hatte, konnte überwunden und ein neues strategisches Zentrum implementiert werden. Die Genossen bekamen wieder Oberwasser. Die Spendenaffäre der CDU kam da gerade recht.

Im Verlauf des Jahres 2000 gewann die SPD in Schleswig-Holstein und Nordrhein-Westfalen zwei für sie wichtige Landtagswahlen. Die Regierungskoalition brachte zentrale Reformvorhaben auf den Weg und zeigte der neuen CDU-Führung zugleich die Grenzen auf: Merkel und Friedrich Merz mussten bei der Entscheidung über die Steuerreform im Bundesrat eine empfindliche Niederlage hinnehmen. Ein politischer und strategischer Erfolg, von dem die Regierung noch lange zehren sollte und an dem die Opposition noch lange zu knabbern hatte. Zwei Jahre nach Regierungsantritt saßen Schröder und die SPD fest im Sattel. Die Wiederwahl schien gesichert. Die CDU versuchte es daraufhin mit der Brechstange. Doch weder die Leitkultur-Debatte noch die Diskussion über die Vergangenheit von Außenminister Fischer und damit verbunden der Versuch, die 68er Generation politisch zu diskreditieren, brachten den erhofften Erfolg. Im Gegenteil, die CDU wurde nur noch mehr als eine Partei betrachtet, die den gesellschaftlichen Wandel verschlafen hatte und sich immer noch in den Schützengräben der Vergangenheit aufhielt.

Kommentatoren waren sich einig: Die CDU hatte bis dato kein probates Mittel gefunden, um der SPD den Platz in der Mitte streitig zu machen. „Die CDU hat nach dem Eingeständnis von Angela Merkel zu viele Gruppen in der Gesellschaft verloren – was sie jedoch im Kern verloren hat, ist die Definitionsmacht über die politische Mitte" (Herbert Kremp, *Die Welt*, 26.01.2001). Auch die Polarisierungsstrategie, die der neue CDU-Generalsekretär Laurenz Meyer zunächst verfolgte, half da nicht weiter: „Eine CDU, die auf die Linke einprügelt und mit konservativen Sprüchen die eigene Anhängerschaft begeistert, überlässt die Mitte und damit den Wahlsieg der SPD" (Thomas Hanke, *Financial Times Deutschland*, 30.01.2001).

Keine schlechten Voraussetzungen also für die SPD, anderthalb Jahre vor der Bundestagswahl die eigene Standortbestimmung in der Mitte der Gesellschaft festzuschreiben. Vor diesem Hintergrund erschien im Februar 2001 in der *Frankfurter Rundschau* ein Beitrag von SPD-Generalsekretär Franz Müntefering zum Wandel der Volksparteien in Deutschland, der bei Politikern und Beobachtern einige Aufmerksamkeit hervorrief.

SPD: Die Mitte ist links

„Warum für die CDU in der Mitte kein Platz mehr ist" – mit dieser provozierenden Frage wurde die Debatte eröffnet.[4] Münteferings Kernthese lautete: „Mitte ist da, wo die linke Volkspartei SPD ist." Denn, so der SPD-Generalsekretär, die Partei von Bundeskanzler

Schröder verbinde traditionelle Grundwerte mit einem modernen Politikstil zu einem reformpolitischen Pragmatismus.

Müntefering lieferte eine Begründung für den Anspruch der SPD, Partei der neuen Mitte zu sein. Diese Mitte habe, so die Argumentation, ein anderes Bild von Politik, begreife den gesellschaftlichen Wandel als Gestaltungsaufgabe und formuliere deshalb klare Ansprüche an die Verantwortlichen. Damit kehre Politik wieder in die Mitte der Gesellschaft zurück. Die Rückkehr des Politischen bedeute aber, Veränderungsprozesse nicht einfach geschehen zu lassen, sondern aktiv zu gestalten – orientiert an Grundwerten, Prinzipien und Interessen. Die aktive Teilhabe an öffentlichen Angelegenheiten, die Bereitschaft zu zivilgesellschaftlichem Engagement und zur Übernahme sozialer Verantwortung spielten dabei eine besondere Rolle – Werte und Prinzipien, für die die SPD stehe.

Müntefering wies darauf hin, dass diese Haltungen einmal als typisch links betrachtet wurden; nun seien sie auch in der Mitte der Gesellschaft verbreitet. Die SPD, schon in den 80er Jahren mit einer Milieuvielfalt in ihrer Wählerschaft konfrontiert, erweise sich als besonders geeignet für das Zusammenführen unterschiedlicher gesellschaftlicher Gruppen und Lebenswelten. Die Öffnung der Partei zu den Protestbewegungen von einst zahle sich nun in Wählerstimmen aus. Denn politisch sei die neue Mitte geprägt durch die sozialiberale Ära, durch die sozialen Bewegungen und die politischen Konflikte der 70er und 80er Jahre. Während die alte Kohl-Mitte ihre politische Sozialistation noch in den 50er und frühen 60er Jahren erfuhr, stehe heute die Generation der alternativ geprägten Jugend in der Mitte der Gesellschaft. Sie seien die Kinder dieser Republik; ihre einstige Protestkultur habe dazu beigetragen, die Demokratie in eine alltägliche Lebensweise zu verwandeln. Schröders Regierungsstil spiegele diese Erfahrungen wider: Konsens, Moderation und Teilhabe seien die einer vielschichtiger gewordenen Gesellschaft angemessenen Formen politischer Führung, so der SPD-Generalsekretär. Müntefering folgerte daraus:

> „Der Begriff der Mitte erfährt am Beginn des 21. Jahrhunderts eine Neudefinition. War Konventionalität bis in die 70er Jahre hinein geradezu eine Voraussetzung für die Zugehörigkeit zur Mitte, so ist heute die Spanne von als normal empfundenen Einstellungen erheblich weiter geworden. Als Paradoxon: Die Konventionalität ist unkonventionell geworden. Dieser kulturelle Wandlungsprozess hat erhebliche politische Konsequenzen. CDU und CSU können heute nicht mehr, wie zu Zeiten Adenauers oder Kohls, beanspruchen, den Willen einer Mehrheit zu artikulieren, quasi Sprachrohr des gesellschaftlichen Normalinteresses zu sein."

Als moderne linke Volkspartei stehe die SPD heute in der Mitte der Gesellschaft: programmatisch, strukturell, habituell und stilistisch. Ein starkes Indiz für die Verortung seiner Partei im Zentrum der Gesellschaft sah Müntefering in ihrem bequemen Platz bei allen denkbaren Koalitionsspekulationen. Die SPD sei zum Gravitationszentrum des Parteiensystems geworden. Deutlicher konnte man die Standortbestimmung in der Mitte wohl kaum auf den Punkt bringen. Und die unverhohlenen Avancen der kleinen Parteien an die SPD schienen dies zu bestätigen.

Münteferings Beitrag sorgte für Aufsehen. Es rauschte im Blätterwald. „Der Aufsatz lässt ahnen, wie Parteigeneral Müntefering im Blick auf die Bundestagswahl 2002 Truppen für die SPD gewinnen will. Er will, so scheint es, auf Mobilisierung durch Polarisierung setzen und mit Hilfe dieser Strategie die Union aus dem Zentrum der Gesellschaft vertreiben, die von ihm als ‚rechte Volkspartei' titulierte CDU/CSU in die rechte Ecke drängen, wo sich zwar Stimmen, aber keine Mehrheiten gewinnen lassen." (Andreas Thewalt, *Hamburger Abendblatt*, 5.2.2001)

Dem SPD-Generalsekretär war klar, dass der Wahlsieg seiner Partei von 1998 auf einem Vertrauensvorschuss beruhte, der durch die rot-grüne Koalition gerechtfertigt werden musste. Dabei würde es nicht nur auf die konkrete Bilanz der Regierung Schröder ankommen, sondern auch auf eine erkennbare Richtung, einen „roten Faden" für die Regierungspolitik - angesichts der breiten Wählerkoalition, die die SPD für sich gewinnen konnte. Mit Innovation und Gerechtigkeit als Leitorientierungen sozialdemokratischer Politik war der SPD eine Integrationsleistung gelungen, die es zu wiederholen galt. Laut Müntefering habe die SPD derzeit als einzige Partei die Fähigkeit zu dieser Integrationsleistung. Hierin liege die Herausforderung, der sich die Partei hinsichtlich ihres Programms, ihrer Strukturen und ihrer Organisation stellen müsse.

Müntefering befasste sich in seinem Papier nicht nur mit der Frage, warum die SPD in der Mitte der Gesellschaft stehe; ebenso versuchte er deutlich zu machen, warum dies für die CDU/CSU nicht mehr zutraf. Mehr noch als der Versuch einer Standortbestimmung für die SPD, wurde dies von Manchen als Frontalangriff auf die CDU betrachtet.

So denkt die Mitte

Wie nicht anders zu erwarten, provozierte der SPD-Generalsekretär mit seinen Thesen heftige Reaktionen bei den Christdemokraten. Als erster meldete sich der ehemalige CDU-Vorsitzende Wolfgang Schäuble zu Wort. Er warf der SPD-geführten Bundesregierung in einer Replik auf Münteferings Artikel eine Politik der Beliebigkeit und der zentralistischen Steuerung vor.[5] Und ganz nebenbei machte Schäuble damit deutlich, dass er noch immer zu den profiliertesten strategischen Köpfen seiner Partei zählte.

Nach Schäubles Auffassung zeichne sich eine Politik der Mitte durch die besondere Qualität aus, zwischen einer Vielzahl von Interessen und Argumenten einen Ausgleich zu finden und zur Mitte hin zu integrieren. Und er ließ keinen Zweifel daran, dass er darin eine genuine Leistung der CDU/CSU sah. Seinen Mitte-Begriff brachte Schäuble wie folgt auf den Punkt:

> „Mitte ist mehr als nur eine griffige Verkaufsformel oder bloß ein Kompromiss nach dem Prinzip der Teppichhändler. Mitte heißt Maß und Ausgleich – angesichts der unendlichen Vielzahl von In-

> teressen und Argumenten und der Offenheit aller Entwicklungen unverzichtbar, wenn Stabilität und Mäßigung nicht verloren gehen sollen. Und dies sind Voraussetzungen für Freiheit und Toleranz, Bescheidenheit bezüglich der Vorhersehbarkeit aller sozialen, ökonomischen und politischen Prozesse – also Absage an Planbarkeit und ideologische Fixierung und stattdessen Sicherheit in den Grundlagen menschlichen Handelns, Strebens und Irrens, Offenheit gegenüber der Zukunft und Demut angesichts der Erfahrung in der Vergangenheit – darauf kann eine Politik der Mitte gegründet werden, die sich inhaltlich definiert."

„So denkt die Mitte", wird später als selbstbewusster Claim auf Plakaten der CDU stehen. Schäubles Ausführungen machten aber auch das unterschiedliche Verständnis von dem, was Mitte im Kern ausmacht, bei SPD und CDU deutlich. Während Müntefering der Mitte auch eine veränderte politische Verortung im Sinne programmatisch-inhaltlicher Aspekte zuzuweisen versuchte – Mitte ist da, wo die linke Volkspartei SPD ist -, bezog sich Schäuble in seiner Argumentation auf das alte Erfolgsrezept der CDU – die integrative Kraft und die Fähigkeit zum Ausgleich unterschiedlicher Interessen – und leitete daraus die Gewissheit ab, die richtigen Inhalte und Themen schon definieren zu können; quasi intuitiv, nicht diskursiv.

Die Frage, dass diese unterschiedlichen Interessen überhaupt erst einmal identifiziert werden müßten, blieb unbeantwortet. Damit nährte Schäuble die Vermutung, die CDU habe die Mitte gerade deshalb verloren, weil sie die gesellschaftlichen Realitäten verkannt und folglich die Ausprägung neuer Mileus, Interessen und Erwartungen an Politik schlicht übersehen hatte.

Die Debatte nahm ihren Lauf. Es folgten Diskussionsbeiträge von Jürgen Rüttgers, Peter Struck und Friedrich Merz, schließlich ein Streitgespräch zwischen Müntefering und Schäuble in der *Frankfurter Rundschau*.[6] Das Echo in den Medien war groß. Und nicht nur das Feuilleton stritt über den Begriff der Mitte und seinen tieferen politischen Gehalt. Vorteile wurden dabei vor allem auf Seiten der SPD gesehen: „In den achtziger bis in die neunziger Jahre hinein bot sich die SPD als eine immer bunter werdende Patchwork-Partei der unterschiedlichen Milieus, Mentalitäten und ideologischen Strömungen dar, deren innerer Zusammenhalt zunehmend prekär wurde. Jetzt, behauptet Müntefering, zahle sich diese Offenheit aus als Fähigkeit zur gesellschaftlichen ‚Vernetzung'." (Eckhard Fuhr, *Die Welt,* 26.02.2001)

Münteferings Versuch, die Verortung der SPD in der Mitte der Gesellschaft festzuschreiben, verfehlte seine Wirkung nicht. Trotz erheblichen Widerspruchs aus den Reihen der CDU hatte die SPD zu diesem Zeitpunkt die Deutungshoheit über den Mitte-Begriff gewonnen. Der nächste strategische Schritt auf dem Weg zur Bundestagswahl bestand nun in einer Verstetigung dieser Ausgangsposition. Es galt deutlich zu machen, wie die Realpolitik der Regierung Schröder mit der Positionierung der SPD in der gesellschaftlichen Mitte zusammenpasste.

Im Wahljahr angekommen: Die Mitte ist rot

Doch die Mitte-Debatte flaute im Verlauf des Jahres zunächst einmal merklich ab. Die außen- und innenpolitischen Diskussionen nach dem 11. September trugen dazu bei, dass das öffentliche Interesse an der Standortbestimmung der beiden großen Parteien spürbar nachließ. Gleichwohl wurden bei SPD und CDU/CSU die strategischen und operativen Vorbereitungen auf den Bundestagswahlkampf vorangetrieben. Auf beiden Seiten brachten die Kampagnenplaner ihre Grundkonzeptionen für den Wahlkampf voran und schufen wichtige organisatorische Voraussetzungen für das Wahljahr. Im Oktober 2001 startete die CDU im Konrad-Adenauer-Haus ihre Arena02. Wenig später öffnete auch die externe Wahlkampfzentrale der SPD, die Kampa|02, ihre Pforten.

Die für beide Parteien zentrale Mitte-Strategie spielte in den Wahlkampfvorbereitungen eine große Rolle. Das galt vor allem für die SPD, die sich zu Beginn des Wahljahres im demoskopischen

Tief befand. Angesichts einer schwierigen wirtschaftlichen Situation und der Probleme auf dem Arbeitsmarkt sah sich die Kanzler-Partei mit einer CDU/CSU konfrontiert, die nach der Nominierung Edmund Stoibers zum gemeinsamen Kanzlerkandidaten entschlossen in den Wahlkampf ziehen wollte. Dem neuen Selbstbewusstsein der Unionsparteien begegnete die SPD mit einer Zuspitzung der Auseinandersetzung über den Mitte-Begriff: „In Deutschland ist die Mitte rot", verkündete die Partei in ganzseitigen Zeitungsanzeigen und machte damit ihren Anspruch, die Mitte hierzulande zu repräsentieren, geltend.

Kleiner Claim auf Schwarzrotgold: „In Deutschland ist die Mitte rot". Fast ein Plakat-Zitat aus den Siebzigern („Wir schaffen das moderne Deutschland" auf den Nationalfarben)

Parallel dazu wurde Stoiber als konservativer Kandidat dargestellt, der für ein antiquiertes Gesellschaftsbild stehe und nicht das Lebensgefühl der Mitte verkörpere. Der personalisierte Richtungswahlkampf der SPD nahm Konturen an. „Der Bundestagswahlkampf wird eine Auseinandersetzung um die Mitte sein", schrieb Matthias Machnig im Frühjahr.[7] „Es geht um Zukunft oder Vergangenheit für Deutschland. (...) Regieren wird die Partei, die die Mitte in Deutschland repräsentiert, und das auf allen Ebenen: bei den Personen, im Programm und in der Darstellung von Politik." Und weil die CDU dies wissen würde, so der SPD-Wahlkampfmanager weiter, habe sie ihren Kanzlerkandidaten weichgezeichnet. Machnig war überzeugt, dass die Mehrheit in Deutschland eine Balance von Eigenverantwortung und sozialer Sicherheit, von Modernisierung und Gerechtigkeit wolle. Das entspräche dem Lebensgefühl im Lande.

Die neuerliche Anstimmung dieser Grundmelodie mündete in einen Kongress der SPD am 20. Februar 2002: „Die Mitte in

Deutschland" – so lautete das Motto der Veranstaltung in der DaimlerChrysler-Repräsentanz am Berliner Potsdamer Platz, auf der die SPD mehr Klarheit in die mittlerweile etwas verwischte Debatte über die gesellschaftliche Mitte und deren politische Vertretung bringen wollte. Zugleich sollten damit die so genannten „weichen Themen", wie Bildung, Familienförderung oder Ganztagsbetreuung, ins Zentrum der Kampagne gerückt werden. In verschiedenen Panels diskutierte die Partei mit Multiplikatoren aus Politik, Wirtschaft und Wissenschaft die Grundlagen einer aus ihrer Sicht zeitgemäßen Politik der Mitte.

Wahlstrategisch bezog sich die SPD damit auch auf den Clinton-Berater Dick Morris. Denn anstelle einer Schwerpunktsetzung im wirtschaftspolitischen Bereich wurde in der Kampagnenplanung mit dem Mitte-Ansatz nun stärker auf soziale Werte gesetzt.[8] Die Botschaft lautete: Die SPD kümmert sich um die Probleme und Themen, bei denen Politik tatsächlich etwas bewegen und verändern kann.

Kongressplakat „Die Mitte in Deutschland" mit den Ringen eines Wassertropfens. *Die Welt* kommentierte: „Die Mitte ist nass" (21.2.2002).

Diese Linie gewann in dem Maße an Bedeutung für die SPD, in dem die wirtschaftliche Lage im Wahljahr für die Bundesregierung keinen Anlass zu Optimismus bot. Bald wurde klar, dass mit einem Aufschwung nicht zu rechnen sei und auch Anzeichen für eine nachhaltige Erholung auf dem Arbeitsmarkt vor der Bundestagswahl ausbleiben würden. Hinzu kamen hausgemachte Probleme, die dem Gesamteindruck der Regierungskoalition schadeten. Mit dem Mitte-Kongress wollten die Sozialdemokraten wieder in die Offensive kommen. Der Bundeskanzler selbst gab dabei die Richtung vor. Er stellte die Mitte als „entscheidender Motor der gesellschaftlichen Modernisierung“ dar. In seiner Rede auf dem Kongress betonte Gerhard Schröder: „Für unsere Partei sollte die Mitte der Gesellschaft nicht länger durch Herkunft bestimmt sein – sondern durch Leistung und Gemeinsinn.“ Mitte sei das Lebensgefühl einer Gesellschaft, so der SPD-Vorsitzende. Politik der Mitte stehe für eine „Kultur der Offenheit und der Toleranz“, zu deren Schlüsselbegriffen die „Nachhaltigkeit“ zähle.

Zu Schröders Mitte-Beschreibung zählte auch die eigene, ganz persönliche Standortbestimmung. „Die Mitte bin ich“, so brachte die Berliner *tageszeitung* Schröders Hinweis auf den Punkt, dass sich etwas in diesem Land verändert haben müsse, wenn der Sohn einer Kriegswitwe, der in sehr einfachen Verhältnissen aufwuchs und erst über den zweiten Bildungsweg zu höherer Bildung kam, das wichtigste politische Amt im Staate bekleiden könne (*taz*, 21.2.2002). Damit wurde zugleich klar, dass die Mitte-Strategie der SPD einer zu erwartenden Personalisierung im Wahlkampf Vorschub leisten würde.

Der Mitte-Kongress sollte die Grundmelodie der SPD-Kampagne verstärken. Der Wahlkampf um die Mitte wurde spätestens von da an als eine Art „Kulturkampf“ betrachtet. Strategisch zielte die SPD dabei auf unentschlossene und politisch wenig interessierte Wähler, die ihre Wahlentscheidung im Zweifelsfall nach kulturellen und habituell-stilistischen Kriterien treffen würden. Diese Wähler zählen sich eher zur Mitte, und sie werden nicht zuletzt durch eine Personalisierung im Wahlkampf angesprochen.

Der Mitte-Kongress wurde in den Medien unterschiedlich bewertet, wobei die skeptischen Stimmen überwogen. Hans F. Bellstedt, PR-Berater bei Plato Kommunikation Berlin, schrieb:

> „Diese Besetzung der Mitte durch die SPD findet derzeit verbal statt: Wo immer Schröder, Müntefering & Co. in diesen Wochen auftreten, führen sie die Mitte im Munde – nicht die ‚Neue Mitte‘, mit der sie vor bald vier Jahren das Kanzleramt stürmten, sondern einfach ‚die Mitte‘. (...) Allerdings: Über die verbale Besetzung der

> Mitte ist die SPD bislang kaum herausgekommen. (...) Am deutlichsten wird die SPD-Kampagne derzeit dort, wo sie herauszustellen versucht, wer nicht Mitte sei – nämlich die Union." (*Financial Times Deutschland*, 20.2.2002)

Die *Frankfurter Allgemeine Zeitung* sah in dem Mitte-Kongress den Auftakt für eine Wahlauseinandersetzung, bei der es darum gehe, „welcher politischen Kultur und, damit verbunden, welchen Repräsentanten der Politik die Wähler den Vorzug geben wollten." (21.2.2002). Dabei versuche der Bundeskanzler, seinen Lebensweg mit dem Lebensgefühl der Mitte zu verbinden. Auch die *Süddeutsche Zeitung* sah die Verkörperung einer zeitgemäßen politischen Kultur als Kernpunkt der Mitte-Strategie der SPD, der Berliner *Tagesspiegel* betrachtete dies als „Alternative zu Edmund Stoibers Fakten-Fakten-Fakten-und-immer-an-die-Wirtschaft-denken-Wahlkampf" (21.2.2002).

Da war die Rede von einem „erklärten Kulturkampf", der allerdings selbst noch erklärungsbedürftig sei (*Die Welt*, 21.02.2002), von „Richtungsentscheidung" und dem Streben nach Balance zwischen Erneuerung und Zusammenhalt (*Berliner Zeitung*, 21.2.2002). Die *Financial Times Deutschland* sah „Mitte als Generationenprojekt" fügte aber hinzu, „anders als 1998, als Schröder mit dem Schlachtruf der ‚Neuen Mitte' eine heftige Debatte entfachte und Helmut Kohl auf der alten Mitte sitzen ließ, tun sich diesmal SPD und Opposition schwer mit Unterscheidungen" (*FTD*, 21.2.2002). Die *taz* schließlich sah in dem Begriff der Mitte nur ein „leeres Wort": „Man kann alles hineinkippen, ohne dass es groß den Sinn verändert" (*taz*, 21.2.2002).

Wenngleich die Neuauflage der Mitte-Debatte im Wahljahr bei Beobachtern und Journalisten nicht die gleiche kritische Aufmerksamkeit wie im Frühjahr 2001 erfuhr, reagierte die CDU umgehend auf die Strategie der SPD. Zwei Tage vor dem Mitte-Kongress erschien in der *FAZ* ein Aufsatz von Angela Merkel mit dem vielsagenden Titel „Die Mitte ist rechts von links."[9] Darin betonte die

Michael Spreng und die personalisierte Botschaft der Mitte: In einem ARD-Interview zeigt der Unions-Wahlkampfberater den handgeschriebenen Merkzettel, den er stets in seinem Portmonee trägt. Darauf die begrifflichen Gegensatzpaare der personalisierten Mitte-Strategie der CDU/CSU. Links Stoiber: Kompetent, zuverlässig (verlässlich), glaubwürdig, berechenbar, Ernst, Zukunft (Enkel), Heimat, Deutschland. Rechts Schröder: Inkompetent (Kabinett), unzuverlässig, unglaubwürdig, unberechenbar (beliebig), Show, Gegenwart (Karriere sichern). Foto: Eigen

CDU-Vorsitzende ihre Auffassung, dass die Mitte kein Etikett sei, das „man sich nach Belieben umhängen kann." Mitte bedeute vor allem Ausgleich und werde an konkreter Politik gemessen.

Angela Merkel machte damit eine der Hauptangriffslinien der Union gegen die SPD deutlich: der Vorwurf der Beliebigkeit. CDU-Generalsekretär Laurenz Meyer formulierte es offensiver – „Schröders Mitte ist ein potemkinsches Dorf" – und brachte damit das wiedererwachte Selbstbewusstsein einer CDU zum Ausdruck, die den Wahlsieg vor Augen hatte.

Mitte ist rechts von links: Wahlkampf-Drehbuch der CDU

Der CDU-Wahlparteitag in Frankfurt am Main im Juni 2002 war ein Höhepunkt an Optimismus, den die Partei zwar nicht übermäßig verbreiten wollte, der aber für jeden Beobachter spürbar war. Den Parteistrategen war allerdings klar, dass bis zum Wahltag noch ein langer Weg mit vielen möglichen Stolpersteinen zurückzulegen war. Die Kampagnenkonzeption musste deshalb unbedingt eingehalten und voreilige Siegesgewissheit vermieden werden. Dazu gehörte auch das Festhalten an der eigenen Mitte-Strategie.

Angesichts der Probleme der Regierungsparteien versuchte die CDU im Vorwahlkampf die Deutungshoheit über den Mitte-Begriff zurückzugewinnen. Die Mitte sei eine Haltung, habe Prinzipien, Wurzeln und sei Bewegung, so die CDU-Vorsitzende. „Handeln mit Augenmaß – das ist Mitte." Merkel definierte die Mitte in für die CDU bekannter Weise als eine Haltung, die sich über die Interessen bestimmter Gruppen hinweg setzt und den Bürger in den Mittelpunkt stellt. Hier kam der alte christdemokratische Integrationsansatz im Wahlkampf noch einmal zum Tragen: Man betonte, vom Einzelnen her zu denken und pragmatisch zu handeln. Dazu passte auch die wiederkehrende Warnung vor einer Zusammenarbeit von SPD und PDS auf der Bundesebene. Während die Union laut Merkel immer konsequent gewesen sei und zur Mitte hin integriert habe, würde sich die SPD nicht glaubwürdig von extremen politischen Kräften abgrenzen. Ohne eine solche Abgrenzung könne jedoch kein Anspruch auf die Mitte bestehen.

Auch Wolfgang Schäuble meldete sich noch einmal zu Wort (*Die Welt*, 21.3.2002) und verwies auf seinen bekannten Leitspruch: „Mitte ist Maß" und „das Gegenteil von Beliebigkeit." Eine Politik der Mitte benötige Bezugspunkte wie das Prinzip des Wettbewerbs und das Bekenntnis zur sozialen Marktwirtschaft. Eine Wirtschaftspolitik der Mitte sei deshalb vor allem Wirtschaftspolitik für den Mittelstand. Da die Regierungspolitik insbesondere an dieser Stelle versagt habe, stehe die SPD auch nicht für eine Politik der Mitte.

Die CDU versuchte auf diese Weise, die eigene Standortbestimmung mit einem zentralen Angriffsthema gegen die SPD – die Wirtschaftspolitik – zu verknüpfen. Die strategischen Hauptlinien im Wahlkampf-Drehbuch der CDU, eine ständige Angriffskampagne gegen die Regierung und der eigene, immer wieder betonte Kompetenzwahlkampf, sollten damit in Einklang gebracht werden. Besonders in der Phase der Mobilisierung der eigenen Anhänger und der Zuspitzung wurde dieser Ansatz durch entsprechende Kommunikationslinien verfolgt. Der Kritik - „Deutschland hat eine bessere Regierung verdient" – folgte das Herausstellen der eigenen Handlungskompetenz: „Gemeinsam mehr aus Deutschland machen." Die Union wähnte sich wieder in der Mitte der Gesellschaft. Man betrachtete das „rot-grüne Experiment" als gescheitert und sah „das politische Deutschland auf dem Heimweg".

Edmund Stoiber sprach in diesem Zusammenhang immerfort von der „bürgerlichen Mitte", die bei der Union ihre politische Heimat habe. „Operation Heimkehr" nannte es sein Wahlkampfberater Michael Spreng: „Die neue Mitte kehrt zurück." Passend zur strategischen Verortung der Unionsparteien sollte auch der Kanzlerkandidat mit aller Macht in der politischen Mitte positioniert werden und dabei zugleich authentisch wirken: „Kantig. Echt. Erfolgreich."

Fazit: Ist alles Mitte?

„Für ein modernes Deutschland" (SPD), „Mitten im Leben" (CDU), „Näher am Menschen" (CSU) – was hat es den Parteien wirklich gebracht?

SPD und Grüne haben die Bundestagswahl 2002 gewonnen, weil sich eine Mehrheit der Wähler aus kultureller Verbundenheit und sozialen Gründen besser von diesen beiden Parteien vertreten fühlen. Hätten Wirtschaftsthemen die Wahl entschieden, wäre das Ergebnis wohl anders ausgefallen. Zumindest wenn man den Kompetenzwerten der Parteien in den Umfragen glauben schenken mag. Dennoch konnten die Unionsparteien die Wahl nicht gewinnen - trotz für sie eigentlich günstiger Voraussetzungen. Die SPD war also gut beraten, verstärkt auf die so genannten weichen Themen zu setzen und mit einer Verbindung aus Modernität und Gerechtigkeit auf die gewandelte gesellschaftliche Mitte zu zielen. Auch die Unionsparteien haben dies versucht, wie ihre o.g. Claims auch zeigen, außerhalb Bayerns allerdings ohne nennenswerten Erfolg. Am Ende hat die CDU die Mitte dann doch wieder in erster Linie unter wirtschaftlichen und materiellen Gesichtspunkten definiert und damit den Veränderungen in der Wählerschaft letztlich zu wenig Rechnung getragen.

Die ökonomisch-materiell orientierte Mitte, repräsentiert durch die Unionsparteien, hat ihre Mehrheitsfähigkeit zugunsten einer politisch-kulturell und sozial orientierten Mitte, deren Lebensgefühl eher von der SPD verkörpert und widergespiegelt wird, verloren. Die Trendwende von 1998 hat sich 2002 verstetigt. Gleichwohl wäre der Wahlerfolg der SPD wohl nicht möglich gewesen, wenn die Tonalität ihrer Mitte-Strategie nicht frühzeitig angestimmt worden wäre. Mit Blick auf künftige Wahlkämpfe stellt dies für die Parteistrategen allemal eine Herausforderung dar. Es bedeutet nämlich, dass der Kampf um die Mitte aller Voraussicht nach bald in eine neue Runde geht.

Der Publizist Warnfried Dettling hält die Mitte für unberechenbar, launisch und anspruchsvoll. „Sie findet politischen Gefallen an denen, die ihr Lebensgefühl treffen und Themen ansprechen, die ihr wichtig sind. Oft outet sie sich erst im letzten Moment. Man nennt das dann den ‚last minute swing'. Dann weiß man, wo die Mitte ist. Bis zum nächsten Mal."[10]

Der Politologe Jürgen Falter rechnet die Masse der Wähler in Deutschland zur Mitte.[11] Zumindest verorten sie sich seiner Einschätzung nach selbst dort. SPD und CDU, so Falter, werden von der großen Mehrheit als linke bzw. rechte Mitte-Parteien eingestuft. Und in der Mitte der Mitte thront die FDP. Links von der SPD halten sich die Grünen auf, links davon die PDS; rechts von der CDU kommt die CSU, danach nur noch Republikaner und DVU.

Das klingt alles irgendwie plausibel und doch auch sehr nach den klassischen Schubladen, in die Parteien gerne gesteckt werden. Meinungsforscher haben im zurückliegenden Wahlkampf – auch unter dem Eindruck der Mitte-Strategien der beiden großen Parteien – versucht, die Mittigkeit von SPD und CDU zu messen. Die Befunde bestätigen gewissermaßen Falters These. So verortete Emnid im Januar 2002 auf einer Skala von 1 (links) bis 10 (rechts) die CDU (5,8) mehr in der Mitte als die SPD (4,1). Ein anderes Bild zeigte sich beim direkten Vergleich zwischen Schröder (4,4) und Stoiber (6,8): Der „Kanzler der Mitte" hatte es demnach zu Beginn des Wahljahres mit einem Herausforderer zu tun, der von den Wähler als deutlich weiter rechts der Mitte eingestuft wurde – auch im Vergleich zur CDU. Stoibers Image mag sich im Verlauf des Wahlkampfes an die Mitte angenähert haben. Das reichte aber offenbar nicht, um dem Amtsinhaber in den Augen der Wähler Modernität und Nähe zum vorherrschenden Lebensgefühl der Menschen streitig zu machen. Aus Sicht der SPD war es also richtig, auf einen personalisierten Richtungswahlkampf zu setzen. Die Strategie scheint aufgegangen zu sein, wenngleich Kritiker den Parteien im Wahlkampf vorwarfen, allzu sehr auf Personalisierung zu setzen und eine Semantik ohne kommunikative Kraft zu verwenden. Die Politisierung des Wahlkampfes habe ebenso gefehlt, wie klar erkennbare Meinungsführerschaften bei wichtigen Themen.

Hinter dieser Kritik steht generell die Erwartung, die Parteien mögen ihre Politik begründen, ein wertorientiertes und zugleich realitätsnahes Programm entwerfen, eine Perspektive entwickeln und diese mit verständlichen Botschaften vermitteln.[12] Wurde den Parteien vor wenigen Jahren noch vorgeworfen, zu programmlastig zu sein, zielt die Kritik nun in die andere Richtung: Durch den allseitigen Drang zur Mitte hätten sich die Parteien der Beliebigkeit hingegeben. Diese Idealvorstellung führt in ein Dilemma. Einen Ausweg daraus eröffnen aber die Wähler. Denn eine Mehrheit von ihnen verortet sich selbst in der politischen Mitte. Für SPD und CDU sowie ihre Kampagnenmacher muss das Ansporn sein, beides zu leisten: Ein eigenes, unverwechselbares politisches Profil zu entwickeln und zugleich in der Mitte der Gesellschaft verankert zu bleiben. Diese strategische Doppelleistung ist immer wieder aufs Neue zu erbringen, um bei Wahlen erfolgreich zu sein.

Beyme, Klaus von: Parteien im Wandel. Von den Volksparteien zu den professionalisierten Wählerparteien, Wiesbaden 2000.

Die Mitte ist kein Platz zum Kuscheln. Die SPD sieht sich in Übereinstimmung mit den Bürgern, die Union glaubt an ihre integrierende Kraft. Ein Streitgespräch zwischen Franz Müntefering und Wolfgang Schäuble, in: Frankfurter Rundschau, 28.2.2001.

Dürr, Tobias: Helmut Kohl und die Capri-Fischer oder: Sehnsucht nach der Mitte. Überlegungen zum Parteienstreit um einen strategischen Begriff, in: Frankfurter Rundschau, 30.3.2002.

Giddens, Anthony: Der dritte Weg. Die Erneuerung der sozialen Demokratie, aus dem Englischen von Bettina Engels und Michael Adrian, Frankfurt a.M. 1999.

Krogvig, Bo: Wahlkampf nach dem IKEA-Prinzip, in: Matthias Machnig (Hg.): Politik, Medien, Wähler. Wahlkampf im Medienzeitalter, Opladen 2002, S. 199-206.

Merkel, Angela: Die Mitte ist rechts von links, in: Frankfurter Allgemeine Zeitung, 18.2.2002.

Merz, Friedrich: Wertgebundene Mitte, in: Frankfurter Rundschau, 16.03.2001.

Morris, Dick: Die sozialdemokratische Herausforderung. Der Übergang von Wirtschaftsthemen zu Wertvorstellungen, in: Matthias Machnig (Hg.): Politik, Medien, Wähler. Wahlkampf im Medienzeitalter, Opladen 2002, S. 189 – 197.

Müller, Albrecht: Willy wählen '72. Siege kann man machen, Annweiler 1997.

Müntefering, Franz: Warum für die CDU in der Mitte kein Platz mehr ist, in: Frankfurter Rundschau, 5.2.2001.

Müntefering, Franz / Machnig, Matthias (Hrsg.): Sicherheit im Wandel. Neue Solidarität im 21. Jahrhundert, Berlin 2001.

Noelle-Neumann, Elisabeth / Kepplinger, Hans Mathias / Donsbach; Wolfgang (Hrsg.): Kampa. Meinungsklima und Medienwirkung im Bundestagswahlkampf 1998, Freiburg 1999.

Oberreuter, Heinrich (Hrsg.): Umbruch. Wähler, Parteien, Kommunikation, München 2001.

Rüttgers, Jürgen: Neue Mitte oder Politik der Beliebigkeit, in: Frankfurter Rundschau, 14.2.2001.

Schäuble, Wolfgang: Das soll Mitte sein?, in: Frankfurter Rundschau, 9.2.2001.

Schröder, Gerhard: Die zivile Bürgergesellschaft. Anregungen zu einer Neubestimmung der Aufgaben von Staat und Gesellschaft, in: Die Neue Gesellschaft / Frankfurter Hefte, 4/2000, S. 200-207.

Struck, Peter: Auf dem Selbsterfahrungstrip, in: Frankfurter Rundschau, 27.2.2001.

Walter, Franz: Die Mitte im Programmloch, in: AusPuZ, B 21/2002, S. 3-4.

---

[1] Vgl. Interview im *vorwärts*, November 2002, S. 8f..

[2] Vgl. dazu auch den Beitrag von Gerhard Schröder: Die zivile Bürgergesellschaft. Anregungen zu einer Neubestimmung der Aufgaben von Staat und Gesellschaft, in: *Die Neue Gesellschaft / Frankfurter Hefte*, 4/2000, S. 200-207. Der SPD-Vorsitzende stellt darin seine Sicht auf eine eigenverantwortliche und engagierte Bürgergesellschaft dar.

[3] Bo Krogvig: Wahlkampf nach dem IKEA-Prinzip, in: Matthias Machnig (Hrsg.): Politik, Medien, Wähler. Wahlkampf im Medienzeitalter, Opladen 2002, S. 199-206, S. 206.

[4] Franz Müntefering: Warum für die CDU in der Mitte kein Platz mehr ist, in: Frankfurter Rundschau, 5.02.2001.

[5] Wolfgang Schäuble: Das soll Mitte sein?, in: Frankfurter Rundschau, 9.02.2001.

[6] Die einzelnen Beiträge sind im Quellen- und Literaturverzeichnis aufgeführt.

[7] Vgl. Matthias Machnig: Kulturkampf aus der Kreidekiste. Warum die Stoiber-Union nicht Mitte ist, in: Berliner Republik 2/2002, S. 6-10, S. 6.

[8] Vgl. Dick Morris: Die sozialdemokratische Herausforderung. Der Übergang von Wirtschaftsthemen zu Wertvorstellungen, in: Matthias Machnig (Hrsg.): Politik, Medien, Wähler. Wahlkampf im Medienzeitalter, Opladen 2002, S. 189–197. Morris' Kernthese lautet verkürzt: Sozialdemokratische Parteien müssen ihre Ausrichtung von wirtschaftlichen Werten hin zu sozialen Werten verlagern, um bei Wahlen erfolgreich zu sein. Denn die politischen Gestaltungsspielräume im Bereich der Wirtschaftspolitik nehmen im Zeitalter der Globalisierung rapide ab. Parteien mit hohem Gestaltungsanspruch können also keinen Nutzen aus einer politischen Fixierung auf ökonomische Zusammenhänge mehr ziehen.

[9] Angela Merkel: Die Mitte ist rechts von links, in: Frankfurter Allgemeine Zeitung, 18.02.2002.

[10] Warnfried Dettling auf die gleiche Frage, in: Die Woche, 22.02.2002.

[11] Jürgen Falter auf die Frage: Wo ist die Mitte?, Fünf Antworten in: Die Woche, 22.02.2002.

[12] Vgl. Franz Walter: Die Mitte im Programmloch, in: AusPuZ, B 21/2002, S. 3-4.

VOM LUFTKAMPF ZUM WAHLKAMPF

MARCO ALTHAUS
HANNOVER

EIN F-16 IST KEIN SEHR SCHNELLES, GROSSES, teures oder schwer bewaffnetes Flugzeug. Ein F-16 *Fighting Falcon* kann weder besonders weit noch hoch fliegen. Eins kann dieser seit 1979 gebaute Nato-Jäger aber immer noch wie kein anderer Kampfjet der Welt: drehen, wenden, rollen, steil steigen und fallen. Der zähe F-16 schraubt sich sogar bei 9G, neunfacher Schwerkraft, agil durch jedes extreme Manöver. Dieser Gegner ist kaum zu fassen. Und sehr gefährlich.

Wie kommt man vom Kampfjet zur Kampagne, was hat Luftkampf mit Wahlkampf zu tun? Nun, auch in der politischen Konfrontation geht es nicht nur darum, besonders schnell Ideen zu entwickeln, viel Geld auszugeben oder überzeugende Inhalte zu präsentieren. Natürlich kann man damit gewinnen, so wie auch ein Unternehmen mit Tempo, hohen Entwicklungs- und Marketingetats sowie Qualitätsprodukten im Wettbewerb bestehen kann. Aber eins braucht es zusätzlich: die Fähigkeit, schneller zu manövrieren als der Gegner.

Wer das nur für technisch und taktisch bedeutsam hält und meint, mit Strategie habe das nichts zu tun: der irrt. Das Ermöglichen von Wendigkeit ist die Essenz der Strategie.

So manche Kampagne richtet einen *War Room* oder eine externe Wahlkampfzentrale ein und ist stolz auf sie: als Servicestation, als Kreativwerkstatt, als Führungszentrum. Dabei ist die naheliegende Frage eher: Agieren wir insgesamt wie der flinke Falke F-16 oder wie eine behäbige Turboprop von Aeroflot? Ist unsere Organisation schnell in der Lage, sich in unsicheren, unsteten Situationen auf veränderte Bedingungen einzustellen, schnell Entscheidungen zu treffen und umzusetzen – und die anfängliche Konfusion des Gegners schneller auszunutzen als er unsere?

Der Amerikaner, der diesen F-16 miterfand, war nicht nur ein unkonventioneller Flieger; er wurde einer der wichtigsten modernen Strategietheoretiker: John R. Boyd. Er hatte flinke Hände am Steuerknüppel im Cockpit, aber vor allem eine flinke Auffassung und Entscheidungsstärke. Als junger Pilot ließ er eine Wette stehen: Bei jeder Luftkampfübung würde er sich aus der Position des Gejagten innerhalb von 40 Sekunden zum Angriff hinter den Gegner manövrieren können. Wetteinsatz: 40 Dollar. Verloren hat er angeblich nie. Als Luft-

Unsicherheit

„Die Natur des menschlichen Konflikts macht absolut sicheres Wissen unmöglich; alle Handlungen basieren auf unvollständigen, ungenauen oder widersprüchlichen Informationen."

John Boyd, US Air Force, Strategietheoretiker (1927-1997).

waffenoberst setzte „Forty-Second Boyd“ sein praktisches Wissen später in der Aeronautik ein, dann im Pentagon, wo seine Ideen nach vielen Scharmützeln mit der auf teure Waffensysteme und Hierarchie fixierten Militärbürokratie inzwischen die Einsatzdoktrin der Streitkräfte prägen, vor allem der Spezialeinheiten. Dass er nie zum General befördert wurde, sagt viel über seine unbequeme Denkart; an seinen Ideen kam man nicht so schnell vorbei. *The Fighter Pilot Who Changed the Art of War*, so der treffende Titel einer jüngst erschienenen Biographie.

Boyd zerlegte den ablaufenden Entscheidungsprozess in vier fließende Teile: *Observation, Orientation, Decision, Action* – kurz OODA. Das ist als Beschreibung nicht besonders originell, zumal sich die vier Teile natürlich nicht immer klar voneinander trennen lassen. Aber: Wer diesen Zirkel richtig zu nutzen weiß, verschafft sich einen Vorteil im Wettbewerb. Der *OODA Loop* – auch *Boyd Cycle* genannt – dreht sich immer weiter. Also: Nach dem OODA ist vor dem OODA. Jede Entscheidung führt zu neuen Konsequenzen, die wieder als Entscheidungsgrundlage dienen. Eine evolutionäre Idee: Jede Entscheidung ist wie eine Hypothese, die an der nie eindeutigen Wirklichkeit getestet wird. Die Folgerung: In einer Umgebung, die sich mit hoher Geschwindigkeit verändert und weiterentwickelt, ist derjenige im Vorteil, der möglichst kurze Entscheidungsprozesse bewältigt. Sieger im Wettkampf wird, wem es gelingt, diese Handlungsrunde schneller zu bewältigen als der Gegner – und den *OODA Loop* des Gegners negativ zu beeinflussen. Boyd meinte sogar, man solle anstreben, sich *innerhalb* des gegnerischen Zirkels zu bewegen.

Risiken sind abzuwägen: Wer stets nach demselben Plan vorgeht und typischen Verhaltensmustern folgt, zeigt Routine und wird berechenbar – und beschleunigt damit des Gegners *OODA Loop*. Wer sich dagegen kreativ anpasst und vorrangig die zeitweise exponierten Schwächen des Gegners attackiert, wer die eigene Friktion reduziert und die des Gegners erhöht, gewinnt. Wer nicht linear denkt, wer sich nicht vorhersehbar verhält, sondern die turbulente, unübersichtliche Situation opportunistisch ausnutzt, der behält die Oberhand. Das wirklich wichtige Ziel ist die Wahrnehmung des Gegners: Dort wird der Konflikt entschieden.

Boyds Ideen im Kampagnen-Management

Rekapitulieren wir, was eine Kampagne überhaupt ist: ein kommunikativer Feldzug. Bleiben wir bei der Wahl-Kampagne: Sie ist vorrangig eine Serie von Kommunikations-Ereignissen mit dem Ziel, eine psychologische Verbindung zwischen Kandidat und Wähler zu schaffen und den Wähler zu einer Entscheidung (Ja/Nein) und Handlung (Wählen gehen) zu motivieren. Eine Kampagne muss dabei geplant Aufmerksamkeit erregen, eine einheitliche Botschaft in Wort und Bild in kurzer Zeit auf den Markt bringen, Kandidaten und Partei von der Konkurrenz unterscheiden und als wichtigstes Ziel die Wiederholung ihrer Kontakte mit den von ihr bevorzugten Wählergruppen anstreben. Sonst geht ihre Botschaft unter.

Sie muss dazu erst einmal als „Kampagne" auftauchen, also als Ereignis für sich sichtbar werden. Sie muss ihre Gesichter und Namen einführen. Sie muss (als Kampagne!) eine eigene Beziehung zur Presse aufbauen, einen Kampagnen-Stil als Marke und ihre rhetorische Agenda etablieren.

Eine Kampagne hat mehrere Phasen, weil die Wähler, mit denen sie kommunizieren will, mehrere Phasen durchlaufen: 1. Ein Wähler muss den Urheber erst einmal wahrnehmen, dann 2. kennen lernen, dann 3. seine Botschaft anhören, und 4. allmählich zu einer Bewertung dieser Botschaft kommen. Dieser Prozess braucht Zeit. Zudem wird er durch Ferien, Feiertage, Ereignisse oder Krawall des Gegners immer wieder unterbrochen, so dass er immer neu verstärkt werden muss. Darum das Primat der Wiederholung.

Wettkampf der Willensstärke und Informationen

Unser Gegner versucht dies alles nicht nur für sich selbst zu tun, konkurriert also um die Aufmerksamkeit der Wähler. Er setzt auch alles daran, uns bei unserem Tun zu stören und uns zu überlisten. Er will uns seinen Willen aufzwingen, um auf seinem Terrain und nach seinen Spielregeln den Kampf auszutragen.

Wir widersetzen uns dem Willen des Gegners, und er widersetzt sich uns: Wahlkampf ist also auch ein Wettkampf der Willensstärke.

Das sorgt für Dynamik, aber auch für Brüche und Verwirrung. Eine klassische Situation für Boyd: Wahlkampf bringt eine an sich eingespielte Partei, Fraktion oder Regierung stets in eine Situation, in der das an sich Einfache kompliziert wird. Entscheidungen verzögern sich aus Unsicherheit. Ein unbekanntes Thema taucht auf, in dem sich Prominente oder Lobbygruppen massiv einmischen. Um Medienvorwürfe zu kontern, sind notwendige Informationen tagelang nicht zu beschaffen. Wohlgeplante Aktionen werden zum peinlichen Flop oder zur Affäre. „Alle Handlungen basieren auf unvollständigen, ungenauen oder widersprüchlichen Informationen" – Boyds Satz passt auch auf den politischen Konflikt. Krise wird zum Dauerzustand. Wahlkämpfer müssen das akzeptieren und sich unter diesem Risiko der Unordnung bewegen.

Was schief gehen kann, geht also gerne schief, Reibungsverluste werden immer größer, einfach so, ohne dass es dafür einen triftigen Grund gibt. „Friktion" nannte dies der preußische General Carl von Clausewitz. Friktion ist – neben der Trägheit – die große Feindin der Effizienz und tritt immer dann auf, wenn der „Nebel des Krieges" hochsteigt, wenn Informationen stocken, Logistik streikt, Kugeln pfeifen und Nervenstricke reißen. Und die Zeit rennt. Häufig macht die Friktion des eigenen Apparats die Umsetzung im engen Zeitfenster zunichte. In diesem Chaos liegen nach Boyd aber Chancen. Jedenfalls dann, wenn alle im eigenen Wahlkampfteam darauf vorbereitet sind, mit hohem Tempo auf Unerwartetes zu reagieren.

Wie gut das gelingt, hängt vor allem davon ab, wann man wie viel über das „Unerwartete“ weiß. Aus gutem Grund schwören die besten Wahlkampfprofis der Welt auf *research-driven strategy*, eine fast wissenschaftliche Akribie bei der ständigen Beobachtung der öffentlichen und veröffentlichten Meinung. Der Meinungsforscher ist integraler Bestandteil der Kampagnenorganisation.

In Deutschland dagegen sind die Umfrageinstitute meist zu distanziert von tatsächlicher Strategieformulierung, und es wird zuwenig Geld für Forschung ausgegeben. Es gibt zu wenige Fokusgruppen, zu wenige Werbemitteltests, zu wenige Umfragen. Und wenn, dann zu ungenau oder zu spät, um PR und Werbung noch zu steuern. Oft genug ist es so in Deutschland: Man glaubt im Herbst noch an die Meinungsumfragen vom Frühsommer. Werbeagenturen zeigen Kreationen für Zielgruppen, die nie präzise definiert werden. Öffentlich tönt man von „Rapid Response“, aber samstags und sonntags geht in der Wahlkampfzentrale niemand ans Telefon.

Klar: Kampagnen, die immer auf maximalen Touren laufen und optimalen Wissensstand haben, gibt es allerdings kaum. Es gibt in jeder Kampagne Zeiten, in denen der Wahlkampf dahindümpelt, in denen man Wunden leckt, Informationen sammelt oder sich selbst für einen großen Auftritt. Der Rhythmus eines Wahlkampfes ergibt sich daraus, das sich zwischen den Kontrahenten ein Wettbewerb um die Beeinflussung des Tempos und der Ereignisse entwickelt.

Für die Mitarbeiter sind Kampagnen im besten Fall eine Achterbahnfahrt der Emotionen: Einerseits entflammen die Kämpferherzen, andererseits sind Wahlkämpfe schlicht eine Zumutung. Statt Routine warten Risiko, Erschöpfung, Entbehrung, auch die Angst vor Versagen und irreparablen Fehlern. Nur starke Führung und Motivation reduzieren die mögliche „Friktion“, erhalten die Kampfmoral und klare Köpfe in der eigenen Truppe. Und damit die Disziplin, die ein gutes Kommunikationsmanagement in der Konfliktsituation einfach braucht.

Was brauchen wir denn jetzt?

Kommunikationsmanagement in Wahlkampagnen unterscheidet sich von anderen PR-Aufgaben durch die direkte Konfrontation, mit der die Gegenspieler aufeinander treffen, und durch die Geschwindigkeit der Kommunikationsprozesse. Die Herausforderung besteht (wie beim Militär) nun darin, eine operative Doktrin (oder ziviler: eine Philosophie) für unsere Kampagnenorganisation zu finden, die den Spielregeln dieser Kampfarena entspricht:

- Wir brauchen ein Konzept, das unter chaotischen und fließenden Bedingungen sowie unsicheren Informationen nicht nur funktioniert, sondern diese Situation sogar effektiv nutzt.
- Wir brauchen ein Konzept, das den täglichen Zeitdruck und den Rhythmus von Angriff und Verteidigung berücksichtigt.
- Wir brauchen ein Konzept, das im Kommunalwahlkampf im Prinzip genauso funktioniert wie bei Landtags-, Bundestags- oder Europawahlen. Oder bei jeder anderen auf Konflikt angelegten Kampagne für oder gegen politische Entscheidungen.
- Wir brauchen ein Konzept, das nicht nur die Etats, Personalstärken, Werbemittel, Themen-Initiativen und die Zahl der Großveranstaltungen bemisst, sondern die psychologische Basis eigener und gegnerischer Kampfmoral – weil diese wichtiger ist als die Masse des Materials.
- Wir brauchen ein Konzept, mit dem wir auch gegen einen zahlenmäßig stärkeren Gegner Erfolg haben können.

Kampagnen-Manöver: Schnell, flexibel, opportunistisch

Das Konzept für ein Kommunikationsmanagement unter diesen Bedingungen ist eine Doktrin der Wahlkampfführung, die auf Bewegung setzt und damit auf überraschende Manöver: schnell, flexibel, initiativ und, jawohl, radikal opportunistisch. Opportunistisch heißt nicht: ohne Maß und Moral. Opportunistisch heißt, das jeder Vorteil, der sich irgendwann ergibt, ohne Verzögerung ausgenutzt werden sollte. Also: Überraschen statt überraschen lassen. Wahlkämpfer wollen den Gegner nicht in seiner Festung belagern, sondern ihre Stärken auf auftauchende Schwächen des Gegners konzentrieren. Um im Bild zu bleiben: Bewegung statt Stellungskrieg ist das Ziel. Schnelle Manöver, Informationsfluss und Unberechenbarkeit entscheiden über den Erfolg in diesem Konflikt.

- Es geht darum, den Zusammenhalt des Gegners zu brechen, und zwar durch eine Serie aggressiver und unerwarteter Aktionen. Sie sollen eine turbulente Situation schaffen, die für den Gegner zu einer Spirale negativer Ereignisse wird.
- Das bedeutet: Er wird stetig zu Reaktionen gezwungen, mit denen er mangels Vorbereitungszeit nicht mehr fertig wird.
- In ihm soll das panische Gefühl aufsteigen, dass er sich permanent am falschen Ort, zur falschen Zeit und in der falschen Formation und Richtung befindet.
- Man gewinnt, indem man den Orientierungsrahmen des Gegners zerstört.

Zentral ist: Der Faktor Zeit wird ebenso wie die Unsicherheit der Informationen zum Verbündeten gemacht. Das ist weder in der Politik noch im Geschäftsleben oder beim Militär kein ganz neues Rezept, aber in der Ära schnellster Verkehrsmittel, intelligenter Logistik und Echtzeit-Kommunikation besonders bedeutsam.

Anatomie des Versagens

Das hässliche Spiegelbild der Boyd'schen Thesen, die Managerakademien und Kultursoziologen inzwischen genauso beschäftigen wie Offiziersschulen, bieten militärwissenschaftliche Studien über die Anatomie des Versagens im Konflikt. Warum versagen eigentlich hoch professionelle, kompetente, motivierte und bestausgerüstete Organisationen manchmal so spektakulär?

Meistens versagen sie, weil sie (a) aus Erfahrung und Beobachtung gar nichts oder die falschen Lektionen lernen, (b) vorhersehbare Situationen nicht vorhersehen oder (c) sich an ein neues, unerwartetes Umfeld nicht anpassen. Kommen zwei dieser „einfachen" Versagensmuster zusammen, bahnt sich das Desaster seinen Weg. Finden sich alle drei, egal ob gleichzeitig oder hintereinander, ist ein organisatorischer und politischer Kollaps wahrscheinlich.

Wer das Versagen im Nachhinein analysieren will, hat es schwer. Er muss die kritischen Aufgaben finden, die nicht erfüllt wurden – zum Beispiel Koordination, Alarmsysteme, Ressourcenplanung – und sie den unterschiedlichen Handlungsebenen einer Hierarchie zuordnen, vom Oberkommando bis zum Teamführer.

In der Matrix aus Akteuren und kritischen Aufgaben findet sich dann hoffentlich der Pfad, der zu den Einzelstationen des Versagens führte. Nur wer diesen Pfad findet, kann den kämpfenden Organisationen helfen: (a) zu lernen, schneller zu lernen; (b) zu durchdenken, ob und wie sehr sie den Kampftechniken des Gegners gewachsen sein werden und (c) Führungsstrukturen und Informationszugriff so zu gestalten, dass Entscheidungen über die Details eines Auftrags dezentral fallen können, ohne in eine bürokratische Mühle zu geraten. Denn Flexibilität und Reaktionsfähigkeit der niederen Ränge rettet oft ganze Organisationen vor einem Desaster.

Grundregeln der Strategie

Die meisten Kampagnen wissen nicht genau, was sie – außer gewinnen natürlich – erreichen wollen. Besonders Wahlkämpfer verlieren sich in taktischen und organisatorischen Details, bevor die Ziele formuliert sind. Wahlkampfzentralen werden mit Trompetenschall viele Monate vor der heißen Phase eröffnet, Millionenbudgets bis zum letzten Euro und zum Wahltag geplant, bevor die Frage beantwortet ist: Wer wird wo warum für uns stimmen? Wie bewegen wir die Menschen dazu? Wie müssen wir dafür uns organisieren? Und was tun wir *nicht?*

Viele Wahlkämpfe bieten ein Feuerwerk der Improvisation ohne Tempo- und Erfolgskontrolle. Strategie ist oft ein luftiges Konzept, über dessen Verknüpfung mit der Steuerung von Ressourcen nie entschieden wird. Manche Wahlkampfplaner meinen, Strategie sei bereits die Terminkoordination, rechtzeitige Auswahl von Plakatmotiven, Claim, Slogan und die Klassifizierung des traditionellen Senioren-Kaffees als „Zielgruppen-Event". Manche meinen, Strategie sei allein das Sammeln von Munition und Abwarten, bis der Gegner strauchelt. Und dann: Feuern, bis die Gurte durch sind.

Was soll Strategie? Sie soll, noch ein Clausewitz-Wort, die „Ökonomie der Kräfte" garantieren. Sie soll Zielgruppen definieren, Themen steuern und Erfolg kontrollieren, Zeit, Personal, Geld und Organisation sparsam einsetzen. Aber nicht so sparsam, dass Parteifunktionäre Däumchen drehen, Journalisten nichts zu senden haben und nach der Wahl Tonnen unverteilter Broschüren im Keller der Parteigeschäftsstelle vergilben.

Strategie heißt Disziplin

Die Ökonomie der Kräfte ist eine Philosophie rationalen Managements knapper Ressourcen, die immer wieder gepredigt, eingeimpft, eingehämmert und abgefordert werden muss. Es genügt nicht, eine Strategie zu *haben*, man muss sich und seine Leute auch darauf verpflichten. Sie sollen einsehen: Es geht um das Ziel, begrenzte Kräfte auf einen möglichst kleinen Punkt zu lenken, um damit größtmögliche Kraftwirkung zu erreichen. Das ist das Grundprinzip jedes Werkzeugs, jeder Waffe – und jeder Strategie.

Bei der „Ökonomie der Kräfte“ geht es zunächst darum zu entscheiden, was man *nicht* tut. Das heißt: Ein Nein zu vielen Themen, ein Nein zur Nutzung vieler Medien, ein Nein zu vielen Veranstaltungen, ein Nein zu bestimmten Zielgruppen, ein Nein zum Besuch vieler Wahlkreise. Diese Neins sind in Parteigremien oft schwer durchzusetzen – aus Gründen, die ebenso mit Macht wie mit Angst oder Faulheit zu tun haben können.

Jede Kampagne durchlebt eine Achterbahnfahrt in kritischen Situationen, euphorischen Momenten, dröhnendem Leerlauf und konturlosen Aktionismus. Ohne einen eindeutig fixierten Plan wird es sehr viel schwieriger, dabei auf klarem Kurs zu bleiben. Gemeint ist nicht Detailplanung von Anfang bis Ende; entscheidend ist aber die sorgfältige Vorbereitung der Eröffnungszüge und die Definition der weiteren Ziele. Nach der ersten Begegnung mit dem Gegner, meinte schon der preußische Generalstabschef Helmuth von Moltke, sei „alles ein System von Aushülfen“. Umso wichtiger sind klare Ziele.

Der britische Militärtheoretiker Basil Liddell Hart hat versucht, vor dem Hintergrund unsicherer Entscheidungssituationen den harten Kern der Strategie herauszuschälen. Seine acht Leitsätze:

- **Stimme dein Ziel auf die zur Verfügung stehenden Mittel ab.** Wenn du mehr abbeißt, als du kauen kannst, setzt du Selbstvertrauen und Kampfmoral deiner Truppen aufs Spiel.
- **Verliere das Ziel niemals aus den Augen, wenn du deinen Plan den Verhältnissen entsprechend abwandelst.** Es gibt immer mehrere Wege zum Ziel, aber nicht alle Wege führen zum Ziel. Auf Nebenstraßen auszuweichen, ist vielleicht nicht gut, aber schlimmer ist die Sackgasse.
- **Wähle einen Weg, den der Gegner am wenigsten erwartet.** Versetze dich in die Lage deines Gegners und frage dich, auf welches Vorgehen er am wenigsten vorbereitet ist.

- **Nutze die Richtung des geringsten Widerstands aus, solange sie dich dem Ziel näher bringt.** In der Taktik heißt das: Nutze Reserven, um weiter vorzudringen. In der Strategie: Nutze deine taktischen Erfolge.
- **Nimm eine Operationsrichtung, die verschiedene Ziele anbietet.** Stelle den Gegner vor die Hörner eines Dilemmas.
- **Stelle sicher, dass dein Kriegsplan und die einzelnen Dispositionen so flexibel sind, dass sie sich kurzfristig anpassen lassen.** Berücksichtige, was passiert und was du tust, wenn du einen taktischen Erfolg, Teilerfolg oder Misserfolg hast.
- **Wirf dich nicht auf einen Gegner, der auf der Hut ist, dessen Stellung so gut ist, dass er deinen Schlag parieren oder ihm ausweichen kann.** Ein Frontalangriff ist nur sinnvoll, wenn der Gegner desorganisiert und demoralisiert ist, seine Widerstandskraft also so gut wie gebrochen ist.
- **Nimm keinen Angriff in der gleichen Richtung oder in der gleichen Form wieder auf, wenn der erste fehlgeschlagen ist.** Es reicht nicht aus, es noch einmal mit Verstärkung zu versuchen, weil der Gegner wahrscheinlich auch Reserven geholt hat. Wenn dein Angriff wieder abprallt, verstärkst du nur seine Kampfmoral. (Liddell Hart 1991: 335)

Angriff und Verteidigung

Im Wahlkampf gewinnt häufig der geschickte Aggressor. Hoffnung ist zwar das wichtigste Element der positiven Kampagnenbotschaft. Aber oft genug gilt: Angst machen lohnt sich. Einer der wichtigsten Gründe, bei der Wahl *für* jemanden zu stimmen, ist immer noch, *gegen* seinen Gegner zu sein.

Härte, Kontrast und *negative campaigning* gehören gerade bei Wahlkämpfen mit klar kommunizierten Inhalten dazu. Aber: Wer sich zu sehr auf den Angriff fixiert, überschätzt seinen strategischen Wert und ordnet eigene Prioritäten möglicherweise falsch.

„Unbesiegbarkeit liegt in der Verteidigung. Die Möglichkeit des Sieges im Angriff", heißt es bei dem chinesischen Kriegsphilosophen Sun Tzu. Wer sich allein auf Verteidigung beschränkt, kann zwar nur durch Abnutzung gewinnen. Ergebnis ist ein Patt, aber kein Sieg. Es kann aber genügen, den Gegner vom Gewinnen abzuhalten – niederwerfen muss man ihn nicht. Vor allem für eine Regierung genügt es. Politprofis sind sich in einem meist einig: Mehr Wahlen werden verloren als wirklich gewonnen. So spricht vieles dafür, direkte Konfrontationen zu vermeiden und sich möglichst aus der Reichweite des Gegners zu

Negative Campaigning

„Pfui", rufen die Medien. Doch für Wahlkämpfer gibt es Gründe:

- **Wenn der Gegner viel mehr Geld im Wahlkampf ausgibt**
- **Wenn man in der Opposition ist**
- **Wenn der Gegner sein Amt klar missbraucht hat**
- **Wenn viele „Leichen im Keller" des Gegners kaum bekannt sind**
- **Wenn der eigene Kandidat kaum im Land bekannt ist**
- **Wenn man spät ins Rennen geschickt wird, z.B. als Ersatzkandidat**

Die RISIKEN liegen auf der Hand:

- **Man wird als Neinsager, Nörgler und Nervensäge wahrgenommen**
- **Ein Ruf als integrer Saubermann ist schwerer zu halten**
- **Wechselwähler wenden sich ab**
- **Der Gegner könnte auf die gleiche Weise, aber härter zurückschlagen**
- **Wenn die Fakten nicht stimmen, sinkt die Glaubwürdigkeit**
- **Parteibasis und Wählerinitiativen werden vielleicht demotiviert**
- **Die Schlammschlacht könnte wichtige Themen verdrängen**

bewegen, bis er ernste Fehler macht. Den Ausrutschern zusehen und der Schwerkraft ihren Lauf lassen – das ist oft der klügste Weg. Eigene taktische Niederlagen vermeiden, den Gegner mit Nadelstichen pricken und durch Ermattung zur Aufgabe seiner Ziele zwingen: Das ist eine ökonomische, aussichtsreiche Strategie, vor allem für Regierungen, die dem Gegner wenig Öffentlichkeit bietet.

Ein Publikumsrenner ist diese Strategie allerdings nicht! Wie oft tönte es 2002: Der Wahlkampf ist langweilig, weil sich die Strategie von SPD und Union darauf beschränkt, keinen Fehler zu machen und darauf zu warten, dass der andere einen macht. Zudem lenkte die relativ geringe Angriffslust die Aufmerksamkeit auf Pannen und Defizite im eigenen Lager. Vor allem bei Rot-Grün. Angriff hat mehr Prestige: Denn wer angreift, hat automatisch die Initiative. Die Medien belohnen den Aggressor fast immer, weil er Nachrichten liefert. Und unter den Wählern ist es weit einfacher, das Image eines Gegners negativer zu tönen, als ein eigenes positives aufzubauen.

Starke Defensive

Im allzu schnellen Umkehrschluss wird die Position des Verteidigers zugleich als die schwächere bezeichnet. Dabei ist sie prinzipiell die stärkere, denn jede Attacke verbraucht viel mehr Ressourcen und Reserven. Wer angreift, exponiert sich – und neigt zum Zögern, wenn die Kraft nachlässt. „Es ist eine grobe Verwechslung, wenn man unter Angriff immer einen Überfall versteht und sich folglich unter Verteidigung nichts als Not und Verwirrung denkt", sagte schon Carl von Clausewitz. Er erläutert im VI. Buch in *Vom Kriege* die oft unbeachtete Stärke der Defensive:

> „Was ist der Zweck der Verteidigung? Erhalten. Erhalten ist leichter als gewinnen, schon daraus folgt, dass die Verteidigung bei vorausgesetzten gleichen Mitteln leichter sei als der Angriff. Worin liegt aber die größere Leichtigkeit des Erhaltens oder Bewahrens? Darin, dass alle Zeit, welche ungenutzt verstreicht, in die Waagschale des Verteidiger fällt. Er erntet, wo er nicht gesät hat. Jedes Unterlassen des Angriffs aus falscher Ansicht, aus Furcht,

aus Trägheit, kommt dem Verteidiger zugute."

Daraus soll man aber nicht schließen, dass sich Wahlkombattanten in der Defensive wohlfühlen sollen:

- In der Verteidigung soll man nur bleiben, solange man schwach ist, und man muss sie verlassen, sobald man stark genug ist, für das positive Ziel zu streiten. Eine elastische Verteidigung kann das vorbereiten: Indem sie den Gegner zum Beispiel dazu verlockt, sich zu zersplittern.
- Siege in der Abwehr muss man als taktische Überlegenheit nutzen. Verteidigung besteht nicht nur aus einem Schild, sondern aus gezielten Gegenstößen. „Ein schneller, kräftiger Übergang zum Angriff – das blitzende Vergeltungsschwert – ist der glänzendste Punkt der Verteidigung.", meinte schon Clausewitz. (2000: 370f.)
- Ob der Verteidiger wirklich von einem Angriff überrascht ist, hat mit seiner Aufgabe als Verteidiger nichts zu tun, sondern mit Informationsstand, Vorbereitung und Einsatzbereitschaft.

Verteidigungstaktik

Kommunikationsmanager im Wahlkampf müssen den Unterschied verstehen zwischen strategischer Offensive/Defensive und taktischer Offensive/Defensive. Die strategische Defensive mag durch eine Vielzahl taktischer Offensiven den Gegner brillant schlagen, eine strategische Offensive dagegen immer wieder in der taktischen Defensive ins Fiasko steuern. Clevere Taktiker

Verteidigung

„Es ist eine grobe Verwechslung, wenn man unter Angriff immer einen Überfall versteht und sich folglich unter Verteidigung nichts als Not und Verwirrung denkt."

General Carl von Clausewitz, Strategietheoretiker (1780-1831).

warten in der Verteidigung genau den Punkt ab, an dem der Angreifer, der seine Kräfte auf die Attacke konzentriert hat, Probleme bekommt, nach erstem Stoß durchzuhalten und für Nachschub zu sorgen. Hier gilt es, genau auf Umfragen, Presseecho und die Gegnerbeobachtung zu hören. Den Punkt, an dem die relative Stärke des Angreifers und des Verteidigers in etwa gleich sind, nennt man Kulminationspunkt, also einen möglichen Wendepunkt: Hier ist der Angriff fast – aber nicht sicher – gestoppt, und eine wacklige Chance für einen erfolgreichen Gegenangriff öffnet sich. Wartet der Verteidiger aber passiv ab und will oder kann der Angreifer nicht „nachlegen", kommt es mit großer Wahrscheinlichkeit zu einem Unentschieden.

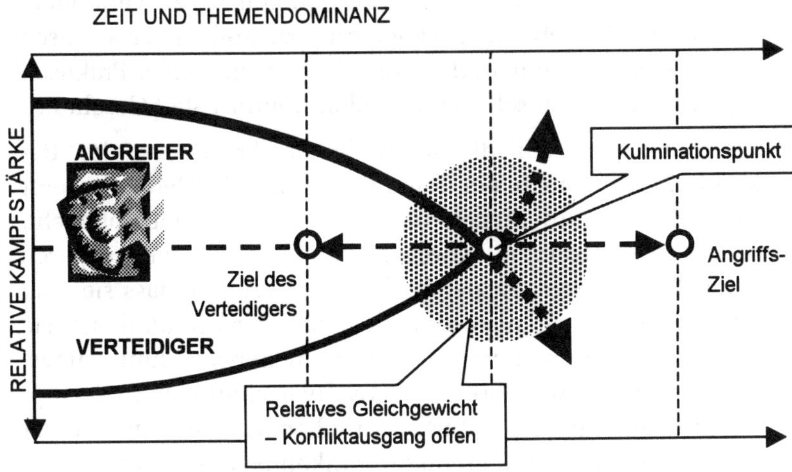

Regierung und Opposition: Zwänge der Position

Zwar lassen sich Regierungspolitiker nicht immer voll auf die typische Rolle der Amtsinhaber festlegen und mahnen „Keine Experimente", sondern suchen ein Mandat für Veränderung und Erneuerung. Nicht immer macht eine Opposition Wahlkampf im Habitus des Herausforderers, sondern stellt sich als die Partei erfahrener Staatslenker dar. Aber in den meisten Fällen muss das Kommunikationsmanagement mit diesen typischen asymmetrischen Rollen umgehen: Die Amtsinhaber der Regierungspartei nutzen die Symbole ihrer öffentlichen Ämter, ihre Titel, ihre Prominenz, ihre staatsmännische Distanz, ihren Tross, die Aura der Macht, ihre exekutive Befugnis. Sie setzen auf die Attribute der Kompetenz, mit denen das Amt ausgestattet ist („Er kann es."). Und sie versuchen, Charisma und Glamour durch das Amt zu suggerieren.

Zudem hat eine Regierung unzählige Gelegenheiten, die Regierungspolitik zu erläutern, zu erklären, sie gegen Angriffe zu verteidigen und mit Versprechen und Ankündigungen zu verbinden, um also für eine Fortsetzung der Regierung zu werben. Theoretisch ist das stets eine Gelegenheit, die Opposition anzugreifen. Praktisch bevorzugen Regierungen selbsterklärenden Kontrast statt Geschrei.

Diese Festlegung auf die tatsächlichen Ergebnisse der Regierungsarbeit kann auch ein Handicap sein. Die Herausforderer sind freier in ihren Forderungen, besonders wenn es ums Geld geht. Regierungskommunikatoren bewegen sich in einem viel engeren Korsett der Sachzwänge. Zugleich kann es passieren, dass sie vom Bürger für Probleme verantwortlich gemacht werden, an denen sie keine oder wenig Schuld tragen (z.B. Firmenkrisen, Entlassungswellen, Einwohnerabwanderung, Umweltverschmutzung, Korruption, Verbrechen, Unfälle, Naturkatastrophen...). Aus unverdienter Kompetenzvermutung wird ein unfairer Inkompetenzverdacht.

Die Erwartungen an die kommunikative Wahlkampf-Leistung einer Regierung sind zudem groß. Die Medien beobachten jeden Schritt. Eine Kampagne der leisen Töne birgt darum Gefahren, wenn der Vorsprung nicht sehr groß ist.

Schließlich haben Regierungen das Problem, dass sie auch im Wahlkampf weiter vernünftig regieren müssen, während die Opposition sich voll auf die Kampagne konzentrieren kann. Verwaltungsdetails, Haushaltsverhandlungen, Länderkonferenzen lenken von der Kampagne ab und zehren an Zeit und Energie des Spitzenpersonals. Antwortet die Regierung auf Attacken mit massiven Gegenangriffen, ist ihr der Vorwurf sicher, sie vernachlässige die Alltagsarbeit und missbrauche ihr Vertrauen durch Showeffekte. Tut sie es nicht, wirkt sie schwach, mutlos und zu feige, um sich dem Herausforderer zu stellen.

Die Opposition hat die doppelte Aufgabe, ein Meinungsklima des Wechsels zu befördern und die Wähler zu überzeugen, dass ihre Leute die notwendigen Veränderungen auch herstellen können. Am Angriff auf die Regierungsbilanz geht darum kein Weg vorbei; und zwar in der Sache wie im Habitus der Kandidaten. Konkrete Lösungen werden von ihnen kaum erwartet, höchstens Ideen für solche. Je präziser ihre Lösungsvorschläge ausfallen, desto mehr macht sich die Opposition zur Zielscheibe. Ist die Bilanz der Regierung hervorragend, muss der Herausforderer trotzdem angreifen: Er muss die Leistungen herunterreden oder einen Dritten dafür loben, die Vernachlässigung bestimmter Aspekte herausstellen oder vor Gefahren eines „Weiter so" in der Zukunft warnen. Gibt es an der Regierung direkt wenig zu kritisieren, muss die Schwachstelle eben anderswo gefunden werden und die Attacke indirekt erfolgen. Wie man etwa mangels Landesthemen im Landtagswahlkampf bei einem Bundesthema attackiert, zeigte Roland Kochs Hessen-CDU 1999 mit der Unterschriftenkampagne gegen die Doppel-Staatsbürgerschaft.

Die Regierung wird stets sagen „Die Opposition redet unser Land schlecht" und versuchen, deren Kritik zur Publikumsbeschimpfung zu wenden. Kassandra wählt man nicht, sagen Wahlkampfveteranen wie Peter Radunski. Dagegen war Gerd Schröders „Wir wollen nicht alles anders, aber vieles besser machen" 1998 ein Slogan, der dem Wähler die Zumutung des Wandels freundlich und selbstbewusst beschrieb.

Herausforderer müssen ihrem Angriff eine positive Perspektive geben: das Versprechen, für aktive Politik statt Passivität zu sorgen, für einen neuen Stil, neue Offenheit, eine anständigere, moralischere, leidenschaftliche, freiheitlichere oder mitfühlende Regierung. Die Opposition ist trotz aller Angriffe auf optimistische Rhetorik verpflichtet, die bessere Zukunft verheißt. Das gilt besonders für den Spitzenkandidaten. Er muss als Hoffnungsträger wirken, möglicherweise als Saubermann nebst eisernem Besen, nicht als Pitbull. In jeder Partei gibt es für die harte Attacke Wadenbeißer, wenn man sie nicht lieber über Dritte in die Arena bringt. Wahlkämpfe sind für die Wähler auch eine Art Charaktertest: Wer Tabus in eigener Person verletzt, disqualifiziert sich schnell. Verunglimpfung und Angriffe „unter die Gürtellinie" mobilisieren im Zweifelsfall weniger Anhänger, als sie Unentschiedene vergraulen. Man kann sogar die eigenen Leute dabei verlieren. Umgekehrt lassen sich Bumerangeffekte taktisch nutzen. Wer Angriffe moralisch zurückweist, hat einen taktischen Schutzschild für eigene Aggressionen in der Hand.

Das Konfrontations-Management aufbauen

Das Konfrontationsmanagement ist vor allem Kommunikationsmanagement. Es beginnt mit dem Management der eigenen Kommunikatoren, die auf die Strategie verplichtet werden müssen: den prominenten Politikern und Parteifunktionären, den Pressesprechern, Redenschreibern, Medienbeobachtern, Internet-Werkern, Kontaktleuten aus der Werbeagentur, aber auch den Leute aus der Gegnerbeobachtung, den Terminplaner, denjenigen, die Kommunikations-Ideen und Hilfen für die örtlichen Kandidaten verantworten, Schulungen für lokale Wahlkampfkoordinatoren organisieren und wichtige Aktionen vorbereiten – von der Großveranstaltung über das Fundraising Dinner bis zur Telefonkampagne.

Der wichtigste Kommunikator ist der Spitzenkandidat selbst. Er ist nicht immer der professionellste: Meist ist das Bedürfnis nach eigenem Eingreifen ins tägliche Kommunikationsmanagement größer als die Bereitschaft, sich der kommunikativen Disziplin einer

Kampagne zu unterwerfen, Beauftragte mit sichtbarer Autorität auszustatten und klare Entscheidungswege zu etablieren.

Zu viele Häuptlinge, zu wenig Indianer

Ein *War Room* ist ein strategisches Zentrum, aber hier entsteht nicht automatisch die Strategie. Sie wird hier umgesetzt. Taktische Entscheidungen fallen hier natürlich, aber auch diese nicht in einer Art hierarchiefreien Kreativworkshop, sondern bei allem Teamgeist durchaus unter autoritärer Führung. Gibt es gar keine Strategie, wird im *War Room* sofort sichtbar: ein Defizit an Organisation, Motivation und Geschlossenheit.

Wichtig nicht für die Selbstinszenierung als grandiose Profitruppe, sondern für effizientes Kommunikationsmanagement ist die Zentralisierung wichtiger Wahlkampf-Entscheidungen und die kreative Werkstatt-Atmosphäre. Letztere lässt sich in einem Großraumbüro mit einer guten technischen Ausstattung und einer Bereitschaft, Hierarchien zu vermeiden und Initiative zu belohnen, relativ einfach herstellen. Die Zentralisierung dagegen nicht.

Die Vorbereitung von Wahlkämpfen führt fast zwangsläufig zur Bildung von vielen offiziellen und inoffiziellen Kreisen und Arbeitsgruppen, die sich parallel zu den Parteigremien und üblichen Fraktions- oder Regierungsrunden bilden. Alsbald entsteht ein unübersichtliches Kompetenzgerangel und Buhlen um das Ohr des Spitzenkandidaten. Führen wollen viele, sich führen lassen dagegen nicht. Ergebnis: zu viele Häuptlinge, zu wenige Indianer – zu viel Palaver statt Arbeitsaufträge. Noch schlimmer ist die sich verstärkende Neigung zum Sich-alle-Optionen-Offenhalten, zum feigen Vermeiden kritischer Punkte aus Angst vor dem Zorn des Chefs und zur Paralyse durch Analyse.

Für die Kampagnenmitarbeiter wird so immer unklarer, wer eigentlich die Strategie bestimmt – und wie diese genau aussieht. Verwischt wird dabei zudem der Unterschied zwischen dem Definieren einer Strategie, die kooperativ entstehen und von möglichst allen Parteigranden mitgetragen werden sollte, und der disziplinierten Umsetzung durch ein kleines, entscheidungsfähiges Team von Kampagnenprofis mit ihren Mitarbeitern. Theoretisch sehen die Beteiligten zwar ein: Es braucht so wenige unterschiedliche Runden wie möglich, so viel versammelte Kompetenz wie nötig. Aber in der Praxis sieht es anders aus. Man denke nur an das Wirrwarr in der Union zu Beginn des Bundestagswahlkampfes 2002 zwischen „Arena02", „Stoiber-Team", „Team 40 plus" und diversen Beraterrunden, die sich Merkel, Meyer, Stoiber und Goppel persönlich hielten.

Besonders schlimm erwischt es aber meist Regierungsparteien, wo die Spitzenpolitiker ihr Kommunikationsmanagement lieber in der Exekutive betreiben, statt es einer Wahlkampfzentrale zu überlassen. Mangelnde Koordination im Regierungslager ist oft die Achillesferse einer ansonsten materiell und personell üppig ausgestatteten Wiederwahl-Kampagne. Erforderlich sind darum in so einer Situation die einvernehmliche Arbeitsteilung, frühmorgendliche Routinekontakte, kurze Drähte, professionelle Kollegialität und eine sichtbar und unzweifelhaft vom Regierungschef abgeleitete Autorität in der Wahlkampfzentrale. Kommunikationsmanagement beginnt hier damit, die Vielzahl von Spitzen-Kommunikatoren auf gemeinsame Verfahren und gemeinsame Disziplin zu verpflichten. Denn Entscheidungen im Wahlkampf fallen unter hohem Zeitdruck.

Kommunikationsmanagement muss sich daher nicht nur mit dem Nachrichtenzyklus der Medien auseinandersetzen, sondern auch mit dem eigenen Entscheidungszyklus: der Zeitspanne, in der eine neue Lage registriert und bewertet wird, Maßnahmen beschlossen und ausgeführt werden. Durch die Handlung entsteht eine neue Situation, und der Zyklus beginnt erneut. Wahlkämpfer befinden sich hier im permanenten Wettlauf mit den gegnerischen Teams. Es sei an den *OODA Loop* erinnert. Aber Achtung: *Fast-Cycle Capability*, die Fähigkeit zum Tempomachen, ist das Ziel. Nicht Hektik! Gute Wahlkampfplaner tun alles, um eigene Entscheidungsprozesse zu beschleunigen. Sie zerbrechen sich den Kopf, um Reibungsverluste zu minimieren. Sie stellen die Truppe so auf, dass sich niemand darauf verlässt, dass schon irgendjemand für eine Aufgabe zuständig ist. Sie sorgen dafür, dass ihre Crew stets gut im Bild ist, niemand wichtige Informationen hamstert, damit sie Entscheidungen auch selbst fällen kann. Denn wenn sich die Situation ändert, entsteht ein Mismatch zwischen bisherigem Orientierungspunkt und aktueller Entscheidungsbasis. Den zu erkennen, ist die Aufgabe von Mitarbeitern „oben“ wie „unten“.

Es wäre ein grober Fehler, sich bei zu sehr auf die Technik zu verlassen, um schnelle Abstimmungsroutinen zu ermöglichen. Handy-SMS, Telefonschaltkonferenzen, Email und Intranet erleichtern diese zwar, aber noch wichtiger ist: Die Menschen, die die Strategie ausführen sollen, müssen sich aneinander gewöhnt und miteinander umgehen gelernt haben. Das ist nicht einfach, weil politisches Personal immer auch Machtpositionen und Interessenzonen im Hinterkopf hat, ganz besonders vor einer Wahl. Vertrauen und Respekt vor der Professionalität und Urteilskraft des anderen bedingen die Verständigung auf eine Arbeitsteilung, die garantiert, dass die Kommunikations-Maschine auch bei Turbulenzen ruhig läuft.

Cohen, Eliot/John Gooch: *Military Misfortunes. The Anatomy of Failure in War.* New York: Vintage, 1990.

Coram, Robert: *Boyd: The Fighter Pilot Who Changed the Art of War.* New York: Little Brown, 2002.

Clausewitz, Carl von: *Vom Kriege.* München: Cormoran, 2000.

Dörner, Dietrich: *Die Logik des Misslingens.* Reinbek: Rowohlt 2000.

Hammonds, Keith. "The Strategy of the Fighter Pilot." *Fast Company* 59 (Juni 2002): 98-102.

Horowitz, David: *The Art of Political War And Other Radical Pursuits.* Dallas: Spence, 2000.

Leonhard, Robert R. *The Principles of War for the Information Age.* Novarto: Presidio, 2000.

Liddell Hart, Basil: *Strategy.* New York: Meridian, 1991.

Oetinger, Bolko u.a. (Hg.): *Clausewitz – Strategie denken.* München: Hanser, 2001.

Paret, Peter (Hg.). *Makers of Modern Strategy from Machiavelli to the Nuclear Age.* Princeton: Princeton University Press, 1986.

Pitney, John J.: *The Art of Political Warfare.* Norman: University of Oklahoma Press, 2000.

Schröder, Peter: *Politische Strategien.* Baden-Baden: Nomos, 2000.

Stahel, Albert: *Strategisch denken: Ziel-Mittel-Einsatz in Politik, Wirtschaft und Armee.* Zürich: VD, 1997.

United States Marine Corps: *Warfighting. The U.S. Marine Corps Book of Strategy. Tactics for Managing Confrontation.* New York: Currency, 1994.

Krisenkommunikation

KANN KRISE POLITISCH SEIN?

HEIKO KRETSCHMER
BERLIN

KRISENKOMMUNIKATION IN DER POLITIK? Das ist doch Unsinn. Politische Kommunikation ist permanentes Krisenmanagement. Zudem können politische Organisationen den Grundsatz der Krisenkommunikation, stets „mit einer Stimme" zu sprechen, ohnehin nie befolgen. – So oder so ähnlich lautet ein weit verbreitetes Vorurteil bei den Machern politischer Kommunikation. Ein fataler Irrglaube.

Ein Irrglaube, der nicht nur ein Licht auf die vielfach mangelnde Professionalität der politischen Kommunikationsarbeit wirft, sondern auch Chancen für die notwendigen Reformen in unserem Land ungenutzt verstreichen lässt.

Richtig verstandene und betriebene Krisenkommunikation ist nämlich nicht nur die Verhinderung von weitreichenden Krisen, sondern auch ein aktives Chancen-Management. Mehr noch: Jeder Krise wohnt auch die Chance inne, die eigenen Kompetenzen vor einer breiten Öffentlichkeit unter Beweis zu stellen. Krisen sind die Momente, in denen konsequentes Handeln, glaubwürdiges Auftreten und Verständnis für Emotionen gefordert sind. Wer dieses unter Beweis stellen kann, hat gute Karten, am Ende besser, glaubwürdiger und angesehener als zuvor dazustehen.

Beispiele hierfür gibt es einige. So stürzte Daimler-Benz regelrecht in eine tiefe Vertrauenskrise, nachdem zunächst auf das Versagen der A-Klasse im Elchtest falsch reagiert wurde. Umsatzeinbrüche, Auftragsstorni und ein Imageverfall im freien Sturzflug waren Folge der selbstherrlichen Reaktion in den ersten Tagen. Mittels einer zweistufigen Kommunikation konnte diese Entwicklung nicht nur gestoppt, sondern umgedreht werden. Zunächst wandte sich der Vorstandsvorsitzende Jürgen E. Schrempp per offenem Brief an die Öffentlichkeit. Darin gestand er ein, dass Daimler-Benz gelernt habe, dass die eigenen Kunden den Anspruch auf die höchst mögliche Sicherheit haben und dass Daimler-Benz diesem nachkommen müsse. Nach einer Rückruf-Aktion wurde dann Boris Becker als Testimonial eingesetzt, der in ganzseitigen Anzeigen bekannte, dass er aus seinen Rückschlägen stets mehr gelernt habe als aus seinen Erfolgen. Das Ergebnis dieser Krisenkommunikation war beeindruckend: Nach Bewältigung der Krise wies Daimler-Benz bessere Imagewerte als zuvor auf.

Doch nicht nur Unternehmen können mit guter Krisenkommunikation brillieren. Viele Beobachter glaubten im Juli 2002, die Bundestagswahl sei schon entschieden. Der Kanzler und seine SPD standen mit dem Rücken zur Wand. In dieser Situation musste die Bundesregierung und vorneweg der Bundeskanzler einer nationalen Katastrophe ins Auge blicken: Die Jahrhundertflut an der Elbe erforderte professionelles Krisenmanagement und eine ebenso geschickte Kommunikation. Der Kanzler machte – im Gegensatz zu seinen beiden Herausforderern – alles richtig und konnte die politische Stimmung im Land nochmals umdrehen.

Dennoch: Solche gelungenen Beispiele sind die Ausnahme in der Politik. An der Elbe hatte der Kanzler noch die Stimmungslage der Menschen getroffen, emotionale Botschaften passgenau vermittelt, konsequentes Handeln der Politik versprochen und so die Welle nationaler Solidarität auch als seinen Erfolg verbuchen können. Nur wenige Wochen später, während der Koalitionsverhandlungen zwischen SPD und Bündnis'90/Die Grünen, ließen die Koalitionäre genau diese Eigenschaften vermissen. Höhepunkt war zweifelsohne das völlig missglückte Eingeständnis, dass Deutschland das Kriterium einer niedrigen Neuverschuldung aus dem Maastricht-Vertrag nicht erfüllen könne. Kein Journalist nahm dem Bundesminister der Finanzen Hans Eichel ab, dass er das nicht schon vor dem Wahltermin gewusst habe. Der fade Beigeschmack einer Wahlkampf-Lüge bleibt zurück. Das Ergebnis: Medien und Wirtschaft attestieren der Regierung einen klassischen Fehlstart.

Im Land ist zugleich das Gefühl einer tiefen Krise nicht nur der deutschen Wirtschaft, sondern auch der bundesrepublikanischen Gesellschaft allgegenwärtig. Umfragen belegen: Die Stimmung ist noch schlechter als die ohnehin schwierige Wirtschaftslage. Pessimismus hat die Köpfe erobert, die Hoffnung auf Wandel und Aufschwung ist geschwunden.

Statt nun diese Stimmung aufzugreifen und dem Bedürfnis nach Glaubwürdigkeit und engagiertem Handeln gerecht zu werden, in dem Chancen aufgezeigt und richtungsweisende Projekte angestoßen werden, präsentierten die Verhandlungsparteien nur trockene Fakten und verschämt eingestandene Steuererhöhungen. Der defensive Umgang damit erweckt zwangsläufig den Eindruck, Politik sei handlungsunfähig und der Krise nicht gewachsen. Ob dies auch wirklich der Fall ist, spielt keine Rolle.

Der Schutz vor der Krise ist die Ausnahme

Was für die große politische Bühne der Parteien und Regierungen zutrifft, beschreibt gleichermaßen die Lage in Verbänden und Institutionen. Angesichts einer schrumpfenden und mit dem eigenen Bedeutungsverlust konfrontierten Verbandslandschaft, in der zu starre und schwerfällige Strukturen mit sinkenden Mitgliederzahlen kämpfen, sind krisenhafte Situationen keine Seltenheit.

Eine Umfrage der Agentur 12Cylinders Corporate Strategies unter den wichtigsten Behörden in Bund und Ländern sowie den 200 größten bundesweit agierenden Verbänden aus dem Spätsommer 2002 zeigt, dass auch in der Wahrnehmung der Behörden und Verbände Krisen permanent präsent sind. Auf die Frage, ob die entsprechende Organisation in der Vergangenheit bereits einmal von einer Krise betroffen war, antworten 90,5 Prozent mit Ja. Bei den Behörden sind die Spitzenreiter unter den Krisenfällen solche, die auf Grund verbreiteter falscher Tatsachen entstanden. Verbände geben hier zuvorderst Angriffe seitens der Medien an.

Tabelle 1: Krise, die die Organisation in der Vergangenheit erlebt hat

Krisenhaftes Ereignis in der Vergangenheit	Verbände	Behörden
Angriffe seitens Medien	67 %	—
Öffentliche negative Auseinandersetzung mit Bezugsgruppen (Initiativen, Lobbyisten)	47 %	56 %
Gerüchte, falsche Behauptungen	37 %	61 %
Finanzkrise	27 %	22 %
Schwere persönliche Verfehlungen einzelner, z.B. Veruntreuung	30 %	31 %
Geheime Unterlagen werden publik	—	28 %
Produktmängel, (Betriebs-) Unfall	13 %	33 %

Quelle: Krisen-Umfrage 12Cylinders Corporate Strategies, 2002

Noch aufschlussreicher wird das Bild, wenn man sich ansieht, welche Ereignisse politische Organisationen gegenwärtig als Bedrohung erleben. Hier dominieren solche Krisen, die rein kommunikativer Natur sind und kaum eine operative Dimension besitzen: die öffentlichen Auseinandersetzungen mit wichtigen Bezugsgruppen, die Verbreitung von Gerüchten und falschen Tatsachen sowie Angriffe seitens der Medien.

Erst mit deutlichem Abstand folgen operative Krisen, die kommunikativ begleitet werden müssen: Finanzkrisen, persönliche Verfehlungen von Mitarbeitern, publik gewordene Verschlusssachen sowie Unfälle oder Produktmängel.

Krisen politischer Organisationen haben also überwiegend einen kommunikativen Hintergrund. Krisenprävention und Krisenkommunikation zielt hier genau auf den Kern des Problems ab und ist somit für politische Organisationen mindestens so wichtig wie für Unternehmen.

Tabelle 2: Krisenhafte Ereignisse, die die Organisation gegenwärtig betreffen

Krisenhaftes Ereignis in der Gegenwart	Verbände	Behörden
Angriffe seitens Medien	33 %	—
Öffentliche negative Auseinandersetzung mit Bezugsgruppen (Initiativen, Lobbyisten)	27 %	17 %
Gerüchte, falsche Behauptungen	17 %	11 %
Finanzkrise	17 %	14 %
Schwere persönliche Verfehlungen einzelner, z.B. Veruntreuung	7 %	8 %
Geheime Unterlagen werden publik	—	6 %
Produktmängel, (Betriebs-) Unfall	3 %	—

Quelle: Krisen-Umfrage 12Cylinders Corporate Strategies, 2002

Wenn Krise so alltäglich ist, dann müsste die adäquate Vorbereitung auf solche Krisensituationen die erste Pflichtübung eines jeden PR-Verantwortlichen und Pressesprechers sein. Doch die Realität sieht anders aus. Zahlreiche Erhebungen unterschiedlichster Herkunft zeigen, dass eine systematische kommunikative Krisenprävention immer noch die Ausnahme darstellt. Betrachtet man die Behörden und Verbände näher, die angeblich über ausgewählte Instrumente der Krisenprävention verfügen, so fällt zudem ein eklatanter Widerspruch auf. Obwohl sie über entsprechende Kriseninstrumente verfügen, schätzen sie den eigenen Schutz vor Krisen nur als kaum bis mittelmäßig vorhanden ein.

Ein differenzierter Blick macht das eigentliche Dilemma deutlich. Der subjektive Schutz ist bei solchen Krisen, die eine primär operative Krisenbewältigung verlangen, am größten: Unfälle, Verfehlungen, Geheimnisverrat. Doch genau dies sind in der Realität offenbar die zahlenmäßig unwichtigen Krisen. Vor den relevanten Krisen (Medienangriffe und falsche Behauptungen sowie Angriffe seitens wichtiger Bezugsgruppen) erreicht der subjektive Krisenschutz eine unzureichende Bewertung („gar nicht" bis „kaum").

Tabelle 3: Subjektiver Eindruck, in welchem Ausmaß die eigene Organisation vor einer Krise geschützt ist. Notenskala: 0 (gar nicht geschützt), 1 (kaum), 2 (mittelmäßig), 3 (ziemlich), 4 (enorm).

Krisenhaftes Ereignis	**Verbände**	**Behörden**
Öffentliche negative Auseinandersetzung mit Bezugsgruppen oder Medien	1,7	1,2
Gerüchte, falsche Behauptungen	1,7	1,1
Finanzkrise	2,7	2,1
Schwere persönliche Verfehlungen einzelner, z.B. Veruntreuung	2,4	2,1
Geheime Unterlagen werden publik	—	2,2
Produktmängel resp. (Betriebs-) Unfall	—	1,4

Fazit: Je mehr eine Krise rein kommunikativer (und nicht operativer) Natur ist, desto häufiger sind Verbände und Behörden davon betroffen und umso schlechter ist gleichzeitig auch ihr Schutz vor solchen Krisen. Offenkundig empfinden selbst Kommunikationsverantwortliche in politischen Organisationen ihr Krisen-Instrumentarium als unzureichend ausgebaut.

Aller Anfang ist leicht: Krisenprävention

Wer nun den Schluss zieht, dass effektive Krisenprävention offenbar nicht möglich ist, der täuscht sich. Doch wie lässt sich diese effektive Krisenprävention erreichen?

Am Anfang steht ein Brainstorming. Am besten mit Verantwortungsträgern, Öffentlichkeitsarbeitern und externen Beratern. In diesem Brainstorming werden verschiedene Krisen-Szenarien entwickelt, von denen eine Organisation betroffen sein kann. Meist ist hierfür keine besonders umfangreiche Analyse erforderlich, denn die Mitarbeiter und Funktionäre kennen die Krisenpotenziale ihrer Organisation intuitiv recht gut.

Der externe Berater bringt in diese Runde die Sicht der Medien und der Öffentlichkeit auf eine Organisation mit ein. Auf diesem Wege ist sichergestellt, dass keine Schönfärberei stattfindet. Denn sehr oft werden Risiken übersehen oder klein geredet, die wesentliche Eckpunkte einer Organisation in Frage stellen können. Getreu dem Motto: „Es kann nicht sein, was nicht sein darf."

Anschließend werden diese Risiken gemeinsam auf ihre Relevanz und ihre kommunikativen Parameter hin bewertet, so dass am Ende eine Risiko-Matrix entsteht, mit deren Hilfe nun ein Issues Management entwickelt wird. Es definiert die zu beobachtenden Themen und Medien sowie weitere Kommunikationsebenen (gerade im politischen Raum) jenseits medial vermittelter Debatten. All das wird dann einem stetigen Monitoring unterzogen.

Herzstück Issues Management

Das daraus resultierende Risiko-Management betrachtet alle Fragestellungen, die Risiken für die Organisation bergen, aus denen sich also Krisen entwickeln können. Hier werden interne Faktoren ebenso betrachtet wie Risiken, die im Umfeld der Organisation entstehen können. Dies reicht von Vorgängen in der jeweiligen Branche bis hin zu Tätigkeiten von „gegnerischen" Initiativen. Ziel des Risiko-Managements ist es, durch eine gezielte Beobachtung dieser Issues frühzeitig Krisen erkennen und rechtzeitig gegensteuern zu können. Da Krisen (insbesondere die zuvor skizzierten Kommunikationskrisen) in der Politik meist nicht spontan entstehen, sondern eine vorhergehende Entwicklung haben (z.B. im Rahmen von Expertendiskussionen in der Fachpresse), bevor sie an die breite Öffentlichkeit getragen werden, hilft ein systematisches Issues Management, sich vor solchen Krisen zu schützen. Auch kann eine langfristige Beobachtung bestimmter Issues unter Umständen schleichende Krisen erkennen helfen, die anders gar nicht wahrgenommen würden. Dies ist z.B. der Fall, wenn man die oben erwähnte allgemeine Stimmungslage in der Bundesrepublik betrachtet, die sich stückweise in die aktuelle dramatische Richtung bewegt hat.

Dieses Risiko-Management stellt dann quasi ein Frühwarnsystem für die betreffende Organisation dar. Die Entwicklung von Themen und Meinungen wird genau verfolgt.

Doch ganz im Sinne der „Krise als Chance" lässt sich ein solches Risiko-Management einfach auch als Chancen-Management nutzen. Auch hier steht die Beobachtung der definierten Issues am Anfang der Arbeit. Das Ziel ist aber nicht Krisen-Prävention, sondern die Entwicklung einer pro-aktiven Kommunikation.

Will eine Organisation ein bestimmtes gesellschaftliches Themenfeld frühzeitig besetzen, um bestimmte Kompetenzen (z.B. einzelne Reformfelder oder innovative Themen) medial für sich zu beanspruchen, so setzt dies ein Issues Management voraus. Es kann neue Trends etwa im gesellschaftlichen Umfeld oder der Medienberichterstattung frühzeitig zu Tage fördern und das Verhalten anderer Akteure deutlicher erkennbar machen.

Ein kurzes Beispiel soll dies unterstreichen. Als im April 2002 das Urteil des Bundesverfassungsgerichts zur Verfassungsmäßigkeit der Wehrpflicht und quasi zeitgleich die Kommandeurstagung der Bundeswehr bevorstand, fand sich eine Gruppe junger Nachwuchspolitiker in der SPD zusammen und forderte eine Woche vor dem erwarteten Urteilsspruch in einem gemeinsamen Appell[1] die eigene Parteiführung auf, sich zur Abschaffung der Wehrpflicht durchzuringen. Dieser Appell erlangte in den kommenden Tagen die Meinungsführerschaft in allen Medien. Jeder Politiker oder Fachmann, der sich zum Thema äußerte, musste sich mit diesem Appell auseinandersetzen. Das aus Sicht der Nachwuchspolitiker negative Urteil des Bundesverfassungsgerichts spielte am Ende nur eine untergeordnete Rolle, denn die politische Debatte konnte erheblich in ihrem Sinne beeinflusst werden.

Krisen-Management – trotz pluraler Strukturen

Der dritte Baustein einer funktionierenden Krisenprävention neben Risiko-Matrix und Risiko-Management ist das Krisen-Management-System (kurz: KMS). Dieses

- definiert die grundsätzliche Krisenpolitik und damit auch die Frage, wann wer den Eintritt einer Krise feststellt,
- erläutert die Grundsätze der Krisenkommunikation,
- benennt den Krisenstab, seine Mitglieder sowie seine Aufgaben und Befugnisse,

---

[1] *Die Welt* vom 3. April 2002: Der saarländische SPD-Landesvorsitzende Heiko Maas, der Juso-Bundesvorsitzende Niels Annen und die baden-württembergische SPD-

- legt damit die Verantwortungen und Managementstrukturen im Krisenfall fest,
- enthält alle Krisen- und Notfallpläne der Organisation,
- gibt Verhaltensregeln für die Mitarbeiter vor.

Dabei liegt die besondere Herausforderung politischer Organisationen in ihrer demokratischen Struktur und pluralen Meinungsbildung. Es muss also deutlich unterschieden werden zwischen dem offiziellen Statement eines Vorstands oder eines Ministers und den politischen Diskussionsbeiträgen hierzu. Ein gutes Krisen-Management-System wird immer versuchen, möglichst alle relevanten Organisationsgliederungen in einen konsensbildenden Prozess einzubinden. (Ein externer Berater, der an allen Sitzungen moderierend teilnimmt, kann hier ausgleichend wirken.) Das Beispiel der SPD nach den Skandalen in Nordrhein-Westfalen, als für alle erkennbar Landes-, Bundes- und lokale SPD in unterschiedliche Richtungen marschierten, hat keinem der Beteiligten geholfen. Ein bundesweit unterdurchschnittliches Bundestagswahl-Ergebnis der NRW-SPD lässt sich wesentlich auf die schlechte Krisenbewältigung in der ersten Jahreshälfte des Wahljahres zurückführen.

Externe Sichtweise einnehmen

Noch wichtiger als die Frage der einheitlichen Stimme ist aber der richtige Umgang mit den Erwartungshaltungen der Bürger und der interessierten Teilöffentlichkeiten. Die meisten Skandale oder Affären werden deswegen zu einer ausgewachsenen Krise, weil in der Politik vergessen wird, eine externe Sichtweise einzunehmen.

Vorsitzende Ute Vogt fordern „Sagen wir den Menschen, was sie nach dem 22. September von der SPD zu erwarten haben, schaffen wir die Wehrpflicht ab!"

Im Jahr 2000 stürzte die CDU über die Spenden-Affäre des Altkanzlers Helmut Kohl. Doch statt sich mit Hilfe externer Beratung einen Blick auf die Affäre zu verschaffen, lehnte die CDU jegliche Unterstützung ab. Vollkommen gefangen in der Bewältigung dieser Affäre, beging die CDU einen Kommunikationsfehler nach dem anderen. Am Ende musste gar der Parteivorsitzende Wolfgang Schäuble zurücktreten. Warum? Weil der Union zu keinem Zeitpunkt klar war, welche Wellen diese Affäre in der Öffentlichkeit schlagen würde. Eine daraus resultierende Fehleinschätzung war, dass diese Affäre nur wenige Wochen Gegenstand der Medienberichterstattung sein würde und dann vergessen sei. Was folgte, war eine fast zweijährige Krise der CDU, aus der ihr erst die eigene Schwesterpartei mit dem Kanzlerkandidaten Edmund Stoiber heraushelfen konnte.

In der Öffentlichkeit sind Fakten nur ein Teil der Wahrnehmung. Meist dominieren emotionale Faktoren die Sicht des Einzelnen weit mehr. Für die Öffentlichkeit ist es in Krisensituationen daher viel wichtiger, Vertrauen in das Unternehmen zu haben, offen und transparent alles über die entstandenen Probleme zu erfahren sowie Sicherheit über den Umgang der Politiker mit diesen Problemen zu empfinden. Politiker, die alleine auf die Kommunikation vermeintlich richtiger Fakten setzen, werden in den seltensten Fällen Erfolg haben. Klaffen nämlich Inhalt der Botschaft und emotionale Erwartungen an dieselbe auseinander, so wenden sich die Betrachter enttäuscht ab.

Sie hören dem Politiker nicht mehr richtig zu, vertrauen ihm nicht und suchen sich ihre eigene Gegen-Öffentlichkeit. Dabei ist es ganz egal, ob die Erwartungshaltungen der Öffentlichkeit gerechtfertigt sind oder nicht. Sie sind vorhanden – in einer oftmals empörten Öffentlichkeit –, also muss mit ihnen umgegangen werden.

Inmitten der Krise ist in Deutschland zweifelsohne die Bereitschaft der Bürger zu einschneidenden Reformen größer als je zuvor. So herrscht eher der weit verbreitete Wunsch nach Veränderung jedweder Art vor. Vor diesem Hintergrund sind sicherlich einschneidendere Reformen kommunizierbar. Als sich aber SPD und Grüne in der Öffentlichkeit darauf beschränkten, ihre Superministerien zu präsentieren, die Einnahmeerhöhungen dagegen scheibchenweise und defensiv kommunizierten, war ein öffentlicher Aufschrei der Entrüstung die logische Folge.

Auch hier zeigt sich wieder das ständige Problem einer rein sachorientierten Kommunikation in Krisensituationen. Die Stimmungslage ist selten von sachlicher Abwägung der Fakten geprägt, sondern ein emotionales Gebräu von Ängsten, Empörungen und Verärgerung. Wer diese Stimmungslage nicht aufgreift, hat keine Chance, gehört zu werden. In solchen Momenten sind Visionen und Emotionen gefragt. Wer dagegen schlüssig agiert und die Stimmungen aufgreift, gewinnt an Vertrauen.

Die drei goldenen Regeln

Skandale lassen sich nicht verhindern. Was sich verhindern lässt, ist, dass sie zu einer ernsten Krise auswachsen. Je schneller also professionell auf die Situation reagiert wird, umso besser die Chance, das Ausufern der Krise zu verhindern. Daher gibt es drei goldene Regeln, die sich ein Krisenstab immer vor Augen führen sollte:

- **Immer ein *Worst-Case*-Szenario entwickeln.** Nur wenn intern klar ist, was im schlimmsten Fall passieren kann, kann man sich auf alle Eventualitäten vorbereiten. Zwar fällt es vielen Funktionären schwer, einen solchen *Worst Case* zu denken, wirkt er doch schon fast wie ein Eingeständnis des bevorstehenden Scheiterns. Dennoch: Nur wenn dieses Szenario einmal durchdacht wurde, wird der Krisenstab von der Entwicklung nicht überrannt werden.
- **Glaubwürdigkeit durch transparentes und konsequentes Verhalten erlangen.** Das oberste Ziel einer Krisenkommunika-

tion muss immer der Erhalt des Vertrauens sein. Wer Vertrauen erlangen will, muss glaubwürdig erscheinen. Glaubwürdigkeit gewinnt, wer sich für die Öffentlichkeit nachvollziehbar verhält, Konsequenzen zieht und diese auch umsetzt. Wenn SPD und CDU nach ihren Spenden-Affären von drastischen Konsequenzen (z.B. Parteiausschlüssen) reden und diese (aus juristischen Gründen) nicht ziehen (können), dürfen sie sich auch nicht wundern, wenn hinterher niemand den Politikern noch etwas glaubt. Darum: weniger kann mehr sein; lieber keine leeren Versprechungen, die nicht zu halten sind.

- **Nicht ständig überlegen, wie man der Öffentlichkeit etwas erklären kann, sondern darüber nachdenken, was zu tun ist, wenn es sich nicht erklären lässt.** Die subjektive Sichtweise der Öffentlichkeit ist legitim, selbst dann, wenn sie nicht der objektiven Faktenlage entspricht. Sie ist sogar die Grundprämisse, mit der es zu arbeiten gilt. Eine emotional reagierende Öffentlichkeit hält sich keineswegs immer an Argumente und Fakten. Also muss auch die Kommunikation weit darüber hinaus weisen.

Hilfreich kann dabei der Einsatz eines externen Kriseneinsatzteams sein. Solche Kriseneinsatzteams können in umfangreichen, arbeitsintensiven Situationen als komplette Einheit das vorhandene Office ergänzen. Es gibt aber auch weit kostengünstigere Lösungen, wenn die externe Beratung als *Sounding Board* genutzt wird – als Partner für die Rückkopplung und Überprüfung der eigenen Aktivitäten. Also ein Partner, der bei der Strategieentwicklung mithilft und anschließend die Qualitätssicherung über alle umzusetzenden Maßnahmen betreibt.

Die Zeit online Der Abfall der Genossen".
http://www.zeit.de/2002/12/Politik/print_200212_headline_korrupt.html

Financial Times Deutschland online „Kleine Gaben - großer Ärger bei der SPD".
http://www.ftd.de/pw/de/1014398894371.html?nv=sl

Frankfurter Allgemeinen Zeitung online. „Chronologie der Kölner Affäre".
http://www.faz.net/IN/INtemplates/faznet/default.asp?tpl=uptoday/content.asp&doc={435E6C32-4C02-4653-826D-0112BAFCD5B6}&rub={9E7BDDB7-469E-11D4-AE7B-0008C7F31E1E

Gerhardt, Udo: *Vom ökologischen Krisenmanagement zur präventiven Umweltschutzstrategie - die Fallstudie Elida Gibbs*. Verlag Wissenschaftszentrum Berlin für Sozialforschung (WZB), Forschungsschwerpunkt Technik, Arbeit, Umwelt, Berlin, 1994.

Johanssen, Klaus-Peter: „Krisenkommunikation und Krisenmanagement der Christlich-Demokratischen Union (CDU)". *Krisennavigator*, http://www.krisennavigator.de/akfo29-d.htm

Johanssen, Klaus-Peter: „Vom professionellen Umgang mit Krisen." *Public Relations Forum*. 2/2000: 94.

Johanssen, Klaus-Peter: „Brent Spar — Immer noch Anlass zur Diskussion." *Public Relations Forum* 3/98: 169.

Losinger, Vinzenz: *Erfolg und Krise einer Unternehmung: die turbulenten Jahre 1982 bis 1992 der Losinger-Gruppe, ein Lehrstück*. Verlag Haupt, Bern, Stuttgart, Wien, 1992.

Mathes, Rainer / Czaplicki, Andreas / Gärtner, Hans-Dieter: *Kommunikation in der Krise: Autopsie eines Medienereignisses. Das Grubenunglück in Borken*. Institut für Medienentwicklung und Kommunikation (IMK), Frankfurt am Main, 1991.

Mayrhofer, Ralph: *Steyr-Daimler-Puch AG: die Krise des traditionellen Industriekonzernes und ihre Auswirkungen auf die Region Steyr*. Verlag Ennsthaler, Steyr, 1989. 219 Seiten, ISBN 3-85068-295-1

Saitz, Bernd / Braun, Frank (Hrsg.): *Das Kontroll- und Transparenzgesetz: Herausforderungen und Chancen für das Risikomanagement*. Verlag Gabler, Wiesbaden, 1999.

Töpfer, Armin: *Plötzliche Unternehmenskrisen - Gefahr oder Chance? Grundlagen des Krisenmanagement, Praxisfälle, Grundsätze zur Krisenvorsorge*. Hermann Luchterhand Verlag, Neuwied und Kriftel, 1999.

Töpfer, Armin: „Nicht bestandener ‚Elch-Test' der A-Klasse von Daimler-Benz im Herbst 1997", Fallstudie, *Krisennavigator*, http://www.krisennavigator.de/mafa4-d.htm

Weiler, Jürgen: *IBM-Kultur: Protokoll einer Unternehmenskrise*. Verlag Computerwoche, München, 1995.

Wolf, Klaus / Runzheimer, Bodo: *Risikomanagement und KonTraG: Konzeption und Implementierung*. Gabler-Verlag, Wiesbaden, 2. Auflage, 2000.

Umfrageforschung

WISSEN, WAS ANDERE DENKEN

ALEXANDER MAUSS
BERLIN

MIT DEM ENDE DES BUNDESTAGSWAHLKAMPfes verschwanden auch viele Umfragen aus den Medien, die in der heißen Phase täglich zu lesen waren. Ein Großteil der Veröffentlichungen beschränkte sich auf die Sonntagsfrage: „Welche Partei würden Sie wählen, wenn am nächsten Sonntag Bundestagswahl wäre?“ Für die Medien eine schnelle Meldung ohne Rechercheaufwand. Für die Wahlkampfplaner nur ein kleiner, relativ unwichtiger Informationsschnipsel.

Denn solche Daten spiegeln ja nicht das tatsächliche Wahlverhalten, sondern Einstellungen wider, unabhängig von der Wahrscheinlichkeit, dass ein Befragter zur Wahl geht oder seine Meinung noch ändert. Auf die strategische Ausrichtung des Wahlkampfes haben solche Meldungen wenig bis keine Auswirkungen. Zumal die „demoskopische Halbwertszeit", also die Aussagekraft für die Zukunft, beim schnellen Wechsel politischer Ereignisse und Themen eher abnimmt. Spielt die Meinungsforschung deswegen in der strategischen Wahlkampfplanung eine geringe Rolle? Ist sie für die strategische Planung vielleicht sogar überflüssig? Keineswegs. Ihre Bedeutung wächst. Aber nicht jede Umfrage erfüllt eine strategische Funktion. Bei Umfragen für die Medien geht es primär darum, berichtenswerte Informationen zu erheben. Ihr Ziel ist nicht, den Wahlkampf einer Partei zu planen.

Nutzer von Umfrageergebnissen sollten sich immer wieder fragen, zu welchem Zweck die Daten erhoben werden und ob sie überhaupt die richtigen Antworten liefern können. Ebenso sollte man sich fragen, welcher Auftraggeber die Forschung finanziert hat[1]. Wenn man vor der Frage steht, ob man ein Umfrageinstitut beauftragen sollte oder nicht, was unter Umständen viel Geld kostet, sollte man sich erst einmal überlegen, welche Umfragedaten man verhältnismäßig günstig bekommen kann. Dazu gehören natürlich in erster Linie Veröffentlichungen in den Medien und in wissenschaftlichen Aufsätzen.

Umfragen aus den Medien und der Wissenschaft

In der heißen Phase des Wahlkampfes nehmen Veröffentlichungen von Umfragedaten einen immer größeren Raum in der Berichterstattung über den Wahlkampf ein. Dabei muss man zwischen immer neuen Veröffentlichungen der Sonntagsfrage und tiefergehenden Fragestellungen und Analysen unterscheiden. Die Sonntagsfrage als

[1] Alle Forschungsinstitute, die Mitglied im Arbeitskreis Deutscher Markt- und Sozialforschungsinstitute (ADM) sind, haben sich verpflichtet, alle wichtigen Informationen zu einer Erhebung (Auftraggeber, durchführendes Institut, Erhebungsverfahren, Erhebungszeitraum) zu veröffentlichen. Infratest dimap veröffenticht diese Informationen auf seiner Website.

„Wasserstandsmeldung“ hat zwar einen hohen Nachrichtenwert; alleingestellt bietet sie aber wenig Informationen. Sie leitet möglicherweise in die Irre, da man den Ergebnissen nicht ansieht, worauf sich das abgebildete Stimmungsbild bezieht und wie stabil es ist.

Sehr viel aufschlussreicher sind Erhebungen und Veröffentlichungen, die sich im unmittelbaren Vorfeld einer Wahl intensiv mit den Themen des Wahlkampfes, den Stärken und Schwächen der jeweiligen Kandidaten sowie den Lösungskompetenzen der Parteien auseinandersetzen. Diese Veröffentlichungen bieten einen wertvollen Einblick in das Selbstverständnis der wahlberechtigten Bevölkerung sowie den sich abzeichnenden Wahlkampf, zu einem äußerst geringen Preis. Für jeden, der sich mit Wahlkämpfen auseinandersetzt, sollten diese Veröffentlichungen eine Pflichtlektüre sein. Speziell die Forschungsgruppe Wahlen und Infratest dimap sind dafür bekannt, dass sie für das ZDF bzw. die Sendeanstalten der ARD eine umfangreiche Vorwahlberichterstattung durchführen. Oft geben sie, gegen einen geringen Kostenbeitrag, Berichtsbände heraus, deren Analyse über die Darstellung im Fernsehen bzw. die Zeitungen hinausgeht. Emnid hat sogar bei n-tv einen eigenen Sendeplatz für eine Demoskopie-Sendung am Samstagnachmittag und bietet die dort präsentierten Ergebnisse auch per Faxabruf an.

Eine weitere wertvolle Informationshilfe sind die Wahlberichte, die von der Forschungsgruppe Wahlen und von Infratest dimap kurze Zeit nach Wahlen veröffentlicht werden. Grundlage dieser ausführlichen Berichte sind die Umfragen vor der Wahl sowie die Wahltagsbefragung, bei der Wähler nach dem Verlassen der Wahllokale zur Stimmabgabe befragt werden. Der Informationsgehalt dieser Analysen, die relativ preiswert zu erstehen sind, ist sehr hoch und für die Vorbereitung der nächsten Wahl bzw. der Zeit bis zur nächsten Wahl von unschätzbarem Wert für die strategische Planung. Denn das Wahlverhalten bei der vorausgegangenen Wahl ist immer noch der beste Anhaltspunkt für die strategische Planung der anstehenden Wahl.

Die Forschungsgruppe Wahlen veröffentlicht zur Monatsmitte im ZDF-Auftrag das Politbarometer, Infratest dimap zum Monatsanfang im Auftrag der ARD den DeutschlandTREND. Beide Analysen bieten einen detaillierten Überblick über die aktuelle Stimmungslage in Deutschland. Jeder, der in der politischen Kommunikation arbeitet, sollte diese Berichte kennen und verfolgen.

Zusätzlich zu den Medien bietet die Wissenschaft, genauer gesagt die empirische Wahlforschung, tiefergehende Einblicke in die Besonderheiten von Wahlen sowie Erklärungsansätze für die jeweilige Wahlentscheidung. Zu den wichtigsten Einrichtungen gehören das Kölner Zentralarchiv für empirische Sozialforschung (ZA), das Mannheimer Zentrum für Umfragen, Methoden und Analysen (ZUMA) und das Wissenschaftszentrum Berlin (WZB). Besonders hervorzuheben ist bei den Publikationen die sogenannte „Blaue Reihe“. Dies sind, herausgegeben von den renommierten Politologen Max Kaase (International University Bremen) und Hans-Dieter Klingemann (WZB), Sammelbände von Fachaufsätzen, die meist zwei bis drei Jahre nach einer Bundestagswahl erscheinen und die jeweilige Wahl noch einmal analytisch Revue passieren lassen. Auch wenn sich der Zugang zu wissenschaftlicher Literatur für Hochschulexterne manchmal ein wenig schwierig gestaltet, bietet die Wissenschaft aufgrund ihrer Unabhängigkeit von finanziellen Sachzwängen Analysen an, die in der Privatwirtschaft meist nicht zu finanzieren wären[2]. Dass man aber auch als politischer Praktiker bereit sein muss, die etwas sperrige Sprache der Wissenschaftler mit ihren Spezialbegriffen von Sozialmilieu bis Parteiidentifikation zu akzeptieren, liegt auf der Hand.

Es gibt also ein großes Angebot an Veröffentlichungen über poli-

---

[2] Einen guten Überblick über den Stand der politischen Wahlforschung in Deutschland liefert: Markus Klein u.a. (Hrsg.): 50 Jahre empirische Wahlforschung in Deutschland. Westdeutscher Verlag. 2000. Einen Überblick über die bisherigen Bundestagswahlen liefert Wolfgang Hartenstein in seinem Kompendium: Den Wählern auf der Spur. Röhrig Universitätsverlag. 2002.

tische Umfrageforschung, die entweder kostenfrei oder mit geringem finanziellen Aufwand zur Verfügung stehen. Diese Analysen reichen aus, um einen guten Überblick über das Meinungsklima in Deutschland und in den einzelnen Bundesländern zu erhalten. Viele Fragen, die bei der Planung einer Kampagne auftauchen, können mit diesen öffentlich zugänglichen Materialien jedoch nicht beantwortet werden. Dafür benötigt man strategische Forschung.

Strategische Umfrageforschung für Kampagnen

Strategische Forschung fängt da an, wo die Umfrageforschung für die Medien aufhört: bei der Frage nach dem Wie und Warum, und bei der Frage nach Chancen und Risiken für politische Akteure. Während bei der Forschung für die Medien und in der Wissenschaft der Erkenntnisgewinn per se im Vordergrund steht, ist die Zielsetzung bei der strategischen Umfrageforschung eine andere. Das eigentliche Ziel der strategischen Forschung ist es, Möglichkeiten aufzuzeigen, mit denen die äußerst knappen Ressourcen Zeit und Geld möglichst effektiv für die Wahlkampfplanung eingesetzt werden können. Somit sind die öffentlich zugänglichen Erkenntnisse aus den Medien bzw. der Wissenschaft zwar eine wichtige Grundlage, sie reichen aber bei weitem nicht aus.

Bei der Beratung eines Kandidaten oder einer Partei geht es darum, mit möglichst geringem finanziellen Aufwand ein optimales Ergebnis am Wählermarkt zu erzielen, d.h. möglichst viele Stimmen zu bekommen. Dabei muss man berücksichtigen, dass manche Wähler leichter zu gewinnen sind als andere.

Die folgende Grafik hilft, diesen Zusammenhang zu verstehen: Ganz links befinden sich die eigenen Stammwähler, ganz rechts die Stammwähler der anderen Parteien. In den beiden Kästchen daneben befinden sich die Wähler, die zwar eine Präferenz für die eigene Partei bzw. für die anderen Parteien haben, die aber nicht fest an die jeweilige Partei gebunden sind. In der Mitte sind die noch unentschiedenen Wähler. Je weiter rechts sich die jeweiligen Wähler auf der Skala befinden, desto schwieriger ist es, sie für die eigene Partei zu gewinnen.

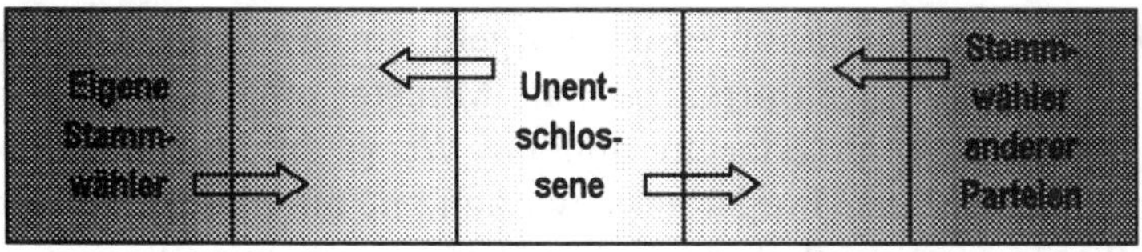

Es macht zum Beispiel keinen Sinn, Geld für die Kommunikation mit Stammwählern der anderen Parteien auszugeben. Sie werden ihre Parteipräferenz sehr wahrscheinlich nicht ändern. Statt dessen ist es sehr viel sinnvoller die eigene Wählerschaft zu mobilisieren und die noch nicht gebunden eigenen Wähler anzusprechen bzw. mit den noch Unentschiedenen zu kommunizieren.

Die strategische Umfrageforschung hilft nun herauszufinden, welche demographischen Besonderheiten die interessanten Wählergruppen haben, welche Themen sie interessieren und wie man am besten mit ihnen kommunizieren kann.

Der Nutzen der strategischen Umfrageforschung ist jedoch nicht auf Wahlkämpfe beschränkt, sondern hilft allen Gruppen, die im politischen Raum erfolgreich kommunizieren müssen. Dies können Ministerien sein, Gewerkschaften, Nonprofit-Organisationen oder andere Firmen. Die Bundesministerien müssen zwar keine Wahlen gewinnen, sie müssen aber Maßnahmen evaluieren und die Politik der Bundesregierung dem Bürger gegenüber darstellen. Sei es nun die Reform der Rentenkassen, die Reform des Gesundheitswesen, das neue Zuwanderungsgesetz oder die Umsetzung der Hartz-Vorschläge: Der Erfolg dieser Reformbemühungen hängt zum Teil davon ab, wie die Reformen innerhalb der Bevölkerung aufgenommen werden und welche Karrieren diese komplexen Themen über eine längere Zeit wohl verfolgen werden. Daher ist es sehr sinnvoll, sowohl bei der Entwicklung der Reformen als auch bei der

Entwicklung der Kommunikationsstrategie zur Vermittlung der Reformen das Feedback der Bevölkerung oder zumindest von Teilen der Bevölkerung einzuholen. Diese Aufgabe kann die strategische Meinungsforschung erfüllen.

Unabhängig davon, ob es darum geht, im Wahlkampf das Maximum an Wählern zu erreichen, als Minister eine Reform erfolgreich durchzuführen oder in anderer Weise auf den Meinungsbildungsprozess der Bürger einzuwirken, in all diesen Bereichen kann Beratung, die auf strategischer Umfrageforschung basiert, helfen, die Kommunikation mit den Bürgern zu verbessern.

Dabei sollte auch darauf geachtet werden, dass die Meinungsforschung ein integrativer Teil des Projekts ist und nicht als etwas Separates betrachtet wird. Die Ergebnisse der Meinungsforschung sollten nicht nur in Form einer schriftlichen Analyse eingefordert werden, die dann bei wenigen Personen in der Schublade verschlossen bleibt, sondern es sollte vielmehr eine regelmäßige Beratung durch den Meinungsforscher stattfinden.

Die Schlussfolgerungen aus den Umfragedaten für die Kampagneplanung ergeben sich oft erst in der Diskussion mit allen Beteiligten – den Politikern, Kampagnenmanagern, Pressesprechern, Werbeagenturen, Gegnerbeobachtern, Grundsatzdenkern und externen Beratern.

Welche Methode für welche Aufgabe?

Die Umfrageforschung kann man prinzipiell in zwei Bereiche aufgliedern: Quantitative und qualitative Forschung. Der Hauptunterschied zwischen den beiden Bereichen besteht darin, dass bei quantitativer Forschung Ergebnisse erzielt werden, die sich auf eine größere Gruppe verallgemeinern lassen. Darum nennt man sie repräsentativ. Bei der qualitativen Forschung ist dies nicht möglich. Dafür hat die qualitative Forschung den Vorteil, dass Themen sehr viel intensiver diskutiert werden können. Keine Forschungsmethode ist prinzipiell besser als die andere. Vielmehr können manche Aufgaben besser mit der einen und andere Aufgaben besser mit der anderen Methode gelöst werden. Beispielsweise führt die Infratest Sozialforschung sowohl quantitative wie auch qualitative Studien durch. Wir versuchen in beiden Bereichen, neben den traditionellen Instrumenten auch neue Methoden für die politische Forschung zu adaptieren. Einige grundlegende Instrumente sollen nun vorgestellt werden.

Quantitative Forschung

Bei der quantitativen Forschung geht es darum, eine repräsentative Stichprobe mit Hilfe eines standardisierten Fragebogens zu befragen und damit Aussagen über die der Stichprobe zugrunde liegende Grundgesamtheit zu machen. In der Praxis heißt das, dass zum Beispiel beim DeutschlandTREND 1300 repräsentativ ausgewählte Personen befragt werden, deren Aussagen stellvertretend für alle Wahlberechtigten stehen. Die Regeln der Statistik erlauben, die Aussagen dieses verhältnismäßig kleinen Teils der Grundgesamtheit auf alle Personen der Grundgesamtheit zu verallgemeinern.

Dabei muss jedoch beachtet werden, dass es eine Schwankungsbreite gibt, die von der Stichprobengröße abhängig ist. In diesem Fall beträgt die Schwankungsbreite zwischen 1,2 und 2,7 Prozentpunkten. Je kleiner die Stichprobe, desto größer die Schwankungsbreite: Bei 500 Interviews beträgt die Fehlertoleranz bereits 1,9 bis 4,4 Punkte. Das heißt, dass Schwankungen, die innerhalb dieses Toleranzbereiches liegen, Zufallsfehler sein können.

Mancher Politikmanager meint, das seien technisch-methodologische Feinheiten, die ihn als Umfragennutzer nicht interessieren müssten. Aber: Grundkenntnisse über die Stichprobenanlage haben durchaus praktische Relevanz. Um beim Beispiel DeutschlandTREND zu bleiben: Von den 1300 Interviews werden überproportional viele, nämlich 400, in den neuen Bundesländern durchgeführt, um eine geringere Fehlertoleranz im Osten zu haben. Trotz der 400 Interviews wäre es gewagt, Aussagen z. B. über das Verhalten der Arbeiter in Ostdeutschland zu machen. Deren Anteil an der Stichprobe dürfte bei ungefähr 50 Personen liegen. Schwankungen von einigen Prozentpunkten könnten bei dieser geringen Stichprobengröße alleine auf das Konto des Zufallsfehlers gehen.

Die meisten Institute führen ihre Umfragen telefonisch durch, sogenannte CATI- (Computer-Assisted Telephone Interviewing) Interviews. Telefonische Befragungen haben den Vorteil, dass sie sehr schnell und verhältnismäßig günstig durchgeführt werden können. Der größte Nachteil besteht darin, dass die Fragebogenlänge auf 20 bis 30 Minuten begrenzt ist. Mehr Fragen mag kaum jemand am Telefon beantworten, die Abbruchquote wäre zu hoch.

Alternativ zu telefonischen Erhebungen kann man Umfragen natürlich auch mündlich-persönlich durchführen, d.h. der Interviewer besucht die Zielperson zu Hause und führt dort das Interview. Die Antworten werden entweder auf Papierfragebögen festgehalten oder direkt in einen Laptop eingegeben (Computer-Assisted Personal Interviewing, kurz CAPI). Es gibt zwei große Vorteile von mündlich-persönlichen Interviews gegenüber telefonischen Interviews: Die Interviews können länger dauern, und der Interviewer kann den Zielpersonen auch etwas zeigen, z.B. Broschüren, Listen, usw. Die Nachteile bestehen bei dieser Methode in den höheren Kosten und der deutlich längeren Feldzeit.

Die meisten Umfragen dauern nicht länger als eine halbe Stunde und benötigen keine zusätzlichen optischen Hilfsmittel. Daher werden fast alle politischen Umfragen telefonisch durchgeführt. Da sie meist computergestützt erfolgen, liegen die Ergebnisse in der Regel in wenigen Tagen vor, geben also Reaktionen auch auf aktuelle Ereignisse wieder. Mündlich-persönlich lohnt sich eigentlich nur für sehr umfangreiche Grundlagenstudien, für die tagesaktuelle Ereignisse keine Rolle spielen.

Stärken-Schwächen-Analyse: Politik-TRI*M[3]

Mit Politik-TRI*M hat Infratest Sozialforschung ein erfolgreiches Produkt aus der kommerziellen Marktforschung für die Politikforschung adaptiert. In der Marktforschung wird es hauptsächlich zur Verbesserung der Kundenbindung eingesetzt. In der Politik gibt es eine leicht abgewandelte Form des Kunden: den Wähler.

Der Wähler ist in Zeiten schwindender Parteibindungen immer schwieriger einzuschätzen. Historische Konfliktlinien haben in den letzten Jahrzehnten kontinuierlich an Bedeutung verloren. Die Stammwählerschaften schrumpfen und die Wechselwähler werden zu einer immer wichtigeren Zielgruppe. Diese Wählergruppen lassen sich in ihrem Wahlverhalten zunehmend von situativen Nutzenerwägungen und rationalem Kalkül leiten. Mit diesen Veränderungen verlieren darauf aufbauende empirische Erklärungsmodelle ihre Prognosefähigkeit.

Politik-TRI*M versucht diesen Veränderungen Rechnung zu tragen. Dabei steht TRI*M für „Measuring“ (Messen der Wählererwartung und Zufriedenheit), „Managing“ (Steuern und Ergebnisse umsetzen) und „Monitoring“ (Kontinuierliches Messen und Überprüfen). Kernstück des TRI*M ist ein Grid mit vier Feldern. Auf der vertikalen Achse wird die verbale Wichtigkeit verschiedener Faktoren (politische Inhalte, Erscheinungsbild einer Partei, Spitzenkandidat) dargestellt und auf der horizontalen Achse die reale Bedeutung der einzelnen Faktoren für die Wählerbindung. Das bedeutet, je höher ein Aspekt auf der Vertikalen liegt, desto größer ist seine Wichtigkeit aus der Sicht der Befragten. Je weiter rechts ein Aspekt auf der Horizontalen angesiedelt ist, desto größer ist seine reale Bedeutung für die Wählerbindung. Die ermittelte Performance der Partei wird anhand von Symbolen dargestellt.

---

[3] Eine ausführliche Beschreibung des Politik-TRI*M findet sich bei: Heiko Gothe und Rita Müller-Hilmer „Messen und Managen – Politk-TRI*M: Ein strategisches Instrument zur Analyse der Wählerbindung“ in: Marco Althaus (Hrsg.): Kampagne!

Die vier Felder haben unterschiedliche strategische Bedeutungen für die Interpretation:

- **Motivatoren:** Hier finden sich Faktoren von großer subjektiver Wichtigkeit und von hoher tatsächlicher Bedeutung für die Wählerbindung. Hier sollte es nur Stärken geben, jede Schwäche kostet Wählerstimmen.
- **Hygienefaktoren:** Sie sind wichtiger Bestandteil der politischen Diskussion, weshalb Ihnen auch eine hohe subjektive Wichtigkeit zukommt. Tatsächlich sind diese Faktoren aber weniger oder nicht entscheidend für die Wählerbindung.
- **Versteckte Chancen:** Diesen Faktoren wird eine geringere subjektive Wichtigkeit beigemessen, sie spielen aber tatsächlich eine erhebliche und zum Teil häufig unterschätzte Rolle im Hinblick auf die Bindungskraft einer Partei gegenüber vorhandenen oder potenziellen Wählerschichten.
- **Einsparpotenziale:** Hierbei handelt es sich um Aspekte, die kaum auf das Gesamturteil gegenüber einer Partei durchschlagen, weshalb man in diesem Bereich nicht allzu viel investieren sollte.

Qualitative Forschung

Die Schwächen der qualitativen Forschung sind gleichzeitig ihre Stärken. Sie kann nicht repräsentativ sein, weil die Stichprobengröße zu gering ist und weil der Fragebogen nicht standardisiert ist. Repräsentativität ist aber auch nicht ihr Ziel. Bei der qualitativen Forschung geht es vielmehr darum, anhand eines locker strukturierten Gespräches Aufschluss darüber zu gewinnen, wie bestimmte Personengruppen denken und was die Grundlagen für ihre Einstellungen sind. Die in der Politikforschung am weitesten verbreitete Form der qualitativen Forschung sind Gruppendiskussionen, sogenannte Fokusgruppen.

Fokusgruppen

Bei Fokusgruppen führt ein Moderator eine strukturierte Diskussion mit sieben bis neun Teilnehmern. Der Inhalt der Gruppendiskussion orientiert sich an einem vorher ausgearbeiteten Leitfaden und dauert anderthalb bis zwei Stunden. Das Gespräch wird – die Zustimmung der Befragten vorausgesetzt – in der Regel mit Tonband, häufig auch per Kamera, aufgezeichnet und kann so detailliert in Wort und Bild ausgewertet werden.

Ziel der Gruppendiskussion ist es, ein besseres Verständnis für das „warum" zu entwickeln. Dieser tiefere Einblick in das Denken anderer Menschen kann nur in dieser Form gewonnen werden; eine repräsentative Telefonerhebung kann so etwas nicht leisten. Ein weiterer Vorteil: Sie sind deutlich günstiger als quantitative Studien, und sowohl die wörtlichen Zitate als auch Videoaufzeichnungen wecken ein sehr plastisches Verständnis öffentlicher Meinung in einem bestimmten Zielgruppensegment.

Das Einsatzgebiet von solchen Gruppengesprächen ist vielfältig. Sie werden häufig unabhängig von Umfragen durchgeführt. Dies passiert zum Beispiel, wenn ein Thema zu komplex für eine telefonische Befragung ist oder wenn die eigentlichen Problemstellung noch nicht völlig klar ist, und es erst einmal darum geht, einen allgemeinen Überblick über die Sichtweise verschiedener Menschen zu gewinnen. Oft geht es dabei um die Sprache und Semantik, die Vokabeln und Begriffe, die die Menschen benutzen, um ein politisches Thema zu beschreiben, um Konnotationen und positive oder negative Assoziationen, um die geäußerten Emotionen. Als besonders produktiv hat sich erwiesen, Gruppendiskussionen als qualitative Vorstudien im Vorfeld von repräsentativen Erhebungen durchzuführen. Sie geben einen guten Einblick in das Verständnis bestimmter Themen und helfen somit, den Fragebogen für die Repräsentativerhebung zu erstellen.

Foto: Eigen

Fokusgruppe: Vorn das moderierte Gespräch, hinten der Spiegel, hinter dem die Auswerter sitzen und die Aufzeichnungskamera steht.

Ein häufiges Einsatzgebiet für Gruppendiskussionen sind Werbemitteltests. Dabei geht es meist darum, zwischen verschiedenen Plakatmotiven oder verschiedenen Varianten eines Kino- bzw. Die. Fernsehspots auszuwählen Teilnehmer bewerten die verschiedenen Motive jeweils zunächst für sich, bevor in der Gruppe darüber diskutiert wird. Viele Diskussionsteilnehmer stehen Werbemitteln im allgemeinen kritisch gegenüber. Es will sich schließlich niemand von Werbung beeinflussen lassen. Trotz der kritischen Grundhaltung der Diskussionsteilnehmer kann man viel über Stärken und Schwächen der jeweiligen Plakatmotive herausfinden. Diese Aussagen lassen sich nicht auf eine größere Gruppe verallgemeinern, sie bieten aber wichtige Hinweise im Hinblick auf die Entscheidung für ein bestimmtes Motiv und liefert häufig die Grundlage für repräsentative Tests bzw. Erhebungen. Gleiches gilt sinngemäß für den Test von Redebausteinen.

Fokusgruppen werden nicht wie Umfragestichproben nach dem Zufallsprinzip rekrutiert, sondern sehr selektiv nach vorher festgelegten Quoten (z.B. drei Arbeiter, zwei Gewerkschaftsmitglieder, usw.). Die Auswahl der Gruppenteilnehmer hängt natürlich von dem jeweiligen Thema ab. Die Gruppe sollte einigermaßen homogen gestaltet sein, da sonst die Gefahr besteht, dass kein angenehmes Diskussionsklima aufkommt. In Wahlkämpfen bietet es sich oft an, Diskussionsrunden mit Stammwählern, Wechselwählern und mit noch unentschlossenen Wählern bestimmter Parteien durchzuführen. Bei einer anderen Fragestellung kann es interessant sein, sich mit Arbeitslosen zu unterhalten oder mit gewerkschaftlich gebunden Arbeitern, die sich vorstellen können, eine rechte Protestpartei zu wählen.

Die Organisation der Gruppendiskussion wird fast immer von eigenständigen Instituten durchgeführt, die dafür von den Meinungsforschern beauftragt werden. Das Meinungsforschungsinstitut liefert einen Fragebogen mit den Rekrutierungsvorgaben (Zielgruppe, Teilnehmerzahl, etc.) und die Agentur, die mit der Durchführung der Gruppendiskussion betraut ist, rekrutiert die Teilnehmer, stellt den Diskussionsraum zur Verfügung und sorgt für die Bewirtung der Teilnehmer. Der Moderator sollte vom Umfrageinstitut kommen, da er mit dem Projekt vertraut ist und spontan reagieren kann, wenn die Diskussion einen unerwarteten Verlauf nimmt.

Online-Forschung

Die Online-Forschung ist ein noch junges Feld für Politikforscher. Das liegt daran, dass Online-Erhebungen immer noch nicht repräsentativ für die gesamte Bevölkerung sind, da hauptsächlich jüngere und besser Gebildete zu den Online-Nutzern gehören. Gleichzeitig nähert sich die Struktur der Online-Nutzer immer mehr der tatsächlichen Bevölkerungsstruktur an.

Die Institute wollen natürlich wissen, wie sehr sich die Einstellungen unterscheiden. So hat Infratest dimap vor der Bundestagswahl eine Online-Erhebung durchgeführt, um das Wahlverhalten von Online-Nutzern mit dem Wahlverhalten eines repräsentativen Bevölkerungsquerschnitts zu vergleichen. Dabei kamen die Online-

Ergebnisse den Repräsentativergebnissen schon sehr nahe[4]. Für bestimmte Zielgruppen (z.B. junge Wähler) lassen sich schon heute quantitative wie qualitative Forschungsprojekte online durchführen.

Online-Befragungen

Viele der auf dem Markt befindlichen quantitativen Online-Befragungen haben zwar eine hohe Zahl von Teilnehmern, die Panels umfassen mehrere Tausend Menschen. Aber oft sind solche Verfahren selbstselektiv angelegt, d.h. Befragte werden nicht systematisch ausgewählt, sondern sie beteiligen sich aus eigenem Antrieb.

Ebenso wie bei TED-Erhebungen sind bei diesen Verfahren deshalb Manipulationen durch interessierte Gruppen nicht auszuschließen, die Ergebnisse genügen nur selten den Ansprüchen der Repräsentativität. Das müssen potenzielle Nutzer wissen.

Bei NFO Europe, der Muttergesellschaft der Infratest Sozialforschung, werden zwar auch Panels durchgeführt, diese sind jedoch repräsentativ angelegt. Die Rekrutierung der Teilnehmer für solche Online-Befragungen findet offline statt. Das heißt, am Ende von einigen telefonischen Interviews wird gefragt, ob der Teilnehmer bereit wäre, an Online-Erhebungen teilzunehmen. Durch die Rekrutierung offline ist die Repräsentativität der Stichrobe gewährleistet.

Bei der eigentlichen Online-Befragung bekommen die Teilnehmer eine Email, in der sie aufgefordert werden, sich innerhalb eines bestimmten Zeitraumes über das Internet auf einem NFO Europe Server einzuloggen und den Fragebogen auszufüllen.

Online-Erhebungen verbinden einige der Vorteile von telefonischen sowie von mündlich-persönlichen Interviews. Die Befragung kann innerhalb eines sehr kurzen Zeitraumes durchgeführt werden und ist verhältnismäßig kostengünstig. Zusätzlich können den Teilnehmern aber auch Bilder, Animationen, Logos und Videos zuge-

[4] http://www.politik-digital.de/wahlkampf/bundestagswahl2002/infratest.shtml

spielt werden, was bei Telefonbefragungen nicht möglich ist. Mit dieser Methode könnte zum Beispiel eine Partei recht unkompliziert und schnell Plakatentwürfe von bestimmten Zielgruppen repräsentativ testen lassen. Das ist über normale Offline-Befragungen nur zu einem deutlich höheren Preis möglich.

Online-Gruppendiskussionen

Auch Gruppendiskussionen sind online möglich. Dafür müssen sich die dafür rekrutierten Teilnehmer zu einem bestimmten Zeitpunkt in einem virtuellen Diskussionsraum einloggen. Die Teilnehmerzahl wird aus bildschirmtechnischen Gründen meist auf fünf Personen beschränkt.

Im Vergleich zu traditionellen Gruppendiskussionen bieten Online-Fokusgruppen verschiedene Vorteile. Die teilnehmenden Personen müssen nicht aus dem gleichen geographischen Gebiet kommen. Daher ist es einfacher möglich, Diskussionen mit schwer zu erreichenden Zielgruppen durchzuführen. Gleichzeitig entfallen die Reisekosten für den Moderator, da er die Diskussion von seinem Computer im Büro aus moderieren kann. Des weiteren sind alle Teilnehmer der Diskussion gleichberechtigt. Somit kann die Diskussion kaum von einzelnen Teilnehmern dominiert werden. Durch das Schreiben der Antworten findet die Diskussion sehr viel strukturierter statt. Außerdem können die Teilnehmer während des Antwortens gleichzeitig auf Beiträge anderer Teilnehmer eingehen.

Ein Nachteil von Online-Gruppendiskussionen liegt darin, dass der Moderator spontane nicht-verbale Äußerungen der Teilnehmer nicht mitbekommt. Dies wird zum Teil durch die Verwendung sogenannter Emoticons ausgeglichen.

Infratest hat solche Online-Fokusgruppen in der Vergangenheit mit ansonsten sehr schwer zu erreichenden Zielgruppen durchgeführt.

Meinungsforscher und das Wahlkampfteam

Wenn Meinungsforschung als externe Dienstleistung verstanden wird, die außerhalb der strategischen Wahlkampfplanung liegt und nur ein Stimmungsbild abliefern soll, dann ist das für Kampagnen problematisch. Meinungsforschung bringt dann den größten Nutzen, wenn sie von Anfang an in die Strategie (und später die taktischen Entscheidungen) integriert wird. Sie ist ein Hilfsmittel, um die Ressourcen Zeit und Geld möglichst effektiv einzusetzen.

Da die größten Posten des Wahlkampfetats in der Regel für Plakate oder Fernseh- bzw. Kinospots sind, ist es äußerst sinnvoll, die verschiedenen Dekaden bzw. Storylines mit Meinungsforschung und Werbeagentur zusammen zu planen. Es ist nicht nur schade, wenn die Meinungsforscher an einem Tage ihre Ergebnisse vorstellen und der Kunde an einem anderen Tag mit der Werbeagentur die Plakatkampagne bespricht. Es ist auch unwirtschaftlich. Der Auftraggeber nutzt das Potenzial seiner Berater nicht optimal; er verschenkt wichtige Informationen und Impulse, die aus der gemeinsamen Beratung entstehen können.

Natürlich brauchen die Meinungsforscher nicht auf jedem Entscheidertreffen anwesend sein. Ihr Input muss lediglich erwünscht und von den Anwesenden zu verarbeiten sein. Natürlich gibt es immer wieder Werbeagenturen, die sich davor sträuben, mit einem Meinungsforschungsinstitut zusammenzuarbeiten, weil sie befürchten, über Meinungsforschung könnten ihre Kreativleistungen sowieso nicht adäquat beurteilt werden. Wobei es bei der Kommunikation ja nicht primär um Kreativität per se geht, sondern darum, eine bestimmte Botschaft effektiv an bestimmte Zielgruppen zu übermitteln. Dies sollte der Auftraggeber auch gegenüber seiner Agentur klarstellen. Bei manchen mag er damit mit der Tür ins Haus fallen: Denn es gibt auch viele Kreativagenturen, die den Daten Vertrauen schenken und überzeugt sind, dass durch den Input der Meinungsforscher die Qualität der Kommunikation verbessert werden kann. Es kommt speziell bei der Arbeit mit Parteien immer wieder vor, dass der Kunde lediglich Tabellen haben möchte und auf eine Analyse verzichtet. Oft genug meint der Kunde, dadurch Geld zu sparen. Dabei entsteht der Großteil der Kosten bei der Erhebung –nicht bei der Analyse. In den seltensten Fällen hat der Kunde nämlich auch die Zeit, um sich die Tabellen intensiv anzuschauen und sie zu interpretieren. Es bleibt beim schnellen Durchblättern. Wer Zahlen aber nur oberflächlich ansieht, erkennt selten die Meinungsbildungsprozesse dahinter – und riskiert falsche Einschätzungen. Ein anderer Grund ist: Der Kunde will die politische Interpretation der Rohdaten selbst übernehmen. Richtig ist: In vielen Fällen kann der Kunde die Tabellen richtig lesen und die vor ihm liegenden Daten weitgehend korrekt interpretieren. Er ist jedoch nur selten in der Lage, die Daten vor dem Hintergrund ähnlicher Erhebungen, die z.B. in einem anderen Bundesland durchgeführt wurden, zu sehen. Der Vergleich der Daten mit anderen Erhebungen eröffnet zusätzliche Interpretationsmöglichkeiten. Sollte die Entscheidung wirklich aus finanziellen Gründen gefallen sein, wurde am falschen Ende gespart.

Überhaupt, das Zeitproblem. Politische Auftraggeber setzen sich selbst und ihre Meinungsforscher oft unnötig unter Druck, weil sie Forschungsaufträge zu spät vergeben. In der Konsequenz steht für Befragung und Interpretation häufig zu wenig Zeit zur Verfügung.

Problematisch ist auch, wenn der Kunde zwar den Auftrag rechtzeitig vergibt, aber sich keine Zeit für die Präsentation der Daten reserviert. So wird zwar viel Geld für eine Umfrage ausgegeben, aber die Vorstellung der Ergebnisse sowie die Diskussion möglicher Schlussfolgerungen und Aktionen wird in 30 Minuten vollzogen. Die Entscheider geben sich selbst keine Chance, die Daten wirklich zu erfassen, um sie deuten und künftige Kampagnen- und Ressourcenentscheidungen auf solcher Basis treffen zu können. Die Auftraggeber schaden sich damit selbst. Es ist nämlich das gemeinsame Abklopfen der Daten auf versteckte Probleme oder Chancen, auf brisante Details und überraschende Einsichten, das den Wert der Demoskopie für die Strategierunden ausmacht. Denn je transparenter das Ergebnis für die Auftraggeber ist, desto klarer wird auch das Verständnis der Zahlen.

Was Meinungsforschung (nicht) leisten kann

Die Meinungsforschung misst Stimmungen in der Bevölkerung, analysiert diese und erarbeitet Vorschläge, um bestimmte Ziele zu erreichen. Dies können Vorschläge zum Themenmanagement sein, zur Formulierung politischer Initiativen, zur weiteren Evaluation bestimmter Vorhaben oder der Rat, dieses oder jenes Medium vorrangig zu benutzen. Gute Meinungsforschung hilft Kampagnenmachern, die richtigen, chancenreichen Themen und Zielgruppen zu finden und die falschen zu umgehen. Sie erklärt Wählerwanderungen. Sie analysiert, wie Wähler die bisherige Kampagne wahrgenommen haben. Sie zeigt, womit sich im eigenen Lager mobilisieren lässt. Sie macht deutlich, wie fest Meinungen und Einstellungen verankert sind. Sie unterstützt die Politik darin, Risiken zu erkennen, und dient als Frühwarnsystem. Meinungsforschung deckt Informationsdefizite auf, bei Politikern wie bei den Wählern.

Wer die unangenehmen Signale lieber überhören will, tut es auf eigene Gefahr. Oft neigen Politiker dazu, die schlechten Nachrichten zu ignorieren – oder berufen sich, wenn die Forscher Empfehlungen abgeben, auf Prinzipien, Parteiprogramme, die eigene persönliche Erfahrung oder den Pressespiegel, in dem die Leitartikel der Lieblingszeitung anders aussehen als die Umfragedaten.

Es ist nur allzu verständlich, dass sich Politiker nicht die inhaltliche Gestaltung ihrer Politik von demoskopischen Daten aufzwingen lassen wollen. Die Richtung muss die Politik schon selber bestimmen. Die Meinungsforschung kann dabei aber als Kompass dienen, um Klippen zu umschiffen und politische Inhalte möglichst gut zu kommunizieren.

Desktop Targeting

ZIELSCHEIBEN IM WAHLKREIS

MARCO ALTHAUS
HANNOVER

DIE GOLDENE REGEL FÜR WAHLKÄMPFE LAUTET: Immer wieder die gleiche Botschaft an die wahrscheinlichen Wähler der eigenen Partei übermitteln. Hier geht es um die zweite Hälfte dieses Satzes: Wo finden wir die Wähler, die man am ehesten zum Wählen unserer Partei bringen kann? Die Antwort gibt ein standardisiertes Verfahren der Wahlkreisanalyse, das man Targeting (engl. *target* = Ziel, Zielscheibe) nennt.

Targeting geht davon aus, dass selbst die besten Kampagnen meist nicht die langfristigen politischen Einstellungen und das Wahlverhalten im Wahlkreis umdrehen können. Selbst wenn man es könnte, fehlen einem dazu Geld, Personal, Werbematerial und Zeit.

Also müssen sich Wahlkämpfer auf geografische Einheiten konzentrieren, um das Maximum an Wählerstimmen heraus zu holen. Wahlkämpfer für die Partei ABC machen zum Beispiel keinen Straßenwahlkampf in Gegenden mit extrem niedriger Wahlbeteiligung oder in Hochburgen der Partei CDE. Sie gehen dorthin, wo die höchste Konzentration von möglichen und wahrscheinlichen ABC-Wählern oder zu ABC neigenden Unentschlossen zu finden ist.

Targeting heißt: Nicht in jedem Garten Äpfel pflücken gehen, sondern nur in den Gärten, in denen die dicksten Äpfel hängen.

Targeting heißt: eine objektive Datenbasis zu finden, um zu entscheiden: welche Aufgaben eliminiert werden, die nicht leistbar oder unnötig sind.

Dazu gibt es professionelle Methoden und komplizierte Computerdatenbanken aus dem Marketing, für die Parteien aber meist kein Geld haben. Oder die wissenschaftliche Methodik ist zu komplex. Man kann aber auch für die örtliche Kampagne angemessen zugeschnittene Methoden in Eigenregie anwenden.

Targeting heißt für die Partei ABC: Aufteilen unseres Wahlkreises in kleinere Einheiten, die wir nach „ABC-Ertragskraft" ordnen. Was wir wollen, ist eine Prioritätenliste, ein Ranking von Stimmbezirken nach typischer „ABC-Ertragskraft".

Merke: Targeting kann keine verlässliche Prognose über künftiges Wahlverhalten oder Wahlbeteiligung abgeben. Targeting ersetzt auch keine aktuellen Umfragen. Es liefert Statistik früherer Ergebnisse als Indikator für geografische Schwerpunkte im Wahlkampf.

Diese kurze Targeting-Anleitung führt Schritt für Schritt in eine relativ simple Methode ein. Mit einer PC-Tabellenkalkulation (z.B. Excel) oder zur Not mit Papier, Bleistift und Taschenrechner lassen sich die Wahlkampfressourcen Zeit, Geld, Personal und Werbematerial optimal und rational auf die Stimmbezirke verteilen. Sie hilft, geeignete Wahlstatistiken zu finden, vergleichbare Wahlen zu bewerten und Ranglisten zu kalkulieren. Das ist keine Hexerei.

> **Definition**
>
> **„Targeting ist ein Verfahren, Wähler auszuschließen, an denen man sich nicht ‚profitabel' abarbeiten kann, so dass es genug Ressourcen gibt, um wichtigere Wählergruppen mit genügend hoher Intensität zu erreichen und zu gewinnen. Targeting ist der ultimative Hebel im Direktkontakt mit Wählern, es ermöglicht maximale Konzentration unserer Mittel auf ein minimales Universum."**
>
> Matthew A. Reese, amerik. Wahlkampfberater (1926-1998).

Targeting ist aber beides: Kunst und Wissenschaft. Eine Wahlkreisanalyse basiert auf Zahlen, aber diese müssen immer mit soziodemographischen Faktoren und politischer Bewertung kombiniert werden. Das kann man gar nicht genug betonen. Am Schluss gibt es darum Hinweise zum politischen Zahlen-Tuning mit Blick auf Strategie und eigene politische Erfahrungen.

Und noch eine politische Warnung: Targeting heißt auch „Nein" sagen – Nein zum Engagement in bestimmten Gegenden, Nein zum Einsatz bestimmter Medien. Wer seine Ergebnisse als Rankingliste und Budgetbasis einführen will, kann und wird auf Widerstand derjenigen stoßen, die vom „Nein" betroffen sind. Wenn das Targeting nur der Auswahl von Stimmbezirken für kleine Telefonaktionen dient, mag die Aufregung gering sein; stellt ein Ortsverein dagegen fest, dass ihm die Aufstellung von Wesselmann-Großflächen oder Großveranstaltungen mit dem Spitzenkandidat versagt bleiben, finden die Funktionäre dies möglicherweise gar nicht lustig. Wenn sie dann nach der Begründung fragen, sollte die Antwort überzeugender ausfallen als „Oh, wir haben da ein paar Studenten am Computer rechnen lassen..."

Aus allen diesen Gründen: Mit Targeting fängt man nicht erst vier Wochen vor dem Wahltag an, sondern besser vier Monate vorher. Wer auch immer das Projekt übernimmt, braucht ausreichend Zeit: zum Datensammeln, zum Rechnen, zum Ermitteln der Ergebnisse und schließlich zum Erklären und Durchsetzen.

Wo kommen die Daten her?

Wahlergebnisse und die aktuelle Zahl der Wahlberechtigten erhält man bei Einwohnermeldeämtern, bei statistischen Ämtern, in Bibliotheken und manchmal bei Hochschulen. Dort kann man auch andere Daten abfragen, um das Targeting zu ergänzen, dazu aber später mehr im Abschnitt „Zahlen-Tuning".

Bei den meisten Statistikämtern der Länder gibt es im Internet u.a. die Endergebnisse jüngerer Wahlen mit Erst- und Zweitstimmen in absoluten Zahlen und in Prozenten für die Wahlkreisebene. Für detaillierte Ergebnisse muss man fast immer in den Kommunen nachfragen. Bei den Kommunen gibt es oft ausführliche Wahlberichte der Statistischen Ämter, gelegentlich in Zusammenarbeit mit örtlichen Hochschulen (vorbildlich in Hannover: www.agis.uni-hannover.de). Manchmal sind diese im Internet einsehbar.

Leider sind nicht überall Daten digital zugänglich, sondern nur in Papierform, und exakte Karten über Wahlkreise gibt es oft nur zusammengerollt im Stadt- oder Kreisarchiv. Stimmbezirke nach Straßen zu beschreiben und auf Karten zu übertragen, bedeutet dann Handarbeit. Das ist leider oft in ländlichen Gegenden der Fall. Als sekundäre Quelle kann man im Archiv der Lokalzeitung meist die endgültigen Wahlergebnisse einsehen, die abgedruckt wurden.

Die richtigen Wahlergebnisse vergleichen

Für das Targeting sind Wahlergebnisse erforderlich, die den kommenden Wahlen möglichst ähnlich sind. Man kann eine Wahl nehmen oder, der Sicherheit halber, den Durchschnitt von mehreren. Wer etwa eine Landtagswahl vor sich hat, mag zum Beispiel die beiden vergangenen Landtagswahlen sowie der dazwischen liegenden Bundestagswahl nehmen. Kommunal- und Europawahlen können in diesem Fall das Bild ergänzen, auch wenn das Wahlrecht ein anderes ist (es gibt keine Erst- und Zweitstimmen). Man erfährt hier beispielsweise über Mobilisierungslücken, weil Kommunal- und Europawahlen als weniger wichtig angesehen werden und die Wahlbeteiligung fast immer deutlich niedriger ist. Auch Wahlen in den Hauptferienzeiten oder an dunklen Wintertagen führen meist zu niedrigerer Wahlbeteiligung. Wahlen, die vor mehr als acht Jahren stattgefunden haben, sind aufgrund von Bevölkerungswachstum, Zu- und Abwanderung oder Bautätigkeit eher ungeeignet: Die Ergebnisse sind schlicht zu alt.

Zwei Arten von Targeting

Marketingprofis benutzen das Wort Targeting für allerlei Varianten, um Zielgruppen und -orte zu finden. Immer geht es darum, die geographischen Prioritäten zu finden. Hier geht es um zwei Arten von Targeting, eine Makro- und eine Mikromethode:

- Targeting für den ganzen Wahlkreis
- Targeting für den einzelnen Stimmbezirk

Targeting für den ganzen Wahlkreis sorgt für einen Gesamtüberblick über die größeren geografischen Einheiten im Wahlkreis. Je nach Größe des Wahlkreises können das Straßenzüge, Stadtviertel, Gemeinden oder Samtgemeinden sein – man kann das auch auf die Ortsvereine der Partei zuschneiden. Hier berechnet man aus früheren Wahlergebnissen im Wahlkreis den Anteil der ABC-Stimmen, den die geografische Einheit bisher zum Gesamtergebnis der ABC-Partei beigetragen hat.

Was man dabei messen will, ist die relative Wichtigkeit der geografischen Einheit für ein gutes Ergebnis in der Zukunft. Diese Zahlen helfen bei der Planung von Budget und Wahlkampfkalender: Wie viel Prozent der Plakate, der Veranstaltungen, der Flugblätter, der Straßenaktionen sollen in welchen dieser geografischen Einheiten konzentriert werden?

Targeting für den einzelnen Stimmbezirk untersucht die kleinste politische Einheit. Es identifiziert Stimmbezirke, wo besonders viele Wähler mit bestimmten, für die ABC-Partei günstigen Eigenschaften wohnen. Dies wird berechnet für die im Gesamtwahlkreis-Targeting ermittelten Wahlkampf-Schwerpunktgebiete. Die Rangfolge der Stimmbezirke ermöglicht, straßengenau Wählerkontaktprogramme durchzuplanen: vom Infostand und dem Verteilen von Wahlzeitungen bis zu Hausbesuchen und Telefonaktionen.

Vom Targeting für den ganzen Wahlkreis... ...bis zu den Stimmbezirken

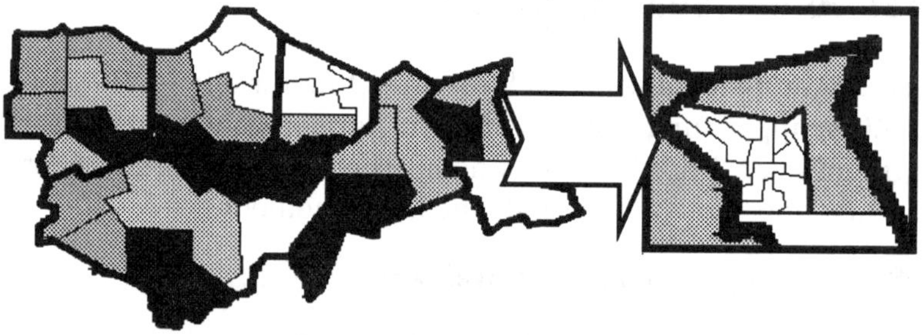

TIPP *Bei einer besonders großen Anzahl von geografischen Einheiten wie im Beispiel oben sollte man sie in drei oder vier Gruppen aufteilen. Die Drittel- oder Viertelordnung erleichtert den Überblick. Auf diese Weise ist es auch einfacher, eine farbige Karte zu gestalten, in der z.B. die Einheiten des obersten Drittels rot, die Stimmbezirke des mittleren Drittels grau und die des untersten Drittels gar nicht markiert werden.*

Schritt für Schritt: für den ganzen Wahlkreis

Targeting für den ganzen Wahlkreis sucht nach dem wahrscheinlichen Anteil von ABC-Stimmen, den jede größere geografische Einheit am ABC-Gesamtergebnis hat. Das Ziel ist es, jeder geografischen Einheit den für sie angemessenen Anteil am Wahlkampfbudget (Zeit, Geld, Personal, Werbematerial) zuweisen zu können.

Beispiel: Wenn sich in einem bestimmten Gebiet 30 Prozent der potenziellen ABC-Wähler konzentrieren, dann sollte die Planung auch ungefähr ein Drittel der Zeit des Kandidaten und andere Wahlkampfressourcen in dieses Gebiet bringen.

Das heißt natürlich auch: In manche Gebiete im Wahlkreis geht man überhaupt nicht mit Wahlkampf, weil es nicht wichtig ist und sich schlicht nicht lohnt.

Schritt 1: Analyse der vorliegenden Wahlergebnisse in den geografischen Einheiten (hier Beispiel: Gemeinde) und Errechnen des ABC-Anteils am Gesamtergebnis. Die Formel:

$$\frac{\text{Absolute Zahl der ABC-Stimmen in Gemeinde}}{\text{Absolute Zahl der ABC-Stimmen im ganzen Wahlkreis x 100}} = \text{\%-Anteil der Gemeinde an ABC-Ergebnis im Wahlkreis}$$

Man nimmt hierfür der Einfachheit halber die Zweitstimmen. Man kann dies auch für die Erststimmen errechnen und daneben stellen (ergeben sich signifikante Unterschiede? Wenn ja, warum?).

Achtung: Wahlkreisgrenzen müssen deckungsgleich sein. Nicht immer stimmen die gezogenen Grenzen bei einzelnen Wahlen vollständig überein. Veränderungen, die sich zum Beispiel durch die Reduzierung der Bundestagswahlkreise ergeben haben, müssen einberechnet werden. Das bedeutet das Aufteilen bisheriger Gebiete nach den neuen Grenzen. Manchmal hat sich nur die Nummer eines Wahllokals geändert. Manchmal hilft es, aus mehreren addierten kleinen Einheiten eine künstliche Einheit zu bilden, mit der man weiterrechnet, um die Grenzverschiebungen zu umgehen (z.B. Stimmbezirke 26 + 27 + 48 = rechnerischer Stimmbezirk A). Manchmal lassen sich die Gebietsergebnisse nicht ganz einfach konvertieren, dann hilft nur: gekonnt schätzen.

Schritt 2: Den Durchschnitt der für Schritt 1 verwendeten Wahlen errechnen.

(Wahl 1 + Wahl 2 + Wahl 3) : 3 = X

Schritt 3: Stimmenanteile für jede geografische Einheit (hier: Gemeinde) im Wahlkreis errechnen.

Schritt 4: Erstellen einer Liste aller geografischen Einheiten in absteigender Rangfolge der Targeting-Ergebnisse.

Schritt 5: Anpassen der Rangfolge nach den Hinweise im Abschnitt „Zahlen-Tuning“ mit Blick auf Strategie, lokale Besonderheiten, politische Beurteilung von Stärken und Schwächen.

Schritt für Schritt: für den Einzel-Stimmbezirk

Targeting für den einzelnen Stimmbezirk untersucht die kleinste politische Einheit. Stimmbezirke liefern straßengenaue Einsatzpläne für lokale Wahlkampfteams.

Dieses kleinteilige Targeting identifiziert Stimmbezirke, wo besonders viele Wähler mit bestimmten, für die ABC-Partei günstigen Eigenschaften wohnen. Dies wird berechnet für die im Gesamtwahlkreis-Targeting ermittelten Wahlkampf-Schwerpunktgebiete. Nur dort will man ja besonders viele Mittel einsetzen und benötigt entsprechende Informationen.

Dieses Targeting misst vier Basismerkmale: Größe, Wahlbeteiligung, „typischer“ ABC-Stimmenanteil und Wechselwähler-Potenzial. Um den „typischen“ ABC-Stimmenanteil zu ermitteln, ist wieder der Durchschnitt aus mehreren Wahlen zu bilden.

Wir wollen wissen: Wie groß ist historisch unser Sockel, also das absolute Minimum, das wir erreichen können? Und wie groß ist unser Höchstpotenzial, also das Maximum? Wir wollen auch wissen, ob unsere Maxima und Minima eher bei Erst- oder Zweistimmen liegen. Bei regelmäßig großem Gefälle (über vier Prozentpunkte) zwischen Erst- und Zweitstimmen in einzelnen Stimmbezirken ist zu analysieren, woher das Gefälle kommt. Wenn die ABC deutlich mehr Erststimmen erhält, liegt es vielleicht an der besonderen Popularität oder Bekanntheit eines Kandidaten, einer besonders starken Abneigung (oder Indifferenz) gegen den Gegenkandidaten oder besonderen Wahlkampfanstrengungen des Ortsvereins o.ä.

Wechslerpotenzial für die ABC misst den Grad der Wechselbereitschaft der Wähler in einem Stimmbezirk. Hier kommt es also in der Rechnung nicht auf das Vorzeichen an, das sich bei den jüngsten für die Rechnung ausgewählten Urnengängen eingestellt hat. Es genügt uns zu wissen, in welcher Höhe es Wechselstimmen gibt. Wechselbereitschaft zeigt sich an zweierlei Wahlverhalten:

- der Bereitschaft, Erst- und Zweitstimmen auf die ABC und eine andere Partei zu verteilen (taktisch oder stark personalisiert wählende „Ticket-Splitting").
- der Bereitschaft, bei aufeinander folgenden Wahlen zwischen den Parteien zu wechseln („Swing").

Diese „Ticket-Splitter" und „Swing-Wähler" sind Wähler, denen wir im Wahlkampf gute Argumente liefern müssen, um ABC zu wählen. Sonst wählen sie möglicherweise eine andere Partei oder wählen gar nicht (wenn sie keinen guten Grund kennen, für ABC zur Urne zu gehen). ABC hat bei ihnen eine gute Chance. Die ABC-Kampagne muss aber wissen, wie und wo sie sie mit ihrer Botschaft erreichen können. Darum ist diese Targetingfunktion wichtig.

In der folgenden Berechnung ist es wichtig, auch die Nichtwähler zu berücksichtigen. Denn häufig lassen Wechselwähler auch mal eine Wahl aus, wenn sie sich nicht entscheiden wollen oder sie keine guten Gründe für eine Wahlbeteiligung sehen. Gerade wer Mobilisierungsprobleme hat, muss diese Größe mit einbeziehen.

Darum rechnen wir im Wechselwähler-Targeting nicht wie üblich mit den Stimmanteilen der ABC-Partei an der Gesamtzahl aller abgegebenen gültigen Stimmen, sondern mit dem ABC-Stimmenanteil an der Zahl aller Wahlberechtigten.

Schritt 1 Ergebnisse der ABC-Partei nach Stimmbezirken ermitteln, und zwar für alle ausgewählten Vergleichswahlen und in absoluten Zahlen (nicht Prozenten!).

Schritt 2 Zahl der Wahlberechtigten (nicht der abgegebenen Stimmen) für diese Stimmbezirke und alle ausgewählten Vergleichswahlen ermitteln.

Schritt 3 Die Stimmenanteile der ABC-Partei auf Basis Wahlberechtigte errechnen: ABC-Ergebnis bei Wahl 1 (in absoluten Zahlen) geteilt durch Zahl der Wahlberechtigten bei Wahl 1 usw. Das gleiche für Wahl 2, Wahl 3... Ergibt eine Prozentzahl.

Schritt 4 Für jeden Stimmbezirk den Durchschnitts-Anteil der ABC-Partei über die ausgewählten Vergleichswahlen errechnen: Summe der Anteile aus Schritt 3 geteilt durch Zahl der Wahlen. Dieser Wert zeigt die Performanz, also die typischerweise erreichbare Prozentzahl der ABC-Partei.

Schritt 5 Abweichung von diesem Mittelwert bei jeder Vergleichswahl durch einfache Subtraktion errechnen.

Schritt 6 Mittelwert der Abweichungen über alle Vergleichswahlen errechnen: Summe der Abweichungen geteilt durch Zahl der Wahlen. Mit Schritt 6 ist der so genannte „Swing-Index“ errechnet.

Schritt 7 Ordnen der Stimmbezirke in absteigender Reihenfolge nach der Höhe des Werts im „Swing-Index“.

Schritt 8 Neben dieses erste Ranking nach Wechsler-Potenzial ist eine Aufstellung der Wahlbeteiligung zu legen.

Schritt 9 Ordnen der Stimmbezirke nach folgenden Kriterien:

Zeile 1	Stimmbezirk Nummer und Name	001 Ackersweide Allerschule	002 Brokelsen Bürgerhaus	003 Coppeln Kindergarten
2	ABC-Partei Ergebnis Wahl 1 (absolute Zahl)			
3	Wahlberechtigte Wahl 1			
4	**ABC Anteil Wahl 1 (Zeile 2 geteilt durch Zeile 3)**			
5	ABC-Partei Ergebnis Wahl 2 (absolute Zahl)			
6	Wahlberechtigte Wahl 2			
7	**ABC Anteil Wahl 2 (Zeile 5 geteilt durch Zeile 6)**			
8	ABC-Partei Ergebnis Wahl 3 (absolute Zahl)			
9	Wahlberechtigte Wahl 3			
10	**ABC Anteil Wahl 3 (Zeile 8 geteilt durch Zeile 9)**			
11	**Mittelwert ABC-Anteile über 3 Wahlen ([Summe Zeilen 4 + 7 + 10] geteilt durch 3)**			
12	Abweichung Wahl 1 von Mittelwert (Zeile 11 minus 4)			
13	Abweichung Wahl 2 von Mittelwert (Zeile 11 minus 7)			
14	Abweichung Wahl 3 von Mittelwert (Zeile 11 minus 10)			
15	**SWING-INDEX über drei Wahlen: (Summe der Abweichungen Zeilen 12+13+14 geteilt durch 3)**			

- **Höchste Priorität** haben große Stimmbezirke mit hoher Wahlbeteiligung, hoher ABC-Performanz (also durchschnittlich hohem Stimmanteil) und hohem Wechslerpotenzial für die

ABC-Partei. Wenn im Wahlkampf wenig Leute, Geld und Material zur Verfügung stehen, dann sollte sich die Arbeit und Präsenz auf diese Stimmbezirke konzentrieren.

- **Hohe Priorität für den *argumentativen* Wahlkampf** haben große Stimmbezirke mit mittlerer ABC-Performanz, aber hoher Wahlbeteiligung und hohem Wechslerpotenzial. Hier geht es also um stete Präsenz, viele persönliche Kontakte, thematische Veranstaltungen in den 6-8 Wochen vor dem Wahltag. Hier geht es um Überzeugungsarbeit, nicht Mobilisierung alter, fester Anhänger.

  TIPP Alles, was Öffentlichkeit erzeugt, den Kandidaten präsentiert oder ausführlicher Themen beleuchtet, gehört hierher. Prominente Gäste sollten hierher kommen, der Direktbewerber sollte sich vor allem hier bekannt machen und das Gespräch suchen. Wichtig sind Pressekonferenzen und –aktionen, Ortsbegehungen, die Teilnahme an Vereins-, Eltern- und Kandidatenforen, Nachbarschaftstreffen mit Vorstellung des Kandidaten, die Aktionen junger Wahlkampfteams oder Wählerinitiativen (Unternehmer, Handwerker, Gewerkschafter, Künstler...) sowie frühzeitig (!) und massiv Kandidaten- und Themenplakate.

  TIPP Auch Hausbesuche eignen sich für die direkte, persönliche Ansprache – wenn die Helfer argumentativ geschult sind und überzeugend auftreten können. Sinnvoll sind Zweierteams, die neben dem Textbuch genaue Straßenlisten bekommen. Jedes Gespräch an der Türschwelle sollte kurz protokolliert werden, damit gewünschtes Informationsmaterial verschickt werden oder eine Postkarten- oder Telefonaktion gezielt nachfassen kann.

- **Hohe Priorität für die Mobilisierung kurz vor und am Wahltag** haben große Stimmbezirke mit hoher ABC-Performanz, aber mittlerer Wahlbeteiligung. Hier geht es also vor allem um das Zur-Urne-Bringen der Sympathisanten und das Hinweisen auf den unmittelbar bevorstehenden Wahltag.

  TIPP Hier lohnen sich vor allem Telefonaktionen in den letzten zwei Wochen (Mehr dazu im Beitrag Treichel/Althaus).

  TIPP Hier lohnt sich die systematische Kombination von Telefonanrufen, Hausbesuchen, Postwurfsendungen, Verteilaktionen und Wahltags-Aktionen (Brötchen oder Türhänger-Verteilen).

TIPP Hier sollten in der Spätphase besonders viele Kandidaten- und Motivplakate hängen oder stehen.

TIPP Wer früh anfängt, kann mit gezielter Werbung für die Briefwahl die eigene Performanz in diesen Stimmbezirken steigern.

Eine häufige Frage ist, ob es sich nicht lohne, vorrangig in der eigenen Partei zuneigende Stimmbezirke mit historisch extrem niedriger Wahlbeteiligung zu gehen? Grundsätzlich: Nein, das sind keine lohnenden Mobilisierungsziele. Theoretisch mögen hier zwar sehr viele Stimmen liegen. Praktisch sind politische Apathie und Desinteresse meist aus sozialen Gründen zu groß, als dass sie mit Wahlkampfaktionen überwunden werden könnten. Außerdem ist das Wahlverhalten notorischer Nichtwähler eher unberechenbar. Es ist sinnvoller, sich auf Stimmbezirke mit leicht bis mittel unterdurchschnittlicher oder schwankender Wahlbeteiligung zu konzentrieren – dort, wo die „saisonalen Nichtwähler" aufzuwecken sind. Hier sind Extra-Prozente durch überschaubaren Mitteleinsatz am leichtesten zu bekommen.

Gibt es Stimmbezirke mit gleicher ABC-Performanz bzw. Wechslerpotenzial, dann soll der deutlich größere Stimmbezirk wieter oben auf der Prioritätenliste stehen. Hat einer von beiden eine deutlich höhere Wahlbeteiligung, dann hat er höhere Priorität.

Schritt 10 Auch hier wieder die Hinweise im Abschnitt „Zahlen-Tuning" mit Blick auf Strategie, lokale Besonderheit und politische Beurteilung der Stärken und Schwächen beachten und die Rangliste ggf. korrigieren, also einigen Stimmbezirken eine höhere oder niedrigere Position auf der Liste zuweisen.

TIPP Bei einer besonders großen Anzahl von Stimmbezirken sollte man sie in drei oder vier Gruppen aufteilen. Die Drittel- oder Viertelordnung erleichtert den Überblick. Auf diese Weise ist es auch einfacher, eine farbige Karte zu gestalten, in der z.B. die Stimmbezirke des obersten Drittels rot, die Stimmbezirke des mittleren Drittels grau und die des untersten Drittels gar nicht markiert werden.

Politisches Zahlen-Tuning

Wer bis hierhin durchgehalten hat, hat jetzt Tabellen, Ranglisten und vielleicht bunte Karten vor sich. Aber kann man ihnen vertrauen? Davon muss überzeugt sein, wer Targeting-Material einem politischen Gremium vorlegen will. Zahlen liefern eine objektive Datenbasis, auf der Entscheidungen für Prioritäten fallen können. Aber: Zahlen ergänzen und verbessern politische Urteilskraft eines Wahlkampfmanagers, sie ersetzen sie nicht. Es gibt noch einige weitere strategisch wichtige Kriterien, nach denen die Verteilung von Ressourcen auf Stimmbezirke geordnet werden sollte und in denen politische Intuition und Erfahrung eine wichtige Rolle spielen.

Briefwähler: Briefwähler sind manchmal das Zünglein an der Waage. Je geringer die Wahlbeteiligung, desto größer ist oft ihre Rolle. Und der Briefwähleranteil steigt seit zwölf Jahren, 2002 lag er schon bei 18 Prozent, zwei Punkte höher als 1998. In den Großstädten liegen die Briefwahlquoten meist deutlich über 20 Prozent. Wer gut verdient und gebildet ist, nutzt eher die Briefwahl. Ältere Wähler finden es bequemer so, junge mobile Singles halten sich damit das Wochenende frei. Nicht jeder freut sich drüber. So hat beispielsweise die SPD fast überall krasse Defizite bei den Briefwählern. Bei der Bundestagswahl 1998 lag der SPD-Anteil bei den Briefwählern fünf Prozentpunkte unter dem SPD-Anteil bei den Urnenwählern. Union, FDP und Grüne haben oft klar positive Briefwahlbilanzen. Typische SPD-Hochburgen sind dagegen häufig Gebiete, in denen besonders wenige Menschen vom Briefwahlrecht Gebrauch machen. Sie wählen eher gar nicht als zur Briefwahl zu gehen. Das ist auch in Ostdeutschland fast überall so (Briefwahlquote 2002 bei 11 bis 13, in Westländern zwischen 15 und 25 Prozent).

Targeting kann für eine Briefwählerkampagne genutzt werden, zum Beispiel bei Jungwählern, bei Studenten, bei Senioren oder in Gebieten mit hoher SPD-Performanz, aber unterdurchschnittlicher Wahlbeteiligung. Das sollte in Ranglisten berücksichtigt werden.

Soziales Profil der Stimmbezirke, Viertel oder Gemeinden: Wer interessierte und engagierte Mitglieder oder Kampagnenmitarbeiter hat, die mit komplexen sozialwissenschaftlichen Daten umgehen können, sollte das in wichtigen oder schwierigen Gemeinden auch nutzen. Zur soziodemographischen Entwicklung gibt es meistens Daten bei der Kommune oder einer Hochschule. Möglicherweise gibt es an der sozialwissenschaftlichen Fakultät lokale Untersuchungen über den Zusammenhang von Wahlverhalten, Lebensstilen und sozialen Merkmalen eines Stadtteils oder einer Gemeinde.

Man kann Wahlbezirke z.B. ordnen nach jeweils hohem Anteil von Hauptschulabschlüssen, Hochschulabschlüssen, Arbeitern, Studenten, Arbeitslosen, Singles, Sozialhilfeempfängern, Eigentümerhaushalten, Sozialwohnungen, Altbauwohnungen, hoher oder niedriger Wohnfläche pro Person und so weiter (vgl Hannover-Wahlbericht unter agis.uni-hannover.de). Für die Bundestagswahlkreise hat Destatis die wichtigsten Strukturdaten gleich mit in die Wahlberichterstattung einbezogen (vgl. bundeswahlleiter.de). Oft sind hilfreiche Informationen nur einen Mausklick entfernt. Mit Hilfe von Beobachtung und politischer Erfahrung kann man aber auch in Eigenregie den Charakter von Stadtvierteln und Ortsteilen beschreiben. Solche Beschreibungen sind eine wichtige Hilfe für die Rangfolgen-Einteilung.

Zustand der Parteiorganisation: Wie groß, wie aktiv und wie leistungsfähig ist die örtliche Mitgliedschaft? Kann sie überhaupt einen massiven Wahlkampfeinsatz organisieren, wenn die Zentrale die Priorität in ihre Stimmbezirke legt? Kann die Wahlkampfzentrale sinnvoll helfen? Wie hoch ist die Kontaktchance – gemessen an der Zahl der Parteimitglieder pro 100 Wahlberechtigte?

Strategische Zielsetzung: Welche Themen und welche Wählergruppen man aus *inhaltlichen* Gründen besonders ansprechen will (z.B. Eltern mit Kindern, weil man über Bildung sprechen will; Arbeitnehmer, die bei einem insolventen Großbetrieb gerade ihre Jobs verloren haben), beeinflussen auch die geographischen Schwerpunkte in einem Wahlkampf. Gibt es ABC-Themen, die in Hochburgen des Gegners CDE heute besonders gut ankommen? Gibt es örtliche Streitthemen, die z.B. durch große Bürgerinitiativen das lokale Wahlverhalten stark ändern könnten? Könnte eine themen- oder zielgruppenbezogene Wählerinitiative etwas ändern?

Status und persönlicher Erfolgsaussichten des Wahlkreiskandidaten: Bekanntheitsgrad, Popularität und lokale Verankerung des Kandidaten oder Abgeordneten in Teilen eines Wahlkreises sind wichtig für die wahlstrategische Bewertung. War der Sitz vakant? Verteidigt man ein unsicheres, wackliges Mandat, wo der Amtsinhaber eher schwach ist? Oder bereitet man sich auf den Angriff auf einen schwachen Amtsinhaber vor? Stammt der Kandidat vielleicht aus einer Hochburg des Gegners und kann dort deshalb ungewöhnlich stark für die eigene Partei mobilisieren?

Zustand des Gegners: Hat sich der Gegner mit einem starken Kandidaten (erfolgreicher Name, Charisma, Hausmacht) und einer schlagkräftigen Truppe aufgestellt? Hat er örtlich eine klare Botschaft formuliert? Profitiert er von bestimmten Ereignissen (z.B. Sieg bei einer Kommunalwahl, neuer Bürgermeister)? Ist er in bestimmten Orten besonders aktiv oder durch neue Wahlkampf-Ideen aufgefallen? Werden die kleineren Parteien eine Rolle spielen?

Medienreichweite: Wo sich Redaktionen von Tageszeitungen, Anzeigenblättern und Sendern befinden, haben öffentliche Aktionen meist eine größere Reichweite. Je näher die Journalisten dran sind, desto größer ist wahrscheinlich das Medieninteresse am politischen Geschehen in bestimmten Stimmbezirken. Gibt es eine große Zeitung am Ort? Eine Stadtteilausgabe oder ein Außenstudio? In großen Wahlkreisen sind manchmal mehrere Medien ansprechbar. Das kann ein Vor- oder Nachteil sein. Und wenn sich z.B. im Verbreitungsgebiet einer Zeitung sehr viele Kandidaten bewegen, wird es oft schwierig, Journalisten für eine örtliche Wahlkampagne zu begeistern.

IN MEMORIAM MATTHEW A. REESE (1926-1998)

Geodemographisches Targeting

In den USA wird Targeting seit langem eingesetzt. Inzwischen geht der Trend zum Individual-Targeting, also zum Einsatz von Datenbanken mit Millioneneinträgen von Einzelpersonen und Haushaltsinfos.
Was die Wahlkämpfe jedoch vor 25 Jahren umkrempelte, war die Wahlkreisanalyse mit geodemographischen Methoden: Die Kombination von Wahlstatistik und Sozialdaten mit dem Wissen darüber, wo welche Zielgruppen wohnen, und professionell ausgeführten Wählerkontaktprogrammen.
Herausragender Pionier: Matt Reese, Berater der Demokraten und von 450 Kampagnen. Die American Association of Political Consultants wählte ihn in die *Hall of Fame*. Seit dem Verkauf der Reese Communications Companies an die Agenturkette WPP war er bis zu seinem Tod Dozent an der Graduate School of Political Management in Washington. Reese war der erste, der das geodemographische Cluster-Modell der Claritas-Marktforschung für Zielgruppenansprache in der Politik nutzte – mit wachsender Präzision Straßenzug für Straßenzug. Grundidee: Menschen mit ähnlichen wirtschaftlichen, sozialen und politischen Präferenzen wohnen meist nah beieinander. Auf der Landkarte zeigte er Wahlkämpfern, wo die Menschen wie dachten und wie sie zu erreichen sind. Er mied TV-Schlachten, gewann aber mit Telefon, Mailings und Organisationsstärke. Verbände, Gewerkschaften und Konzerne wurden Reeses Klienten für Lobbykampagnen und Volksentscheide. Auch für sie schuf er schlagkräftige Freiwilligenkorps auf Zeit.

Damit hatte er schon John F. Kennedy 1960 den Weg zur Präsidentschaft geebnet. Reese machte die *instant organization* populär: Als die Kampagnefähigkeit seiner Partei bröckelte, stampfte er temporäre Organisationen aus dem Boden. Für jede Aktion erfand er ein Etikett: *Go Days, Coffee Days, Post Days, Blitz Days*. Für alles schrieb er Handbücher. Profis führten – Amateure führten aus. In großem Stil.

Targeting kümmert sich nach Reese nur um zwei Wählergruppen: Unentschlossene und die wahlmüde Sympathisanten. Schön wäre es, meinte er, hätten die einen als Erkennungszeichen grüne Nasen, die anderen lila Ohren. Da das nicht so sei, brauche man Targeting. *Green Noses and Purple Ears* sollte sein Buch heißen.

Gute Wahlkampfmanager kämen immer wieder zurück zu Zahlen und zum Zählen, meinte er. Sein Gebot gehöre in Stein gemeißelt: „Wenn du es nicht zählen kannst, tu's besser nicht. Wenn du es zählen kannst, und tust es nicht, schäm dich: Du weißt nicht, was du bisher erreicht hast, du weißt nicht, was funktioniert hat und was nicht, was in die Hose gegangen ist und was nicht."

KOPIE DER KAMPA 98 IM NEUEN KONTEXT

SUSANNE FENGLER UND UWE JUN
POTSDAM

WENIGE WOCHEN NACH DEM 22. SEPTEMBER 2002 sucht der Beobachter nach Erklärungsansätzen für den Ausgang der Bundestagswahl. Für viele überraschend gelang der Koalition aus SPD und Bündnis 90/Die Grünen kurz vor dem Wahltermin die Trendwende im Meinungsklima – sie nahm den Oppositionsparteien CDU/CSU und FDP den lange Zeit sicher geglaubten Wahlsieg.

Viele unterschiedliche Faktoren haben den Ausgang der Wahl beeinflusst. Neben innen- und außenpolitischen Ereignissen hat auch die unterschiedliche Anlage und Entwicklung des Wahlkampfs durch die Parteien eine nicht unerhebliche Rolle gespielt.

Wir wollen uns in diesem ersten Rückblick auf die Kampagne 2002 mit der Bedeutung der verschiedenen Wahlkampfstrategien der Parteien auseinandersetzen und ein erstes Fazit des zurückliegenden Wahlkampfs ziehen: Konnte sich die SPD mit ihrer Wahlkampfzentrale Kampa 02 wie vor vier Jahren erneut als Trendsetter in Sachen Wahlwerbung und „Spin Doctoring" behaupten? Viele Indizien sprechen dafür, dass die Kampa im Wahlkampf 1998 die Standards für Politische Kommunikation in Deutschland gesetzt hatte. So ließen die Strategien und das Wahlkampfmanagement der anderen Parteien im Wahljahr 2002 erkennen, dass CDU/CSU, FDP, Bündnisgrüne und PDS die erfolgreiche Strategie und das Kommunikationsmanagement der SPD gründlich studiert hatten. Das Ergebnis: Ein deutlicher Professionalisierungsschub auch in den anderen Wahlkampfzentralen.

Während die SPD 1998 mit der Einrichtung der Kampa und dem von dieser – in Deutschland mit bis dato nicht gekannter Konsequenz – verfolgten Marketingansatz in der Politik Neuland betrat, hat der Wahlkampf dieses Jahres insgesamt jedoch wenig neue Akzente, Trends oder gar Innovationen erkennen lassen. Statt dessen verfestigten sich Entwicklungen, die sich schon im Wahlkampf 1998 abzeichneten. An erster Stelle sei hier der Einsatz von Personalisierung als Wahlkampfinstrument genannt: Nicht nur – wie üblich – die beiden großen Parteien, auch FDP und Grüne stellten im Wahlkampf ihren jeweiligen Spitzenkandidaten weit stärker als bisher in den Vordergrund. Die erstmals durchgeführten TV-Duelle können als weiterer Beleg dafür gewertet werden, dass die Parteien und die Medien den Kandidaten und ihrer Inszenierung besondere Aufmerksamkeit widmeten.

Die Medien wiederum haben die Wahlkampfaktivitäten der Parteien in 2002 mit nochmals gesteigerter Aufmerksamkeit verfolgt – während die Parteien fast sämtlich großen Wert darauf legten, sich mit ihren wahlwerblichen und -strategischen Aktivitäten in den Medien als innovative und moderne Wahlkampfzentralen darzustellen. Eine besondere Rolle spielte hierbei das Internet: Von der PDS bis hin zur CSU demonstrierten alle Parteien mit Wahlkampfsonderseiten, Kandidaten-Homepages, Info-, Service- und Unterhaltungsangeboten, aber auch einem Fundus an negativen Informationen über den politischen Gegner eine zeitgemäße Ansprache von Wählern und Medien. Wichtiger noch als für die Kommunikation mit Wählern war das Netz für die Kommunikation *in* der Partei.

Beim Blick auf den Medienmix der Parteien wird deutlich, dass diese neben den bereits angesprochenen neuen Formen der politischen Kommunikation nach wie vor auf traditionelle Mittel der Wahlwerbung wie Plakate und Anzeigen in Printmedien setzten. Hier fiel insbesondere die SPD mit einer massiven Präsenz in der Plakatwerbung und einer langfristig angelegten Anzeigenkampagne in auflagenstarken und überregionalen Tageszeitungen auf. Auf die unterschiedlichen Elemente der Kampagnen wollen wir nachfolgend in einer ersten kurzen Analyse des Wahlkampfes 2002 eingehen. Den Schwerpunkt legen wir dabei auf den Wahlkampf der SPD. Zunächst soll jedoch eine theoretische Einordnung der Wahlkampfkommunikation in den Gesamtkontext der politischen Kommunikation erfolgen, um deren Besonderheiten aufzuzeigen.

Was genau geschieht im Wahlkampf?

Als Wahlkampf wird in der Politikwissenschaft die zeitliche Phase im Wettbewerb der Parteien bezeichnet, in der die politischen Akteure (vornehmlich Parteien und Kandidaten) über den Politikalltag hinausgehende organisatorische, inhaltliche und kommunikative Leistungen erbringen, um Wähler für sich zu mobilisieren und Stimmen zu gewinnen. Parteien versuchen in diesem Zeitraum durch strategische Planung und den operativen Einsatz politischer Kommunikationsmittel und -instrumente in besonders intensiver Form längerfristige Parteibindungen der Wähler zu aktualisieren oder kurzfristig wirkende Bestimmungsfaktoren des Wahlverhaltens für sich zu optimieren.[1] Die Bestätigung der Stammwähler und die Motivation von Wechsel-, Nicht- und Erstwählern stehen im Mittelpunkt der auf Stimmengewinn und Persuasion angelegten Kommunikationsstrategien in Wahlkampfphasen. Der Anspruch besteht darin, eigene Politikvorstellungen, Positionen und Interessen in Konkurrenz zu anderen auf der Wählerebene durchzusetzen.

Die Dauer des Wahlkampfes variiert zwischen den politischen Systemen, in Deutschland werden dafür zumindest die letzten drei Monate vor einer Bundestagswahl angesetzt. Die Wahlkampfphasen haben sich in den letzten Jahren eindeutig verlängert und tendieren zum *permanent campaigning* (Kamps 2002; Schmitt-Beck 2002).

Im Mittelpunkt von Wahlkämpfen stehen Kommunikationsereignisse, in denen sich die Interaktionen von Parteien und Wählern intensivieren. Wahlkampfkommunikation unterscheidet wie politische Kommunikation allgemein zwei differente Interaktionsprozesse, nämlich einerseits den direkten Austausch zwischen Parteien und Wählern und andererseits den indirekten, durch Medien vermittelten. Letzterer umfasst sowohl die Kommunikationsbeziehungen zwischen Parteien und Medien als auch zwischen Medien und Wählern. In beiden Interaktionsprozessen ist von interdependenten Selektions- und Beeinflussungsprozessen auszugehen (Klingemann/Voltmer 1998: 396f.).

Dass Kommunikation allgemein die Voraussetzung demokratischer Regierungsweise ist, dürfte unbestritten sein, gilt es doch für die politischen Akteure in einem permanenten Prozess der Kommunikation Legitimation für ihr politisches Handeln zu beschaffen. Ohne Kommunikation kann Politik weder vermittelt werden noch

[1] Vgl. Niedermayer 2000, S. 192. Niedermayer unterscheidet zwischen zwei Ebenen der Kommunikationsstrategie in Wahlkämpfen: Die Werbekampagne, deren Form und Inhalt von der einzelnen Partei selbst bestimmt werden, also als Form der Selbstdarstellung zu gelten hat; und die Unterstützungskampagne, die von der Fremddarstellung geprägt wird und die für jede einzelne Partei eine möglichst positive Darstellung der Partei durch Vermittlungsakteure, vornehmlich Massenmedien, zum Ziel hat.

um Vertrauen werben. Die Einsicht, dass die kommunikative Performanz eine wesentliche Legitimationsgrundlage politischen Handelns ist, beherrscht mittlerweile alle politischen Großparteien in westlichen Demokratien (Farrell 2002). Ebenso ist die Einsicht vorherrschend, dass Kommunikation von Politik ohne mediale Präsentationsformen nicht mehr denkbar ist, da nahezu jeder Wähler politische Informationen primär aus den Medien erhält. Medienkommunikation ist – zumal in Wahlkämpfen – unerlässliche Voraussetzung für politischen Erfolg bei Wahlen.

Im Prozess der Legitimationsherstellung kommt der Wahlkampfkommunikation wiederum eine besondere Bedeutung zu, weil Wahlen das zentrale verfassungsrechtliche Verfahren sind, mit dem die Rekrutierung der politischen Führung und die Verteilung öffentlicher Ämter vorgenommen wird. Wahlen in liberalen Demokratien sind wesentlicher Ausdruck der Volkssouveränität, sie legitimieren ein politisches System, bieten Wählern die Möglichkeit unter verschiedenen Angeboten auszuwählen, gewährleisten den Prozess der politischen Willensbildung und bieten dem Wähler die Möglichkeit, Regierungen abzuberufen.

Politikvermittlung im Wahlkampf erzeugt somit im Hinblick auf ihre Leistungsfähigkeit eine höhere Erwartung auf Seiten der Wahlbevölkerung und hat auch einen verbindlicheren Charakter als im politischen Alltag, da die Parteien während des Wahlkampfes ihre zentralen politischen Inhalte und ihr Personal bei einer möglichen Regierungstätigkeit präsentieren und dem Wähler damit Orientierungshilfen für seine Stimmabgabe geben. Wahlkampf in modernen Demokratien heißt dabei schon allein aufgrund der begrenzten Möglichkeiten der Informationsbeschaffung für den Wähler zwangsläufig eine Auseinandersetzung der Parteien und Kandidaten in den öffentlich zugänglichen Massenmedien. Aus demokratietheoretischer Sicht ist die Ausrichtung der öffentlichen politischen Kommunikation auf die Massenmedien immanenter Bestandteil des Parteienwettbewerbs, da „Wahlen nicht nur die Aggregation isolierter Entscheidungen individueller Bürger sind, sondern auch das Ergebnis eines öffentlichen und kollektiven Meinungsbildungsprozesses" (Klingemann/Voltmer 1998: 396). In Wahlkämpfen wird daher der Wähler von den politischen Parteien besonders umworben, erfolgt eine quantitative und qualitative Verdichtung von Inszenierungen, gewinnt Legitimitätsbeschaffung durch Symbole und kommunikative Kompetenz an Bedeutung.[2]

Das Hauptaugenmerk der Kommunikationsexperten und Wahlkampfplaner der Parteien liegt entsprechend dieser Voraussetzungen auf den medialen Formen des Wahlkampfes. Kommunikationsstrategien in Wahlkampfphasen berücksichtigen in intensiver Form die Handlungslogiken der Medien und versuchen, auf diese Weise den Selektionskriterien der Medien Rechnung zu tragen. Im Mittelpunkt moderner medialer politischer Wahlkämpfe steht wiederum in erster Linie die Darstellung im Fernsehen, da dieses Medium aufgrund seiner Reichweite, Aktualität und der Wirkungsqualität des Visuellen als einflussreichstes gilt – als Leitmedium im Wahlkampf und darüber hinaus (Sarcinelli 1998).

Parteien ohne Medien nur „Flüstertüten"

Dass Politik auf durch Medien erzeugte äußerliche und emotionale Attraktivität setzt, sich also in den Medien inszeniert, ist zwar kein neues Phänomen, wird aber durch den zunehmenden Einsatz von finanziellen und organisatorischen Ressourcen und immer neuen Formen der öffentlichen Präsentation von Politik wesentlich verstärkt. Die Auflösung der sozialmoralischen Milieus, die daraus folgende Individualisierung mit abnehmenden Parteiidentifikationen, schwindenden Parteiloyalitäten, Bindungslosigkeit der Wähler und der Zunahme der Wechselwähler zwingt Parteien in Wahl-

[2] Vgl. Dörner/Vogt (2002), die Wahlkämpfe als ein zentrales Medium zur rituellen Inszenierung des demokratischen Mythos betrachten, in welchem dem Wähler der demokratische Mythos erfahrbar gemacht wird.

kampfphasen noch intensiver zum *Going Public*, zur permanenten Herstellung von Öffentlichkeit in den Medien, wollen sie ihre politische Relevanz zumindest weitgehend erhalten. „Ohne die Medien jedenfalls und vor allem ohne das Fernsehen sind politische Parteien heute allenfalls noch politische ‚Flüstertüten'" (Sarcinelli 2000: 19). Der Kampf um öffentliche Aufmerksamkeit ist nicht nur ein immanenter, sondern letztlich sogar zentraler Bestandteil des Parteienwettbewerbs. Denn Medienpräsenz ist zu einer Art Machtprämie geworden, längst nicht nur im Wahlkampf, sondern in der alltäglichen politischen Auseinandersetzung. Ohne die Medien wären die Parteien nur noch äußerst eingeschränkt in der Lage, Aufmerksamkeit und Zustimmung bei einer zahlenmäßig größeren Öffentlichkeit zu erlangen.

Innerhalb der medienzentrierten Wahlkampfkommunikation kommt den Formen der so genannten *free media* eine erhöhte Bedeutung zu, welche die der *paid media* deutlich übersteigt. Unter *paid media* werden Formen bezahlter, kommerzieller Werbung wie Wahlkampfspots, Wahlkampfzeitungen und –broschüren, Werbeanzeigen und sonstige in den Medien platzierte Werbeprodukte der Parteien subsumiert (ausführlicher Jakubowski 1998); unter *free media* wird die alltägliche Berichterstattung in den Massenmedien verstanden. Zu *free media* müssen auch sämtliche Unterhaltungs- und Infotainment-Formate gerechnet werden, welche die Politik vermehrt zur „unbezahlten" Selbstdarstellung genutzt hat.

Die klassische Organisationsform der Parteien mit ihren Willensbildungs- und Organisationsstrukturen hat im Prozess der Wahlkampfkommunikation dabei eindeutig gegenüber den massenmedialen Vermittlungsformen an Bedeutung verloren. An die Stelle parteiinitiierter oder -reproduzierter interpersonaler Kommunikationsformen tritt gerade in Wahlkämpfen in zunehmendem Maße die Medialisierung der Politik, werden Themen, Inhalte, Kandidaten und Images der Parteien via Medien der Öffentlichkeit vorgestellt. Politik wird dem weit größten Teil der Öffentlichkeit nur noch durch Medien vermittelt, Formen der interpersonalen Kommunikation und damit die Organisationsstrukturen der Parteien treten im Vermittlungsprozess eindeutig dahinter zurück und spielen für das Gelingen von politischer Kommunikation kaum noch eine Rolle. Aufgrund ihrer abnehmenden Kapazitäten (Rückgang der Mitgliederzahlen und Veralterung der Mitgliedschaft, Erosion der traditionellen Sozialmilieus) bei gleichzeitiger Zunahme der Bedeutung der Medien in Vermittlungsprozessen haben die Parteiführungen daher einen wesentlichen Teil ihrer Vermittlungsaktivitäten auf die Massenmedien verlagert und parallel dazu ihr Handeln in den Bereichen Marketing, Meinungsforschung und Themenmanagement professionalisiert (ausführlicher Falter/Römmele 2002; Gibson/Römmele 2001; Kamps 2002).

Nicht mehr vornehmlich die Parteibasis transportiert Programme und Themen der Parteien in die Öffentlichkeit und artikuliert deren Interessen, spürt die Stimmungen der Wahlbevölkerung auf, sondern diese Artikulations- und Vermittlungsfunktion wird weitgehend von Medien und Meinungsforschungsinstituten übernommen. Die Parteiführung hat auf diesem Weg den Vorteil, dass sie direkt via Medien mit den Wählern kommunizieren und durch professionell gestaltetes Themen-, Ereignis- und Eventmanagement eine breitere Öffentlichkeit erreichen kann als durch die üblichen Vermittlungskanäle der Organisationsstrukturen der Parteien. Niedermayer spricht in diesem Zusammenhang zutreffend von einer „Funktionsentleerung der Parteibasis" (Niedermayer 2000: 203f.)

Die Parteien haben die genannten Entwicklungstendenzen auf dem Wählermarkt und in der Struktur der politischen Kommunikation nicht nur erkannt, sondern darüber hinaus mit einer aktiven, auf die Medien zentrierten Kommunikationsstrategie geantwortet und damit wiederum die Medialisierung der Politik vorangetrieben. Diese beschränkt sich keineswegs nur auf die kurze Phase der Wahlkämpfe. Bei den politischen Parteien wächst in zunehmendem Maße die Überzeugung, dass sich eine stabile günstige

Kompetenzbewertung nur durch langfristig angelegte Kommunikationsstrategien und Überzeugungsarbeit erwerben lässt und dass sich der Wahlkampf keineswegs auf eine kurze Zeit beschränkt, sondern beginnt, sich in Richtung *permanent campaigning* auszudehnen[3]: ein Erbringen ständiger Kommunikationsleistungen.[4]

Das heißt, nicht nur die Wahlkämpfe, sondern zunehmend auch der Alltag der politischen Parteien wird durch von ihnen strategisch konzipierte und durchgeführte Kommunikationsanstrengungen bestimmt. Ziel dieser Anstrengungen ist es, in der von Medien dominierten öffentlichen Kommunikation nach innen und außen permanent Aufmerksamkeit zu erzeugen, sich selbst und seine Positionen öffentlich wahrnehmbar zu machen, Resonanz zu bekommen, Kommunikationsfähigkeit und Politikvermittlungskompetenz zu demonstrieren, um schließlich die Berichterstattung der Medien – insbesondere des Fernsehens – im Sinne der Parteien zu beeinflussen.

Mediengerechte Präsentation der Themen, marketingstrategische Überlegungen und Personalisierung sind mittlerweile gängige Reaktionsstrategien der politischen Parteien auf die Herausforderungen, die durch die Veränderungen der politischen Kommunikation entstanden sind (Jun 2000). Langfristig angelegte Gremien-

---

[3] So auch Oberreuter (1998); Political Consulting Group (2000); Sarcinelli (2000): „Zunehmend stellt sich (...) die Frage, inwieweit sich Wahlkämpfe als eine eigenständige Phase politischer Kommunikation noch klar von wahlfreien Phasen im politischen Prozess unterscheiden lassen. (...) Der politische Konkurrenzkampf, der Wettbewerb um Aufmerksamkeit ist in der Mediengesellschaft ein politisches Alltagsphänomen, ein politisches Obligo“ (S. 23). Vgl. auch Norris/ Curtice/ Sanders/ Scammell/ Semetko (1999): „Parties have been transformed by the gradual evolution of the permanent campaign where the techniques of spin doctors, opinion polls and professional media management are increasingly applied to routine everyday politics.“ (S. 35).

[4] Vgl. Dörner/Vogt (2002): „Da sich der politische Diskurs wiederum – zumindest der öffentliche politische Diskurs – weitgehend in das Forum der elektronischen Medien verlagert hat, ist Politik zu einer Art Dauerwerbesendung geworden. (...) Die ‚heißen Wahlkampfphasen' stellen in diesem Kontext lediglich eine besondere, symbolisch aufgeladene Zuspitzung dessen dar, was ohnehin den Alltag politischer Kommunikation kennzeichnet." (S. 22).

und Institutionenpolitik verlieren im öffentlichen Erscheinungsbild an Bedeutung gegenüber professionellen, medienzentrierten Aufmerksamkeits- und Akzeptanzstrategien.

Um in den Medien präsent zu sein, haben sich die Parteien in ihren Kommunikationsstrategien längst auf die Logik der Medien eingestellt und diese in ihr Handeln mit einbezogen. Man könnte von der Internalisierung der Medienlogik durch politische Akteure sprechen. In diesem Sinne meint Sarcinelli, dass Politik als Prozess, politische Akteure und politisches Handeln „gleichsam medieninfiziert" (2000: 24) seien.

Wahlkämpfe sind insofern noch Ausnahmesituationen im Prozess politischer Meinungs- und Entscheidungsbildung, als sie institutionalisierte und stärker dramatisierte Kommunikationsformen in diesem fortlaufenden Prozess darstellen. In ihnen verdichten sich Kommunikationsleistungen und persuasive Überzeugungsarbeit der Parteien, wird der „Kampf um die Inszenierungsdominanz" (Kurt 1999) mit besonderer Intensität geführt.

Wahlkämpfe sind in der modernen politischen Auseinandersetzung, im Parteienwettbewerb in der Mediendemokratie gleichzeitig und zunehmend vielmehr im Sinne des schon genannten *permanent campaigning* als „Testphasen und Anwendungsfälle professioneller Politikvermittlung" (Sarcinelli 2000: 23) zu sehen. In ihnen soll verstärkt die Wählerschaft insgesamt mobilisiert werden.

Die einzelnen Parteien unternehmen im Wahlkampf über den Alltag der politischen Kommunikation hinaus besondere Anstrengungen, ihre Mitglieder zu motivieren und zu mobilisieren, um ihr eigenes Wählerpotenzial möglichst effektiv auszuschöpfen.

Vor diesem Hintergrund soll unter dem Blickwinkel der Modernisierung der Kommunikationsstrategie exemplarisch ein näherer Blick auf die wesentlichen Strategieelemente des Wahlkampfes zur Bundestagswahl 2002 geworfen werden.

Die SPD-Strategie

Der Wahlkampf der SPD zur Bundestagswahl 1998 hat in Publizistik und Wissenschaft ein sehr breites Echo gefunden und wurde im Hinblick auf Professionalität, Modernität und Wirksamkeit weit überwiegend mit anerkennenden Worten bedacht.[5] Erfolgreich setzte die SPD im Wesentlichen auf vier Elemente einer modernen Kommunikationsstrategie: Professionelles Organisations- und Kommunikationsmanagement, Zentralisierung der Kompetenzen auf ein strategisches Zentrum, Personalisierung und Besetzung von zentralen Themen (Jun 2001: 60ff.). Neuere Erkenntnisse des politischen Marketings[6] bestimmten die Strategiewahl und Außendarstellung der SPD, deren Personal, Programm und Strategie auf die Gegebenheiten des Wählermarktes zentriert war: „Erstmals wurde eine Partei als Markenprodukt mit klar wieder erkennbaren Symbolen, die sich durch die gesamte Kampagne hindurch zogen, ‚verkauft'" (Bergmann 2002: 53).

Was einmal erfolgreich war, sollte es auch ein zweites Mal werden, so zumindest waren die Vorstellungen der SPD. Erneut wurde ein Jahr vor dem Wahltermin die Wahlkampforganisation außerhalb des Gebäudes der Parteizentrale angesiedelt, die Kampa 02 war räumlich einige Kilometer entfernt vom Willy-Brandt-Haus. Als wichtigste Wahlkampfmanager in der Kampa sollten wie schon 1998 Generalsekretär Franz Müntefering und Bundesgeschäftsführer Matthias Machnig fungieren, unterstützt von einem Team von etwa 120 Mitarbeitern. Viele davon hatten schon Erfahrungen in der Kampa 98 gesammelt. Auch bei der Auswahl der externen Berater bewies die SPD Kontinuität: So wurden weitgehend wieder die glei-

[5] Siehe aus der umfangreichen wissenschaftlichen Literatur unter anderem Bergmann (2002); Jun (2001), Neuwerth (2001), Schmitt-Beck (2001), Timm (1999) oder die Analysen der beteiligten Akteure Machnig (1999), Ristau (2000), Schoppe (2001).

[6] Siehe ausführlicher zum Konzept des politischen Marketings Lees-Marshment (2001), S. 1-49.

chen Agenturen und Institute beauftragt, etwa die Hamburger Werbeagentur KNSK/BBDO oder das Münchner Meinungsforschungsinstitut Polis, die unmittelbar in die Kampa eingebunden waren.

Die Berliner Kampa02 mit Außenplakat Foto: SPD

Wie 1998 setzte Machnig auf die drei K: Koordination, Konzentration und Kontroverse (2002; 2001). Grundsätzlich unternahmen Müntefering und Machnig den Versuch, die Strukturen, Formen und Instrumente des 98er Wahlkampfes wieder zu beleben und situativ zu modifizieren. Die Ausgangsposition 2002 war aber eine gänzlich andere: Die SPD war in der Regierung und musste sich auf einen Wahlkampf als Regierungspartei einstellen – ein Unterfangen, dass der Kampa02 in den Augen vieler Kritiker nicht immer überzeugend gelang.[7]

An Machnigs drei K kann das Problem der veränderten Ausgangsposition verdeutlicht werden. Koordination bedeutete diesmal, einen zusätzlichen, zentralen Akteur beim Kommunikationsmanagement mit einzubeziehen. Zur Parteizentrale, der Bundestagsfraktion und den von der SPD geführten Landesregierungen kam das Kanzleramt hinzu. Es galt also noch mehr als 1998, Überschneidungen und Kooperationen zwischen den Apparaten, handelnden Politikern und Beratern auf informellen Ebenen herzustellen, um gleichzeitig Organisations-, Abstimmungs- und Kommuni-

[7] Kritik an der Arbeit der Kampa 02 wurde parteiintern etwa von den Ministerpräsidenten Clement und Gabriel geübt. Aber auch von der Parteilinken und aus der Bundestagsfraktion kamen kritische Töne. Vgl. FAZ, 31. 05. 2002.

kationsdisziplin zu sichern und ein handlungsfähiges strategisches Zentrum darauf aufzubauen, wobei dem Kanzleramt und der Partei- bzw. Wahlkampfzentrale Schlüsselpositionen zukamen.

Zunächst bildete sich ein strategisches Zentrum heraus, mit Schröder, Müntefering und dem Vorsitzenden der Bundestagsfraktion Peter Struck an der Spitze. An der zwei- bis dreimal wöchentlich tagenden Kanzlerlage nahmen außer diesen drei Spitzenakteuren Regierungssprecher Uwe-Karsten Heye und der Kanzleramtschef Frank-Walter Steinmeier teil. Machnig, Steinmeier und der Erste Parlamentarische Geschäftsführer der Fraktion, Wilhelm Schmidt, kamen zweimal pro Woche zu Sitzungen zusammen. Die SPD-Ministerpräsidenten wurden im Zuge von Bundesrats- und Präsidiumssitzungen in den Entscheidungsprozeß eingebunden, montags erfolgte zudem eine Schaltkonferenz, koordiniert vom Willy-Brandt-Haus mit den einzelnen Staatskanzleien der SPD-regierten Länder. In diesen Koordinationsrunden wurden wesentliche inhaltliche und kommunikationsstrategische Leitlinien festgelegt.

Die Pressestellen von Partei, Fraktion, Ministerien und das Bundespresseamt wurden enger miteinander verzahnt. Deren Leiter kamen zu Abstimmungsprozessen zusammen. Die Landesverbände der Partei wurden verstärkt via Intranet in den Kommunikationsprozess der Bundespartei mit einbezogen. Jedoch sind gelegentliche Spannungen und Differenzen – insbesondere zwischen der Kampa und dem Kanzleramt – nicht ausgeblieben, die durchaus zu Effizienzverlusten und Abstimmungsproblemen geführt haben.

Kernproblem Themenmanagement

Die Konzentration auf Gewinnerthemen war 1998 eine der Erfolgskomponenten der SPD, da ihr in den als zentral erachteten Politikbereichen Kompetenzvorsprünge vor der Union zugeschrieben wurden. Dieser Aspekt ließ sich jedoch 2002 deutlich schwerer umsetzen, insbesondere, da die Regierungsbilanz beim zentralen Thema Arbeitsmarktpolitik wenig erfolgreich ausfiel, die SPD aber dieses Thema nicht außen vorlassen konnte, da sowohl die Union wie auch die Medien es ganz oben auf der Agenda platzierten. Der Verweis auf Reformerfolge wirkte angesichts der Arbeitslosenzahlen wenig überzeugend, zukunftsweisende Konzepte fehlten bis zur Vorlage des Abschlussberichts der von Peter Hartz geleiteten Regierungskommission zur Reform des Arbeitsmarktes im August 2002. Um dennoch die Erwartungssteuerung der Wähler in diesem politischen Kernbereich nicht völlig aus der Hand geben zu müssen, veröffentlichte die SPD Einzelteile des Abschlussberichts der Hartz-Kommission sukzessive ab Juni vorab.

Das aktive, strategische Setzen von Themen erwies sich für die Kampa 02 überhaupt als Kernproblem: Kein Bereich der Regierungspolitik schien wählerwirksam genug, um entscheidende Gewinnerthemen bestimmen zu können.

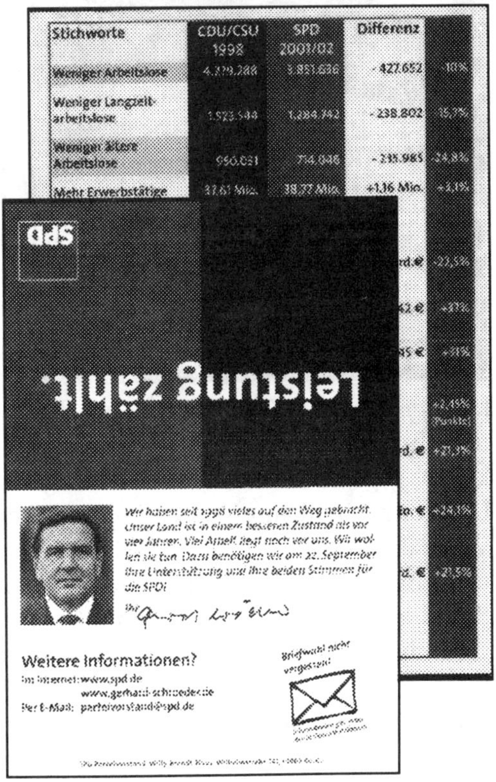

Erst mit der Flutkatastrophe im August 2002 und dem möglichen Militäreinsatz der USA im Irak kam die SPD im politischen Diskurs wieder in die Offensive, weil die Bundesregierung bei der Lösung der durch das Hochwasser verursachten Probleme Managementqualitäten zeigte und sich in der Frage einer deutschen Beteiligung an

Militäreinsätzen im Irak profilieren und positionieren konnte. Ansonsten setzte die Kampa 02 thematisch verstärkt auf *negative campaigning*, indem ein möglicher Wahlsieg von CDU/CSU als gesellschaftspolitischer Rückschritt dargestellt wurde. Besonders aufwändig inszenierte die SPD in Anzeigen und Kinospots ein vermeintlich antiquiertes Familienbild der Union, um bei jungen Frauen Zustimmung zu gewinnen. Damit sind wir beim dritten K der Strategie, Kontroverse. Auch dieser Aspekt war 2002 schwerer umsetzbar als 1998, was sich allein schon aus der Position der Regierungspartei ergab. Eine Opposition ist in der Regel deutlich schwerer zu attackieren als eine Regierung. War es etwa für die SPD in der 98er Kampagne vergleichsweise einfach, den damaligen Bundeskanzler Helmut Kohl als „Mann der Vergangenheit" darzustellen und ihm mit dem eigenen Kanzlerkandidaten einen „Mann der Zukunft" gegenüberzustellen, so entzog sich der Kanzlerkandidat der Union im Wahlkampf 2002, Edmund Stoiber, erfolgreich sämtlichen Versuchen einer von der SPD noch unmittelbar nach Stoibers Benennung zum Kanzlerkandidaten geplanten Negativkampagne im Sinne eines „rechten Spalters und Polarisierers". Die Kampa verlagerte daraufhin ihre Attacken auf Mitglieder des „Kompetenzteams" Stoibers und versuchte, Personal und Politik der Union als rückwärtsgewandt darzustellen.

Amtsbonus und das „Er oder ich"

Erfolgreicher konnte die SPD das Strategieelement der Personalisierung reaktivieren, das von Anfang an gezielt eingesetzt und auf die Sympathiewerte und den Amtsbonus des Bundeskanzlers abgestellt wurde. Zwischenzeitliche Irritationen gab es bei der SPD um die Zentralität des Strategiemerkmals der Personalisierung im Wahlkampf, hervorgerufen durch eine Formulierung des Bundeskanzlers („Er oder ich" mit Bezug auf Stoiber), jedoch kamen Bundeskanzleramt und Kampa 02 schnell überein, dass Personen, Programme und Symbolik nur im Dreiklang erfolgreich sein können und eine Strategie der reinen Personalisierung angesichts der politischen Kultur Deutschlands ins Leere laufen würde.

Auffällig war noch, dass insbesondere aus dem Kanzleramt heraus am Ende des Wahlkampfes die Fortsetzung der Koalition mit den Bündnisgrünen dem Wähler als besonders wichtiges Ziel des Wahlkampfes vor Augen geführt wurde. Schröder nutzte hier zum einen die Popularität von Außenminister Fischer, legte damit aber auch den unentschlossenen Wählern innerhalb des Regierungslagers eine Wahlentscheidung zugunsten der Bündnisgrünen nahe.

Abschließend lässt sich in dieser nur sehr skizzenartigen Darstellung der Wahlkampfstrategie der SPD konstatieren, dass der Versuch der Kampa, Strukturen, Instrumente und Inhalte im wesentlichen aus dem 98er Wahlkampf zu übernehmen, auf Kritik stoßen musste, diese Kritik aber nur selten den Kern traf. Zu Unrecht wurde sie zeitweise zum Sündenbock für schlechte Umfragewerte der SPD im Wahlkampf gemacht – das schwierig darzustellende Produkt der Regierungspolitik und verschiedene Pannen der Regierungsarbeit gerade im Wahljahr hatte sie nicht zu verantworten. Führung, Richtung und Strategie der Kampagne waren zwar nicht immer deutlich erkennbar, doch wurden diese in den verschiedenen informellen Runden geklärt und festgelegt, so dass letztlich auch die gesamte Partei für Mängel der Kommunikation in der Verantwortung steht.

Unbestritten ist, dass die SPD erneut einen professionellen, höchst modernen Wahlkampf geführt hat, bei dem die Kampa 02 die Selbstdarstellung der Partei zentral gelenkt und zusammen mit dem Kanzleramt ihr Potenzial zur Steuerung der Kampagne genutzt hat. Die Perfektion entsprach nicht ganz der von 1998, aber die Voraussetzungen waren auch deutlich schwieriger. Dies unterschätzt zu haben, mag als Defizit gelten.

Die Kampagnen der anderen Parteien

Nicht nur die SPD mit dem amtierenden Kanzler, auch die Union mit ihrem Kanzlerkandidaten und die kleineren Bundestagsparteien setzten im Wahlkampf 2002 nochmals verstärkt auf ihre wichtigsten und telegensten Protagonisten – mit Ausnahme der PDS, die ihren prominentesten Wahlkämpfer Gregor Gysi im Zuge der „Bonusmeilen-Affäre" verlor.[8] Zeichen für die zunehmende Konzentration auf die Spitzenkandidaten war deren herausgehobene Präsenz in allen Medien der Kampagne. Mit Blick auf die rasante Zunahme der Internetzugänge in Deutschland von sechs Millionen 1998 auf 30 Millionen 2002 gehörte beispielsweise eine persönliche Homepage der Spitzenkandidaten[9], die die Kandidaten insbesondere auch von ihrer privaten Seite zeigte, zum Standardrepertoire. Fast zum Muss wurde ähnlich ein Wahlkampf-Bus für die Sommertour des Spitzenkandidaten – mal schlicht „Stoiber-" oder „Merkel-Bus", mal kumpelhaft „Guidomobil" und „Joschka-Bus" genannt.

Anders als die SPD, die werblich auf die Demonstration von „Beständigkeit", „Solidität" und „Erreichtem" setzte und damit in ihrer Kommunikation den klassischen Weg einer Regierungspartei

---

[8] Siehe zur Personalisierung von Politik und Wahlkämpfen ausführlicher Brettschneider (2001); Stern/Graner (2002); Lass (1995).

[9] Vgl. www.gerhard-schroeder.de; www.stoiber.de; www.joschka.de; www.guido-westerwelle.de. Vgl. auch FTD v. 2.08.2002.

einschlug (*Welt am Sonntag*, 21.7.2002, *Frankfurter Rundschau*, 18.7.2002), verzichteten die Grünen bei der Präsentation ihrer umwelt- und gesellschaftspolitischen Leistungsbilanz unter dem Motto „Grün wirkt!" nicht auf freche Botschaften und Bilder. In der Schlussphase setzten auch die Grünen ganz auf ihr Zugpferd, Außenminister Fischer, den beliebtesten deutschen Politiker – sei es im TV-Spot, sei es auf Parteiplakaten mit der Headline „Außen Minister. Innen grün", sei es auf in den letzten Tagen auf die eigenen Parteiplakate angebrachten Überkleber mit Aufschrift „Zweitstimme ist Joschka-Stimme".

Auch die Kampagne der FDP stellte den Parteivorsitzenden Guido Westerwelle in Plakaten und TV-Spots in den Mittelpunkt – so stark, dass das übrige politische Personal der FDP mit Ausnahme Jürgen Möllemanns zuletzt kaum noch öffentlich wahrnehmbar war. Teil auch dieser Personalisierungskampagne war die Kür Westerwelles zum „Kanzlerkandidaten" der FDP. Früher als alle anderen Parteien hatte die FDP mit der Vorstellung ihres „Projekts 18" eine Duftmarke in der Kampagne gesetzt. Da es Westerwelle und seiner Partei hier jedoch nach Meinung vieler Beobachter lediglich um „Auffallen um jeden Preis" – insbesondere bei den jüngeren Wählern (*Süddeutsche*, 3.5.2002) – ging, wurde die FDP oft als „Spaßpartei ohne Inhalte" (*Tagesspiegel*, 25.7.2002) verspottet. Allerdings spielten die Medien bei der PR-Kampagne der Partei für deren „Projekt 18" immer wieder bereitwillig mit. Das konsequente *Branding* sämtlicher Parteiauftritte und -materialien – inklusive der Schuhsohlen des Vorsitzenden – mit der 18 sorgte für Medienaufmerksamkeit und sicherte der FDP regelmäßige redaktionelle Präsenz.

Die Kampagnen von CDU/CSU, Grünen und PDS unterschieden sich insofern von SPD und FDP, als dass hier neben dem Spitzenkandidaten – mehr oder minder prominent – auch ein „Team" präsentiert wurde. Spätestens die Nominierung Edmund Stoibers zum Kanzlerkandidaten der Union im Januar hatte den Wahlkampf in Deutschland de facto eingeläutet. Schon bald überholte die Union die SPD in den Meinungsumfragen. Stoiber erreichte in der Frage der politischen Kompetenz fast stets bessere Werte als Schröder; in Sachen Sympathie konnte er dem Amtsinhaber den gesamten Wahlkampf über trotz intensiver PR-Arbeit nie den Rang ablaufen.

Folglich setzten CDU und CSU in ihrer Kampagne nicht allein auf die Stärken des Herausforderers, sondern auch auf das Sachthema Wirtschaft und Arbeit sowie auf eine Negativ-Kampagne gegen die Leistungsbilanz der rot-grünen Regierung. So starteten CDU und CSU die „Schlusslicht-Debatte" und warfen der Regierung Schröder vor, Deutschland durch falsche Weichenstellungen beim Wirtschaftswachstum auf den letzten Platz in Europa zurückgeworfen zu haben. Ebenso wurde Rot-Grün die Schuld für die steigende Arbeitslosigkeit, die wachsende Neuverschuldung und die Verantwortung für den drohenden „blauen Brief" aus Brüssel angelastet.

CDU: Weniger Geld für Werbung

Aufgrund geringerer finanzieller Ressourcen für Werbemaßnahmen beschränkte sich die begleitende Kommunikationskampagne der CDU zunächst im Wesentlichen auf die Präsentation einiger Riesenposter an der Fassade des Adenauer-Hauses und auf Parteimaterialien. Eine Anzeigenkampagne, wie sie von der SPD seit Jahresbeginn kontinuierlich mit großer Kontinuität in den Tageszeitungen sowie den meinungsbildenden Zeitschriften gefahren wurde, blieb aus. Erst zu einem späteren Zeitpunkt im Verlauf des Wahlkampfs, nach der Landtagswahl in Sachsen-Anhalt, arbeitete auch die CDU vereinzelt mit Anzeigen in den Meinungsführermedien. So wurde beispielsweise anlässlich des SPD-Parteitags Anfang Juni in Berlin eine Anzeige veröffentlicht, die eine junge Frau sowie die Textzeile „Wenn mein Freund so viele Versprechen brechen würde wie der Kanzler, würde ich ihn rauswerfen" zeigte. In der letzten Woche des Wahlkampfs platzierte die CDU eine Serie von Anzeigen in der *Bild*-Zeitung sowie in regionalen Tageszeitung in Ost- und Westdeutschland. Die Anfang April mit großer Medienresonanz vorgestellte Stoiber-Kampagne „Kantig. Echt. Erfolgreich.“, die den bayerischen Ministerpräsidenten als „ernsten Mann für ernste Zeiten“ präsentierte, wurde fast ausschließlich über die redaktionelle Berichterstattung an die Öffentlichkeit getragen.

Bei der Betrachtung der von CDU und CSU ausgestrahlten TV-Spots fällt die „Nebenrolle“ auf, die der Kanzlerkandidat hier – vergleicht man die Spots der Union mit denen von SPD, FDP und Bündnisgrünen – eingenommen hat. Stattdessen wurden in den TV-Spots der Union Bürger präsentiert und mit den Lösungsvorschlägen zu den Themenfeldern Wirtschaft, Arbeit, Bildung und Familie verknüpft. Edmund Stoiber und Angela Merkel erschienen lediglich in der Spot-Schlussszene.

Foto: Eigen

Mitunter überraschende Parallelen zwischen SPD und CDU ergaben sich in der Gestaltung der Plakate: So arbeiteten beide großen Parteien auch mit Textplakaten, die einander – mit weißer Schrift auf blauem Grund – zum Verwechseln ähnlich sahen. Beide Spitzenkandidaten nutzten zudem für ihre Schlussplakate die Reichstagskuppel als nationales Symbol. Während Schröder hier – wie übrigens schon zuvor die Bundestagskandidaten der CDU – im Inneren der Kuppel als „der Mann drinnen“ gezeigt wurde, posierte der Anwärter Stoiber auf dem Schlussplakat vor dem Sitz des Bundestags- „draußen“ vor dem Reichstag.

Die PDS verzichtete mangels eines attraktiven Spitzenkandidaten bei ihren Großflächen, aber auch bei allen Parteiplakaten mit Ausnahme der Kandidatenplakate fast durchweg auf die Präsentation ihres politischen Spitzenpersonals. Ausnahme war hier ein vereinzelt geklebtes „Gruppenbild“ mit den Politikern Petra Pau, Roland Claus, Dietmar Bartsch und Gabi Zimmer in einer gestellt und auf den Betrachter künstlich wirkenden Gesprächssituation.

Die PDS-Politikerinnen Zimmer, Pau und Luc Jochimsen starteten zudem kollektiv zur Wahlkampfreise im „Frauen-Mobil"; Spitzenkandidatin Zimmer verzichtete auf eine eigene Website (*Frankfurter Rundschau*, 11.7.2002).

Zwei Randbeobachtungen zur Wahlwerbung und zu den Spitzenkandidaten 2002: Bei den Werbemitteln ging der Trend hin zu pfiffigeren Werbemitteln mit Bezug zum politischen Programm der Parteien. So verteilte die PDS Kondome mit der Aufschrift „Proletarier aller Länder, vereinigt Euch". Die CDU bot Seifenblasen-Pustefix mit der Aufschrift „Was von Rot-Grün übrig bleibt" an – und die FDP verteilte Duft-Tüten mit der Aufschrift „Mehr Netto schnuppern" (*Focus*, 26.8.2002) und Jojos mit Aufschrift „Steuern runter – Jobs rauf" (*Berliner Zeitung*, 9.8.2002). Und während „Show-Kanzler" Gerhard Schröder, angeblich auf Anraten seiner Ehefrau, einen Prozess gegen eine Nachrichtenagentur anstrebte, die berichtet hatte, Schröder lasse seine Haare tönen, konnte es sich der mitunter als „Aktenfresser" bezeichnete Edmund Stoiber leisten, mit kleinen Eitelkeiten Sympathie-Punkte zu sammeln. So gab er zu, ab und zu an auf der Sonnenbank zu bräunen – und CDU-Chefin Angela Merkel gestand: „Ja, meine Haare sind getönt" (*Bild*, 3.5.2002; 17.7.2002).

Immer wieder von den Medien thematisiert wurden auch die Negativ-Kampagnen, die SPD und CDU/CSU im Internet gegeneinander führten. Bereits knapp ein Jahr vor der Wahl hatte beide großen Parteien im Netz auf Angriff geschaltet. Als erste Bilanz nach Ende des Wahlkampfs lässt sich zum Einsatz des Internets als Wahlkampfinstrument festhalten, dass sich die Negativkampagnen der großen Parteien im Netz vor allem an die Adresse der Journalisten richteten und den Medien als Beleg für die eigene Modernität und Kampagnenfähigkeit – und als Anlass für Berichterstattung über den Wahlkampf – präsentiert wurden: Denn neben der Berichterstattung über die Inhalte der politischen Auseinandersetzung während des Wahlkampfs war das Medieninteresse auch an Stil und Organisation des Wahlkampfs – nach der Neugier auf die erfolgreiche Kampa 1998 – im Wahljahr 2002 erneut gewachsen.

„Der Wahlkampf hat sich verändert, seit die Hamburger Agentur KNSK 1998 so erfolgreich für Gerhard Schröder warb. Fast könnte man von einem Vorher/Nachher sprechen: Vorher sah man Politiker auf den Plakaten, frontal fotografiert und mit langweiligen Sprüchen kommentiert. Nachher durfte politische Werbung auf einmal witzig sein, auf den Fotos waren moderne Bildschnitte zu sehen" (*SZ*, 20.07.2002; siehe auch Jun 2001: 69).

Folge des gestiegenen Interesses für politische Kommunikation – und wohl auch für die vermehrte Zahl von Kommunikationsexperten, die im politischen Bereich tätig sind – war nicht zuletzt der Launch der Fachzeitschrift *Politik & Kommunikation* in der Schlussphase des Wahlkampfs.

Frauen als Zielgruppe der Kampagne

„Die Frauen werden den Kanzler machen", schrieb die *Financial Times Deutschland* zwei Tage vor der Bundestagswahl zum Abschluss ihrer Artikel-Serie über den Wahlkampf (20. 09. 2002). Die *FAZ* schloss daraus „ein echtes Frauenproblem des Kanzlerkandidaten": Denn die Mehrheit der Wähler in Deutschland sei weiblich – aber „nur eine Minderheit der deutschen Frauen will, dass er (Stoiber) Kanzler wird".[10] Das Wahlergebnis hat die Prognosen bestätigt: Frauen – und hier insbesondere Frauen unter 40 Jahren in Großstädten – haben sich auch 2002 überproportional häufig für die SPD entschieden.[11] Ein Baustein für den Wahlerfolg bei den Wähle-

[10] FAZ v. 22.07.02: Im Sommer 2002 sprachen sich in verschiedenen Umfragen z.B. weniger als 30 Prozent der Frauen für einen Kanzler Stoiber aus, während der Prozentsatz seiner Befürworter bei den Männer zwischen 33 und 40 Prozent lag.

[11] Damit hat sich erneut ein Trend verfestigt, demzufolge die Frauen sich seit den 70er Jahren vermehrt von den Unionsparteien ab- und der SPD sowie den Grünen und der FDP zuwenden. Bereits 1998 hatte die CDU über 7 Prozent ihrer Wählerinnen

rinnen war sicherlich die Negativ-Kampagne der SPD, die Edmund Stoiber als Anhänger eines altmodischen Frauenbilds darstellte. Machnig fasste das Bild, das die SPD Stoiber zugedacht hatte, mit den Worten zusammen: „Er ist gesellschaftspolitisch ein Mann von gestern." (*Welt am Sonntag*, 21.07.2002) Parallel bezeichneten Gerhard Schröder und die Frauen- und Familienpolitiker von SPD und Grünen das von der Union versprochene „Familiengeld" in Debatten und öffentlichen Auftritten immer wieder als „Küchenprämie" für Mütter. Offensichtliches Ziel war es, Frauen gegen Stoiber zu mobilisieren.[12] In den Meinungsführermedien wurde von der SPD eine Anzeigenkampagne „Stoiber heißt: Frauen zurück an den Herd – Schröder heißt: Vereinbarkeit von Familie und Beruf" gestartet (vgl. z.B. *Frankfurter Allgemeine* 15.5.2002). Die Frauen-Kampagne der SPD fand ihren Höhepunkt im Kino-Spot der SPD, der ironisch eine Bundesrepublik unter einem Kanzler Stoiber als Rückkehr in ein biederes Hausfrauen-Idyll der fünfziger Jahre vorführte.

Die Union reagierte auf das ihr unterstellte altmodische Frauenbild, indem sie die junge Bundestagsabgeordnete Katherina Reiche als Aspirantin für das Amt der Familienministerin in einem Kabinett Stoiber präsentierte. Reiche war zum Zeitpunkt ihrer Nominierung mit dem zweiten Kind schwanger und nicht mit dem Vater

verloren; auch bei den gut ausgebildeten Frauen ist die CDU abgerutscht, was Bösch zu der Warnung führt: „Unter den kommunikationsstarken Meinungsführerinnen wird die Union damit zunehmend schlechter vertreten sein." (Bösch 2001)

[12] Die „Kampa" hatte im Wahlkampf 2002 erstmals eine eigene Abteilung „Zielgruppe Frauen" eingerichtet und testete ihre Botschaften regelmäßig in Frauen-Fokusgruppen; vgl. *Frankfurter Allgemeine* 22.7.02.

ihrer Kinder verheiratet. Dass Stoiber Reiche gegen den Widerstand sogar in den eigenen Reihen durchsetzte, zeigte, dass die Vermittlung eines modernen Familienbilds auch für CDU/CSU eine wichtige Rolle spielte. Zusätzlich präsentierte die Union den Medien Edmund Stoibers älteste Tochter Constanze – eine berufstätige Rechtsanwältin und Mutter von zwei kleinen Kinder – als lebendigen Beweis für Stoibers durchaus vielfältiges und facettenreiches Frauen- und Familienbild. Die *FAZ* veranlasste das zu dem Fazit, dass die Union „in Constanze .. ihre frauenpolitische Symbolfigur gefunden" habe (22.7.2002).

Sowohl bei der SPD als auch bei CDU/CSU wurden außerdem die Ehefrauen der Kandidaten im Wahlkampf 2002 auf bisher ungekannte Weise für die Ansprache von Frauen in der Kampagne eingesetzt. Der *Spiegel* kommentierte: „In diesem Sommer soll es nun erstmals richtig professionell laufen mit der medialen Frauenvermarktung – ganz so wie in den USA" (26.8.2002).

Schröders Ehefrau Doris Schröder-Köpf posierte mit ihrem Ehemann auf Wahlplakaten; in zahlreichen Medienberichten wurde sie als Personifizierung der selbstbewussten und berufstätigen Frau und Identifikationsfigur für moderne Wählerinnen positioniert und gegen Karin Stoiber ausgespielt, die sich öffentlich zu ihrer „traditionellen" Rolle bekannte. Höhepunkt der Stilisierung von Doris Schröder-Kopf war sicher der Versuch, die „First Lady" – analog zum Modell Hillary Clinton – als eine der wichtigsten politischen Beraterinnen ihres Mannes darzustellen: Ein Titelbild des *Stern* zeigte gar ein Portrait Schröder-Köpfs mit der Überschrift „Die Kanzlerin".

Die hartnäckige Thematisierung der „Rückständigkeit" Stoibers in Frauenfragen durch die SPD hatte offenbar – zumindest bei vielen Meinungsführern – beachtlichen Erfolg. Schon bald haftete Stoiber das Klischee des frauenpolitisch Gestrigen an. „Viele Wählerinnen, besonders jüngere, finden ihn nicht gut und die Frauen- und Familienpolitik der Union auch nicht", urteilte die *Süddeutsche*

Zeitung (17.9.2002). CDU und CSU konnten die Wählerinnen mit ihren „Identifikationsangeboten" also offenbar, betrachtet man das Wahlergebnis, nicht ausreichend überzeugen – auch nicht mit der Heraushebung der CDU-Vorsitzenden Angela Merkel als zweitwichtigster Person der Unionskampagne. Wenn Angela Merkel bei der Bundestagswahl 2006 tatsächlich als Herausforderin Gerhard Schröders antreten sollte, könnte die Union allerdings einen echten Trumpf in der Hand haben.

Unterstützergruppen

Von einigen Medien wurde auch der Auftrieb von Unterstützergruppen als weiterer Beleg für die fortschreitende „Amerikanisierung" deutscher Kampagnen gewertet. Die Tradition der Unterstützung durch Intellektuelle reicht allerdings weit zurück und spielte vor allem bei der SPD immer wieder eine Rolle, denkt man zum Beispiel an die Initiative „Willy wählen" von 1972 zurück. Auch 1998 hatten zahlreiche führende Künstler und Denker für einen Regierungswechsel und ein Ende der Ära Kohl geworben.

Der Versuch, Legitimation durch politikfremde Unterstützergruppen zu gewinnen, wurde vor allem von der SPD unter dem Dach „Wir für Schröder" systematisch ausgebaut: Es gab „Frauen für Schröder", „Senioren für Schröder", „Betriebsräte für Schröder" und sogar die umstrittene Initiative „Soldaten für Schröder".[13] Nach Angaben der Kampa 02 existierten im Schlussspurt des Wahlkampfs rund 200 Unterstützergruppen (*Stuttgarter Zeitung*, 12. 09. 2002). Anstelle der Intellektuellen[14] traten insbesondere Prominente aus

[13] Nicht immer waren diese Initiativen ausreichend prominent besetzt; das und ihre mitunter halbherzige öffentliche Präsentation bot immer wieder Anlass für Spott, vgl. den Bericht über „Senioren für Schröder": „Das letzte Aufgebot", SPIEGEL v. 10.06.2002.

[14] Eine Initiative von Intellektuellen, u.a. Ulrich Beck, Oskar Negt, Jürgen Habermas und Walter Jens, fand sich auch 2002 zu einem allerdings nur am Rande beachteten Wähler-Initiative für Rot-Grün zusammen, vgl. Frankfurter Rundschau v.

dem Showbusiness auf, um für eine zweite Amtsperiode Schröders zu werben. Höhepunkt dieser Initiative war kurz vor der Wahl eine ganzseitige Anzeige in der *BILD*-Zeitung, in der sich 35 deutsche Prominente für Schröder aussprachen. Zusätzlich warb die SPD mit den Schauspielerinnen Esther Schweins, Iris Berben und Hannelore Elsner als Unterstützerinnen.[15] Für die CDU/CSU sprach sich in der Schlussphase mit Petra Schürmann, Georg Hackl, Uschi Glas, Nicole Upphoff u.a. eine kleinere und längst nicht in gleichem Maße prominent besetzte Unterstützergruppe aus (*Bild*, 10. 09. 2002).

Weitaus mehr Schützenhilfe als aus dem Show-Geschäft erhielt die Union aus Wirtschaftskreisen. In den letzten Tagen vor der Wahl platzierten insbesondere verschiedene Gruppen von Unternehmern Unterstützeranzeigen in den führenden deutschen Tageszeitungen.[16] Fragwürdige Initiativen blieben die aus beiden Lagern

3.08.2002 sowie die Anzeige „Für ein zukunftstaugliches Deutschland, für die Regierung Schröder/Fischer!" in der SZ v. 13.09.2002.

[15] Anzeigen „Gerhard Schröder muss Kanzler bleiben, weil er für ein modernes und weltoffenes Deutschland steht" in der Bild am Sonntag v. 15. 09. 2002 und in der Stuttgarter Zeitung v. 09.09.2002.

[16] Vgl. Anzeige „Deutschland braucht einen neuen Anfang ... darum unterstützen wir Edmund Stoiber" in der BamS v. 15.09.2002, Anzeige „Herr Bundeskanzler! Alle

ins Leben gerufenenen Unterstützeranzeigen aus dem Mittelstand.[17] Die SPD wurde erwartungsgemäß durch Anzeigen der IG Metall sowie von Betriebsräten und Gewerkschaftern unterstützt.[18] Für Edmund Stoiber hatte der CDA-Vorsitzende Arentz am Schluss der Kampagne „1200 Betriebsräte für Stoiber" zusammengetrommelt (*Welt am Sonntag*, 15.9.2002).

Interne Kommunikation

Auch wenn Wahlen wohl noch lange nicht „im Netz" gewonnen werden – bei der internen Kommunikation hat sich das Internet im Wahlkampf 2002 zur wichtigsten Ressource entwickelt. Kajo Wasserhövel, Leiter des Arbeitsbereichs Online-Campaigning in der Kampa 02, bezeichnete das Netz als „für uns eine ganz wesentliche Logistikressource für die Kampagnenorganisation und für den Kampagnenaufbau" (Schultheiß 2002). Insbesondere SPD und CDU erweiterten ihr online verfügbares Service- und Informationsangebot für Funktionäre und Basis, das durch eine Zugangs- oder Mitgliedernummer geschützt war, in der Zeit des Wahlkampfs stark. Die CDU hatte ihr internes Angebot beispielsweise in ein „CDUnet" als

15 Minuten ein Unternehmen pleite! Über 4 Millionen Arbeitslose!" in der Welt am Sonntag v. 15.09.2002, Anzeige „Herr Bundeskanzler! Fast 1 Milliarde DM für Mobilcom – doch wer hilft den Kleinen?" im Handelsblatt v. 18.09.2002, Anzeige „Forum Freiheit und Verantwortung im Gesundheitswesen" in der FAZ v. 11.09.2002, Anzeige „Mami, warum hat Papa keine Arbeit mehr? Weil Schröder versagt hat" in der SZ v. 19.09.2002.

[17] Hier veröffentlichten sowohl eine SPD-nahe Werbeagentur – über eine „Initiative Mittelstand" – als auch die Mittelstands- und Wirtschaftsvereinigung (MIT)der CDU/CSU Unterstützeranzeigen für Schröder bzw. Stoiber – mit suggerierter Neutralität, ohne auf den parteipolitischen Absender hinzuweisen. Zur kritischen Berichterstattung über die „anonymen Mittelstandsanzeigen" vgl. FAZ 20.9.2002, Welt 19.9.2002, Handelsblatt 19.9.2002.

[18] Anzeige „Wählt: Arbeit, Gerechtigkeit, Solidarität" in der BamS v. 15.09.2002 sowie Anzeige „Wählen statt Stoiber" in der SZ v. 18.09.2002, Anzeige „Die Tarifautonomie steht auf dem Spiel" in der SZ v. 20.08.2002.

Professionell: Medien- und Wahlkreisbeobachtung, Service-Call-Center mit Telefon-Hotline für Ortsvereine in der Kampa02. Foto: SPD

zentraler Kampagnenplattform und ein „Kandinet" als Informationsquelle für die Bundestagskandidaten unterteilt. Neben aktuellen Informationen, Werbemitteln und Aktionsideen wurden per E-Mail ferner Argumentationshilfen zu aktuellen Themen versandt. Auch offline bemühten sich die Parteien um eine optimale und frühzeitige Vorbereitung ihrer Aktiven vor Ort. CDU und SPD etwa gaben bereits im Winter vor der Wahl umfangreiche Wahlkampf-Handbücher für ihre Funktionäre heraus, die Informationen zur Strategie, Angriffslinien der Gegner, Anleitungen für Aktionen vor Ort und einen Überblick über die Serviceleistungen der Zentralen enthielten – bei der SPD beispielsweise eine Hotline für Fragen aus den Wahlkreisen, bei der CDU eine Vorlagen-CD für die Herstellung einheitlicher Parteimaterialien.

Von beiden Parteien ausgebaut wurde auch das dezentrale Trainingsangebot. Die Kampa 02 bot ab Herbst 2001 Regionalkonferenzen für die hauptamtlichen Mitarbeiter und Workshops für Ehrenamtliche an – mehr als 70 verschiedene Schulungsmaßnahmen bis zum Schluss des Wahlkampfs, eine erhebliche Zunahme im Vergleich zu 1998 (vgl. Wischmeier/Reiners 2002) Die CDU betreute ihre Bundestagskandidaten intensiv mittels eines eigenen „Kandidatenservice"; im Frühsommer 2002 führte das Konrad-Adenauer-Haus ebenfalls Regionalkonferenzen durch.

Budgets

Beide großen Parteien stellten für ihre Werbemaßnahmen im Wahlkampf 2002 ein geringeres Budget bereit als 1998. Die SPD gab rund 27 Mio. Euro aus (1998: geschätzt 75 Mio. DM), die CDU ließ sich ihre Kampagne 2002 rund 21 Mio. Euro (1998: 50 Mio. DM) kosten (*Süddeutsche*, 11. 10. 2002). Die massive Präsenz der SPD mit Anzeigen in Tageszeitungen sowie u.a. im *Spiegel* und die Überlegenheit bei der Plakat-Präsenz in der Schlussphase des Wahlkampfs waren hier erkennbarer Beleg für die größeren finanziellen Reserven der Sozialdemokraten. Hinzu kam – als Nachfolgerin der traditionellen *Zeitung am Sonntag* (ZaS) – eine Wahlkampfzeitung mit zwei Ausgaben, die von der SPD an die Haushalte verteilt wurde.

Die Zahlen liefern Belege für die These der Zeitungs-Marketing-Gesellschaft, der Werbeaufwand der Parteien sei diesmal, insbesondere wegen der intensiveren Fernsehberichterstattung über den Wahlkampf und der beiden TV-Duelle als „kostenloser Wahlwerbung", geringer ausgefallen (*Süddeutsche*, 23. 09. 2002). Mehr Geld als 1998 brachten hingegen die kleinen Parteien für den Wahlkampf 2002 auf. So kostete die Kampagne von Bündnis 90/Grünen rund 4,3 Mio. Euro (1998: vier Mio. DM), die der FDP fünf Mio. Euro (1998: acht Mio. DM), die der CSU knapp fünf Mio. Euro (keine Angaben zu 1998) und die der PDS 5,8 Mio. Euro (1998: 9,6 Mio. DM) (SZ, 11. 10. 2002).[19]

[19] Zum Wahlkampfthema am Rande wurde der Einsatz von Bundesmitteln für Werbung für die rot-grüne Regierung. Insbesondere der 2,85 Euro teure Info-Brief zum Thema Zuwanderung, der wenige Wochen vor der Wahl Tageszeitungen in ganz Deutschland beigelegt wurde, sorgte bei Opposition und Steuerzahlerbund für Zorn, vgl. BILD 23.7.2002, Welt 22.8.2002, Berliner Zeitung 22.8.2002 usw.

Bergmann, Knut: Der Bundestagswahlkampf 2002. Vorgeschichte, Strategien, Ergebnis. Wiesbaden, Westdeutscher Verlag, 2002.

Bösch, Frank: Die Mitte ist weiblich, in: Berliner Republik 5/2001.

Brettschneider, Frank: Candidate-Voting. Die Bedeutung von Spitzenkandidaten für das Wahlkampfverhalten in Deutschland, Großbritannien und den USA von 1960 bis 1998. In: Hans-Dieter Klingemann und Max Kaase (Hrsg.), Wahlen und Wähler, Analysen aus Anlaß der Bundestagswahl 1998, Wiesbaden, Westdeutscher Verlag, 2001, S. 351-400.

Dörner, Andreas/Vogt, Ludgera: Der Wahlkampf als Ritual. Zur Inszenierung der Demokratie in der Multioptionsgesellschaft. In: Aus Politik und Zeitgeschichte B15-16/2002, S. 15-22.

Falter, Jürgen W./Römmele, Andrea: Professionalisierung bundesdeutscher Wahlkämpfe, oder: Wie amerikanisch kann es werden? In: Berg, Thomas (Hrsg.): Moderner Wahlkampf, Blick hinter die Kulissen, Opladen, Leske + Budrich, 2002, S. 49-63.

Farrell, David M.: Modernisierung westeuropäischer Parteien: Ideenkauf auf dem Markt der US-Politik? In: Machnig, Matthias (Hrsg.), Politik – Medien – Wähler. Wahlkampf im Medienzeitalter, Opladen, Leske + Budrich, 2002, S. 71-96.

Gibson, Rachel/Römmele, Andrea: Political Parties and Professionalized Campaigning. In: The Harvard International Journal of Press/Politics 6. Jg. (2001), S. 31-43.

Jakubowski, Alex: Parteienkommunikation in Wahlwerbespots. Eine systemtheoretische und inhaltsanalytische Untersuchung von Wahlwerbespots zur Bundestagswahl 1994. Wiesbaden, Westdeutscher Verlag, 1998.

Jun, Uwe: Parteiendemokratie im Wandel – Reaktionsstrategien von politischen Parteien. In: Politische Vierteljahresschrift 41. Jg. (2000), S. 347-353.

Jun, Uwe: Der Wahlkampf der SPD zur Bundestagswahl 1998: Der Kampf um die „Neue Mitte“ als Medieninszenierung. In: Hirscher, Gerhard/Sturm, Roland (Hrsg.), Die Strategie des „Dritten Weges“, Legitimation und Praxis sozialdemokratischer Regierungspolitik, München, Olzog, 2001, S. 51-95.

Kamps, Klaus: Kommunikationsmanagement in der Politik: Anmerkungen zur „zirzensischen“ Demokratie. In: Schatz, Heribert/Rössler, Patrick/Nieland, Jörg-U. (Hrsg.), Politische Akteure in der Mediendemokratie. Politiker in den Fesseln der Medien?, Wiesbaden, Westdeutscher Verlag, 2002, S. 101-110.

Klingemann, Hans-Dieter und Katrin Voltmer: Politische Kommunikation als Wahlkampfkommunikation. In: Jarren, Otfried/Sarcinelli, Ullrich/Saxer, Ulrich (Hrsg.), Politische Kommunikation in der demokratischen Gesellschaft. Opladen, Westdeutscher Verlag, 1998, S. 396-405.

Kurt, Ronald: Der Kampf um Inszenierungsdominanz. Gerhard Schröder im ARD-Politmagazin ZAK und Helmut Kohl im Boulevard Bio. In: Willems, Herbert/ Jurga, Martin (Hrsg.), Inszenierungsgesellschaft, Wiesbaden, Westdeutscher Verlag, 1999, S. 565-582.

Lass, Jürgen: Vorstellungen über Kanzlerkandidaten. Zur Diskussion um die Personalisierung von Politik. Wiesbaden, Deutscher Universitäts Verlag, 1995.

Lees-Marshment, Jennifer: Political Marketing and British Political Parties. The Party's just begun. Manchester, Manchester University Press, 2001.

Machnig, Matthias: Die Kampa als SPD-Wahlkampfzentrale der Bundestagswahl '98. In: Forschungsjournal Neue Soziale Bewegungen 12 (3) (1999), S. 20-39.

Machnig, Matthias: Von der „Kampa“ zur Netzwerkpartei – politisches Themenmanagement und Kampagnenarbeit der SPD. In: Albrecht, Werner/Lange, Claudia (Hrsg.), Kommunikationsstrategien für Non-Profit-Organisationen. Gütersloh, Bertelsmann-Stiftung, 2001, S. 125-144.

Machnig, Matthias: Politische Kommunikation in der Mediengesellschaft. In: ders. (Hrsg.), Politik Medien Wähler. Wahlkampf im Medienzeitalter, Opladen, Leske + Budrich, 2002, S. 141-152.

Neuwerth, Lars: Strategisches Handeln in Wahlkampfsituationen. Der Bundestagswahlkampf 1998. Hamburg, Dr. Kovac, 2001.

Niedermayer, Oskar: Modernisierung von Wahlkämpfen als Funktionsentleerung der Parteibasis. In: Niedermayer, Oskar/Westle, Bettina (Hrsg), Demokratie und Partizipation, Festschrift für Max Kaase, Wiesbaden: Westdeutscher Verlag, 2000, S. 192-210.

Norris, Pippa/Curtice, John/Sanders, David/Scammell, Margaret/Semetko, Holli A.: On Message. Communicating the Campaign. London, Sage, 1999.

Oberreuter, Heinrich: Personalisierung und Professionalisierung Wahlkampf 1998 - Einleitung. In: Oberreuter, Heinrich (Hrsg.), Ungewissheiten der Macht, Parteien, Wähler, Wahlentscheidung, München, Olzog, 1998, S. 9-18.

Political Consulting Group: Zwischen Wahnsinn und Methode: Einige Anmerkungen zum Wahlkampf von CDU und SPD bei der Bundestagswahl 1998. In: Pickel, Gert/ Walz, Dieter /Brunner, Wolfram (Hrsg.), Deutschland nach den Wahlen, Befunde zur Bundestagswahl und zur Zukunft des deutschen Parteiensystems, Opladen, Leske + Budrich, 2000, S. 57-78.

Ristau, Malte: Wahlkampf in der Mediendemokratie: Die Kampagne der SPD 1997/98. In: Klein, Markus/ Jagodzinski, Wolfgang/ Mochmann, Ekkehard/ Ohr, Dieter (Hrsg.), 50 Jahre empirische Wahlforschung in Deutschland. Entwicklung, Befunde, Perspektiven, Daten. Wiesbaden, Westdeutscher Verlag, 2000, S. 465-476.

Sarcinelli, Ulrich: Parteien und Politikvermittlung: Von der Parteien- zur Mediendemokratie? In: Sarcinelli, Ulrich (Hrsg.), Politikvermittlung und Demokratie in der Mediengesellschaft. Opladen, Westdeutscher Verlag, 1998, S. 273-296.

Sarcinelli, Ulrich: Politikvermittlung und Wahlen - Sonderfall oder Normalität des politischen Prozesses? Essayistische Anmerkungen und Anregungen für die Forschung. In: Bohrmann, Hans/ Jarren, Otfried/ Melischek, Gabriele/ Seethaler, Josef (Hrsg.), Wahlen und Politikvermittlung durch Massenmedien, Wiesbaden, Westdeutscher Verlag, 2000, S. 19-30.

Schmitt-Beck, Rüdiger: Ein Sieg der „Kampa“? Politische Symbolik in der Wahlkampagne der SPD und ihre Resonanz in der Wählerschaft. In: Klingemann, Hans-Dieter/Kaase, Max (Hrsg.), Wahlen und Wähler, Analysen aus Anlaß der Bundestagswahl 1998, Wiesbaden, Westdeutscher Verlag, 2001, S. 133-161.

Schmitt-Beck, Rüdiger: Laufen, um auf der Stelle zu bleiben: „Postmoderne“ Kampagnenpolitik in Deutschland. In: Nullmeier, Frank/Saretzki, Thomas (Hrsg.), Jenseits des Regierungsalltags. Strategiefähigkeit politischer Parteien, Frankfurt/Main, Campus, 2002, S. 109-129.

Schultheiß, Michael: „Wir wollen im Netz die Nase vorn haben“, Politik-digital v. 23.05.2002.

Stern, Eva/Graner, Jürgen: It's the Candidate, Stupid? Personalisierung der bundesdeutschen Wahlkämpfe. In: Berg, Thomas (Hrsg.), Moderner Wahlkampf. Blick hinter die Kulissen, Opladen, Leske + Budrich, 2002, S. 145-170.

Timm, Andreas: Die SPD-Strategie im Bundestagswahlkampf 1998. Hamburg, Dr. Kovac, 1999.

Wischmeier, Jessica/Reiners, Klaus: Basis-Demokratie, Politik & Kommunikation 1 (September/Oktober 2002).

Wahlkampforganisation der CDU/CSU

UNION WIE NOCH NIE

OLIVER RÖSELER
BERLIN

„SO VIEL UNION WIE HEUTE GAB ES NOCH NIE IN der Geschichte von CDU und CSU", resümmierte die Bundesvorsitzende der CDU, Angela Merkel, auf dem Frankfurter Parteitag im Juni 2002. Sie brachte damit zum Ausdruck, was die Schwesterparteien in den vorangegangenen Monaten entgegen der anfänglichen Einschätzung vieler Beobachter geschaffen hatten: eine inhaltlich, strategisch und organisatorisch bis ins Detail abgestimmte Kampagne der beiden Unionsparteien.

Blendet man zurück in das zeitliche Umfeld der Entscheidung der Kandidatenfrage in der Union, so trifft man in den Medien – unabhängig von ihrer Couleur – auf tiefgreifende Zweifel an der gemeinsamen Kampagnenfähigkeit. Der Kanzlerkandidat habe „keineswegs eine Garantie, dass Mitarbeiter des Adenauer-Hauses nun Stoibers ständige Vertreter in Berlin mit offenen Armen empfangen werden", hieß es etwa in der *Welt*. Er dürfte aus seiner Zeit als CSU-Generalsekretär noch sehr gut in Erinnerung haben, wie sich damals „CDU- und CSU-Zentrale wie zwei feindliche Lager belauert" hätten (14.1.2002). Stoiber werde „einiges an Energie aufwenden müssen", um sich die Loyalität in der Schwesterpartei zu sichern, meinte die *taz* (12. 1.2002).

Wie kam es, dass sich diese Zweifel innerhalb kürzester Zeit auflösten – versinnbildlicht im Kommentar der *Financial Times Deutschland* zum Frankfurter Parteitag: „Wer die bewegte Geschichte der CDU/CSU in den 70er Jahren kennt und wer sich an die öffentlichen Schlachten der frühen Männerfreundschaft zwischen Helmut Kohl und Franz-Josef Strauß erinnert, der sieht, welchen Weg die Union zurückgelegt hat. Nun hat sie ihren Namen auch wirklich verdient." (17.6.2002)

Dieser Beitrag soll dazu dienen, dieser Frage nachzugehen. Dabei sollen die politisch-thematischen und personellen Aspekte, die das Geschlossenheitsbild der Union geprägt haben, nur am Rande gestreift werden. Im Zentrum der Darstellung stehen die Methoden und Strukturen, auf die CDU und CSU ihre gemeinsame Kampagne aufgebaut haben.

Adenauer-Haus vs. Kampa 02

Die Grundkonzeption der CDU-Bundestagswahlkampagne begann im Spätsommer 2001. In methodischer und struktureller Hinsicht stellten sich dabei zunächst drei besondere Herausforderungen:

- Ausgleich des Modernitätsdefizits der Kampagne der CDU 1998 gegenüber der SPD
- Wachsendes Medieninteresse an der Kampagnengestaltung
- Deutlich reduzierte Personalkapazität der CDU im Vergleich zu 1998

Mit dem Kampa-Modell hatte die SPD 1998 neue Maßstäbe in der modernen Kampagnenführung gesetzt. Die Union, aber auch die anderen Parteien, konnten seinerzeit den organisatorischen und vor allem medialen Vorsprung, den die Sozialdemokraten auf diese Weise erzielten, nicht ausgleichen. Kampa stand dabei nicht nur für die erstmalige und öffentlichkeitswirksame Einrichtung einer von der Parteigeschäftsstelle separierten Kampagnenzentrale, sondern für einen Quantensprung in der Wahlkampfführung selbst. Der massive Einsatz demoskopischer – und dabei vor allem qualitativer – Untersuchungen, das dichte Netz an externer Beratung und die ungewöhnliche ironisch-satirische Stilistik der damaligen Angriffskampagne gegen die Regierung waren Ausdruck einer neuen Stufe von Professionalität und Modernität.

> **„Der Blick hinter die Kulissen gehört längst zum Wahlkampf."**
>
> Stefan Lamby, Filmregisseur, in der *taz* 7.9.2002.

Mit dem Wandel der Kampagnenführung ging bereits 1998 ein spürbarer Wandel der Kampagnenberichterstattung einher. Die Modernität der Kampagne wurde zum journalistischen Imageträger für die Zukunftsorientierung einer Partei. Neuigkeiten über Stil und Methodik der Auseinandersetzung verdrängten zunehmend die Beiträge über Themen und Programme.

Eine Analyse der Agentur ECC Research für den *PR Report* aus dem August 2002 zeigt, dass dieses Medieninteresse ungebrochen ist. Von 409 im Zeitraum Februar bis Juli 2002 untersuchten Artikeln zum Thema Wahlkampf beschäftigten sich 49 Prozent mit den Kampagnen, 40 Prozent mit politischen Themen und nur knapp jeder zehnte mit den Spitzenkandidaten. Die Schwerpunktverlagerung in den Medien bleibt naturgemäß nicht ohne Rückwirkung auf die Gestaltung von Wahlkampagnen. Der Einschätzung von *taz*-Redakteur Martin Schwarz, „der Blick hinter die Kulissen ist nicht mehr investigatives Werkzeug des Journalisten, sondern inszenatorisches Instrument der Werbefachleute" (12.9.2002), kann insofern weder völlig zugestimmt, noch absolut widersprochen werden. Fest steht, die Union wusste, dass sie auf den Feldern der Kampagnenmethodik und -präsentation gefordert war.

„Wir lassen uns nicht noch einmal etwas vormachen."

Laurenz Meyer, CDU-Generalsekretär, in der *Wirtschaftswoche* 15.11.2001.

Für die Union galt es, die entstandene Modernitätslücke zu schließen und wenn möglich mit der Einführung neuer Wahlkampfelemente ihrerseits Zeichen zu setzen. Zu diesem Zweck wurde bereits die Präsidentschaftskampagne 2000 der Republikaner in den USA von CDU-Kampagnenplanern begleitet und gemeinsam mit den amerikanischen Experten ausgewertet. Ähnliche Kontakte gab es nach Großbritannien und Italien. Ein konkretes Ergebnis dieser Arbeit war die spätere Einrichtung des online-gestützten CDU-Wahlkampftools *Rapid Response*: Erstmalig in einem deutschen Wahlkampf konterte die CDU die Argumente des politischen Gegners bei öffentlichen Auftritten innerhalb weniger Minuten mit konkreten Fakten. (Mehr dazu im Beitrag von Stefan Scholz zur Online-Kampagne.)

Absage an die Kampa-Lösung

Ausgehend von sicheren Anzeichen, dass die SPD auch 2002 wieder auf das Kampa-Modell zurückgreifen würde, begann die CDU mit der Errichtung ihrer eigenen Wahlkampfstruktur. Sie entschied sich aus guten Gründen gegen eine eigene Auslagerung.

Ein von der Bundesgeschäftsstelle getrenntes Wahlkampfhauptquartier wäre zunächst ein bloßes Nachziehen gegenüber der SPD gewesen. Zudem war schon damals abzusehen, dass die Kampa-Lösung für die Sozialdemokraten 2002 viel problembehafteter sein würde als vier Jahre zuvor. „Die Kampa kämpft gegen ihren eigenen Mythos" brachte die *Stuttgarter Zeitung* den Erwartungsdruck auf den Punkt (12.8.2002). *Die Welt* sprach später bilanzierend vom „verlorenen Zauber des Erst- und Einmaligen" (2.10.2002).

Außerdem war 2002 mit dem Kanzleramt ein drittes und vor allem letztentscheidendes Machtzentrum neben der Kampa und der Bundesgeschäftsstelle der SPD hinzu gekommen. Spannungen waren programmiert und ließen nicht lange auf sich warten. So warf die Parteilinke und -basis der Kampa Abgehobenheit und einen artifiziellen Wahlkampfstil vor. Nach offener Auseinandersetzung zwischen Kampa-Chef Matthias Machnig und dem starken nordrhein-westfälischen Landesverband wurden die Machtverhältnisse neu gewichtet. Machnig musste gegenüber dem *Spiegel* einräumen: „Der Generalsekretär greift jetzt stärker ins operative Geschäft ein" (12.8.2002).

> **„Der Zauber der Kampa ist vorbei."**
>
> **Detlev Larcher, SPD-Bundestagsabgeordneter, im *Wiesbadener Kurier* 13.8.2002.**

Die Absetzbewegungen von der Kampa-Lösung sind innerhalb der SPD deutlich zu Tage getreten. Kurz nach der Bundestagswahl erklärte die NRW-SPD, sie wolle auf Landesebene auch künftig kein solches Modell verfolgen und den Wahlkampf lieber „aus der Mitte der Partei" führen (*Süddeutsche Zeitung*, 1.10.2002). Der innenpolitische Sprecher der SPD-Bundestagsfraktion, Dieter Wiefelspütz, mutmaßte sogar: „Die 98er Wahl hätte die SPD vielleicht auch ohne Kampa gewonnen" (*Wiesbadener Kurier*, 13.8.2002).

Neben der Nachahmungsgefahr und der Frage der grundsätzlichen Eignung des Kampa-Modells kam für die CDU eine weitere Überlegung hinzu. Das Ausscheiden zahlreicher Mitarbeiter im Rahmen des Umzugs der Bundesgeschäftsstelle nach Berlin und die Bewältigung der finanziellen Folgen der Parteispendenaffäre hatten die Personalstruktur der CDU-Zentrale erheblich verändert. Die CDU musste 2002 mit weitaus weniger Personal auskommen als 1998. Die Personalstärke der gesamten Bundesgeschäftsstelle entsprach in der heißen Wahlkampfphase mit etwa 130 Beschäftigten gerade in etwa der Besetzung, die die SPD allein in der Kampa aufzubieten hatte. Andererseits verzeichnete die CDU eine erhebliche Verjüngung des Mitarbeiterstamms. Das Durchschnittsalter betrug während der Kampagne 2002 ganze 36,8 Jahre.

Wahlkampfzentrale Konrad-Adenauer-Haus

Maximale Ausschöpfung und Einbindung des Mitarbeiterpotenzials und möglichst geringe Reibungsverluste in den Entscheidungsstrukturen waren die Grundlagen des Modells, das gesamte Konrad-Adenauer-Haus auf den Bundestagswahlkampf auszurichten.

Zunächst wurden die klassischen Hauptabteilungen der Bundesgeschäftsstelle in vier Bereiche umstrukturiert: Internes Management, Politische Analysen und Programme, Marketing und interne Kommunikation, Eventmanagement und Logistik. Der bisherigen Grundsatz- und Planungsabteilung wurden in Form der neuen, direkt an die Vorsitzende und den Generalsekretär angegliederten Stabsstelle Wahlkampf zentrale Koordinations- und Controlling-Aufgaben zugeteilt.

In der zweiten Etage des Konrad-Adenauer-Hauses wurden einzelne Arbeitseinheiten, deren Aufgabengebiete in besonders hohem

Maße wahlkampfbezogen waren, räumlich zur Arena 02 gebündelt. Dies betraf die Online-Kampagnen, den Kandidatenservice, die Medienbeobachtung, ein Team der Werbeagentur McCann-Erickson sowie später das Stoiber Team. Außerdem befand sich dort das Lagezentrum als Besprechungsraum für alle wahlkampfrelevanten Leitungssitzungen.

Mit der Einweihung der Arena 02 im Oktober 2001, deutlich vor der Einweihung der Kampa 02, hatte die CDU ein wichtiges Ziel erreicht. Ohne die Struktur der Kampa zu kopieren, wurde das Konrad-Adenauer-Haus als Kampagnenzentrale der Union von Beginn auf der gleichen Professionalitätsstufe eingeordnet. Der „Kampf der Kampas" (*Wirtschaftswoche*, 15.11.2001) war eröffnet.

Die gemeinsame Kampagnenstruktur CDU/CSU

Mit der Kandidatenentscheidung der Unionsparteien stellten sich neue organisatorische Herausforderungen für die Kampagnenplanung von CDU und CSU.

> **„Wir werden einen gemeinsamen, schlagkräftigen und klar verzahnten Wahlkampf führen."**
>
> **Angela Merkel, CDU-Vorsitzende, am 22.1. 2002 in Berlin.**

Es galt, eine schlagkräftige Organisations- und Kommunikationsstruktur zu finden, die mehreren Anforderungen gerecht werden musste:

- Gemeinsame Kampagnenführung durch CDU und CSU
- Ansiedlung Kampagnenführung am Medienstandort Berlin
- Besondere Berücksichtigung wachsender Trends der Personalisierung von Wahlkämpfen

> **„Außerhalb Bayerns bin ich der Kandidat der CDU."**
> Edmund Stoiber, CSU-Vorsitzender, in der *Frankfurter Neuen Presse* 15.1.2002.

CDU und CSU waren sich – auch vor dem Hintergrund der Erfahrungen des Strauß-Wahlkampfes von 1980 – von Anfang an darin einig, dass nur eine gemeinsame Wahlkampagne, die auch gemeinsame Managementstrukturen beinhaltete, erfolgreich sein konnte. Auch die Frage, wo das Zentrum des gemeinsamen Unionswahlkampfes liegen sollte, war schnell entschieden. Die Ansiedlung am Standort Berlin war alternativlos, nicht nur wegen der Konzentration des (bundes-) politischen Betriebs und der enormen Mediendichte, sondern auch als klares Gegensignal zu jeglichem Vorwurf einseitiger Interessenpolitik für bestimmte Regionen.

Die Grundlagen der künftigen Struktur waren damit gelegt: Organisatorisch war die CSU-Landesleitung für die Kampagne in Bayern, die CDU-Bundesgeschäftsstelle für die Kampagne in den übrigen Bundesländern verantwortlich. Die Kampagnenführung oblag in diesen Bereichen den Generalsekretären Thomas Goppel und Laurenz Meyer. Die strategischen und politisch-inhaltlichen Fragen waren Gegenstand gemeinsamer Abstimmung der Parteiführungen. Die betreffenden Gremien sollten in Berlin tagen.

> **„Man kann nicht von München aus in Mecklenburg-Vorpommern Wahlkampf machen."**
> Heinrich Oberreuter, Universität Passau, in der *Financial Times Deutschland* 7.1.2002.

Schließlich galt es, bei der Strukturfindung auch der wachsenden Personalisierungstendenz moderner Wahlkämpfe gerecht zu werden. Aufgrund der Fokussierung von Partei und Regierung auf die Person Gerhard Schröders und der unmittelbar nach der Kandidatenentscheidung einsetzenden Angriffe der SPD auf Edmund Stoiber zeichnete sich früh ab, dass dem medialen Auftritt des Kanzlerkandidaten herausragende Bedeutung zukommen würde. In der Unionsführung kam man daher überein, diese Aufgabe mit einer besonderen Arbeitseinheit auszustatten, dem späteren Stoiber Team unter der Leitung von Michael Spreng.

„Das Organigramm der Unionswahlkämpfer ähnelt dem Schaltplan einer HiFi-Anlage", meinte *Der Spiegel* (18.2.2002). Rein optisch mag diese Einschätzung des *Spiegel* zutreffen, wenn sie auch in Bezug auf moderne HiFi-Technik stark vereinfacht. Steigt man tiefer in die Strukturen ein, stößt man auf ein austariertes System aus Koordination und Handhabbarkeit.

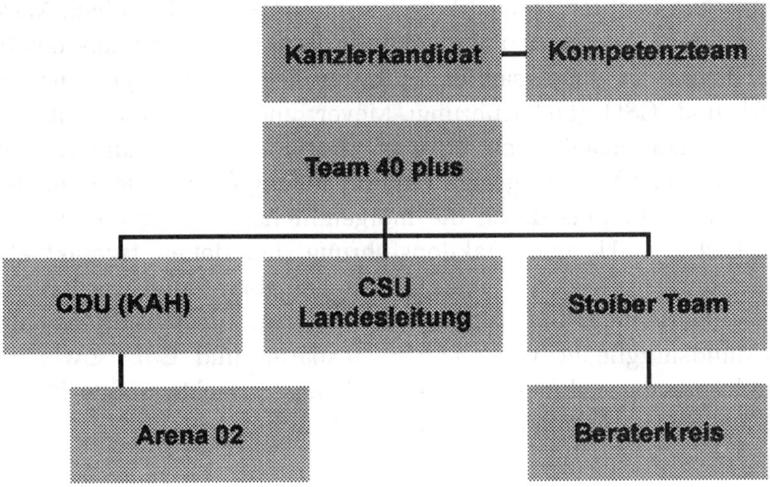

Team 40 plus

An der Spitze der Kampagnenstruktur stand das Team 40 plus (in den Anfangstagen der Kampagne noch firmierend unter „Politisches Headquarter"). In diesem Gremium wurden alle zentralen Entscheidungen strategischer und politisch-inhaltlicher Natur getroffen.

Zusammengesetzt war das Team 40 plus zunächst aus den Vorsitzenden der beiden Parteien Stoiber und Merkel, den Generalsekretären, Goppel und Meyer, dem Vorsitzenden der CDU/CSU-Bundestagsfraktion, Friedrich Merz, dem Vorsitzenden der CSU-Landesgruppe im Deutschen Bundestag, Michael Glos, den beiden stellvertretenden CDU-Bundesvorsitzenden Jürgen Rüttgers und Christian Wulff sowie Wolfgang Schäuble und Stoiber-Team-Leiter Michael Spreng. Später kamen die CDU-Ministerpräsidenten sowie die Mitglieder des Kompetenzteams des Kanzlerkandidaten hinzu.

Mit Hilfe des in dieser Konstellation bisher einmaligen Gremiums aus beiden Parteien und der Bundestagsfraktion gelang es, die Kampagne in ihrer Thematik und Kommunikation in hohem Maße zu bündeln. So wurden u.a. zentrale Punkte des erstmals bereits von Beginn an gemeinsam entwickelten Regierungsprogramms von CDU und CSU (Federführung: Meyer und Glos) dort sondiert, Kommunikationsleitlinien, etwa im Hinblick auf die Landtagswahl in Sachsen-Anhalt, festgelegt. Eine Ergänzung fanden die Sitzungen des Teams 40 plus durch die morgendlichen Telefonkonferenzen der CDU-, CSU- und Fraktionsführung, bei denen tagesaktuelle Kommunikations- und Organisationsfragen abgestimmt wurden. Ein neu eingerichteter SMS-Service, der sich auf alle Präsidiums- und Vorstandsmitglieder von CDU-Bundespartei und CSU sowie die Bundestagsabgeordneten und -kandidaten erstreckte, sorgte für die weitere Konzentration der Kampagnenkommunikation.

Stoiber Team und Beraterkreis

Das Stoiber Team zählte ebenfalls zu den Neuerungen des Unionswahlkampfes 2002. Seine Aufgabe bestand in der Entwicklung der Kommunikationsstrategie für den Kanzlerkandidaten und der Gestaltung und Begleitung seines Medienauftritts.

Das Stoiber Team war in der Wahlkampfstruktur angesiedelt als dritte Arbeitseinheit *neben* den Parteizentralen in Berlin und München, gleichzeitig aber auch als verbindendes Element *zwischen* beiden Parteien mit einer klaren Beschränkung auf kommunikative Aufgaben. Diese Zuweisung spiegelte sich auch in der Verortung in der Arena 02 und in der Besetzung des achtköpfigen Teams wieder. Unter der Führung des ehemaligen *Bild am Sonntag*-Chefredakteurs Michael Spreng vereinte man Mitarbeiter von CDU und CSU aus den Bereichen Presse- und Öffentlichkeitsarbeit und strategische Planung sowie Medienfachleute. Der politischen Anbindung des Stoiber Teams diente die Einrichtung eines Beraterkreises, in welchem die Grundzüge der persönlichen Kampagne Edmund Stoibers mit Partei- und Fraktionsexperten der Bundesebene, aus den Ländern und Vereinigungen diskutiert wurden. Dabei standen die Aspekte regionale Wirkung und Zielgruppenorientierung der Kampagne im Vordergrund.

> **„Das Stoiber Team ist dazu da, das persönliche Profil des Kanzlerkandidaten im Wahlkampf einzuführen und kompatibel zu machen mit den Planungen von CDU und CSU."**
>
> Edmund Stoiber, in der *Financial Times Deutschland* 18.1.2002.

Kompetenzteam

Das Kompetenzteam des Kanzlerkandidaten bildete das Bindeglied zwischen organisatorischer und inhaltlich-strategischer Kampagnenplanung. Seine Aufgabe war es, wichtige Politikfelder mit den herausragenden Fachleuten der Union zu verknüpfen. Dem Team gehörten an: Lothar Späth (für die Bereiche Arbeit und Wirtschaft), Annette Schavan (Bildung und Wissenschaft), Friedrich Merz (Steuern und Finanzen), Wolfgang Schäuble (Außen- und Sicherheitspolitik), Katherina Reiche (Familie, Frauen, Jugend), Günther Beckstein (Inneres), Horst Seehofer (Gesundheit, soziale Sicherung) und Peter Harry Carstensen (Landwirtschaft, Verbraucherschutz).

Im Namen finden sich mit „Kompetenz“ und „Team“ zwei Schlüsselbegriffe des Unionswahlkampfes. Strategisch war die Kampagne der Union von Beginn an auf einen Sach- und Themenwahlkampf mit den Kernthemen Wirtschaft und Arbeitsmarkt angelegt. Die Regierungskoalition sollte angesichts ihrer Leistungsbilanz mit einem deutlichen Kompetenzvorsprung der Union geschlagen werden. Die Betonung des Team-Gedankens fußte auf der Überlegung, Schröder als isolierten, von der Partei gelösten Solisten darzustellen und gleichzeitig die eigene Geschlossenheit zu unterstreichen.

Sonstige Kooperation und Agenturen

Neben den gesondert eingerichteten Gremien und Strukturen kam es zu einer intensiven Vernetzung der beiden Parteien auf allen Arbeitsebenen. Bereits im Herbst 2001 gab es erste Treffen der besonders wahlkampfrelevanten Arbeitseinheiten von CDU und CSU. Die Einbindung der CSU in das Gegnerbeobachtungsnetzwerk der CDU war einer von vielen weiteren Kooperationsschritten.

Ebenso koordiniert wurde die Zusammenarbeit der Werbeagenturen von CDU und CSU, McCann-Erickson (Berlin und Hamburg) und Serviceplan (München). So entwickelten die Agenturen zusammen die Grundkonzeption der

Fernseh-Spots der Union. Über die von beiden Agenturen getrennt entwickelten Motive der Großflächenplakatierung wurde nach intensiver qualitativer Meinungsforschung gemeinsam von den Arbeitsstäben unter Führung der Generalsekretäre entschieden.

Dabei behielten CDU und CSU zwar einige individuelle Gestaltungselemente bei, die Motive aller bedeutenden Werbemaßnahmen waren aber – und auch dies war ein Novum – im gesamten Bundesgebiet übereinstimmend.

Fazit

Die Union hat 2002 in Strukturen und Methodik der Wahlkampfführung trotz der ungleich schwierigeren Ausgangssituation, in der zwei Parteikampagnen vereint werden mussten, zur SPD aufgeschlossen.

Die volle Einbeziehung beider Parteizentralen, ergänzt um eine persönliche Medienkampagne des Kandidaten, und der damit verbundene Verzicht auf eine Kampa-Lösung haben sich bewährt. Die strukturelle Zusammenarbeit von CDU und CSU wird weit über Wahltag hinaus Bedeutung haben.

Die Kampagne der FDP 2002

AUF DEM WEG ZUR 18

STEFAN KAPFERER UND JORGO CHATZIMARKAKIS

BERLIN/SAARBRÜCKEN

DER BUNDESPARTEITAG 2001 IN DÜSSELDORF war eine Zäsur in der Geschichte der FDP. Nicht deshalb, weil der bisherige Bundesvorsitzende Wolfgang Gerhardt nicht wieder zur Wahl antrat, sondern weil die Freien Demokraten mit ihrer Beschlussfassung zur Strategie 18 sich das Ziel setzten, die deutsche Parteienlandschaft grundlegend neu zu gestalten.

Im Beschluss des Bundesparteitages zur Strategie 18 heißt es:

> „Als Partei für das ganze Volk begreift sich die FDP weder als Teil eines Lagers noch als Mehrheitsbeschaffer. Als Partei für das ganze Volk gehen wir unabhängig in die Bundestagswahl 2002. Als Partei für das ganze Volk treffen wir keine Koalitionsfestlegung. Als Partei für das ganze Volk gehen wir auf gleicher Augenhöhe mit SPD und CDU/CSU in die Auseinandersetzung."

Mit diesem Beschluss nahm die FDP gleich von mehreren scheinbaren Selbstverständlichkeiten Abschied. So emanzipierten sich die Liberalen bewusst von der Rolle einer Funktionspartei, die vor allem deshalb gewählt wird, damit eine der beiden größeren Parteien im Parlament eine Mehrheit erlangen kann. Diese funktionale Rolle hatte sich nicht nur als unbefriedigend für Mitglieder und Sympathisanten erwiesen, sondern zunehmend auch als unzureichend beim Kampf um die notwendigen Stimmprozente. In einem Fünfparteienparlament reicht diese Rolle zur Profilierung keineswegs aus. Konsequenterweise wurde eine Koalitionsaussage deshalb ebenfalls ausgeschlossen, um ein Höchstmaß an Eigenständigkeit zu unterstreichen.

Bewusst definierten die Liberalen aber auch ihre Zielgruppe neu. Dem bei einigen Wählern nach wie vor präsenten Klischee der „Partei der Besserverdienenden“ setzte der Düsseldorfer Parteitag die Begrifflichkeit „Partei für das ganze Volk“ entgegen. Bereits der Parteitag 2000 in Nürnberg hatte mit den Schwerpunkten „Sozialpolitik“ und „Mehr Demokratie wagen“ Zeichen für eine programmatische und sozialstrukturelle Öffnung der FDP gesetzt. Nur so schien es aussichtsreich, die Auseinandersetzung zwischen der liberalen Partei und den Konservativen bzw. den Sozialdemokraten auf Augenhöhe zu führen. Die Freie Demokratische Partei als die einzige Partei Deutschlands, die ihre gesamte Politik auf die Idee der Freiheit gründet, auf den klassischen Liberalismus, setzte sich zum Ziel, diesem geistigen Rang des Liberalismus ein entsprechendes politisches Gewicht zu verschaffen. Das strategische Ziel der FDP für 2002 war klar beschrieben: „Die FDP muss so stark werden, dass ohne sie keine Regierungsbildung möglich wird – außer einem Stillstandspakt von SPD und CSU/CDU. Unser Ziel heißt 18 Prozent.“

Die FDP weiß sich damit in guter Gesellschaft. Schließlich sind in vielen Ländern Europas liberale Parteien mit Wahlergebnissen deutlich über 20 Prozent seit Jahren die Regel, nicht die Ausnahme. Der liberale Politikansatz ist also für die Wähler attraktiv. Zugleich eröffnet die Auflösung der alten sozialstrukturellen Bindungen der Wähler an eine Partei für die FDP, die aufgrund ihrer geringen Stammwählerschaft bei jeder Wahl neu um den nötigen Zuspruch kämpfen muss, ganz neue Wählermärkte. 50 Prozent der Wahlberechtigten – im Osten 60 Prozent – entscheiden von Wahl zu Wahl, ob und wen sie wählen. SPD und Union können nach eigenen strategischen Erkenntnissen fest nur noch mit je 10 Prozent „Kernwählern" rechnen. Beide müssen also um die Stimmabgabe von je 15 Prozent ihrer Stammwähler kämpfen. Gleichzeitig brauchen beide die Stimmen von Wechselwählern, um die nächste Bundesregierung bilden zu können.

Was SPD und CDU ihren Stammwählern sagen müssen, schreckt die Wechselwähler. Was sie den Wechselwählern sagen wollen, enttäuscht ihre Stammwähler. Warum sollte es da nicht möglich sein, den Anteil der FDP deutlich zu steigern?

Kurz nach dem Start: Das Vorwahljahr 2001

Die Strategie 18 wurde bereits kurz nach dem Start im Mai 2001 bei Kommunalwahlen dem Echt-Test unterzogen: Würde der Wähler den Anspruch der FDP als übermütig zurückweisen? Oder sind neue Wählerschichten für die FDP erschließbar? Bei den Bürgermeisterwahlen in Sachsen-Anhalt und Sachsen im Mai und Juni 2001 eroberte die FDP in Sachsen 33 Bürgermeistersessel, mehr als SPD und PDS. In Sachsen-Anhalt üben seitdem 46 liberale Bürgermeister ihr Amt aus. Und in der sächsischen Landeshauptstadt Dresden wurde das FDP-Mitglied Ingolf Roßberg, gestützt auf ein breites Bündnis, mit 47 Prozent gegen den Amtsinhaber der CDU zum Oberbürgermeister gewählt.

In Niedersachsen holte die FDP am 9. September mit landesweit 6,2 Prozent ihr bestes Kommunalwahlergebnis seit 1981. Gegenüber 1996 konnten die niedersächsischen Liberalen 101 Sitze dazu gewinnen. In Hamburg gelang der FDP am 23. September mit 5,1 Prozent nach achtjähriger außerparlamentarischer Opposition der Wiedereinzug in die Bürgerschaft. Den ersten Kantersieg schaffte die FDP bei den vorgezogenen Neuwahlen in Berlin am 21. Oktober mit 9,9 Prozent. Ein fast fünfmal so gutes Ergebnis wie 1999, das beste seit 1954. Die Eigendynamik der Strategie 18 begann zu wirken.

Dies zeigte sich nicht zuletzt bei der Mitgliederentwicklung. 2001 traten 5579 neue Mitglieder in die FDP ein. Diese Zahl ist seit Gründung der FDP nur einmal, 1990 bei der Deut-

Größtes Team von allen

Die Kerngruppe des Teams 18|2002 traf sich wöchentlich mit Parteichef Guido Westerwelle. Mit dabei Generalsekretärin Cornelia Pieper, Bundesgeschäftsführer Hans-Jürgen Beerfeltz als Wahlkampfkoordinator, interne und externe Berater.

Hinzu kamen Netzwerke wie die „1000 Kreativen", mit rund 60 PR- und Werbeexperten. Die Ansage: Die FDP will das größte Wahlkampfteam aller Parteien schaffen – als Ausgleich für geringere Finanzmittel und die „Materialschlacht" der Großen.

Vor- und nachbereitet wurden die Meetings des Kernteams an 6 Tischen dahinter:

► TISCH 1: akzentuierte die Themen und erarbeitete programmatische Aussagen. Geleitet wurde der Tisch von Fritz Goergen, ► TISCH 2: erarbeitete Vorschläge für klassische Werbung und Internet. Leiter: Sven John. ► TISCH 3: erarbeitete Strategien zur bestmöglichen medialen Übermittlung der relevanten Wahlkampfinhalte. Leiter: Martin Kothé, Isabella Pfaff. ► TISCH 4: entwickelte Kampagnen zu Schwerpunktthemen der FDP, hier liefen alle PR-Ideen zusammen. Leiter: Stefan Kapferer. ► TISCH 5: befasste sich mit der organisatorischen Umsetzung von Veranstaltungen, Mediaplanung, Plakatierung, Aktionen. ► TISCH 6: klärte finanzielle und juristische Fragen. Leiter: Beerfeltz.

schen Einheit, übertroffen worden. Die FDP ist die einzige Bundestagspartei mit einem tatsächlichen Mitgliederzuwachs. Und: 46 Prozent der 2001 neu eingetretenen Mitglieder sind jünger als 35 Jahre.

Den Schlusspunkt unter eine erfolgreiche Vorwahlkampfphase setzte die Landtagswahl in Sachsen-Anhalt 2002. Die FDP, bis dahin in keinem ostdeutschen Landtag vertreten, kämpfte nicht nur für den Wiedereinzug ins Parlament, sondern verzichtete auf eine Koalitionsaussage und präsentierte den Bürgern mit Cornelia Pieper eine eigene Ministerpräsidentenkandidatin. Das war nur konsequent. Lag die FDP im Dezember 2001 in Sachsen-Anhalt noch bei 5 Prozent, so sprachen sich zu diesem Zeitpunkt bereits 23 Prozent bei einer Direktwahlumfrage für Cornelia Pieper aus.

Der Erfolg übertraf alle Erwartungen. Mit einem Zuwachs von 9,1 Prozentpunkten und einem Zweitstimmenergebnis von 13,3 Prozent veränderte die FDP die politische Landschaft Sachsen-Anhalts, garantierte die Abwahl des rot-roten Regierungsbündnisses und wurde selbst Regierungspartei. Die FDP war auf einen Schlag wieder als gesamtdeutsche Kraft etabliert. Die Grundlage für einen erfolgversprechenden Bundestagswahlkampf war gelegt.

Testmarkt Saarland für das Projekt 18

Traditionell wird das Saarland von der Wirtschaft als Testmarkt für die Einführung neuer Produkte genutzt. Der Markt ist überschaubar und mit der Mischung aus Großstadt und Fläche typisch für die gesamte Bundesrepublik. Daher lohnt ein Blick auf den kleinsten Flächenstaat zur Bewertung des Projekts 18.

Erst im Wahljahr selbst, im Januar 2002, erneuerte sich der Landesverband an seiner Spitze fast komplett. Mit dem erst 29-jährigen Christoph Hartmann bekam die Saar-FDP den jüngsten Vorsitzenden einer Landespartei in Deutschland. Zum Generalsekretär wurde einer der Autoren dieses Beitrags, Jorgo Chatzimarkakis (35) gewählt. Der neu gewählte Vorstand beschloss sogleich eine Strategieklausur, die sich mit der Kampagne im Wahljahr auseinandersetzen sollte. Am 23./24. Februar kamen die Saarliberalen unter dem Motto „Aufbruch“ und mit folgendem Einladungstext zusammen:

> „Die Saarliberalen stehen vor einer der größten Herausforderungen in ihrer Geschichte: Zwischen 2002 und 2004 stehen alle entscheidenden Wahlen im Saarland an, die über die Zukunft der Partei entscheiden. Fest steht: Ein neu gewähltes Team um den Landesvorsitzenden Christoph Hartmann will in alle Parlamente zurück: Gemeinderäte, Landtag, Bundestag und Europaparlament. Wie kann das geschehen? Welche Weichen müssen gestellt werden? Der neue Landesvorstand möchte sich in einer Strategieklausur in Position stellen. Wir erwarten Gäste aus Bund und Land sowie einen besonderen Gast aus NRW, einem der erfolgreichsten Landesverbände der FDP.“

Der Bundesgeschäftsführer der FDP, Hans-Jürgen Beerfeltz, sowie der Landesgeschäftsführer aus Nordrhein-Westfalen, Hans-Joachim Kuhl, kamen eigens angereist, um die Grundzüge der Kampagnen in Berlin bzw. die Erfahrungen aus dem „Projekt“ in Düsseldorf beizusteuern. Zwar mutete die Zahl 18 anfangs sehr hoch an, befindet sich doch die Saar-FDP schon seit zwei Legislaturperioden nicht mehr im Landtag. Auch dem Bundestag gehörte zu dieser Zeit kein Liberaler von der Saar an. Aber die der Tagung zugrunde liegende Analyse konnte auch die anwesenden Journalisten aus der Landespolitik davon überzeugen, zumindest keine ironischen Seitenhiebe loszulassen. Der Kern der Analyse lässt sich wie folgt zusammenfassen: Die Wählerstruktur in Deutschland ist gekennzeichnet durch

- Aufbrechen der Milieus
- Abnahme der Stammwähler
- Zunahme der Wechselwähler
- Anwachsen einer Gruppe von politisch Unzufriedenen.

Die Potenziale, die sich durch diese Veränderung ergeben, wollen wir nutzen. Die FDP profiliert sich momentan als die Reformkraft in Deutschland, mit einem jungen, unverbrauchten Team an der Spitze. Was für den Bund gilt, ist auch für das Saarland maßgeblich. Auch hier ist seit dem 6. Januar ein neues und unverbrauchtes Team im Amt, das harmonisch zusammenarbeitet.

Dass die Zahl 18 nicht als Wahlkampf-Gag missverstanden wurde, sondern als konzeptioneller Neuanfang, zeigt auch die Strategie, die der Landesvorstand im Nachgang zu seiner Klausurtagung verabschiedete: Auch die Landespartei begibt sich langfristig auf den Weg der 18. Entscheidend dabei ist die Ausgangssituation, dass nach der Bundestagswahl 2002 für den Landesverband drei wichtige Wahlen im Jahr 2004 anstehen: Kommunal- und Europawahlen im Frühjahr sowie Landtagswahlen im Herbst des Jahres. Folgerichtig werden die Inhalte der Strategie 18 in die Zukunft fortgeschrieben. In der Strategie heißt es entsprechend:

> „Wir wollen im Saarland in die Regierungsverantwortung. Das Zwei-Parteien-Kartell hat dem Saarland geschadet (z.B. Entsorgungsverband Saar). Die Alleinregierung (ob von rot oder von schwarz) bringt dieses Land nicht weiter. Wir sagen der Kungelei und Vetternwirtschaft von CDU und SPD den Kampf an.
>
> Die FDP ist die Partei der Mitte und braucht keine Koalitionsaussagen, um gewählt zu werden. Wir machen ein umfassendes inhaltliches und kompetentes personelles Angebot an die Wählerinnen und Wähler im Saarland. Wir sind bereit, mit der Partei eine Regierung zu bilden, die bereit ist, unsere Forderungen in einem Koalitionsvertrag zu akzeptieren.
>
> Das Saarland kann als kleines Bundesland notwendige Reformen schneller durchführen als größere Bundesländer. Das Saarland muss Vorzeigebundesland werden – das geht nur mit den Saarliberalen. Bildung und Forschung stehen im Zentrum unseres politischen Handelns. Wir werden Bürokratien abbauen, kurze Wege für die Bürger schaffen und die Verwaltung vereinfachen. Die Förderung der einheimischen Wirtschaft und die Ansiedlung neuer Unternehmen muss Richtschnur der Wirtschaftspolitik der Landesregierung sein, um neue Arbeitsplätze zu schaffen.
>
> Die Saarliberalen verfügen über kompetente Personen zur Übernahme von Verantwortung in diesem Land. Der Landesvorsitzende wird in allen Wahlkämpfen personalisiert, um die Kandidaturen aller anderen Saarliberalen zu unterstützen."

Die Parallelen zur Bundeskampagne sind auffällig, werden aber durch Landestypisches ergänzt. Dem Vorstand gelang es, den Landesverband geschlossen hinter das Projekt 18 zu scharen.

Bundestagswahlkampf: Planung und Realität

Die FDP-Wahlzeitung

Frühzeitig war bereits Ende des Jahres 2001 durch Beschluss des Bundesvorstandes der weitere Ablauf des Wahlkampfs geplant worden. In einer ersten Phase sollte nach der Wahl in Sachsen-Anhalt das politisch-programmatische Profil als liberale Partei für das ganze Volk geschärft werden. Hauptinstrument dafür war der Bundesparteitag vom 10. bis 12. Mai in Mannheim mit der Beschlussfassung über das Wahlprogramm. Gemäß der Strategie 18 standen die Schwerpunktthemen fest. Denn bereits in Düsseldorf 2001 hatte die FDP nicht nur ein Ziel für die Wahl formuliert, sondern auch die inhaltlichen Hauptpunkte festgelegt. Die FDP definierte sich selbst als Partei des Rechtsstaates in der liberalen Tradition der Freiheitsrechte für die Bürger gegen staatliche Bevormundung und Unterdrückung, als Partei der sozialen Markwirtschaft in der Tradition Ludwig Erhards, als Partei der Bildung, als Europapartei und als Partei der Mobilität.

Auf der Grundlage dieses Beschlusses gliederten sich erste Entwürfe des Wahlprogramms in fünf Kapitel. Auf seiner Sitzung am 10. April in Dessau reagierte der Bundesvorstand auf die öffentliche Debatte über notwendige Verbesserungen für Familien und beschloss, ein eigenständiges Kapitel zur Familienpolitik ins Programm einzuarbeiten. In einer zweiten Phase sollte die Partei motiviert und mobilisiert werden. Auf drei großen regionalen Strategiekonferenzen zu Sommerbeginn sollte die Werbelinie der FDP präsentiert und der weitere Ablauf des Wahlkampfes kommuniziert werden. Im Mittelpunkt des Wahlkampfes nach außen stand die Reise von Guido Westerwelle mit dem „Guidomobil". Während einer sechswöchigen Tour durch alle Bundesländer besuchte der Spitzenkandidat der Liberalen Sommerfeste, Früh- und Dämmerschoppen, Sportveranstaltungen, aber natürlich auch Redaktionen. Beim Wandern, beim Segeln, bei Radtouren, Beachvolleyball oder Inlineskating sollte den Menschen die FDP-Botschaft in der Sache fundiert, in der Form unterhaltsam und überraschend präsentiert werden.

Den Endspurt eröffnete die FDP am Sonntag, 8. September 2002, in Berlin mit einem Sonderparteitag, auf dem in einem Wahlaufruf festgelegt wurde, an welchen politischen Bedingungen die FDP mögliche Koalitionspartner nach der Wahl messen würde.

Wie weit trägt die Strategie?

Gemessen an der Zielvorgabe von 18 Prozent muss das FDP-Ergebnis enttäuschend wirken. Mit einem Zugewinn von 1,2 Prozentpunkten gegenüber 1998 schneidet die FDP zwar besser ab als bei den beiden vorangegangenen Bundestagswahlen, bleibt aber deutlich unterhalb der Zweistelligkeit und verpasst auch die angestrebte Regierungsbeteiligung. Doch hinter der nackten Zweitstimmenzahl verbergen sich tieferliegende Prozesse.

Die größten Zuwächse erzielte die FDP in den östlichen Bundesländern. War sie vor vier Jahren noch in allen ostdeutschen Ländern unter der Fünf-Prozent-Marke geblieben, so überspringt sie diese 2002 überall. Schlusslicht bei den FDP-Länderergebnissen ist nun ein westdeutsches Bundesland: Bayern. In Ostdeutschland liegen die Zuwächse zwischen 2,5 und 3,7 Prozentpunkten.

Einem erheblichen Zugewinn bei den Arbeitern (+3 Prozentpunkte) und Arbeitslosen (+4,3 Prozentpunkte) stehen für die FDP Verluste bei Landwirten und bei Selbstständigen gegenüber. Der Anteil bei Beamten und Angestellten änderte sich nur geringfügig.

FDP-Anteile in ausgewählten Berufsgruppen	2002	1998
Arbeiter	6,5 %	3,5 %
Angestellte	7,2 %	6,9 %
Beamte	6,0 %	6,4 %
Landwirte	5,8 %	8,8 %
Selbstständige	12,5 %	15,4 %
Arbeitslose	6,4 %	2,1 %

Quelle: Forschungsgruppe Wahlen

Besonders auffällig ist die Veränderung der Altersstruktur der FDP-Wähler: Bei den unter 30-Jährigen wurden 10 Prozent erreicht. In der Gruppe der über 60-Jährigen dagegen verlor die FDP leicht und kam nur auf 5,8 Prozent. Zulegen konnte die FDP dagegen in ihrer früheren Problemgruppe der 30 bis 44-Jährigen um 2,4 Prozent auf 7,6 Prozent. Der Anteil bei den 45-59-Jährigen veränderte sich kaum. In absoluten Zahlen bedeutet das Ergebnis, dass die FDP bei einer durchschnittlichen Wahlbeteiligung von 80 Prozent bei den 18 Millionen Wählerinnen und Wählern über 60 rund 72000 Stimmen verloren hat und bei den zehn Millionen unter 30-Jährigen, deren Wahlbeteiligung die repräsentative Wahlstatistik mit 69,9 Prozent angibt, einen Stimmenzugewinn von rund 265.000 Stimmen erreichen konnte.

FDP-Anteile nach Altersgruppen	2002	1998
unter 30 Jahre	10,0 Prozent	6,2 Prozent
30 bis 44 Jahre	7,6 Prozent	5,2 Prozent
45 bis 59 Jahre	7,4 Prozent	7,3 Prozent
60 Jahre und älter	5,8 Prozent	6,3 Prozent

Interessant für eine Bewertung der Strategie 18 ist aber vor allem die Wählerwanderung. Würde sich der Eigenständigkeitskurs der Liberalen auszahlen oder strafen die Wählerinnen und Wähler die FDP für das Offenhalten in der Koalitionsfrage ab? Die saldierte Wählerwanderung zeigt ein relativ unauffälliges Bild.

Wählerwanderung saldiert von...	...zur FDP
CDU/CSU	- 20.000
SPD	+ 350.000
B. 90/Grüne	- 50.000
PDS	+ 30.000
Andere	+ 60.000
Nichtwähler	+ 10.000

Einzig die Stimmengewinne der FDP von den Sozialdemokraten sind beachtlich und machen etwa 10 Prozent der Gesamtwählerschaft der FDP aus. Die Austauschprozesse zwischen der FDP und anderen Parteien sind im Saldo gering. Verlässt man jedoch die saldierte Betrachtung und analysiert das gesamte, von Infratest Dimap erstellte, Wählerstromkonto der FDP, ergeben sich drei spannende zusätzliche Aspekte.

Das Wählerstromkonto verzeichnet wesentlich höhere Wählerwanderungen zwischen der FDP und der Union, als die saldierte Betrachtung zunächst vermuten lässt.

Die Tatsache nämlich, dass 830.000 FDP-Wähler von 1998 dieses Mal die Unionsparteien unterstützten, zugleich jedoch 810.000 ehemalige Unionswähler zur FDP wechselten, lässt zwei Rückschlüsse zu: Etwa 25 Prozent der FDP-Wähler von 1998 waren Koalitionswähler. Diese waren für die FDP 2002 nicht erreichbar.

Eine aber praktisch gleich große Wählergruppe erkennt in der FDP die frischere und dynamischere Oppositionskraft und wechselt von der Union zur FDP.

Wählerstromkonto: Austausch mit ...	Zustrom	Abstrom
SPD	620.000	270.000
Union	810.000	830.000
Grüne	80.000	130.000
PDS	50.000	20.000
Andere	120.000	60.000
Summe über Parteien	1.680.000	1.310.000
Nichtwähler	330.000	320.000
Erstwähler/Verstorbene	210.000	180.000
Zu- und Fortgezogene	40.000	10.000
Wählerströme gesamt	**2.260.000**	**1.820.000**
Wählerstamm	**1.260.000**	**1.260.000**
Wählerstimmen	**3.520.000**	**3.080.000**

Die zweite wichtige Feststellung ist der Spalte Erstwähler/Verstorbene zu entnehmen. Neben der FDP gelingt es nur den Grünen, in der Gegenüberstellung zwischen Erstwählern und Verstorbenen einen Stimmenzuwachs zu erzielen. Welche Bedeutung diese Entwicklung für die längerfristigen Veränderungen im Parteiensystem haben kann, wird erst deutlich, wenn man den Gewinnen der beiden kleineren Parteien die Verluste von SPD und CDU gegenüberstellt. Diese büßen durch den Generationswechsel 190.000 (SPD) beziehungsweise 540.000 (CDU/CSU) Wähler ein.

Nicht übersehen werden darf außerdem der vorhandene Austauschprozess zwischen FDP und Grünen. Dieser scheint vergleichsweise klein. Berücksichtigt man aber, dass die Stimmenzahlen von Grünen und FDP auch in absoluten Zahlen geringer sind, darf dieser Wettbewerb auch für die Zukunft nicht vernachlässigt werden. Im urbanen Milieu gibt es eine Konkurrenz zwischen FDP und Grünen.

Ein Plus im Saarland

Wahlabend, 22. September 2002, 18.05 Uhr im Gasthaus Horch in Saarbrücken: Enttäuschung macht sich breit unter den Liberalen. Am Wahlabend steht zwar fest, dass die Saar-FDP mit 1,7 Prozent Zuwachs über dem Schnitt bundesweit liegt – und damit an vierter Stelle der westlichen Bundesländer. Das ist allein schon ein großer Erfolg, auch wenn nicht auf dem Niveau, das man sich erhofft hatte. Allerdings müssen die Saarliberalen bis morgens sechs Uhr warten, bis sie erfahren, dass sie nach zwei verlorenen Legislaturperioden tatsächlich wieder durch einen Abgeordneten in der Bundeshauptstadt vertreten sind. Licht und Schatten also.

Woran hat es gelegen, dass die FDP auch im Saarland mit 6,7 Prozent sehr weit von der 18 entfernt blieb? Ein Blick auf die Wahlkreise ermöglicht Einsichten. Beispiel Wahlkreis 296, Saarbrücken: Erststimmen nun 4,3 Prozent (1998 waren es noch 2,8 Prozent) und Zweitstimmen 6,7 Prozent (auch hier eine Verbesse-

„Infostand 18"

Modern und originell aussehen wollte die FDP auch beim Straßenauftritt. Zwei Jahre dauerte die Entwicklung des „Infostands18", geprüft wurden 80 Modelle, 12 als Prototyp gebaut. Damit das Design flächendeckend die Tapeziertische ersetzte, machte Bundesgeschäftsführer Hans-Jürgen Beerfeltz einen Freundschaftspreis: Pro Stand und Wahlkreis 100 Euro plus Transport. Den Restbetrag übernahm der Liberale Parteiservice, LiPS. Bedingung: 18 Aktionen sollten mit dem neuen Stand bis zum Wahltag durchgeführt werden. Sonst wurden pro fehlender Veranstaltung 50 Euro in Rechnung gestellt. Zum Stand gab es einen Leitfaden mit einer Reihe von Aktionsideen dazu.

Parteienwerbung und TV-Wahlkampf 2002

SPD: „Kanzler der Mitte“ und „Politik der Mitte“

Parteienwerbung und TV-Wahlkampf 2002

Parteienwerbung und TV-Wahlkampf 2002

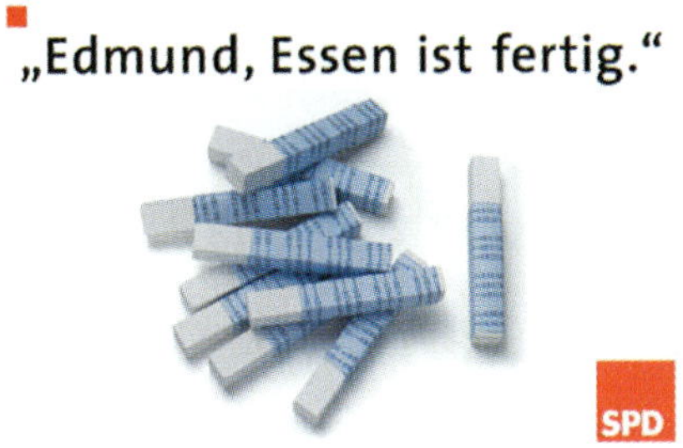

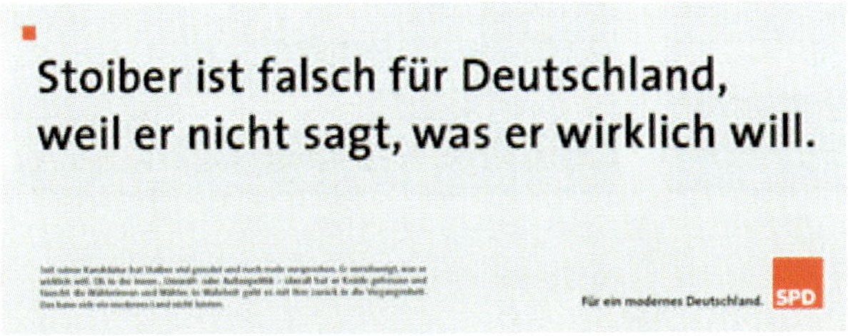

Parteienwerbung und TV-Wahlkampf 2002

Kanzlerpilot, Lebenschronik, Doris-Kolumne: www.gerhard-schroeder.de

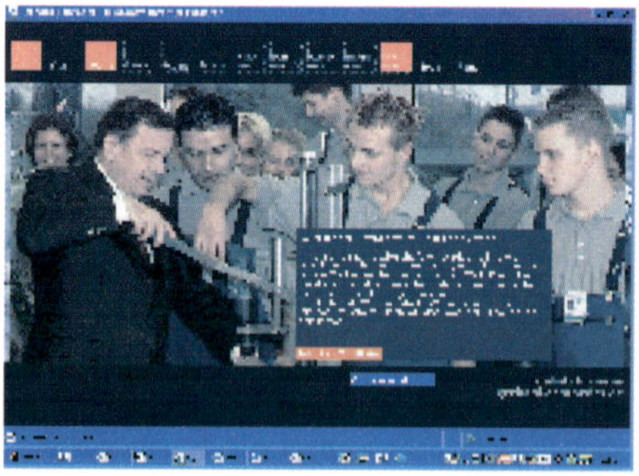

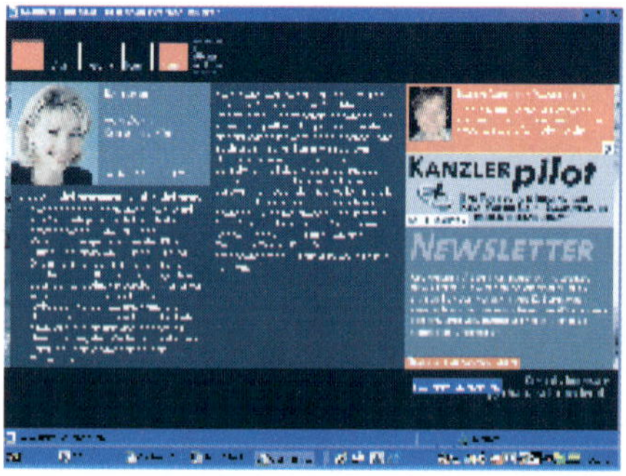

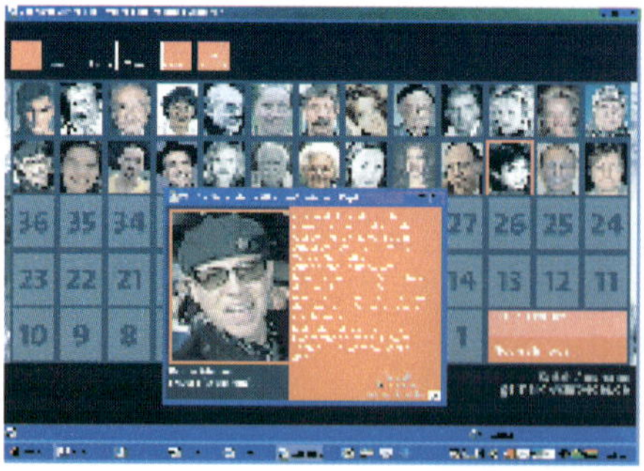

[Schröder, Musik] “Seit dem Regierungsantritt haben wir wirklich hart und konsequent gearbeitet: Mehr…

…Geld für Bildung, bessere Förderung für Familien und Abbau der Staatsschulden. Aber das reicht mir nicht…

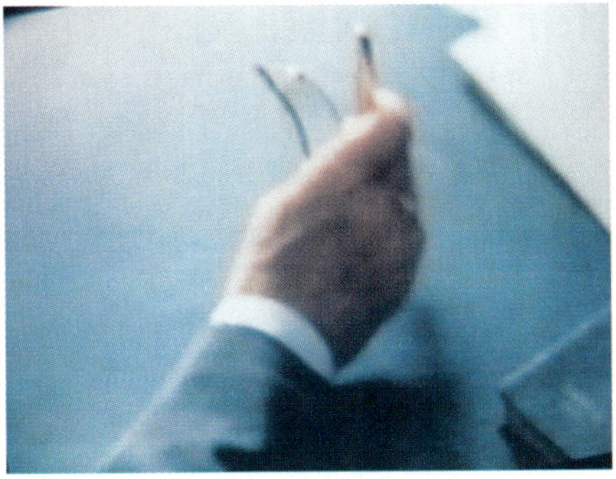

Deshalb werden wir dafür sorgen, dass die Steuersätze weiter sinken…

Wir werden die mutigste Arbeitsmarktreform machen, die es bisher in Deutschland gegeben hat…

Das Entscheidende aber ist: Nur mit uns, mit der SPD, wird es bei diesen Herausforderungen menschlich…

...und sozial zugehen. Wir schaffen das.“

Parteienwerbung und TV-Wahlkampf 2002

Agenturen: McCann-Erickson/Serviceplan

Parteienwerbung und TV-Wahlkampf 2002

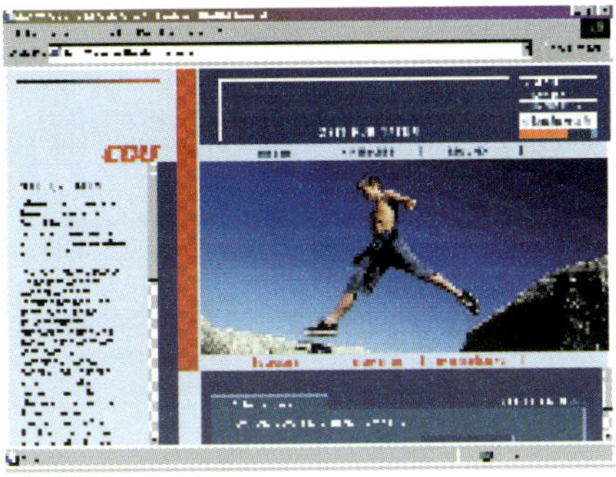

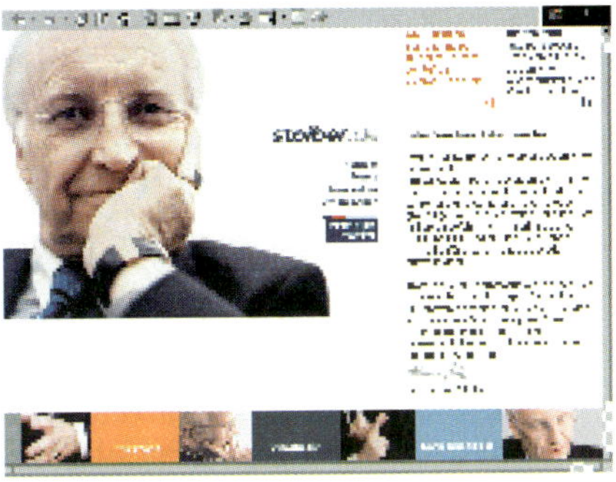

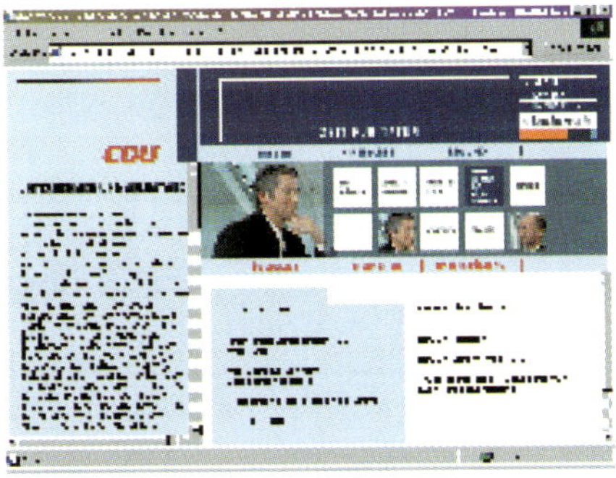

4 Millionen
Arbeitslose:
Das
Armutszeugnis
der SPD.
Zeit für Taten.
CDU

DER
4-MILLIONEN-
KANZLER.
CDU
Deutschland braucht wieder eine gute Wirtschaftspolitik.

4 MILLIONEN
ARBEITSLOSE:
WANN WIRD ENDLICH
REGIERT?
CDU
Deutschland braucht wieder eine gute Wirtschaftspolitik.

Zahl der Arbeitslosen
4296000
Deutschland braucht wieder eine gute Wirtschaftspolitik.
CDU

Wirtschaftswachstum
made by Schröder –
Letzter in Europa.
CDU
Deutschland braucht wieder eine gute Wirtschaftspolitik.

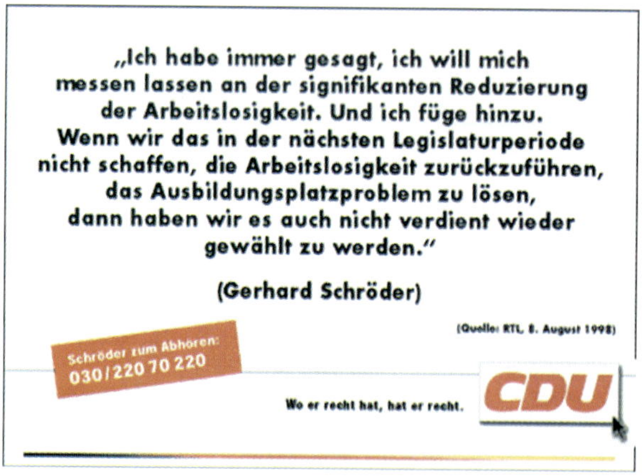
„Ich habe immer gesagt, ich will mich
messen lassen an der signifikanten Reduzierung
der Arbeitslosigkeit. Und ich füge hinzu.
Wenn wir das in der nächsten Legislaturperiode
nicht schaffen, die Arbeitslosigkeit zurückzuführen,
das Ausbildungsplatzproblem zu lösen,
dann haben wir es auch nicht verdient wieder
gewählt zu werden."
(Gerhard Schröder)
(Quelle: RTL, 8. August 1998)
Schröder zum Abhören:
030/220 70 220
Wo er recht hat, hat er recht.
CDU

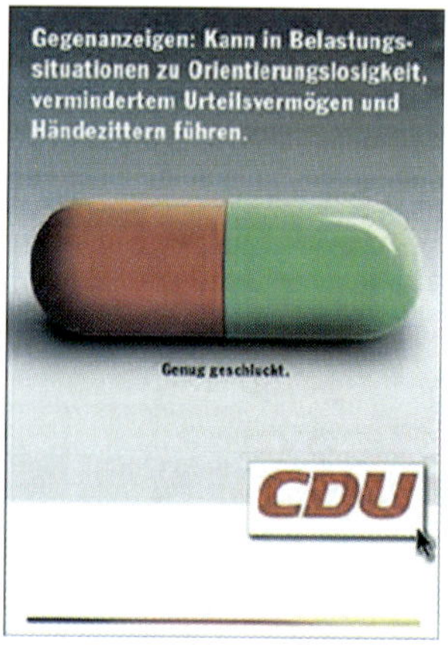
Gegenanzeigen: Kann in Belastungs-
situationen zu Orientierungslosigkeit,
vermindertem Urteilsvermögen und
Händezittern führen.
Genug geschluckt.
CDU

Parteienwerbung und TV-Wahlkampf 2002

[Melancholische Instrumental- musik, Frauenstimme] „Vier Millionen...

...Menschen sind arbeitslos.

40000 Firmenpleiten im Mittelstand.

So viele wie nie zuvor.

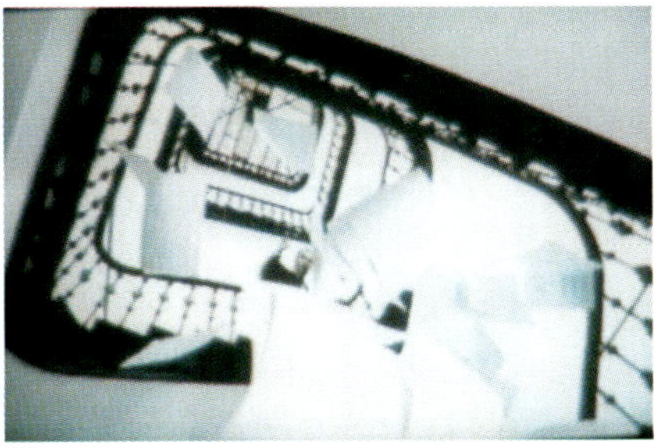

„Wir sorgen für Wachstum und Arbeit: Mit gerechten Steuern und weniger Bürokratie.“

[Stoiber] „Die Menschen in Deutschland leisten viel. Sie haben verdient, dass es endlich aufwärts geht. Dafür werde ich hart arbeiten, mit meiner ganzen Kraft und ganzem Herzen.“

Parteienwerbung und TV-Wahlkampf 2002

CDU-Fernsehspot 30" / Kinospot 90" (Ausschnitt)
„Deutschland wechselt – Wechseln Sie mit"

[Mehrstimmiger Gesang] Change…

It makes you feel good.

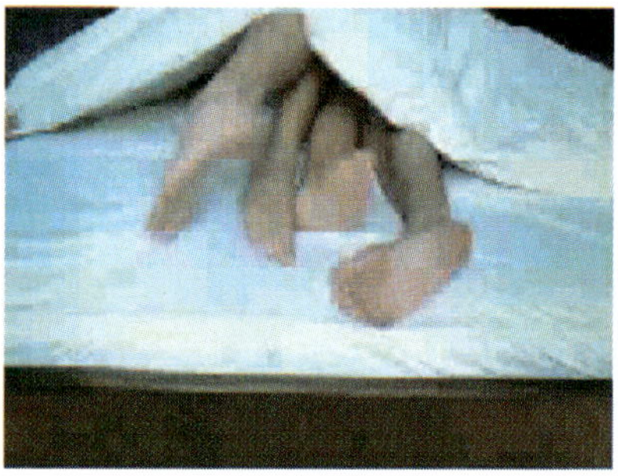

You've got to make a change.

You know that you should.

You've got to make a…

Change.

Parteienwerbung und TV-Wahlkampf 2002

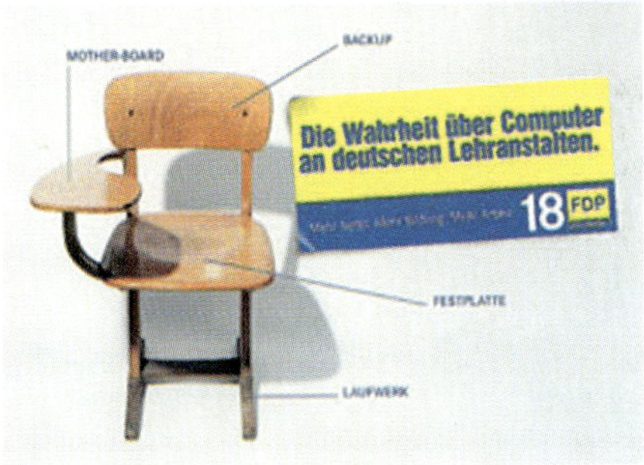

Parteienwerbung und TV-Wahlkampf 2002

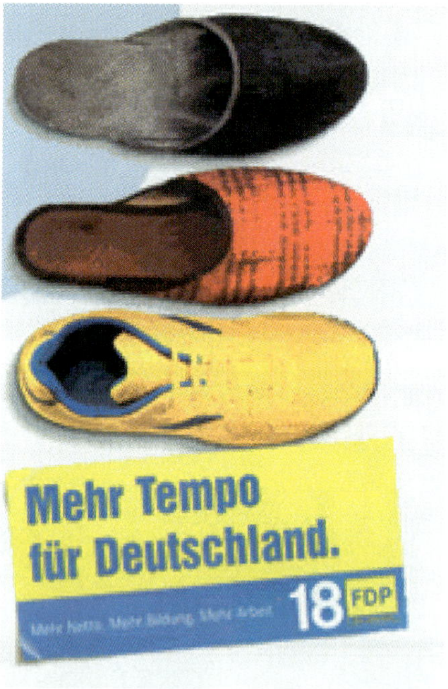

Parteienwerbung und TV-Wahlkampf 2002

Parteienwerbung und TV-Wahlkampf 2002

Parteienwerbung und TV-Wahlkampf 2002

Parteienwerbung und TV-Wahlkampf 2002

rung um 0,7 Prozent zu 1998). Allerdings verbesserten sich CDU um 2,9 Prozent und Grüne um 2,5 Prozent. Irgendwo mussten die massiven Verluste der SPD (–5,9 Prozent) ja landen. Warum hat nicht die FDP davon profitiert? Warum landeten die Stimmen bei Union und Grünen? An der einzigen schwarz-grünen Koalition in einer Landeshauptstadt wird es kaum gelegen haben. Ein Blick in die Wahlkreisbezirke gibt Aufschluss. Da fällt vor allem auf, dass die FDP in den alten Hochburgen verlor oder konstant blieb: Güdingen, Bübingen, St. Johann, St. Arnual, Eschberg zum Beispiel. Es fällt auf, dass sich überall dort sowohl Grüne als auch CDU verbesserten. Wo kommen also die Gewinne her, denn insgesamt hat die FDP ja zugelegt, auch im Wahlkreis 296? Da fallen Wahlbezirke auf, die früher harte Pflaster für die FDP waren: Klarenthal, Gersweiler, Malstatt, Burbach, insgesamt eher Arbeiterviertel mit Zugewinnen von durchschnittlich zwei Prozent. Der Anspruch, „Partei für das ganze Volk" zu sein, geht offensichtlich auf. Haben daraufhin liberale Stammwähler in den Hochburgen die Flucht ergriffen? Mochten sie nicht zum ganzen Volk dazugehören?

Wahrscheinlich ist die Antwort viel lapidarer. Das verdeutlicht auch die Analyse der Wählerwanderungen von Infratest dimap. Demnach hat die FDP bundesweit 50.000 Stimmen an die Grünen abgegeben und immerhin 20.000 Stimmen an die CDU. Dafür kamen 60.000 Stimmen aus dem Bereich Sonstige, was auch für die Parteien des rechten Randes steht.

Monokausale Erklärungsmuster verbieten sich bei einer Wahlanalyse, da bei der Stimmabgabe von derart vielen Menschen sehr komplexe Entscheidungssituationen vorliegen. Dennoch lassen sich Trends herauslesen: Die FDP hat wegen der fehlenden Koalitionsaussage Stimmen an die CDU verloren. Dies wird vor allem in den Hochburgen deutlich, wo wir verloren und die CDU gewann. Da dort aber auch die Grünen massiv zulegten, liegt die Vermutung nahe, dass diese der FDP aus anderen Gründen ihr Vertrauen nicht mehr schenkten.

Wähleranalysen verdeutlichen, dass im Austausch zwischen FDP und Grünen immer Vernunft gegen Moral kämpft. Und diesmal sprach die Moral eben für die Grünen. Wegen der Elbflut? Vielleicht, doch wirkte sich im Saarland eine Debatte besonders heftig aus: Die so genannte Antisemitismus-Debatte. Also doch Jürgen W. Möllemann? Man wäre vorsichtig, wäre da nicht der Zuwachs in den Arbeitervierteln und wäre da nicht die Erfahrung aus dem Straßenwahlkampf. Die Reaktion der Menschen war höchst unterschiedlich: Es gab die glühenden Verehrer der Möllemann'schen Gedankenführung, und es gab schroffe Ablehnung von Menschen, die darauf beharrten, uns früher gewählt zu haben. Steht die FDP nach den Fall aus den 18 Wolken nun vor einem Neuanfang?

Ist die Strategie 18 gescheitert?

Das Ergebnis des 22. September 2002 für die FDP ist bekannt. Doch ist die Strategie 18 mit 7,4 Prozent gescheitert? Sollte die FDP in ihre alte Rolle zurückkehren oder verbergen sich hinter dem Ergebnis längerfristige Weichenstellungen für eine Partei für das ganze Volk? Wer es sich leicht machen will, der vergleicht das Wahlergebnis vom 22. September 2002 mit dem angestrebten Wahlziel und kommt zu einem scheinbar logischen Ergebnis. Eine grundlegendere Analyse ergibt jedoch ein vielschichtigeres Bild.

Zum ersten Mal in der jüngeren Geschichte des deutschen Parteiensystems ist es der FDP gelungen, ohne eine Koalitionsaussage bei einer Bundestagswahl souverän ins Parlament einzuziehen. Nach den schweren Niederlagen des Wahljahres 1999 war es ein nicht zu unterschätzender Erfolg der Strategie 18, dass die Rückkehr der FDP ins Parlament von niemandem in Frage gestellt wurde. Und dabei ein Ergebnis zu erzielen, das deutlich über dem der beiden Bundestagswahlen 1994 und 1998 liegt, bei denen die FDP sich koalitionspolitisch festgelegt hatte. Die Substanz der FDP hat sich gegenüber 1998 deutlich verbessert. Das bisherige Ost-West-

Gefälle besteht nicht mehr. Die FDP-Ergebnisse gleichen sich an. Dies gilt für die Bundesländer ebenso wie für die Wahlkreise innerhalb der Bundesländer als auch innerhalb der sozialstrukturellen Gruppen. Die Verjüngung der FDP-Wählerschaft ebenso wie der FDP-Mitgliedschaft ist eine Chance für die kommenden Jahre.

Die Unabhängigkeitsstrategie der FDP hat es außerdem offensichtlich bisherigen SPD-Wählern möglich gemacht, die FDP zu unterstützen. Zugleich hat der Verzicht auf eine Koalitionsaussage gegenüber 1998 zwar funktionale Wähler zur Union abwandern lassen, ein Prozess, der aber durch neue Wähler aus dem bürgerlichen Spektrum beinahe zu 100 Prozent ausgeglichen werden konnte. Wie eine Koalitionsaussage sich auf diesen Wanderungsprozess ausgewirkt hätte, bleibt offen.

Zugleich dürfen Einflussfaktoren nicht übersehen werden, die auch ohne die Strategie 18 Auswirkungen auf den Bundestagswahlkampf 2002 gehabt hätten. Genannt seien hier nur die Hochwasserkatastrophe mit Handlungsvorteilen für jede Exekutive, die fahrlässige Instrumentalisierung des Irak-Konfliktes durch den Bundeskanzler oder die erstmalige Ausstrahlung zweier TV-Duelle der Spitzenkandidaten der beiden größeren Parteien.

Was nun, FDP? Wunden lecken und abwarten? Dafür bleibt keine Zeit, weil eine wichtige Erkenntnis dieser Bundestagswahl nicht ausgeblendet werden darf: Die Grünen haben nicht nur den dritten Platz im Parteienwettkampf behalten; sie sind nun auch eine feste Größe im Spektrum der politischen Mitte, wenn auch auf der eher linken Seite. Dies, obwohl mit Oswald Metzger und Cem Özdemir zwei wichtige Realos diesem Bundestag nicht mehr angehören. Die Strahlkraft eines Joschka Fischer ist einfach zu stark und zu groß. Jetzt hilft es nicht allein, Rot-Grün gewaltsam in die linke Ecke zu schieben. Die Wähler lassen sich selbst davon nicht abschrecken. Nein, jetzt muss sich die FDP selbst klar positionieren. Sie darf dabei einerseits ihre große rechtsstaatsliberale Tradition nicht aufgeben, und kann dort sogar Rot-Grün moralisch wieder einholen, etwa beim Schily-II-Paket. Außerdem kann sie mit einem klaren Profil im Bereich der Bildungspolitik beim „Bildungsbürgertum" wieder Punkte sammeln. Man vermisst auf diesem Feld im Wahlkampf-Rückblick die zentrale und greifbare Botschaft, wie etwa „keine Klasse größer als 15 Schüler".

Auf der anderen Seite muss die FDP wieder dem gerecht werden, wofür sie zumindest in der veröffentlichten Meinung steht: Die Liberalen haben die richtigen Konzepte zur Überwindung der strukturellen Wirtschaftskrise, in der unser Land steckt. Da reicht es allerdings nicht, Steuertarife rauf- und runterzubeten. Worauf es jetzt ankommt, ist der Mut, wirklich wider den Strich zu bürsten, mutig seine Ideen zu vertreten.

Nur der Mutige gewinnt, und nur der Erfolgreiche kann Politik am Ende gestalten. Wenn es der FDP gelingt, durch interessante, neue und mutige Vorstöße Motor für ein Gefühl des Wiederanpackens, des In-die-Hände-Spuckens zu werden, dann kann sie auch die Wechselstimmung herbeiführen, die es am 22. September nicht gab. Bald entscheidet sich, ob die Partei in Zukunft wieder die verlässliche Kraft der politischen Landschaft sein will, die für den Kopf steht, aber durchaus auch für den Bauch kommunizieren kann.

Eines scheint bereits heute klar: Die Unabhängigkeitsstrategie selbst wird von niemandem in Frage gestellt. Die wahrnehmbare Kritik richtet sich vielmehr auf die instrumentelle Ausgestaltung dieser Strategie. Dass hier Modifikationen und größere Flexibilitäten möglich sind und möglich sein müssen, liegt für kommende Wahlkämpfe auf der Hand.

Fundraising: Bürgerfonds 18 | 2002

KAMPAGNE MIT GEWINN

MARTIN BIESEL
BERLIN

IM MÄRZ 2001 STARTETE EIN BESCHLUSS DES Bundesvorstands der FDP eine Spendenkampagne mit ehrgeizigen Mengenzielen für die Spendenakquise. Nach Zielgruppen parteiintern und parteiextern aufgeschlüsselt sollten 18 Millionen DM gesammelt werden.

Dass die Zahl 18 hier eher symbolisch war, war allen Kennern klar, denn das bisher erfolgreichste Spendenjahr der FDP 1998 verzeichnete Zuwendungen an die Bundespartei in Höhe von rund 4,5 Millionen DM. Neu war aber nicht nur das ehrgeizige Ziel, sondern vor allem der konzeptionelle Weg dorthin. Unter Federführung des Bundesgeschäftsführers Hans-Jürgen Beerfeltz ist ein innovativer Ansatz entwickelt worden, der ein finanzielles und kommunikatives Plus verbuchen sollte: Spendenwerbung der FDP sollte heraustreten aus den langen Schatten der Skandale anderer Parteien um Schwarze Koffer und roten Filz und ganz offensiv das Licht der Öffentlichkeit suchen. Gleichzeitig ist Spendenwerbung auch immer Stimmenwerbung. Der Auftrag des Bürgerfonds war also nicht allein materiell, sondern auch ideell Unterstützung für die FDP zu gewinnen: eine Unterstützungskampagne mit Breitenwirksamkeit.

Der öffentliche Ansatz soll eine neue politische Spendenkultur in Deutschland etablieren. Gerade die FDP als staatsferne und bürgernahe Partei kann nicht wollen, dass Parteien allein von staatlichen Zuschüssen abhängig sind. Zweitens sind in der Mediendemokratie Wahlkämpfe mediale Schlachten, die mit immer größerem Aufwand in Konkurrenz nicht nur zu anderen Parteien, sondern in Konkurrenz zum gesamten medialen Angebot um Aufmerksamkeit des Bürgers ringen. Wahlkämpfe werden von mal zu mal teurer.

Spenden: Demokratisches Bürgerengagement

Wie viele politische Kampagnentechniken findet auch das Spendenwesen in den USA den Vorreiter. Das gilt vor allem für die Selbstverständlichkeit einer politischen Spendenkultur. In amerikanischen Medien findet sich oft der Hinweis, dass sich der Präsident oder ein Senator zu einem Fundraising-Dinner am Ort X befindet. Dagegen war das Werben um Spenden in Deutschland eher lichtscheu. Wer in den USA Einladungen für bestimmte Veranstaltungen mit politischer Prominenz erhält, weiß, dass dies etwas kostet. Meist ist auch eine Preisliste dabei.

Wer nicht kommen kann, kann noch für zum Beispiel $50 einen Ehrentitel als Unterstützer erwerben. Wer am Präsidententisch sitzen will, gehört zu den großen Spendern. Die Republikaner pflegen einen *One Hundred Thousand Club*: Personen, die mehr als $100.000 gespendet haben und zum Beispiel zu einem besonderen VIP-Programm auf die Convention eingeladen werden. Man bekennt sich offen und ist stolz darauf.

Ziel des Bürgerfonds ist, diese Selbstverständlichkeit von Spenden für politische Parteien auch in deutschen Wahlkämpfen zu etablieren. Spenden an politische Parteien sind nicht nur finanziell immer stärker notwendig, sie sind auch Teil demokratischen Bürgerengagements, das sogar vom Staat honoriert wird, da Spenden von natürlichen Personen staatlich mit bis zu 0,38 Cent je Euro (bis zu 3300 € pro Spender) bezuschusst werden.

Mit dem neuen Parteiengesetz werden in Deutschland Spenden von über 50.000 € einer Ad-hoc-Veröffentlichungspflicht unterworfen. Vielleicht ist dies ein weiteres Instrument, den in Deutschland verbreiteten Verdacht einer unlauteren politischen Einflussnahme durch Großspenden auszuräumen. Die erste Anwendung dieser Publizitätspflicht erfolgte am 17.10.2002 durch den Bundestagspräsidenten, der insgesamt acht Spenden aufführte (Ds. 14/10004).

Wahlkämpfe werden teurer

In den USA sind unter anderem wegen des massiven Einsatzes von TV-Spots Wahlkämpfe noch teurer. Deswegen verbringt ein Kandidat in den USA rund ein Drittel seiner Zeit mit Fundraising.

Diese Entwicklung erleben wir auch in Deutschland. Die Bewerbung um politische Mandate erfordert immer mehr professionelle Unterstützung im finanziellen Bereich. Die FDP hatte bereits die organisatorischen Voraussetzungen geschaffen – unter anderem mit dem Liberalen Parteiservice LIPS. LIPS ist eine allein auf das Rechnungswesen der FDP spezialisierte Einheit, die besonders kompetent die rechtlich einwandfreie Verarbeitung von Zuwendungen an die FDP ermöglicht. Durch die zentrale Erfassung und die organisatorische Schlagkraft von LIPS ist auch die Voraussetzung einer professionellen Bearbeitung einer großen Zahl von Zuwendungen an die FDP erfolgt.

Als nächster Schritt der Professionalisierung wurde der Bürgerfonds für Deutschland 18|2002 ins Leben gerufen. Am 1. Juni 2001 bezog ein Team von sechs Experten mit Erfahrung im deutschen und amerikanischen Politikmanagement, aus PR und Wirtschaft Räume in der Berliner Kulturbrauerei, also getrennt von der FDP-Zentrale. Die FDP konzentrierte damit erhebliche Manpower auf das Projekt. Zum Vergleich: Die FDP-Zentrale hatte auch im Wahlkampf weniger als 40 Mitarbeiter.

Westerwelle und das Bürgerfonds-Team: Esther Polito, Martin Biesel (Geschäftsführung), Anna Viefhues, Rudi Hielscher, Frauke Sander, Martin Rickmann, Karl-Heinz Heuser (CEO WeberShandwick).

Transparenz als Vertrauensbildung

Die politische Führung des Bürgerfonds obliegt dem Bundesschatzmeister Günter Rexrodt. Die PR-Agentur Weber Shandwick hatte den Auftrag von der FDP erhalten, die Bürgerfonds-Kampagne durchzuführen. Um eines der Grundprinzipien – Offenheit und Transparenz – von Beginn an zu verdeutlichen, wurden alle Zahlen offen gelegt und waren sogar im Internet nachlesbar. Die Kostenplanung sah Ausgaben von 1,8 Millionen DM vor.

Diese vorauseilende Offenheit war entwaffnend. Denn an Stelle kritischer Stimmen in den Medien wurde auch medial der Bürgerfonds neugierig als Experiment für eine weitere Modernisierung des FDP-Wahlkampfes beobachtet. Die unter Generalverdacht stehende Verbindung von „Geld und Politik“ verliert an medialem Interesse, wenn eine Partei selbst ganz offen damit umgeht.

FDP-Spenden – für einen guten Zweck

Da politische Parteien im Ansehen der Bürger in Deutschland keineswegs karitativen Organisationen gleichzusetzen sind, sind viele Erfahrungen aus dem Charity-Bereich nicht auf das politische Spendenwesen übertragbar. Schon der Begriff „Partei" ist negativ belegt und schafft emotionale Distanz. Deswegen war eine der ersten Aufgaben des Bürgerfonds, eine kommunikative Brücke zu bauen, um den negativ behafteten Begriff „Parteispende" zu übergehen.

Je konkreter der Spendenzweck ist, desto genauer kann man Zielgruppen erreichen: nicht für „die Partei" wurde um Spenden geworben, sondern für Guido Westerwelle, gegen Rot-Grün, für eine moderne Gesundheitspolitik oder für eine Wahlkampfaktion.

Verbunden mit Anreizen wie Einladungen zur Wahlparty, Begegnung mit politischer Prominenz oder der Gravur des Spendernamens auf einer „Gründer 18"-Tafel in der Parteizentrale gab es einen Mix aus unterschiedlichen Spendenzielen und unterschiedlichen Kategorien von Dankeschöns.

Auch wenn im materiellen Sinn Spenden an den Bürgerfonds keine Gegenleistung für den Spender erbrachten, so gab es dennoch Benefits für die Spender: exklusive Einladungen, einen von Guido Westerwelle signierten „Wein 18", politische Informationen der FDP und vor allem das Gefühl, etwas für eine bessere Politik in Deutschland zu tun. Damit sind Spenden an die FDP auch Spenden für einen guten Zweck. Besonders wichtig ist dabei die Rolle der Strategie 18 mit der Betonung der Eigenständigkeit der FDP gewesen. Diese Eigenständigkeitsstrategie hat Identifikation mit der FDP geschaffen. Darüber hinaus übt auch Prominenz, besonders Guido Westerwelles Status als Medienstar, eine hohe Anziehungskraft aus. Beides zusammen, Eigenständigkeitsstrategie und Prominenz des Spitzenkandidaten, waren wesentliche Erfolgsfaktoren für die Spendenkampagne.

Ergebnisse der Bürgerfonds-Kampagne

Auch wenn die eher symbolische Zielvorgabe von 18 Millionen DM nicht erreicht werden konnte, ist das Spendenergebnis der Kampagne ein Gewinn: Mit Stand Oktober 2002 gingen rund 10.000 Einzelspenden beim Bürgerfonds ein. Die Gesamtsumme beträgt 2,32 Millionen €. Aus der Mitglie dschaft kamen die Hälfte, 1,16 Millionen, weitere 1,16 Millionen € kamen von externen Spendern.

Die Kampagne war damit ausgesprochen breitenwirksam, sowohl innerhalb der Mitgliedschaft als auch außerhalb, da eine große Zahl kleiner Spenden von einer großen Zahl von Bürgern zu verzeichnen ist. Die durchschnittliche Höhe der Spenden – ohne Firmenspenden – beträgt 150 €.

Auch im Nettoergebnis ohne die voraussichtlichen Kosten von rund 1,18 Millionen € hat der Bürgerfonds mit 1,14 Millionen € wesentlich zur Finanzierung des Etats von fünf Millionen € für die Bundestagswahlkampagne der FDP beigetragen.

Rechnet man noch die klassischen Schatzmeisterspenden in den Jahren 2001 und 2002 hinzu, so kann man zusammenfassen: Ein Gesamtspendenaufkommen der Bundespartei von voraussichtlich rund vier Millionen € sind ein Rekordergebnis – trotz der erheblichen Rückschläge durch erneute SPD-Spendenskandale in Köln und Wuppertal und die zum Teil dramatische wirtschaftliche Situation bei Unternehmen.

Der Bürgerfonds ist aber nicht nur eine Spendenkampagne mit Gewinn, er ist auch eine Unterstützerkampagne mit Gewinn. Zahlreiche Mailings haben im materiellen Sinn wenig Erfolg gebracht. Sie haben aber insbesondere im Vorwahlkampf viele Kontakte mit potenziellen Wählergruppen geschaffen. Auch durch die zahlreichen Fundraising-Dinners haben sich Netzwerke gebildet, die für die FDP von hohem Wert sind.

Spenderkärtchen für das persönliche Werbegespräch im Visitenkartenformat mit Steuerinfos.

Das Bürgerfondsprinzip etabliert sich zunehmend auch in den Gliederungen der FDP. Zahlreiche Dienstleistungen und Handreichungen zu Veranstaltungen von Spendenaktionen sind beim Bürgerfonds durch die Kreis- und Ortsverbände abgerufen worden.

Der Bürgerfonds hat mit seiner PR-Arbeit direkt zur positiven Publizität der FDP beigetragen und die Modernität, den Optimismus und die Bürgernähe der FDP im Wahlkampf unterstützt. Mehr als 400 Artikel in der überregionalen Presse und diverse Rundfunk- und Fernsehbeiträge waren auch ein publizistischer Gewinn für die FDP. Der Bürgerfonds hat als Teil der Strategie 18 für mediale Aufmerksamkeit für die werblichen und inhaltlichen Botschaften der FDP gesorgt.

Mobilisierung der Mitglieder und Funktionsträger

Neben zahlreichen Spendenaktivitäten rund um Wahlkampfveranstaltungen waren insbesondere Briefe an die Mitglieder Schwerpunkt der parteiinternen Kampagne. Es wurden insgesamt sieben Mailings realisiert, davon fünf reine Spendenbriefe an die Gesamtmitgliedschaft.

Die Mailings erreichten Responsequoten zwischen ein und 3,45 Prozent. Alle internen Maßnahmen in den Jahren 2001 und 2002 (Mailings, Online-Spenden, Fundraising-Dinner usw.) ergaben eine Gesamtzahl von 8415 Mitgliedsspenden mit einer durchschnittlichen Spendenhöhe bei Mitgliedern von 137,84 €. Damit wurde die Hälfte des gesamten Spendenaufkommens des Bürgerfonds erzielt.

Die Zielgruppe „Mitglieder" zeichnet sich durch die höchste Kontaktdichte und das größte Spendenaufkommen aus. Hier konnte der Bürgerfonds auch den höchsten Mobilisierungsgrad aller angesprochenen Zielgruppen erreichen. Die Mitgliedschaft der FDP insgesamt war durch die FDP-Wahlerfolge bei den Landtagswahlen, gute Umfrageergebnisse und die Eigenständigkeitsstrategie der FDP hochmotiviert.

Die Funktionsträger der Partei als „Spendenaktivisten"

Für das Projekt war eine zentrale Vorgabe des Bürgerfonds-Konzepte, die FDP-Gliederungen als Spendenaktivisten zu mobilisieren. Hier galt es, die Bereitschaft zur eigenen Spendenakquisition zu wecken und zu stärken. Es ging auch darum, Vorbehalte gegenüber der von der Bundespartei ins Leben gerufenen Kampagne des Bürgerfonds auszuräumen, das gemeinsame Ziel des Spenden- und Stimmensammelns hervorzuheben.

Der Erfolg der Mobilisierung der Gliederungen ist monetär als schwach zu bewerten. Der Spendeneingang blieb weit hinter den Erwartungen zurück. Zum größten Teil betrachten die Kreisverbände ihre Spendenaktivitäten primär als Beitrag zur Finanzierung ihrer lokalen und regionalen Parteiarbeit. Sie befürchteten „Kannibalisierungseffekte" zu Gunsten der Bundespartei und zu ihren Lasten. Dem Bürgerfonds ist es aber nicht zuletzt mit Hilfe zahlreicher Service-Angebote (Spendenkits) gelungen, vermehrt Spendenaktivitäten der Kreisverbände für ihre eigenen Kassen anzuregen.

Neue Zielgruppen gewinnen

Das Grundkonzept des Bürgerfonds sah vor, ein externes Spenderumfeld aus parteinahen Privatpersonen, mittelständischen Firmen und größeren Unternehmen, aber auch negativ Betroffenen der rot-grünen Politik zu erschließen.

Zur Erreichung des Zieles, Spenden aus dem parteinahem Umfeld sowie von Privatpersonen und Unternehmen zu generieren, wurden bundesweit Fundraising-Dinner durchgeführt, zu VIP-Programmen bei Parteitagen eingeladen, etc.

Die stete Idee hierbei ist, neben Spenden für die FDP zu generieren, auch immer wieder neue Personen und Unterstützer an die FDP heranzuführen. Die Fundraising-Veranstaltungen dienten also dabei nicht nur der Spendenakquise, sondern auch der Bildung von gesellschaftlichen Netzwerken mit „Nutzwert" und Veranstaltungen mit Erlebnischarakter zu schaffen. Gerade zu Beginn und während der „heißen Phase" des Wahlkampfes verstärkte sich das Interesse für diese Veranstaltungen mit prominenten FDP-Politikern und auch die Spendenbereitschaft nahm in Richtung Wahltermin generell zu.

Foto: Bürgerfonds

Gesammelt: Zwei Koffer voll Schlafmünzen für Rexrodt

Themenbezogene Veranstaltungen zum Beispiel Gespräche zu „Mittelstand und New Economy" gehörten ebenso dazu wie gesellschaftliche Ereignisse wie die Geburtstagsfeier von Guido Westerwelle. Insgesamt 24 Veranstaltungen erbrachten 377.000 €.

„Opfer" rot-grüner Politik

Neben Fundraising-Dinners und der individuellen Ansprache potenzieller Spender bilden Mailings die dritte wichtige Säule. Zu diesem Zweck hat der Bürgerfonds Zielgruppen im Sinne der negativen Betroffenheit durch die rot-grüne Politik identifiziert wie Mittelständler, Freiberufler, Dienstleister im Gesundheitswesen etc. Nach einer Profilerstellung durch eine Analyse bisheriger Spenderdaten wurden mit genau spezifizierten Kriterien Selektionen bei Adressbrokern vorgenommen und „kalte“ Adressen zur einmaligen Ansprache angemietet. Demografische und regionale Selektion unter Einbeziehung von Wahlergebnissen in den Regionen, heruntergebrochen auf die kleinste mögliche Einheit, wurden berücksichtigt.

Erste Testmailings im Jahr 2001 zeigten, dass gerade überschaubare Zielgruppen eine potenziell hohe Spendenbereitschaft haben. Insbesondere die Verknüpfung mit einer politischen Initiative, die für eine Zielgruppe relevant ist, führte dabei zu höherer Response. Insgesamt zwölf Mailings an rund 66.000 Empfänger mit einer Größe zwischen 100 und 20.000 Adressen wurden realisiert.

Manche mögen's heiß: Westerwelle mit MM-Double bei der Party zu seinem 40. Geburtstag. Foto: FDP

Dabei wurden folgende Responsequoten bzw. Spendenergebnisse erzielt: 36.126 € mit einer durchschnittliche Spendenhöhe von 176,23 € und eine durchschnittliche Responsequote von 0,31 Prozent. Auch wenn man angesichts der generellen Erfahrungen beim Direktmarketing in Rechnung stellt, dass Streuverluste von bis zu 99 Prozent einzukalkulieren sind, ist das rein materielle Verhältnis von Aufwand und Ertrag unbefriedigend.

Dagegen wird interessensorientierte Ansprache von den angeschriebenen Zielgruppen außerhalb von heißen Wahlkampfphasen als positiver Dialog wahrgenommen, wie die schriftliche Response gezeigt hat. So sind Ansätze eines konstanten Dialogs mit Zielgruppen entstanden. Diese konstanten Dialoge ersetzen sich auflösende Stammwählerbindungen durch eine interessensgeleitete Zielgruppenbindung mit Hilfe zielgenauer Angebote wie berufsständischen Information, Einladungen zu politischen Fachkongresse und verschiedenen anderen mehr.

Kommunikation

Eine erfolgreiche Kampagne braucht Botschaften, die Bewusstsein schaffen und das eigene Profil verdeutlichen. Der Bürgerfonds ist mit dem Anspruch angetreten, die erste professionell gemanagte Fundraising-Kampagne der deutschen Politik zu sein. Um den Anspruch zu untermauern, spielte das Internet eine herausragende Rolle, auch im Sinne einer Spenden generierenden PR-Arbeit.

PR-Aktionen und Medienarbeit

Neben dem Internet-Auftritt und mit eigenen Werbemitteln hat der Bürgerfonds mit zahlreichen PR-Aktionen und klassischer Pressearbeit intern wie nach außen auf die Kampagne aufmerksam gemacht. Ein Mix aus Spenderanreiz und Spender-Dank, die gleichzeitig medial auf die Kampagne aufmerksam gemacht haben, waren Aktionen wie

Karnevaleske Aufregung um den TV-Spot mit Erotikstar Dolly Buster, hier auf BILD.de – gleichzeitig: Versteigerung von Westerwelles Krawatte.

- Konzertbesuch „Mit Guido zu Madonna“,
- eine Spendenbundesliga der Kreisverbände,
- Mobilisierungskampagne Gesundheitspolitik,
- Telefonspenden „Steuern runter wählen 0190 000 182002“,
- Verlosung der Einladungen zu Westerwelles 40. Geburtstag, eine Party mit rund 1000 Gästen,
- Verlosung des Originalmanuskripts von Westerwelles Parteitags-Bewerberrede als Kanzlerkandidat,
- TV-Spot mit Dolly Buster,
- TV-Spot mit Wigald Boning,
- Verlosung von 18 €-Scheinen mit Westerwelle-Konterfei (handsigniert)

- „Gründer 18 Aktion“ mit Gravur des Spendernamens auf einer Ehrentafel in der Parteizentrale

Das Prinzip bleibt, die Werbung von Stimmen mit der Werbung um Spenden zu verbinden. Bewährt hat sich die Kombination aus PR und Responsemanagement.

E-Campaigning

Als ungesteuertes, interaktives, schnelles und kostengünstiges Ansprachemedium diente die Website des Bürgerfonds nicht nur der Informationsvermittlung zur Kommunikation der Kampagne und ihrer zahlreichen Aktionen, sondern auch der aktiven Spendenwerbung. Dies lässt sich an folgenden Maßnahmen und ihren Ergebnissen ablesen:

- **Einnahmen:** 20.905,08 € wurden von 227 Spendern eingezahlt, die durchschnittliche Online-Spende betrug 92,09 €. Von den 227 waren 135 FDP-Mitglieder, 92 Nicht-Mitglieder.
- **Webgame „Das Spiel 18“:** 20.000 Mitspieler haben sich am Webgame des Bürgerfonds beteiligt.
- **Online-News:** Der „Newsletter 18 | 2002“ erschien alle 18 Tage mit 24 Ausgaben. Auf der Liste: 600 Empfänger. Das „Erfolgsrezept“ erschien wöchentlich, brachte es auf 40 Ausgaben und 7000 Empfänger. Der „Newsletter FDP“ erschien wöchentlich und kam auf 28 Ausgaben mit 6000 Empfängern.
- **Online-Abstimmungen:** Es fanden mehrere Abstimmungen zu politischen Sachfragen statt, u. a. zur Abschaffung überflüssiger Gesetze und unsinniger Steuern und Abgaben. Die größte Resonanz erzielte die Abstimmung zu „10 Gebote für einen liberalen Staat“ mit über 9000 Stimmabgaben.
- **Besucherzahlen:** In der heißen Phase im August/September waren rund 1000 Besucher pro Tag, in den Monaten zuvor zwischen 200 und 500 pro Tag zu verzeichnen.

Internet-User gelten ökonomisch als sehr begehrte Zielgruppe, weil sie in der Regel über eine überdurchschnittliche Kaufkraft verfügen. Politisch sind sie für die FDP eine wichtige Zielgruppe, weil sie sich aus überwiegend jüngeren, politisch nicht festgelegten, aber freiheitsorientierten Wechselwählern zusammensetzt. Schon jetzt ist die FDP die Internet-Partei. Daher sollte Online-Fundraising auch in Zukunft ein wichtiges Instrument der FDP bei der Spendenwerbung sein. Online- und Offline-Aktionen müssen aufeinander abgestimmt werden. Aber beim Fundraising bleibt der persönliche Kontakt sehr wichtig. Daher gilt die Regel: *high tech* plus *high touch*.

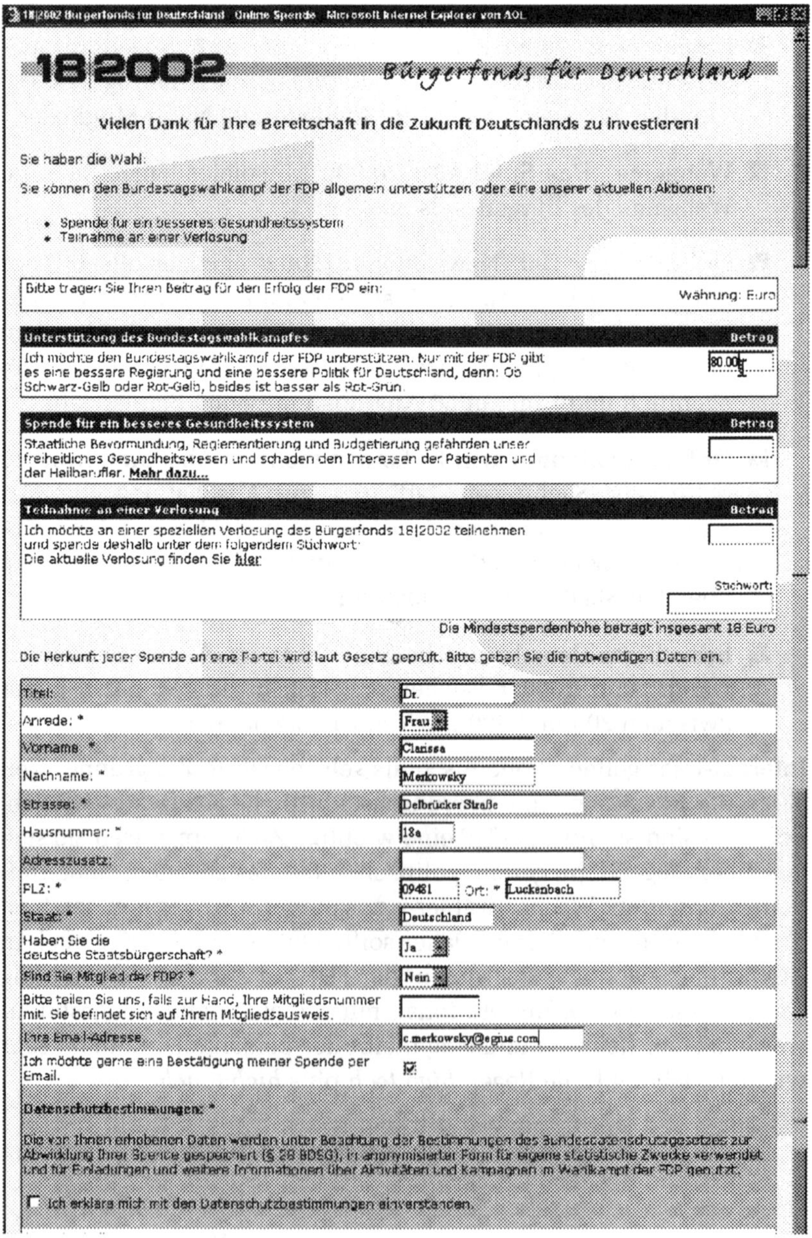
18|2002 Bürgerfonds für Deutschland Online Spende Microsoft Internet Explorer von AOL
18|2002
Bürgerfonds für Deutschland
Vielen Dank für Ihre Bereitschaft in die Zukunft Deutschlands zu investieren!
Sie haben die Wahl:
Sie können den Bundestagswahlkampf der FDP allgemein unterstützen oder eine unserer aktuellen Aktionen:
• Spende für ein besseres Gesundheitssystem
• Teilnahme an einer Verlosung
Bitte tragen Sie Ihren Beitrag für den Erfolg der FDP ein:
Währung: Euro
Unterstützung des Bundestagswahlkampfes
Betrag
Ich möchte den Bundestagswahlkampf der FDP unterstützen. Nur mit der FDP gibt es eine bessere Regierung und eine bessere Politik für Deutschland, denn: Ob Schwarz-Gelb oder Rot-Gelb, beides ist besser als Rot-Grün.
80.00
Spende für ein besseres Gesundheitssystem
Betrag
Staatliche Bevormundung, Reglementierung und Budgetierung gefährden unser freiheitliches Gesundheitswesen und schaden den Interessen der Patienten und der Heilberufler. Mehr dazu...
Teilnahme an einer Verlosung
Betrag
Ich möchte an einer speziellen Verlosung des Bürgerfonds 18|2002 teilnehmen und spende deshalb unter dem folgendem Stichwort:
Die aktuelle Verlosung finden Sie hier
Stichwort:
Die Mindestspendenhöhe beträgt insgesamt 18 Euro
Die Herkunft jeder Spende an eine Partei wird laut Gesetz geprüft. Bitte geben Sie die notwendigen Daten ein.
Titel: Dr.
Anrede: * Frau
Vorname: * Clarissa
Nachname: * Merkowsky
Strasse: * Delbrücker Straße
Hausnummer: * 18a
Adresszusatz:
PLZ: * 09481 Ort: * Luckenbach
Staat: * Deutschland
Haben Sie die deutsche Staatsbürgerschaft? * Ja
Sind Sie Mitglied der FDP? * Nein
Bitte teilen Sie uns, falls zur Hand, Ihre Mitgliedsnummer mit. Sie befindet sich auf Ihrem Mitgliedsausweis.
Ihre Email-Adresse c.merkowsky@egius.com
Ich möchte gerne eine Bestätigung meiner Spende per Email.
Datenschutzbestimmungen: *
Die von Ihnen erhobenen Daten werden unter Beachtung der Bestimmungen des Bundesdatenschutzgesetzes zur Abwicklung Ihrer Spende gespeichert (§ 28 BDSG), in anonymisierter Form für eigene statistische Zwecke verwendet und für Einladungen und weitere Informationen über Aktivitäten und Kampagnen im Wahlkampf der FDP genutzt.
Ich erkläre mich mit den Datenschutzbestimmungen einverstanden.

Die Telefon-Hotline

Die Idee: eine kostenpflichtige 0190-Nummer als Spendentool. Neben der Aktion „Steuern runter wählen" (Telefonspende 18DM/9,20€) sollte eine „Liberale Auskunft 11848" (Jeder Anruf 48 Cents pro Minute, ab der dritte Minute 18 Cents) mit einem zusätzlichen Serviceangebot von schlichter Nummernauskunft oder Vermittlung zum örtlichen Bundestagsabgeordneten über FDP-Veranstaltungshinweise bis zum politischen Dialog das Medium Telefon nutzen. Wer sich zum Beispiel an der Protestaktion zu den TV-Duellen beteiligen wollte, rief einfach 11848 an und teilte dies dem Operator mit. Nach der Bandansage konnte der Spender auf dem Band Namen und Adresse hinterlassen, die Versendung der persönlichen Protestpostkarte kostete ihn also 48 Cents. Zugleich erhielt er eine Rückmeldung sowie eine solche Postkarte zur Ansicht zugesandt.

Die Ergebnisse der in Zusammenarbeit mit Talkline entwickelten Hotline blieben allerdings weit hinter den Erwartungen zurück. Vor allem deshalb, weil die geplante TV-Werbekampagne zur 0190er-Nummer nicht realisiert wurden. Der Spot, in dem Wigald Boning am Badeteich das Kennzeichen D versinken sieht und dann per Handy

den Notruf „Deutschland droht zu ertrinken, ich brauche Hilfe" abgibt, war aber im Internet zu sehen.

Ausblick: FDP Bürgerfonds 2006

Als zusätzlicher materieller Gewinn wird sich die hohe Zahl von rund 9500 Spenden von natürlichen Personen erweisen, die anders als bei juristischen Personen vom Staat bezuschusst werden. Als besonders wertvoll erweisen sich die aufgebauten Netzwerke von Unterstützern, die einen konstanten Dialog unabhängig von aktuellen Wahlkämpfen erfordern. Die FDP wird den Bürgerfonds innerhalb der Parteizentrale auch für diesen Dialog weiterführen und die Unterstützernetzwerke ausbauen.

Fundraising-Aktivitäten anderer Parteien nehmen zu, aber bisher eher punktuell. Fast alle Parteien bieten inzwischen Möglichkeiten zum Online-Spenden an. Die Grünen hatten die Stelle eines „Fundraising-Referenten" beim Bundesvorstand eingerichtet. Es ist zu erwarten, dass gerade nach der erfolgreichen Innovation durch den FDP Bürgerfonds in Zukunft ähnliche Kampagnen auch von anderen Parteien aufgelegt werden. Die alte Regel „money matters" gilt immer stärker auch in der Politik.

Aber der langfristige Gewinn der Bürgerfonds-Kampagne sind die Menschen, die für ein politisches Engagement gewonnen werden konnten. Die FDP wird diese Netzwerke weiter pflegen und ausbauen. Sie bietet als Mitmach-Partei neue Mitwirkungsmöglichkeiten an, auch mit dem Bürgerfonds. Nach dem enttäuschenden Wahlergebnis der FDP steigt inzwischen wieder das Interesse an der Bürgerpartei FDP. Dafür sorgt auch die Koalitionsvereinbarung von Rot-Grün, die ein später Sieg von Lafontaine über die Neue Mitte ist. Der FDP Bürgerfonds wird eine Bürger-Bewegung gegen Rot-Grün mit Zukunftskapital für eine Erneuerung der politischen und marktwirtschaftlichen Strukturen in Deutschland.

Die Grünen-Kampagne

„GRÜN WIRKT" MIT WENIG RESSOURCEN

MARCUS R. BECHER
BERLIN

WER HÄTTE KURZ VOR DER WAHL WETTEN wollen, dass der kleine Regierungspartner Bündnis90/Die Grünen nach 17 verlorenen Landtagswahlen in Folge am 22. September 2002 einen Erfolg einfährt? Mit 8,6 Prozent brachte er immerhin das beste Ergebnis bei einer Bundestagswahl. Die Wahlkampagne brach mit alten Gepflogenheiten und setzte die knappen Ressourcen effizient ein. Doch die Basis für ihren Erfolg legten die Grünen schon vorher.

Monatelang hatten die Umfrageinstitute eine klare Mehrheit für die Opposition aus CDU/CSU und FDP vorhergesagt. Anfang des Jahres 2002 mutmaßte man gar über das Scheitern der Grünen an der

Fünf-Prozent-Hürde. Danach rangierten sie mit sechs bis sieben Prozent in den Umfragen stets deutlich hinter der FDP und damit auf dem vierten Platz. Nur sehr vereinzelte Stimmen in den Medien räumten den Grünen Chancen auf das Weiterregieren ein. Wer anderes prognostizierte, wurde noch wenige Wochen vor dem Wahlsonntag von der professionellen Zunft milde belächelt.

Doch am Ende scheiterte die konservativ-bürgerliche Opposition, die Postkommunisten flogen aus dem Parlament und das Mitte-Links-Bündnis von SPD und Grünen wurde von der Mehrheit der Wähler im Amt bestätigt. Einer der Gründe für diesen Erfolg: Die Wahlkampagne der Grünen. Die Kampagne im engeren Sinn hätte allerdings nicht funktioniert ohne eine Reihe von Entwicklungen bei den Grünen in der Zeit vom Sommer 1999 bis zur Verabschiedung des neuen Grundsatzprogramm auf dem Berliner Parteitag im März 2002.

Ausgangslage nach 1998

Die Ausgangslage vor der Bundestagswahl 2002 erschien weder für die Konstellation Rot-Grün noch für die Grünen an sich günstig. Hier sollen nicht alle Auf- und Ab-Bewegungen der ersten rotgrünen Regierungszeit nachgezeichnet werden. Was Bündnis90/Die Grünen betrifft, so war die Partei bei Regierungsantritt Ende 1998 großteils auf das Regieren im Bund nicht vorbereitet – mental nicht, und auch nicht organisatorisch. Der damalige Wahlkampf hatte deutliche Defizite in der Professionalität und Kampagnenfähigkeit der Partei erkennen lassen. Die Führungscrew der Grünen bot in der ersten Regierungszeit kein Bild der Geschlossenheit, die Parteivorsitzenden Radcke und Röstel konnten kein Machtzentrum aufbauen und blieben öffentlich blass. Die Entscheidung über die Beteiligung am NATO-Einsatz im Kosovo-Konflikt stellte die Grünen bereits am Anfang ihrer Regierungsbeteiligung vor innere Zerreißproben und blieb ein lange schwelender Konflikt in der Partei und ihrem gesellschaftlichen Umfeld. In langen Oppositionsjahren genährte Erwartungen brachen sich mit der Realität und den Einflussmöglichkeiten des kleineren Regierungspartners. Amts- und Mandatsträger auf Länder- und Kommunalebene verzagten über schwindende Mitgliederzahlen und Verluste bei den Landtagswahlen. Die Opposition bohrte genüsslich in der Wunde der vermeintlichen „Umfallerpartei". Die Presse stimmte mit unterschiedlichen Motiven in den Kanon ein. Im Grunde war der „Markenkern" der Grünen beschädigt. Die Grünen standen daher gleich vor mehreren Großbaustellen, die vor dem nächsten Bundestagswahlkampf fertig werden mussten:

- Die Partei brauchte eine überzeugendere Führungsspitze und schlagkräftigere Entscheidungsstrukturen.
- Die Grünen benötigten eine Debatte und Neubestimmung ihrer wesentlichen Grundwerte und inhaltlichen Ziele ihrer Politik, um darüber ein gemeinsames Selbstbewusstsein als Basis für Geschlossenheit und Motivation zurückgewinnen.
- Sie mussten Regierungserfolge und Reformprojekte mit grüner Handschrift erkämpfen und erkennbar machen.
- Die Partei musste ihre knappen Ressourcen optimieren und sie effizient einsetzen auf Grundlage einer fundierten Analyse und Strategiebildung.

Wie dringlich gerade auch die Optimierung der grünen Ressourcen war, zeigt ein vergleichender Überblick über die Finanzen, die den Parteien nach öffentlichen Informationen für den Bundestagswahlkampf 2002 zur Verfügung standen. Der Etatansatz für den grünen Bundestagswahlkampf kam mit nur 2,5 Millionen Euro nicht über den der Bundestagswahl 1998 hinaus. Im Vergleich dazu waren ganz andere Zahlen über die Wahletats der Konkurrenten zu lesen: SPD circa 25 Millionen Euro, CDU 20 Millionen Euro und CSU nochmals fünf Millionen Euro, PDS fünf Millionen Euro. Die FDP stellte zunächst 5,5 Millionen Euro ein, wollte aber mithilfe der PR-Agentur Weber Shandwick neun Millionen Euro Spenden für ihre Wahlkampagne gewinnen (vgl. Beitrag von Martin Biesel).

Diese Zahlen betreffen die Etats der Bundesparteien. Größenordnungen über die zusätzlichen Wahletats 2002 von den Landes- und Kommunalgliederungen der Parteien liegen zwar nicht vor, aber nach aller Erfahrung und Kenntnis spiegeln sich die Unterschiede zwischen den Parteien auch dort wider. Selbst die beiden kleineren Konkurrenten FDP und PDS konnten also mit mehr als dem Doppelten an Finanzmitteln ihre Wahlkampagnen planen und umsetzen.

Eine weitere wichtige Ressource ist das Personal, das die Kampagnen planen und umsetzen soll. Hier mussten die Grünen ebenfalls mit deutlich weniger ihren Wahlkampf organisieren. Eine externe „Kampa" war nicht finanzierbar, die Bundesgeschäftsstelle der Partei wurde zur Wahlkampfzentrale. Etwa 15 Mitarbeiter der Bundesgeschäftsstelle übernahmen die Aufgaben für die Planung und Organisation der Wahlkampagne neben ihren eigentlichen Tätigkeiten. Allein die Stellen des Kampagnenmanagers, seiner Assistentin und des Referenten für die Gegnerbeobachtung kamen zum Herbst 2001 hinzu. Internetredaktion und Publikationen betreuten nochmals fünf Beschäftigte der nahestehenden Firma Kompakt-Medien. Und im Wahljahr unterstützten maximal zehn Praktikanten mit großartigem Engagement einzelne Arbeitsbereiche des Wahlkampagne.

Im Vergleich dazu baute die SPD erneut eine Kampagnenzentrale „Kampa02" mit rund 120 Beschäftigten auf. Für das Wahlkampfteam „Team 40plus" der Union sollten insgesamt etwa 100 Leute arbeiten. Bei der FDP dürften etwa 50 Mitarbeiter für die zentrale Organisation des Wahlkampfes gearbeitet haben und in der Bundesgeschäftsstelle der PDS arbeiteten annähernd 15 bis 20 Leute im „Wahlbüro" an den Wahlkampfplänen, im Frühjahr 2002 bezogen dann rund 30 Mitarbeiter das „Wahlquartier" als Kampagnenzentrale. Gleichwohl: Nur mit einer Wahlkampfzentrale und ohne aktive Wahlkämpfer und Helfer im ganzen Land läuft aber keine Wahlkampagne. Gerade die Grünen leben vom ehrenamtlichen Engagement der Mitglieder, auch wenn sie auch hier zahlenmäßig nicht mit den anderen Parteien mithalten können. Wenn Amts- und Mandatsträger, Mitarbeiter und Mitglieder überzeugt vom gemeinsamen Projekt sind, kann dies vieles wettmachen. Doch mit einer verunsicherten Partei wie zu Anfang der Legislatur wäre dies nicht möglich gewesen. Entsprechend wichtig waren die oben genannten Aufgaben, um auch diese Ressource der Partei, ihre engagierten Mitglieder, neu zu motivieren und zu mobilisieren.

Neue Entscheidungsstruktur

Ein wichtiger Schritt hin zu einer professionelleren Führung gelang im Sommer 2000 mit der Wahl des neuen Bundesvorstands und den neuen Vorsitzenden Renate Künast und Fritz Kuhn. Das Zusammenspiel des Führungspersonals auf Bundesebene und der öffentliche Auftritt der Bundespartei verbesserten sich rasch sehr deutlich. Auch als die grüne Gesundheitsministerin Andrea Fischer mit ihrem Agrarkollegen von der SPD während der BSE-Krise Anfang 2001 zurücktrat, gelang der grünen Führung eine unerwartet schnelle Klärung der Personalfrage. Künast wechselte vom erst frisch bestuhlten Parteivorsitz ins Ministeramt für Verbraucherschutz und Landwirtschaft. Neue Parteichefin neben Fritz Kuhn wurde die Bundestagsabgeordnete Claudia Roth. Die Grünen demonstrierten in dieser Phase personell professionelles Krisenmanagement, untermauerten und stärkten ihre Regierungs- und Führungskompetenz.

Außenminister Joschka Fischer führte inzwischen die Liste der beliebtesten Politiker an. Renate Künast punktete als frisch-freche Verbraucherministerin, und auch der oft gescholtene Jürgen Trittin zeigte sich mehr und mehr als erfolgreicher Umweltminister. Zudem hatten sich eine ganze Reihe grüner Staatssekretäre und Abgeordneter in ihren jeweiligen Fachkreisen Achtung erworben. Die Grünen stellten sich mit einem Personal an der Spitze und der zweiten Reihe auf, das frischer und interessanter wirkte als viele Damen und Herren bei der Konkurrenz.

Bereits 1999 hatten die Grünen einen weiteren Schritt hin zu professionelleren Führungsstrukturen geschaffen. Zwar gelang für den Bundesvorstand nicht die Aufhebung der Trennung von Amt und Mandat mit satzungsändernder Zweidrittel-Mehrheit. Aber es wurde zumindest eine Art erweiterter Parteivorstand durchgesetzt. Im Parteirat mit 16 Mitgliedern konnten erstmals neben den Bundesvorsitzenden, dem politischen Geschäftsführer und Vertretern aus Landesverbänden auch die grünen Bundesminister, die Vorsitzenden der Bundestagsfraktion und weitere Abgeordnete in einem Parteigremium in die Beratung wichtiger Parteientscheidungen formal eingebunden werden. Die Abstimmung gemeinsamer Positionen und Vorgehensweisen konnte mit diesem neuen Gremium zumindest teilweise verbessert werden.

Neuer Grundkonsens, neues Selbstbewusstsein

Die Klärung des inhaltlichen Profils und der angekratzten Grundwerte war allerdings für einen Großteil der Mitglieder und der Stammwähler weit wichtiger. Der grüne Kern bestimmt sich hauptsächlich inhaltlich und durch einen originären Wertemix, der aber zum Teil durch die oben genannten Entwicklungen zu Beginn der Wahlperiode angegriffen war. Die Parteispitze war sich frühzeitig dieser Achillesferse und der drohenden Mobilisierungsschwäche bei der Wahl 2002 bewusst. Bei bundesweit weniger als 50.000 Mitgliedern und einem Stammwählerpotenzial von unter fünf Prozent wäre eine Lähmung von breiteren Teilen der aktiven Basis nicht zu kompensieren gewesen. Es galt einen neuen Grundkonsens zu schaffen und die Partei mit Selbstbewusstsein auszustatten. Viel Kraft wurde deshalb in den Jahren 2000 und 2001 darauf verwendet, die Diskussion und Erarbeitung eines neuen Grundsatzprogramms voranzutreiben. Während die anderen Parteien nach und nach ihre neuen Grundsatzprogramme auf die Zeit nach der Bundestagswahl verschoben, blieb der grüne Bundesvorstand bei dem kräftezehrenden Projekt eines neuen Grundsatzprogramms parallel zu den Vorbereitungen des Bundestagswahlkampfes.

Anfang 2000 begann der Vorstand die ersten Planungen und berief eine Programmkommission unter Leitung des politischen Geschäftsführers Reinhard Bütikofer ein. Ende 2001 sollte das neue Grundsatzprogramm verabschiedet werden, um sich mit dem Jahreswechsel ganz auf die Bundestagswahl zu konzentrieren. Bundesvorstand und Mitarbeiter organisierten eine Reihe von Kongressen und Diskussionsveranstaltungen für die Parteibasis, zu denen man Wissenschaftler und Vertreter gesellschaftlicher Gruppen einlud. Im Sommer 2001 bekam dann jedes Parteimitglied den Programmentwurf der Kommission zugesandt. Anschließend stellte die Kommission ihren Entwurf auf mehreren Regionalkonferenzen zur Debatte.

Die Terroranschläge vom 11. September 2001 brachten den Zeitplan durcheinander, der Parteitag im November 2001 musste sich mit dem Kampf gegen den Terrorismus und der Vertrauensfrage des Kanzlers zum Afghanistan-Einsatz befassen. Das Grundsatzprogramm musste auf den Berliner Parteitag im März verschoben werden. Für das Wahlprogramm wurde ein zusätzlicher Parteitag Anfang Mai notwendig. Dem Erfolg der Programmarbeit hat diese Verzögerung nicht geschadet. Die Programmdebatte stiftete einen neuen Konsens über die gemeinsamen Grundwerte und Ziele. Bei der Verabschiedung auf dem Berliner Parteitag zeigten sich die Grünen der Öffentlichkeit unerwartet geschlossen und selbstbewusst. Selbstverständnis und öffentliches Image wirkten wieder frischer, moderner und zeitgemäßer, was unterstützt wurde durch maßvolle Verbesserungen in der Ablaufplanung und Gestaltung der Parteitage. Das neue Selbstbewusstsein der grünen Partei basierte auf selbstkritischer Auseinandersetzung. Es spiegelt darin das Selbstverständnis breiter Teile der Anhängerschaft der Grünen wider und setzt auf ein wachsendes Bedürfnis nach reflexiver Politik.

Professionalisierung und Finanzen

Eine weitere Baustelle bildete die Professionalisierung des Mitarbeiterapparates sowie die Verbesserung der Finanzsituation und der Infrastruktur, die in erster Linie der politische Geschäftsführer Reinhard Bütikofer vorantrieb. Beginnend mit dem Umzug der Bundesgeschäftsstelle nach Berlin im Herbst 1999 wurde der Mitarbeiterstab erneuert und eine gute Mischung aus alten Hasen und neuen Kräften geschaffen. Mitarbeiter der Bundes- und Landesebenen nutzten Fortbildungsangebote über Kampagnenmanagement bis hin zu Seminarreisen in die USA. Junge Nachwuchskräfte in den Landesverbänden versuchte die Parteiführung unter anderem mit einem Mentoring-Programm für junge Frauen zu unterstützen. Mehrere Landesverbände unternahmen ähnliche Schritte.

In der Bundesgeschäftsstelle bündelte der Vorstand die Presse- und Öffentlichkeitsarbeit. Die Bereiche Pressestelle, Öffentlichkeitsreferat und Internetredaktion wurden in einer Abteilung zusammengefasst und dem Pressesprecher als neuem Abteilungsleiter unterstellt. Das Ziel dabei: eine schnellere, effizientere und in sich abgestimmte PR-Kommunikation.

Auch bei der Ressource Geld versuchte die Parteiführung die Lage zu bessern. In Verhandlungen konnte der Bundesvorstand die Landesverbände überzeugen, dem Bundesverband für den Wahlkampf zeitlich begrenzt einen größeren Anteil an den staatlichen Zuschüssen abzutreten. Ende 2000 richtete der Vorstand eine neue Stelle für Fundraising in der Bundesgeschäftsstelle ein. Die Variante einer Zusammenarbeit mit einer professionellen Agentur wurde dagegen verworfen. Aber als erste

Partei starteten die Grünen im Sommer 2001 ein Spendentool auf ihrer Internetseite (links).

Nicht nur der tragische Unfalltod des Fundraising-Mitarbeiters warf die Anstrengungen zurück. Auch die Spendenbereitschaft gegenüber Parteien und damit auch den Grünen wurde durch die Spendenskandale von CDU und SPD nachhaltig gestört.

Die interne Kommunikation wurde auf mehreren technischen Wegen ausgebaut und beschleunigt. Bundes- und Landesvorstände forcierten die elektronische Vernetzung. Mailinglisten wurden differenziert für die Parteigliederungen, für Amts- und Mandatsträger und für Mitglieder aufgebaut. Ein wöchentlicher Email-Newsletter des politischen Geschäftsführers erreichte rund 4000 Empfänger und informierte sie über das aktuelle Geschehen und Beschlüsse der Bundespolitik. Drohten Konflikte um schwierige Entscheidungen, wurden die Spitzenvertreter in den Ländern mittels Telefonschaltkonferenzen informiert und einbezogen. Vor dem Parteitag in Rostock Ende 2001, auf dem es um die umstrittene Zustimmung für den Afghanistan-Einsatz ging, wurde dieses Instrument sogar auf Kreisvorstände ausgedehnt. Dutzende solcher Telefonkonferenzen mit je 15 bis 20 Kreisvorsitzenden schoben Roth, Kuhn und Bütikofer zwischen ihre Termine vor dem Parteitag.

Des Weiteren verbesserte der Bundesverband den Internetauftritt der Partei. In einem ersten Schritt erhielt die alte Website der Partei, gruene.de durch eine tagesaktuelle redaktionelle Betreuung einen größeren Nutzerwert. Im zweiten Schritt wurde mit Hilfe externer Berater und der Firma gedas die technische Basis auf ein neues Redaktionssystem umgestellt, und die Parteiseite erhielt ein neues Seitenkonzept und Design. Zudem wurde eine gemeinsame Portalseite von Partei und Bundestagsfraktion gestartet. Für die Wahlkampagne kamen im Sommer 2002 gesonderte Websites der Kampagne selbst (gruen-wirkt.de), des Spitzenkandidaten (joschka.de) und der Vorsitzenden hinzu.

Im Mai 2002 startete für die interne Kommunikation im Wahlkampf ein Internetangebot mit Zugangsbeschränkungen, „Extranet" genannt. In diesem geschützten Internetbereich stellte die Kampagnenzentrale den Kandidaten, den Amts- und Mandatsträgern sowie den Wahlkampfkoordinatoren in den Ländern und Kreisverbänden Hilfen für die Wahlkampfarbeit zur Verfügung: Argumentationshilfen zu den relevanten Themen und aktuellen Ereignissen, Informationen über die Wahlkampflinien der Konkurrenten, ihren Argumenten sowie grüne Gegenargumente, Vorlagen für Flugblätter, Kandidatenmaterial, Anzeigen, Aktionstipps, Terminhinweise. Auch Wahlkampfmaterial konnte dort online bestellt werden. Ein Netz von Referenten und Fachleuten füllte das Angebot mit Inhalten, koordiniert über die leitenden Mitarbeiter der Bereiche Öffentlichkeitsarbeit und Gegnerbeobachtung. Dieses Instrument eines geschützten Internetbereichs war ebenfalls eine Innovation für die grüne Partei. Es fand großen Anklang bei den Wahlkämpfern.

Zwei weitere Neuerungen ergänzten im Wahljahr dieses parteiinterne Informationsangebot. Eine Kandidaten-Hotline nahm täglich von 08.00 bis 20.00 Uhr Anrufe von Kandidaten und Kreisverbänden an und half bei ihren Fragen. Handybesitzer konnten zudem ab April die grüne Kommentarlinie zu aktuellen Ereignissen sowie Terminhinweise per SMS erhalten, die von der Wahlkampfleitung über ein entsprechendes Tool verschickt wurden. Rund 3000 Aktive standen am Ende auf der Empfängerliste.

Entwicklung von Strategie und Botschaft

Während an all diesen Baustellen gearbeitet wurde, begann der Bundesvorstand Ende 2000 mit den ersten Vorarbeiten für die Wahlkampagne 2002. Die strategischen Ausgangsbedingungen für die Grünen und für ihre Konkurrenten waren frühzeitig in groben Zügen klar, ebenso wichtige Einflussfaktoren wie gesellschaftliche Trends, Wirtschaftsentwicklung, die Rolle der Medien sowie gesetzte Termine wie die anstehenden Landtagswahlen. Was für die strategische Planung fehlte, war eine genauere Kenntnis über die Wählerpotenziale der Grünen und der anderen Parteien auf dem aktuellen Stand. Solche Zielgruppenanalysen sind grundlegend für das Entwickeln der zentralen Botschaften und den angemessenen Ton des Wahlkampfes, die Auswahl von Themen und passenden Personen sowie den effizienten Einsatz der wirksamsten Werbemittel und Events. Eine Auswertung frei zugänglicher Wahlanalysen, Umfragen und Studien gab zwar erste Anhaltspunkte, doch diese Analysen waren nicht aktuell und zielgerichtet genug.

Analyse der Wählergruppen

Anfang des Jahres 2001 beauftragte der Bundesvorstand die Forschungsgruppe Wahlen mit einer größeren Umfrage über die Wählerpotenziale der Grünen. In mehreren Beratungen des Bundesvorstands, des Parteirats und mit den Spitzen der Landesverbände und ihren Wahlkampfkoordinatoren wurden die Ergebnisse beraten. Sie zeigten deutlich auf, welche Wählergruppen die Grünen erreichen konnten und welche nicht; welche Wertorientierungen die potenziellen Grünwähler hatten, welche Themen ihnen wichtig waren, welche Spitzenpolitiker sie wie bewerteten und an welchen Punkten Schwachstellen lagen. So erzielten die Führungsspitzen von Bund und Landesverbänden rasch Einvernehmen über die Grundlagen der Strategie und Botschaftslinie.

Laut Studie konnten sich rund ein Drittel der Wahlberechtigten vorstellen, Grün zu wählen und bei zwei Dritteln war von vorneherein jeder Mitteleinsatz vergeudete Liebesmüh. Doch auch das eine Drittel war für einen Wahlkampf mit so geringen Mitteln keine sinnvolle Zielgröße. Es wäre eine Verschwendung mit der Gießkanne gewesen, zumal die schwelende Verunsicherung in Teilen der Stammwählerschaft selbst deren Wahlentscheidung in Frage stellte. Die Grünen machten sich nicht vor, Volkspartei werden zu können. So kam es darauf an, zuerst die Stammwählerschaft und dann die nächst erreichbaren Wählerpotenziale zu gewinnen.

Die Studie wies Gruppe 1a mit 3,5 Prozent als aktuelle Wähler mit Bindung zur Partei oder prinzipieller Befürwortung aus. Ein weiteres Prozent der Wahlberechtigten (Gruppe 1b) wollte die Grünen aktuell wählen, ohne eine Bindung oder nähere Affinität zur Partei zu haben. Gruppe 2, mit grüner Parteiidentifikation oder den Grünen als Favorit, aber ohne aktuelle Wahlabsicht für die Grünen, umfasste weitere 4,5 Prozent. Ihre Wahlabsicht lag zum Großteil bei der SPD, oder diese Wähler wollten zurzeit der Wahl fernbleiben oder waren unsicher.

Nochmals gesondert wurden die Gruppen der taktischen Rot-Grün-Wähler sowie die weiblichen und jungen Wählergruppen unter die Lupe genommen. Über all diese Potenzialgruppen gab die Studie Auskunft in Bezug auf soziodemografische Daten und politische Einstellungen zu relevanten Themen, der grünen Partei und grünen Politikern.

Diese Gruppen waren die realen Wählerpotenziale, welche die Grünen ansprechen und mobilisieren mussten. Auf sie galt es die Botschaften, die Themenschwerpunkte und die knappen Ressourcen der grünen Wahlkampagne zu konzentrieren. Das erreichbare Maximum an Stimmen schien bei neun bis zehn Prozent zu liegen.

Bis zum Sommer 2001 wurde im Bundesvorstand und im Parteirat ein Papier erarbeitet, das die Botschaften und die inhaltlichen Schwerpunkte für die Kampagne festlegte. Erst die Botschaft, dann die Themen und Personen, dann die Slogans und Werbemittel – oft genug hatten die Grünen bei ihren Planungen von Wahlkämpfen am falschen Ende angefangen und Slogans und Themen mit Botschaften verwechselt. Diesmal nicht. Die Kommunikationslinie sollte von drei zentralen Botschaften getragen werden:

- Bei der Bundestagswahl geht es um eine Richtungsentscheidung zwischen Rot-Grün und Schwarz-Gelb.
- Die Grünen sind Reformmotor für soziale und ökologische Modernisierung und haben erst angefangen, Deutschland zu modernisieren. Nur mit starken Grünen wird dies fortgesetzt.
- Wer Joschka Fischer als Außenminister behalten will, muss Grün wählen.

Vier Themenschwerpunkte mit je zwei Unterbereichen deckten die Kernthemen der grünen Agenda für den Wahlkampf ab:

- Ökologische Modernisierung mit Atomausstieg und Energiewende sowie Agrarwende und Verbraucherschutz;
- Soziale Erneuerung mit einer Verbesserung des Lebens mit Kindern und neuen zukunftssicheren Arbeitsplätzen;
- Gesellschaftliche Demokratisierung mit moderner Einwanderungs- und Integrationspolitik sowie mehr Gleichberechtigung zwischen den Geschlechtern;
- Eine verlässliche Außenpolitik für ein demokratisches Europa und eine gerechte Gestaltung der Globalisierung.

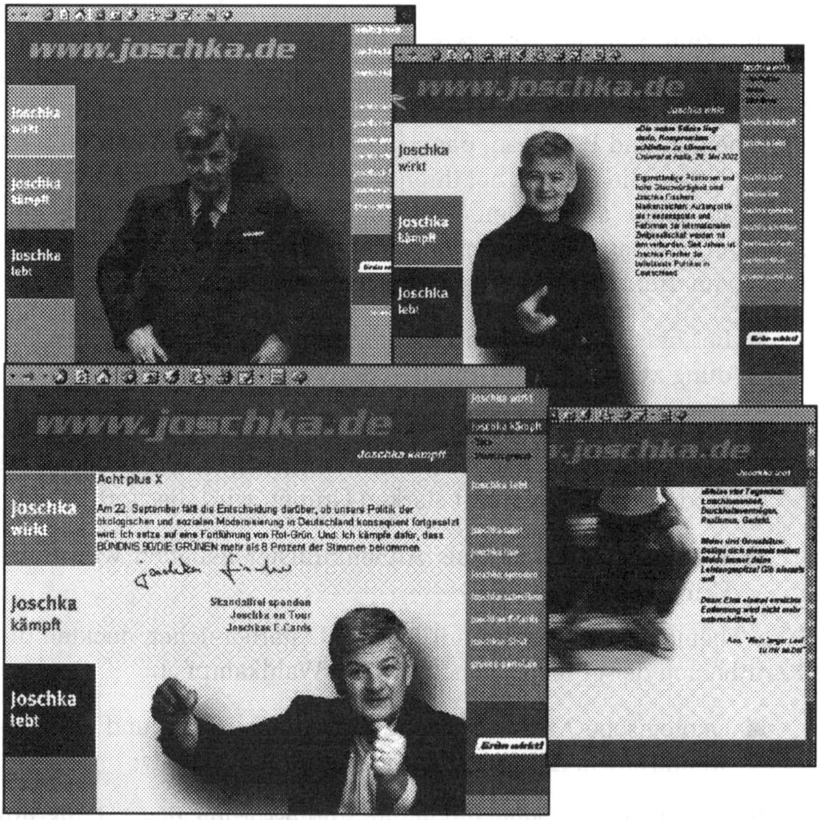

Personalisierung

Für die politischen Führungsgremien und den Wahlkampfstab war sonnenklar, dass der Wahlkampf der Grünen nicht mehr wie früher ohne klare Personalisierung auskommen konnte. Joschka Fischer musste als beliebtester deutscher Politiker Spitzenkandidat werden. Die Minister Künast und Trittin, die Parteivorsitzenden Roth und Kuhn sowie die Fraktionsvorsitzenden Kerstin Müller und Rezzo Schlauch bildeten mit ihm das Spitzenteam und sollten mit den Schwerpunktthemen verbunden werden, die zu ihnen passten. An die Öffentlichkeit konnte man damit aber erst nach dem Parteitag zum Grundsatzprogramm im Frühjahr 2002 treten, der ansonsten davon überlagert worden wäre. Der zusätzliche Parteitag Anfang Mai bestätigte dann neben dem Wahlprogramm auch diese Personalisierung mit großer Mehrheit.

Ein 80-seitiges Wahlprogramm liest in der Regel nur ein kleiner Kreis professioneller Beobachter, Journalisten und eigene Mitglieder. Zudem deckt ein Wahlprogramm die ganze politische Themenpalette ab; selten kommt darin für die Öffentlichkeit deutlich zum Ausdruck, wo politische Prioritäten gesetzt werden. Daher plante der Wahlkampfstab der Grünen frühzeitig, anhand der acht Themen die wichtigsten Projekte aus dem Wahlprogramm in einem kurzen Papier zusammenzufassen und zu konkretisieren. Der Titel dieses Substrats stand im Frühjahr fest: „Vertrag für die Zukunft". Ein „Vertrag" mit den grünen Wählern, denen signalisiert werden sollte, dass die Grünen im Falle des Weiterregierens diese Projekte mit besonderer Anstrengung verfolgen würden.

Nach der öffentlichen Präsentation des Vertragentwurfs im August verabschiedete ein kleiner Parteitag den „Vertrag für die Zukunft", so dass er in der heißen Phase des Wahlkampfes ergänzend zum ausführlichen Wahlprogramm als Material zur Verfügung stand. Zudem wurde das Vertragsangebot mit den Projekten stichwortartig auf kleinen Karten gedruckt und verteilt.

Das Wahlkampfteam und die Agenturen

Rund ein Jahr vor dem Wahltag nahm die eigentliche Arbeitsstruktur des Wahlkampfteams seine Arbeit auf. Mit Verspätung konnte Rudi Hoogvliet als Wahlkampfmanager im September von seinem bisherigen Arbeitgeber losgeeist werden. Er übernahm in Abstimmung mit dem politischen Geschäftsführer die Vorplanung und die Überwachung der weiteren Arbeitsschritte, der Agenturauswahl, der Zeitplanung und die Vorbereitung politisch zu treffender Entscheidungen. Beratung und Beschlüsse oblagen dem

Wahlkampfstab, zunächst bestehend aus dem Bundesvorstand, dem Kampagnenmanager, dem Pressesprecher, der organisatorischen Geschäftsführerin und einem Vertreter des Spitzenkandidaten.

Zwei oder drei Berater der Werbeagentur „Zum Goldenen Hirschen" nahmen zudem an den Beratungen des Wahlkampfstabes teil, nachdem die Agentur in einem Auswahlverfahren im Herbst 2001 ausgewählt wurde. Im Anschluss an die Sitzungen des Stabes traf sich die Referentenebene, um die Umsetzung zu besprechen und Aufgaben zu verteilen. Die Koordination mit den Landesverbänden lief meist über dortige Wahlkampfkoordinatoren.

Mit der Entscheidung über die Spitzenkandidatur von Joschka Fischer und dem siebenköpfigen Spitzenteam übernahmen diese im Frühjahr auch die Funktion des Führungsstabs, der wöchentlich für Beratungen zusammen kam. Täglich wurden in Telefonkonferenzen die Presselage und Botschaften des Tages abgestimmt. Aus der Zentrale konnten die Führungsspitzen zudem in dringenden Fällen mittels eines SMS-Verteiler-Systems über aktuelle Ereignisse und grüne Kommentarlinien informiert werden. Diese Instrumente halfen bei dem geschlossen wirkenden Auftritt der Grünen im Wahlkampf.

Die Entscheidung für die Agentur „Zum Goldenen Hirschen" erwies sich als goldrichtig. Die Full-Service-Agentur aus Hamburg mit Berliner Nebensitz gehört zu den kreativsten deutschen Agenturen. Mit ihren konzeptionellen Ideen traf sie am besten die gewünschte Tonalität für die Kampagne. Die Betreuung der grünen Kampagne übernahm in erster Linie die Berliner Dependance. Aufgrund diverser Arbeiten für einzelne Bundesministerien hatte sie bereits Erfahrung im Umgang mit Politik als Werbeprodukt und mit Politikern als Auftraggebern. Zudem betreute ein Agenturchef persönlich die Kampagne, was nicht bei jeder Agentur sicher ist – und die Chemie bei der Arbeit stimmte. Die „Hirschen" legten sich ins Zeug, verzweifelten nicht an manch grüner Entscheidung und kamen immer wieder mit neuen Vorschlägen. In einzelnen Bereichen nahm man weitere Agenturen und Freischaffende hinzu. Beispielsweise wurden die Auftritte während der Bustour von Joschka Fischer im August 2002 professionell von der Event Agentur „Trend Event" organisiert. Die Wahlkampfspots für Fernsehen und Kino drehten die „Hirschen" mit einem Produktionsteam um den Erfolgsregisseur Hans Christian Schmid, der mit Filmen wie „Crazy" und „23 – Nichts ist wie es scheint" bekannt geworden ist.

Die Werbekampagne

Kommunikativ, frech und offensiv, zuversichtlich, mit klaren Zielen und mit hoher Geschlossenheit sollte der grüne Wahlkampf 2002 im Ton werden. Diese Anforderungen stellten sich somit auch an die Tonalität der Wahlkampagne. Ob die Bild- und Schriftsprache der Kampagne diese gewollte Tonalität traf, mag Ansichtssache sein. Sie fand jedenfalls in der Partei und auch beim Publikum überaus breiten Zuspruch.

Grün wirkt!

Die erste Botschaft der Kommunikationslinie griff die Werbekampagne mit dem Claim „Grün wirkt" auf, dem Zuversicht zu entnehmen war und der zu Nachfragen über das Erreichte und auf Vorhaben anregte. „Grün wirkt" prangte auf allen Materialien, Stellwänden und Redepulten im Wahlkampf. Die Kernbotschaften kommunizierte der Spitzenkandidat mit seiner Bustour und bei den Auftritten am glaubhaftesten selbst. Und diese Botschaften verkündeten auch die anderen Spitzenleute bei ihren Auftritten und in Interviews immer und immer wieder. Zudem wurden die Plakatmotive für die Großflächen, Plakatstörer und die Radio-, TV- und Kinospots auf den Spitzenkandidaten und die zentralen Wahlbotschaften konzentriert.

Eine von drei Plakatserien verband die Hauptthemen mit den Personen des Spitzenteams in gestellten Situationen und mit einem Schuss Selbstironie und augenzwinkerndem Spiel mit Klischees: Claudia Roth im Dirndl und mit Migranten feiernd, Rezzo Schlauch strickend, vor allem aber Joschka Fischer mit dem Slogan „Außen Minister, innen grün“ und grün hervorgehobenen Augen. Dieses Plakat war der Verkaufsschlager mit über 50.000 bestellten Exemplaren. Dies ist auch ein Indiz, wie stark die Partei insgesamt die Spitzenkandidatur Joschka Fischers unterstützte und auf seine Popularität setzte. Eine zweite Reihe von A0-Plakaten und Flyern präsentierte zusätzlich die Themenpalette des grünen Wahlkampfes. Ein Motiv zeigte zum Beispiel das Kanzleramt mit montierten Photovoltaikanlagen und dem Slogan: „Brüder durch Sonne zur Arbeit“. Eine dritte Reihe von Plakaten nahm an der Konkurrenz Maß. Nach Fischer erreichte Edmund Stoiber Rang zwei der Bestellliste der Wahlplakate mit einem Motiv, das ihn vor dem Brandenburger Tor in Bayerntracht zeigt und dem Spruch: „Zuwanderung ja – mit einer Ausnahme“. (Plakatmotive im Farbteil des Buches.)

Konzentration in der heißen Phase

Bei der Wahlkampagne 2002 haben die Grünen diesmal ihre geringen Mittel nicht frühzeitig vergossen, so dass sie in den letzten Wochen des Wahlkampfes nicht auf dem Trockenen saßen (wie früher oft geschehen). Vor allem die von Bundesebene schaltbare Massenwerbung wurde bewusst auf die letzten drei Wochen vor dem Wahltag konzentriert. Im Vorfeld der heißen Phase setzte man auf die mediale Berichterstattung von Präsentationen und Veranstaltungen, auf die A0-Plakatierung und Aktionen der Wahlkämpfer an der Basis. Rund zwei Millionen Exemplare wurden von einer 8-seitigen Wahlkampfzeitung über die Kreisverbände verteilt.

Foto: B90/Grüne

Vor allem aber sollten die Joschka-Bustour im August sowie die Auftritte der anderen Mitglieder des Spitzenteams auf ihren eigenen bundesweiten Touren möglichst viele Bürger direkt erreichen und positive Medienberichte liefern. Hierfür mussten Rudi Hoogvliet und seine Mitarbeiterinnen in den Monaten zuvor viel Arbeit leisten bei der Auswahl der „gewinnträchtigsten" Anlaufstationen für die Spitzenleute, die detaillierten Routenplanungen und die Organisation mit Hilfe von „Trend Event" und grünen Aktiven vor Ort. Die Arbeit hat sich gelohnt. Joschka Fischer und die anderen Spitzenleute erreichten Zulauf und Zuspruch für ihre Botschaften wie nie zuvor in einem Wahlkampf der Grünen.

Mehr als in den früheren Wahlkämpfen investierten die Grünen diesmal in Großflächenplakate. Rund 1000 Flächen à drei Dekaden vor dem Wahltag wurden bei einem Großanbieter sehr frühzeitig und damit kostengünstig gebucht. Die Kreisverbände konnten gute Standorte vor Ort anhand von Auswahllisten treffen. Das erste Großflächenmotiv Anfang September warb mit dem Slogan „Kein BSE, kein AKW, kein Stoiber, keine FDP" und zeigte in der linken Bildhälfte rot gefärbtes, und in der rechten Bildhälfte grün gefärbtes Frischgemüse, warb also bildhaft für Rot-Grün. Das nachfolgende zweite Motiv zeigte Joschka Fischer in einer Pose aus dem TV- und Kinospot mit dem Slogan „Außen Minister, innen grün" und einem gelben Störer mit dem Spruch „Klimaschutz ist wählbar". In der letzten Woche vor dem Wahltag stand auf grüner Fläche schlicht in weißer Großschrift „Joschka" und ein rotes Kreuz durchzog dabei das „o". Auf den Plakaten prangte zudem ein gelber Störer mit dem Slogan "Zweitstimme ist Joschka-Stimme". Dieser Slogan konnte ebenso in der heißen Phase von den Wahlkämpfern vor Ort auf einem gelben Störer über die A0-Plakate geklebt werden.

Eine entsprechende Fokussierung auf den Spitzenkandidaten erfolgte bei den TV- und Kino-Spots. An einem Drehtag mit Joschka Fischer wurde das Rohmaterial gedreht, die Produktionskosten so gering gehalten. Joschka Fischer warb darin persönlich als Spitzenkandidat für die Grünen und erklärte, wer ihn als Außenminister wolle, müsse den Grünen die Stimme geben. Auch hier war die Anmutung gekennzeichnet durch die Fokussieren auf den Spitzenkandidaten und die Argumente mit augenzwinkernder Selbstironie. Für den TV-Musiksender MTV und das Kino wählte man eine kürzere und witzigere Variante. Weniger argumentative Rede, sondern ironisches Spiel mit bayerischer Blasmusik, gequältem Mienenspiel Fischers und modernem Sound zur direkten Aufforderung „Wählt Grün". Abspann: Fischers spitzbübisches Augenzwinkern.

Aufgrund des geringen Etats konnte dieser Spots nur unzureichend oft im Fernsehen als dem Massenmedium Nummer Eins geschaltet werden. Der längere 90-Sekünder wurde nur je vier mal in der ARD und im ZDF auf den kostenlosen Plätzen ausgestrahlt. Bei RTL wurden zwei Sendeplätze zur Sendung „Wer wird Millionär?" gekauft. Für eine ausreichende Wahrnehmbarkeit in der Flut der TV-Werbung war dies viel zu wenig. Zum Vergleich: Die Union kaufte rund 300 Sendeplätze vorrangig bei Privatsendern für ihre Spots. Zumindest den Kurzspot mit Joschka und der Blasmusik konnte etwa 20-mal auf MTV geschaltet werden. Eine gute Präsenz dieses Spots gelang im Kino. In rund 1000 Kinos lief der Kurzspot in den letzten beiden Wochen vor dem Wahltag. Internetnutzer konnten beide Spots auf den Internetseiten anschauen.

Die Konkurrenz im Visier

Erstmals haben die Grünen in diesem Bundestagswahlkampf auch die Gegnerbeobachtung als einen systematischen Bestandteil der Wahlkampagne eingesetzt. Zwar konnten nicht gleich 10 Mitarbeiter wie bei der SPD oder der CDU für diesen Aufgabenbereich angestellt werden. Der knappe Etat ließ nur eine zusätzliche Referentenstelle im Wahlkampfteam zu, und ein weiterer Referent übernahm Arbeiten neben seiner eigentlichen Tätigkeit. Zudem halfen insgesamt vier studentische Mitarbeiter und Praktikanten bei den Recherchearbeiten, dem Archivieren von relevanten Informationen und nützlichen Zitaten sowie der Redaktion des Extranets. Mit Kollegen in den Ländern entstand ein Netzwerk zum gegenseitigen Informationsaustausch.

Bis zum Frühjahr 2002 wurden Drehbücher erarbeitet, welche die voraussichtlichen Wahlkampfpläne, Botschaftslinien, Zielgruppen, Zeitpläne, mögliche Angriffe auf uns und Schwachstellen der Konkurrenten skizzierten. Sie bildeten die weitere Grundlage für die strategischen Überlegungen, wie mit welchem Konkurrenten umzugehen sei, wie auf mögliche Angriffe reagiert werden sollte und welcher Argumentationshilfen im Extranet es bedurfte.

Presseartikel und die aktuellen Agenturmeldungen wurden ständig auf relevant erscheinende Informationen und Stellungnahmen der Konkurrenten durchsucht. Wichtige Meldungen gingen mit Kommentarvorschlägen direkt an die Pressestelle. Weiterhin gehörten zur Arbeit der Besuch von Parteitagen, die Auswertung von wichtigen Reden der Spitzenkandidaten der Konkurrenz und die kritische Analyse ihrer Wahlprogramme. Der grüne Kommentar gegenüber der Presse ließ meist nur kurz auf sich warten.

Zusammen mit der Agentur „Zum Goldenen Hirschen" begleiteten die grünen Gegnerbeobachter mehrmals Parteitage und Events von Konkurrenten mit kleinen Guerilla-Aktionen und produzierten Flugblätter, die inhaltlich auf zentrale Kritikpunkte an Union, FDP oder PDS abzielten. Im Extranet konnten sich die Wahlkämpfer die Flugblätter herunterladen sowie Aktionstipps und Termine finden. Die Flugblätter lehnten sich im Layout an Material der Konkurrenten an, so dass beim Verteilen am Rande von FDP- oder Unionsveranstaltungen die Passanten irritiert waren, dann aber oft die Texte lasen und ins Gespräch mit den Grünen kamen. Die SPD blieb ausgespart von Angriffen und Störaktionen. Die eigene Wahlkampfbotschaft einer Richtungsentscheidung zwischen Rot-Grün und Schwarz-Gelb und der angestrebte Gewinn der Zweitstimmen taktischer Rot-Grün-Wähler wäre eher konterkariert worden. Beobachtet wurde die SPD dennoch, um für den Fall einer

Strategiewendung in der Schlussphase gewappnet zu sein. Doch es kam wie erhofft, SPD und Grüne konnten im August in den Umfragen zu Union und FDP aufholen, Rot-Grün schien wieder ein realistisches Wahlergebnis zu werden. Schröder und Fischer warben für die Fortsetzung der rot-grünen Koalition bis hin zum gemeinsamen „Go on!"-Auftritt vor dem Brandenburger Tor.

Fazit: An einem Strang ziehen

Der Wahlerfolg, das sollte deutlich werden, basierte auf vielen Reformarbeiten der Grünen an sich selbst, am Fundament, auf das die Wahlkampagne aufbauen konnte. Die Grünen haben ihr Programm modernisiert, zu einem neuen gemeinsamen Grundkonsens und neuer Motivation ihrer Mitglieder und Stammwähler gefunden. Sie haben mit überzeugenden Persönlichkeiten Führungs- und Regierungskompetenz aufgebaut und der Partei in der Öffentlichkeit attraktive Gesichter verliehen. Sie haben mit knappen Mitteln die notwendige Infrastruktur für eine schnelle und breite Information und Kommunikation innerhalb der Partei und hin zur Öffentlichkeit auf den neuesten Stand gebracht. Sie haben ihre Wahlkampagne systematisch vorbereitet und ihre Strategie mit der Agentur „Zum Goldenen Hirschen" und weiteren Beratern in eine zum neuen Image passende Form gebracht. Sie haben dabei weitestgehend die Grundregeln der Kampagnenplanung eingehalten und ihre knappen Ressourcen konzentriert eingesetzt auf Basis strategischer Planung.

Und die Grünen haben diesmal keine Stockfehler gemacht, kein Benzinpreis-Beschluss, keine freischwirrenden Plapperer mit Ideen über Kontingente für Urlaubsflüge oder ähnlichen Bürgerschrecks. Die Grünen haben von der Parteispitze bis zur Basis eine Geschlossenheit und Botschaftsdisziplin im Wahlkampf an den Tag gelegt, die nur wenige Beobachter und auch Bürger ihnen zuvor zugetraut hatten. Auch dies hat viel zur Identifikation mit der Partei und zur Motivation aller Beteiligter beigetragen.

Die PDS-Kampagne

ABSTURZ AUS DEM WAHLQUARTIER

NORA DAMME
BERLIN

DIE EUPHORIE WAR GROSS. SATTE ZUWÄCHSE und eine weitere Regierungsbeteiligung hatte die Berliner Wahl im Herbst 2001 der PDS beschert. Statt auszusterben, wie es ihr immer wieder vorausgesagt wurde, legte die PDS von Wahl zu Wahl zu. Doch dann kam der Absturz: Im April 2002 verlor sie in Sachsen-Anhalt 20 Prozent ihrer Anhänger. Bis zur Bundestagswahl fiel die PDS immer weiter in den Umfragen, verfehlte am Ende den Wiedereinzug in den Bundestag.

Das Erstaunliche: Die PDS hatte ihre Strategien gar nicht stark geändert. Mit derselben Linie erzielte sie erst einen großen Erfolg und scheiterte bitter nicht mal ein Jahr später.

Sprung in den Westen: Berlin 2001

Die Wahl zum Berliner Abgeordnetenhaus am 21. Oktober 2001 markierte den Höhepunkt einer Serie von Wahlerfolgen der PDS. Im Ostteil der Stadt gewann sie fast die Hälfte der Stimmen. Im Westen übersprang sie erstmals die magischen fünf Prozent. Der Erfolg stützte sich auf drei Strategiebausteine:

Der Gysi-Faktor: Zum ersten Mal ging die PDS mit einem Spitzenkandidaten für das Bürgermeisteramt in den Wahlkampf. Gregor Gysi war der Hauptgrund dafür, dass sich 50 Prozent der PDS-Wähler für seine Partei entschieden (vgl. Wahltagsbefragung Infratest dimap für die ARD). Bei einer Direktwahl hätte Gysi wohl die meisten Stimmen auf sich vereint. Der „schlagfertige Advokat mit dem Undercover-Charme" (*Welt*) konnte im Osten wie im Westen punkten. Für die Wähler im Westen stand der eloquente Politiker im wohltuenden Kontrast zum Altkader-Image seiner Partei. Die Ost-Wähler beeindruckte seine Biografie: Trotz seiner Vergangenheit hatte es Gysi in der Bundesrepublik zu etwas gebracht. Um das Image als Politclown abzustreifen, wurde Gysi auf allen Plakaten mit ernstem Gesichtsausdruck in nachdenklicher Pose abgebildet.

Jugend: Parteiinterne Analysen hatten schon lange vor der Wahl zwei vielversprechende Zielgruppen für die PDS ausgemacht: Erstwähler und junge Frauen (vgl. Brie 2000). In den vorigen Wahlen hatte sie bei der Jugend nur wenig punkten können. Mit betont jugendlichen Plakaten, auf denen groß „Cool" oder „Geil" prangte, verärgerte die PDS 1998 vor allem die Rentner in den eigenen Reihen. Diese weigerten sich, die Plakate zu kleben. Bei der Berlin-Wahl setzte die PDS ganz auf Gysi: Sie richtete ihm unter www.take-it-gysi.de eine Homepage ein und eröffnete ein „Gysi-Wahlquartier" im Szene-Bezirk Friedrichshain – ganz in der Nähe von den Ost-Kult-Objekten „Kino International" und der „Mokka-Milch-Eisbar". Ergebnis: Die jungen Wähler bescherten der PDS Zuwächse von 11 Prozent im Vergleich zur Wahl 1999. Unter den

Erstwählern wurde die PDS stärkste Partei – fast jeder Dritte wählte sie. Den stärksten Zuwachs gab es bei den Frauen unter 24 (14 Prozent). Themen wie soziale Gerechtigkeit und Frieden, aber auch Kinderbetreuung, sprachen sie besonders an.

Frieden: Die Anti-Kriegs-Haltung der PDS gewann durch den 11. September überraschend auch im Berlin-Wahlkampf an Brisanz. Jenseits des Ost-West-Themas ergab sich die Möglichkeit, sich von den anderen Parteien abzugrenzen und gleichzeitig im Westen zu punkten. Insbesondere bei den ostdeutschen Wählern konnte sie auf Ängste und Symbole zurückgreifen, welche oft noch aus der antiamerikanischen Propaganda der DDR resultieren. Für manche Westberliner wiederum war die Ablehnung militärischer Mittel der einzige Grund, der PDS die Stimme zu geben. Sieben von zehn PDS-Wählern meinten laut Infratest-Dimap am Wahltag, die „ablehnende Haltung der PDS gegenüber dem Militäreinsatz" sei für ihre Wahl ausschlaggebend gewesen.

Der Testfall Berlin hatte bewiesen: Die Partei konnte über ihre Stammwählerschaft hinaus mobilisieren. Die einst geteilte Stadt war das ideale Pflaster, um den Spagat zwischen jugendlich-linken Systemkritikern und nostalgischer Ost-Klientel zu erproben. Der Wahlkampf fand aber auch unter besonderen Bedingungen statt. In der ehemaligen „Hauptstadt der DDR" konnte die PDS auf eine breite Anhängerschaft aus einst privilegierten Funktionären und Staatsangestellten zurückgreifen. Die Kandidaten der PDS hatten sich zum großen Teil bereits in der Landes- und Kommunalpolitik einen Namen gemacht. Der Bankenskandal hatte Frust und eine Abkehr von den großen Parteien befördert.

Das Team 2002: Keine Köpfe außer Gysi

Voller Selbstbewusstsein ging die PDS in den Bundestagswahlkampf. Drittstärkste Partei wollte sie werden, im Westen ihr 98er-Ergebnis auf zwei Prozent verdoppeln (Beschluss des PDS-

WahlQuartier2002

„Die neue Chefin des PDS-WahlQuartiers 2002 heißt Halina Wawzyniak. Dieses 28-jährige Politiktalent ist seit vorgestern Volljuristin (befähigt zum Richteramt), zur Zeit noch Beamtin bei der Präsidentin des Kammergerichts Berlin. Mit 17 Jahren kam sie in die PDS (...) Was hat sie nicht alles gemacht: Die PDS-nahen Jugendstrukturen mit aufgebaut, vier Jahre im Vorstand gesessen und immer so abgestimmt und diskutiert, wie sie es für richtig empfunden hat... In der Bezirksversammlung Friedrichshain-Kreuzberg war sie bis zur Neuwahl 2001. Diese schlanke, fröhliche, sportliche, kluge, Boygroups liebende und Vorabendserien guckende, noch ledige Frau ist ab sofort Chefin von zwei Dutzend Wahlkämpfern der PDS. Internet, Presse, Events, Analyse, Gegnerbeobachtung, Logistik, das alles und noch viel mehr hat sie mit Wahlkampfmanager Bartsch zu koordinieren (...) Halina W hat seit gestern ihren ersten Arbeitsvertrag einen Tag nach ihrem Juraabschluss. Aus Befähigung zum Richteramt wurde Verpflichtung zum Erfolg.“

— Quelle: Hanno Harnisch
***Neues Deutschland*, 15.02.2002**

Parteivorstandes 2001). Schon gut anderthalb Jahre vor der Wahl begannen die Vorbereitungen.

5,8 Millionen Euro hatte die Partei nach eigenen Angaben eingeplant. Das Konzept einer offenen Wahlkampfzentrale aus dem Berlin-Wahlkampf wurde übernommen. In einem gläsernen Pavillon hatten sich André Brie und seine Wahlkämpfer in einem „Gysi-Wahlquartier“ präsentiert. Im April 2002 nahmen 25 Wahlkämpfer im „WahlQuartier 2002“ in der Wilhelmstraße 91 ihre Arbeit auf, geleitet von der jungen Juristin Halina Wawzyniak (siehe Kasten). De facto führte Dietmar Bartsch Regie, und nur er wurde von Medien und Parteiprofis als Manager der Kampagne ernst genommen.

Jetzt hatte also auch die PDS ihren *war room*, und das zeigte man auch. Symbolisch überhöht setzte man ihn in Szene wie Kampa02 oder Arena02: „Zwischen Brandenburger Tor und Leipziger Straße, gerade noch im Osten, aber mit halbem Fuß schon im Westen. Hier entstehen Ideen und Aktionen... Und dabei lassen wir uns auch noch auf die Finger schauen. Durch verglaste Wände kann man den Wahlkämpferinnen und Wahlkämpfern bei der Arbeit zusehen oder einfach hereinspazieren und im Internet-Café surfen", so lud die Selbstdarstellung des WahlQuartiers 2002 auf der PDS-Website ein. In Anlehnung an eine alte Internet-Legende installierte man sogar eine „PDS CoffeeCam", die im Web stets den Status der roten Kaffeemaschine in der Kampagnenzentrale zeigte.

Da absehbar war, dass Gregor Gysi als Wirtschaftssenator der Stadt Berlin nur eingeschränkt im Wahlkampf einsetzbar sein würde, setzte die Partei ein Vierer-Team an die Spitze der Kampagne: Die Parteivorsitzende Gaby Zimmer, Bundesgeschäftsführer und Wahlkampfmanager Dietmar Bartsch, Fraktionschef Roland Claus und die ehemalige Berliner Landesvorsitzende Petra Pau. Eine wenig überzeugende Lösung, erreichten die vier zusammengerechnet

(!) doch gerade einmal den Bekanntheitsgrad von Guido Westerwelle, wie eine parteieigene Studie im Februar belegte. Auf jeder Pressekonferenz drängte sich das „Spitzenquartett" (Eigenwerbung) fortan um das Mikro. Während einer redete, standen die anderen ungeduldig daneben. Selbst unter den PDS-Wählern glaubten nur noch 22 Prozent, ihre Partei verfüge über gute Politiker. Ein Kriterium, welches für die Ostdeutschen offenbar wenig Relevanz bei der Wahlentscheidung hat. Gregor Gysi absolvierte deshalb fast ausschließlich Auftritte in den alten Bundesländern: als Attraktion auf Veranstaltungen in Köln, München und Frankfurt.

Die Strategie: Nur keine Konflikte

„Die linke Kraft PDS" stand quer über der Reichtagskuppel auf dem Plakat. Anders als „Veränderung beginnt mit Opposition" (1994) oder „Für eine gerechte Republik" (1998) sollte die Kampagne das Alleinstellungsmerkmal der Partei verdeutlichen und gleichzeitig ihren bundespolitischen Anspruch unterstreichen. Um eine aufreibende Debatte über konsequente Opposition oder Regierungsbeteiligung zu vermeiden, entschied man sich für ein „Spiel mit verteilten Rollen". Während Gaby Zimmer der skeptischen Basis alte Parolen und Klassenkampf bot, brachte Bartsch die PDS immer wieder medienwirksam als Koalitionspartner ins Gespräch. Das Programm setzte jedoch deutliche Signale. Auf dem Wahlparteitag im März appellierte Bartsch an die Delegierten mit wenig Erfolg, realistische Konzepte zu verabschieden: „Sonst werden wir unglaubwürdig."

Wesentliche inhaltliche Fragen blieben deshalb ungeklärt. Die Partei steckte zu Wahlkampfbeginn im strategischen Dilemma:

- **Protestpartei oder Regierungsanspruch?** Während das Wahlprogramm die „Vorherrschaft des Kapitals" anprangerte, spekulierte die Partei andererseits über Regierungsbeteiligungen oder gar Ministerpräsidenten der PDS. Die Ergebnisse der Zusammenarbeit mit der SPD in Mecklenburg-Vorpommern, Sachsen-Anhalt und Berlin fielen dagegen ernüchternd aus.
- **Traditionswähler oder neue Wählergruppen?** Beim Spagat zwischen den Wählergruppen zeichneten sich früh Spannungen ab zwischen Alt und Jung, Ost und West, aber auch zwischen Wendeverlierern und -gewinnern.
- **Partei des Ostens oder gesamtdeutscher Anspruch?** Einerseits versteht sich die PDS als Interessensvertreter des Ostens und übernimmt dort in Kommunen und Ländern Verantwortung, gleichzeitig will sie im Westen Deutschlands expandieren.

Entsprechend unscharf und vage präsentierte sich die Partei im Wahlkampf. Das Wahlprogramm „Es geht auch anders: Nur Gerechtigkeit sichert Zukunft" stellte die vermeintlichen Gewinner-Themen der PDS in den Vordergrund: Soziale Gerechtigkeit/ Arbeitsplätze, Ostdeutschland und Friedenspolitik.

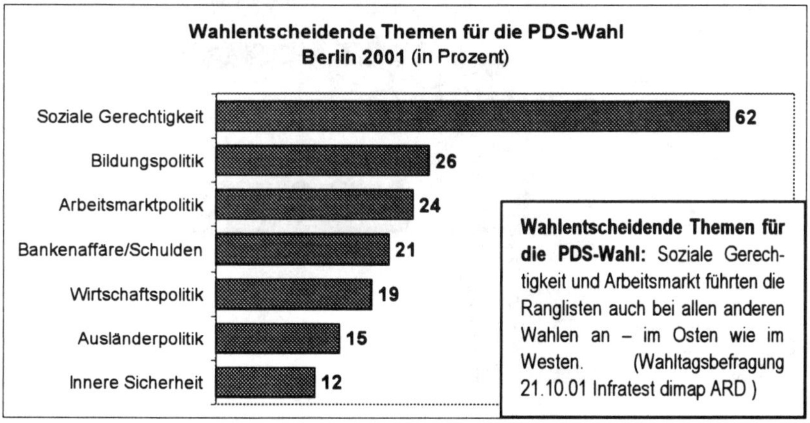

Lösungsvorschläge oder praktikable Konzepte suchte der Wähler jedoch vergebens. Auf die Frage, welche Partei am besten für eine Angleichung der Ost-West-Lebensverhältnisse sorgen kann, nennen selbst die Ostdeutschen die PDS mit 18 Prozent erst an dritter Stelle nach SPD und CDU (Forschungsgruppe Wahlen 2002: 45). Noch niedrigere Kompetenzwerte erreicht die PDS in den Bereichen Friedenspolitik und soziale Gerechtigkeit. Gleichwohl war und ist „soziale Gerechtigkeit" für die meisten Wähler der Hauptgrund, PDS zu

wählen. Das geht auch aus den Interviews hervor, die Rita Kuczynski mit Wählern aus Ostberlin nach der Berlin-Wahl führte. Unter „sozialer Gerechtigkeit" verstanden diese eher einen abstrakten Wert denn konkrete Politik (2002: 14) .

Darüber hinaus bot das Programm eine bunte Mischung verschiedener Forderungen. Sie richteten sich an die unterschiedlichen Zielgruppen, welche die PDS im Wahlkampf „sozial sehr genau ansprechen" wollte, wie bereits ein erster Strategieentwurf forderte (Beschluss des PDS-Parteivorstands 2001). Das Wahlprogramm enthielt sowohl globalisierungskritische Passagen, gewerkschaftsnahe Parolen, ökologische und feministische Forderungen. Natürlich durften auch die Schlagworte für die traditionellen Wähler der PDS nicht fehlen: „Lohnangleichung, Renten-Unrecht und Datschengrundstücke". Insgesamt ging der Versuch, neue Wählergruppen zu erschließen, mit einer (vor allem sprachlichen) Entideologisierung des Programms einher.

Die Wähler: Ein Milieu löst sich auf

Wie tickt der PDS-Wähler? Die Statistik sagt: PDS-Wähler sind hoch gebildet (fast die Hälfte hat Abitur/Hochschulabschluss), finanziell abgesichert, weder ganz jung noch ganz alt. Bei genauerem Hinsehen lassen sich jedoch sehr unterschiedliche Untergruppen mit deutlich unterscheidbaren Erwartungen (vgl. Hilmer 2002: 9).

- **Stammwähler:** Die treue Wählergruppe der alten SED-Kader sehen die PDS als ihre Interessenvertretung und ideologische Heimat. Sie sind überdurchschnittlich gebildet und häufig schon im Rentenalter. Diese Gruppe verzeichnet daher einen starken Schwund. Der Anteil der Traditionswähler in der PDS sank seit 1998 von 17 auf 4 Prozent (Der Spiegel 33/2002, S. 65) Allein mit ihren Stimmen hätte die PDS bereits 1994 und 1998 den Einzug in den Bundestag nicht geschafft

- **Vereinigungsverlierer:** Aus Frust über die Entwicklung nach der Wiedervereinigung stießen sie zur PDS. Hauptmotiv ihrer Wahl ist Protest. Häufig sind sie arbeitslos oder Frührentner. Sie sind besonders stark unter den 45 bis 59-Jährigen vertreten. In Umfragen meinte knapp die Hälfte der Ostdeutschen, man sollte SPD und CDU einen Denkzettel verpassen (Institut für Marktforschung Leipzig). Ein großer, aber schrumpfender Teil wählt deshalb PDS.

- **Systemkritische Wähler:** Sie haben kaum noch einen Bezug zur DDR, sehen das politische System der Bundesrepublik aber kritisch. In dieser Gruppe finden sich viele junge, höher gebildete und weibliche Wähler. Von der PDS erhoffen sie sich „frischen Wind" in der Politik, das Parteiimage verbinden sie eng mit Gregor Gysi.

Die PDS als Frustpartei. Die Proteststimmung war insbesondere in den neuen Bundesländern gesunken. Politische Gestaltungskraft traute der PDS dagegen kaum einer zu. (Quelle: Institut für Marktforschung Leipzig, Januar 2002)

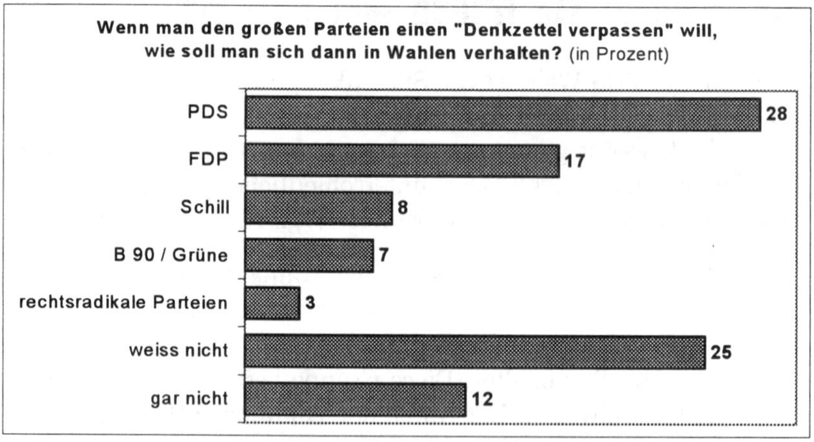

Nur der letzte Wählertyp ist auch im Westen Deutschlands zu finden. Da die Stammwähler langsam immer weniger werden und die

Vereinigungsverlierer sich aus unterschiedlichen Gründen ebenfalls abwenden, konzentrierte die PDS ihre Bemühungen im Bundestagswahlkampf verstärkt auf die „Systemkritischen". Im Unterschied zur ersten Wählergruppe zeigen die beiden anderen ein Wahlverhalten, das nahezu typisch für den Osten Deutschlands ist: Sie haben keine feste Parteibindung und wählen sehr wechselhaft. Oft hatte die PDS davon profitiert: So konnte sie im Herbst 2001 vor allem der CDU und den Grünen Wähler abjagen, in Sachsen-Anhalt (April 2002) vor allem der SPD. Zur Bundestagswahl stand sie aber auf der Verliererseite.

Die große Stärke der PDS im Wahlkampf war bisher ihre aktive und zeitreiche Basis gewesen. Häufig gut organisiert in Arbeitslosen-, Mieter und Sportvereinen sowie Gewerkschaften erschlossen diese Mitglieder ein enormes Mobilisierungspotenzial. Für die im Osten mitgliederstärkste Partei hatte der Straßenwahlkampf besondere Bedeutung. Ziel war es, so Parteistratege Bartsch, die „Hoheit auf den Straßen" zu erlangen (*Neues Deutschland*, 6.2.02). Doch dafür reichten die Personalressourcen nicht. Wirklich sichtbar wurde die PDS nur durch wenige Aktionen.

Die Jugend-Kampagne

In der Hoffnung auf einen neuen „Berlin-Effekt" verstärkte die PDS 2002 ihre Bemühungen, junge Wähler zu gewinnen. Keine leichte Aufgabe für eine Partei, deren Mitglieder zu fast 70 Prozent über 60 Jahre alt sind.

„Heute popp' ich, morgen kiff' ich, übermorgen wähl' ich: PDS", textete der parteieigene Jugendverband Solid dagegen. Nur bekiffte Menschen wählen PDS? Vor allem kaum politisch interessierte Jugendliche wollte die Partei erreichen. Unter dem Motto „Das Leben ist Deine Party... und Du hast keine Einladung?" veranstaltete die PDS-Jugend Musikkonzerte, Partys und eine Schiffstour mit der „MS Socialist" auf der Elbe. Vorzeige-Punk Angela Marquardt (31) war es zwar leid, für ihre Partei die Berufsjugendliche zu geben (und machte vor allem mit einer MfS-Verstrickung Schlagzeilen), aber im Internet publizierte sie passend zur Zielgruppe ihr Bord-Tagebuch. Dort, im Web, suchte die Partei auch mit Jux und Spielerei die Jungen zu ködern: Onlinespiele, Kreuzworträtsel, Handylogos und -Klingeltöne, „Socialist"-T-Shirts und der „Red Chat" gehörten zum Instrumentarium unter dem Titel „Ein Kessel Buntes – Spiel, Spaß und Herausforderung".

Mit der Kampagne „Drei unter Dreißig" sollte auf die jungen Kandidaten hingewiesen werden. Nach langer Suche hatte man endlich drei gefunden: Sandra Brunner aus Berlin, Diana Gnorski aus Brandenburg und Arne Seeliger aus Schleswig-Holstein, die als „Gysis junge Truppe" Jugendlichkeit verbreiten sollten. Sandra Brunner, Bundessprecherin von Solid, die gegen Wolfgang Thierse und Günter Nooke in Berlin-Pankow antrat, kündigte im Web an, die Erstwählerkampagne zu Wasser, zu Lande und in der Luft zu führen: „Wir werden mit unserem ‚Traumschiff' die Elbe rauf und runter fahren und mit spektakulären Aktionen Zukunftsgerechtigkeit für junge Menschen einfordern. Unsere Kampagne wird sich den Themen Selbstbestimmungsrecht der Jugend, Bildung und soziale Gerechtigkeit widmen und vor allem dazu auffordern, sich einzumischen in die Politik. Wir wollen deshalb Erstwählerinnen und Erstwähler in ihrer ganzen Breite ansprechen, vom Azubi bis zum Studenten, vom Yuppie bis zum Punk, vom Wehrdienstverweigerer bis zum Offiziersschüler."

Optisch beherrschten aber weiterhin müde Genossen und altbekannte Parolen das Bild der PDS im Wahlkampf. Nicht nur ihre Wirtschaftskonzepte erweckten den Anschein, direkt aus den 70er-Jahren zu stammen, auch die Plakate. Der Look bot zwar klaren

Kontrast zu den Werbeträgern der politischen Konkurrenz, sodass Bartsch Recht zu der stolzen Aussage hatte: „Ein typisches PDS-Plakat ist auch aus einem mit 250 Stundenkilometern dahinrauschenden ICE eindeutig als solches zu identifizieren." Aber modern wirkten sie nicht. Der Fernsehspot zeigte Sozialromantik in schwarz-weiß – nett anzusehen, aber unverständlich.

Der Absturz

Am Ende überschlugen sich die Ereignisse, und jede Strategie versagte. Die Flut ließ die PDS in der Bedeutungslosigkeit versinken. Eine beispiellose Welle von Unterstützung aus den alten Bundesländern spülte gleichzeitig den Ost-West-Gegensatz weg, von dem die PDS bislang profitiert hatte.

Die unzähligen Versuche von Dietmar Bartsch, die PDS mit einer Regierungsbeteiligung ins Gespräch und damit in die Medien zu bringen, verhallten ohne Echo. Der Slogan „Wer Stoiber verhindern will, muss PDS wählen“ verlor mit den steigenden Umfragewerten der SPD an Bedeutung. Schlimmer noch: Plötzlich waren die Sozialdemokraten nicht länger Ziel der Anbiederung, sondern Konkurrenten. Die zum Jahrestag des Terrorangriffs auf das World Trade Center geplante Anti-Kriegs-Kampagne der PDS ging mit der Irak-Debatte und der klaren Positionierung des Bundeskanzlers unter.

Die Enttäuschung am Wahltag war groß und bitter, denn die PDS verlor jeden fünften ihrer früheren Wähler, verfehlte die Fünfprozenthürde und erreichte nicht einmal drei Direktmandate, die ihren Wiedereinzug in den Bundestag gerettet hätten. Gründe waren schnell benannt:

- Durch die Zuspitzung des Wahlkampfs auf die beiden Kontrahenten Schröder und Stoiber erhielten die kleinen Parteien weniger Aufmerksamkeit. Die großen Parteien ignorierten die PDS weitestgehend. Es kam zu keiner Mobilisierung durch

Angriffe von außen wie etwa durch die Rote-Socken-Kampagne der CDU 1994.

- Der Rücktritt von Wirtschaftssenator Gregor Gysi wegen der Bonusmeilenaffäre enttäuschte insbesondere die Wähler in Berlin. Gemessen an den Abgeordnetenhauswahlen halbierte sich dort der Zweitstimmenanteil der PDS.
- Der Neuzuschnitt der Wahlkreise hatte Ost- und West-Bezirke in Berlin vermischt und damit für die PDS die Wahrscheinlichkeit verringert, Direktmandate zu gewinnen.
- Die Regierungsbeteiligung der PDS auf Landesebene ernüchterte die Wähler. In Mecklenburg-Vorpommern und Berlin gab es für die PDS besonders große Verluste.

Letztlich verstärkten diese Faktoren jedoch nur einen Trend. In Umfragen wurde die PDS bereits im Februar in der politischen Stimmung unter fünf Prozent gemessen und verblieb auf diesem niedrigen Niveau (Forschungsgruppe Wahlen 2002: 31).

Auf den Punkt bringt es wohl Gabi Zimmers Erklärung vom Wahlabend – wenngleich unfreiwillig: „Die Menschen haben nicht erkannt, dass das, was wir als Alternative anbieten, heute schon umsetzbar ist", sagte sie und verwies damit auf das Grundproblem: das selbstgerechte Politikverständnis der SED-Nachfolger. Im Mittelpunkt steht immer die Partei und nicht der Bürger. Die PDS war nie eine Partei fürs Volk. Das trifft auch auf den Osten zu, wo sie von immerhin 80 Prozent der Bürger nicht gewählt wurde.

Trotz aller taktischen Versuche einer Modernisierung blieb sie die Partei der alternden DDR-Eliten. Rückwärtsgewandt, autoritär, reformunfähig und etatistisch konservativ vertrat sie die Interessen ihrer Klientel. Das konnten auch Gysi und jugendlich gefärbte Kampagnen nicht verdecken. Still und leise ist die Klientel der PDS verschwunden. Die einen haben das Zeitliche gesegnet, die anderen richten sich in ihrem neuen Leben in der Bundesrepublik ein. Die Partei hatte sich von ihren Wählern entfernt – das eilig entworfene Schlussplakat verdeutlichte das Problem auf seine Weise: In intellektuelles Existenzialisten-Schwarz gekleidet, redeten die vier Spitzenleute der Partei – Pau, Bartsch, Claus und Zimmer – miteinander, anstatt sich dem Wähler zuzuwenden. Mochte manch treuer Genosse die farblose Parteivorsitzende noch als authentisch empfunden haben, wirkte das Quartett jetzt nur noch verkleidet.

Die Kampagne 2002 vermittelte dem Wähler klar, was dieser längst ahnte: Diese Partei hat weder Konzepte noch Personal, um die drängenden Probleme unserer Zeit zu lösen. Was die Parteiführung kommunizieren wollte, ging am Wähler vorbei; was sie tatsächlich kommunizierte, merkten die Wahlkampfmanager nicht.

So lassen sich interessante Parallelen ziehen zwischen der Entwicklung der PDS und dem Block der Heimatvertriebenen und Entrechteten (BHE) in der Bundesrepublik der fünfziger Jahre. Beide Parteien verstanden sich als Vertretung einer sich marginalisiert fühlenden Bevölkerungsgruppe. Der BHE verschwand, sobald er mit seiner Wählerschaft politisch integriert worden war, von der Bildfläche.

Brie, André: Die PDS in Ost und West – Fakten und Argumente statt Vermutungen. Studie zur Analyse der PDS-Wahlergebnisse 1998/99 und zu den Möglichkeiten der weiteren PDS-Entwicklung. Berlin: August 2000. Im Internet: www.andrebrie.de/PDS/Pds.htm

Beschluss des PDS-Parteivorstandes: Nur Gerechtigkeit sichert Zukunft. Wahlstrategie der PDS 2001/2002. 5. Mai 2001. www.pds-online.de/wahlen/dokumente/0105/wahlstrategie.htm

Forschungsgruppe Wahlen e.V.: Bundestagswahl. Eine Analyse der Wahl vom 22. September 2002. Mannheim: 2002.

Hilmer, Richard: Funktionen der PDS-Wahl. In: Moreau, Patrick/ Schorpp-Grabiak, Rita: Nach der Berliner Wahl: Zustand und Perspektiven der PDS. München: 2002. S. 6 – 10.

Kuczynski, Rita: Die Rache der Ostdeutschen. Berlin: 2002.

Jungwählerkampagne

DIE WAHL GANG AUS DER POLITIKFABRIK

DANIEL HOLEFLEISCH
BERLIN

JEDER KENNT DEN „WAHL-O-MAT". DAS ERfolgstool vor der Bundestagswahl 2002 hat über zwei Millionen Menschen eine Wahlhilfe ausgesprochen. Dass dahinter aber Berliner Politologie-Studenten steckten, wissen wahrscheinlich nicht ganz so viele. Es war der Praxistest für den Nachwuchs in der Politikberatung.

Die Idee war einfach: Studierende machen Werbung für den Gang zur Wahlurne. Mit dieser Vorgabe wurden die Teilnehmer des zweisemestrigen Projektkurses „Politische Werbung" am Otto-Suhr-Institut (OSI) der Freien Universität Berlin konfrontiert und, wie sich herausstellen sollte, begeistert.

Die Idee für diese ungewöhnliche Lehrmethode stammt von Rudolf Hetzel, selbst OSI-Absolvent und Geschäftsführer der Politikagentur GmbH, Professor Nils Diederich, ehemals langjähriges Mitglied des Deutschen Bundestages, und Christoph Kamps, Consultant bei der PR-Agentur Häberlein und Mauerer.

Projektkurse sind integraler Bestandteil des OSI-Politikstudiums und sollen im Hauptstudium der Vertiefung des persönlichen Studienschwerpunktes dienen. Im Oktober 2001 begann der Kurs und die Dozenten wurden durch den Ansturm der Studierenden völlig überrascht. 80 Studenten nahmen am Kurs teil – ungewöhnlich viele, normalerweise liegen die Teilnehmerzahlen bei zehn bis 25.

Ziel des Projektkurses war von Anfang an die Entwicklung einer überparteilichen Wahlkampagne. Zur Vorbereitung diente zunächst die Arbeit an Texten. Nationale und internationale Wahlkampfprofis als Gastdozenten unterfütterten die theoretische Vorbereitung. Zeitgleich begann die Suche nach Sponsoren.

Der didaktische Clou des Projektes war die Idee der Dozenten, im Kurs einen klassischen „Pitch" durchzuführen, also die Präsentation im kreativen Wettbwerb um einen Auftrag. Die Kursteilnehmer bekamen die Aufgabe, in kleinen Gruppen innerhalb von nur drei Wochen verschiedene Kampagnenentwürfe zu erarbeiten und dann zu präsentieren. Die Aufgabe: Entwickeln Sie eine Kampagne, welche die Wahlbeteiligung unter jungen Wählern bei der Bundestagswahl 2002 im Land Berlin steigert.

Dass gerade junge Wähler als Ziel ausgesucht wurden, wurde im Kurs gemeinsam beschlossen. Ausschlaggebend war die niedrige Wahlbeteiligung innerhalb dieses Wählersegments. So war die Altersgruppe mit dem größtem Nichtwähleranteil bei der Bundestagswahl 1998 in Berlin die der 18- bis 25-Jährigen mit nur rund 54 Prozent Wahlbeteiligung. Im Bevölkerungsdurchschnitt lag die Beteiligung bei 81,1 Prozent. Auch sprach die altersbedingte Nähe der Studierenden mit der Zielgruppe für diese Auswahl – die eigene Glaubwürdigkeit und *Street Credibility* in der Ansprache dieser Zielgruppe wurde so als besonders hoch eingeschätzt.

Eigendynamik und Kreativität

Diese drei Wochen vor dem Pitch waren die eigentliche Geburtsstunde des Projekts. Unter den 80 Studierenden, die in acht Gruppen ihre Kampagnenvorschläge erarbeiteten, entwickelte sich in dieser kurzen Zeit eine erstaunliche Eigendynamik, die bis zum Endes des Projekts anhalten sollte. Unter den Präsentationen (im Web einsehbar unter www.politikfabrik.de) hatten die Dozenten als „Auftraggeber" die Qual der Wahl. Sie mussten entscheiden, welcher Kampagnenvorschlag umgesetzt werden sollte. Ergänzt wurde dieser durch die besten Ideen aus den anderen Präsentationen. Der Sieger hieß schlicht: WAHL GANG. Kern der Kampagne war der Gedanke, Politik in den Lifestyle und die Sprache der jungen Leute zu übersetzen und die Zielgruppe bei niedriger Zugangsschwelle mit Politik in Kontakt zu bringen. Insbesondere sollten so diejenigen erreicht werden, die sonst beim Thema Politik sofort auf Unterhaltungssender im Fernsehen wegzappen. Die Grundidee hieß, das Wählengehen mit einem positiven Image zu verbinden. Zur Strategie gehörten freakige Events und Medienguerilla-Aktionen von 80 hochmotivierten, kreativen Studenten, die Zusammenarbeit mit zielgruppenspezifischen Medienpartnern, Testimonials (auch in Spots und Plakaten) von Idolen und Kult-Figuren der jungen Erwachsenen sowie die Einbindung amüsierfreudiger, junger Nichtwähler in die Kampagne via SMS und Internet. Wir wollten ein Netzwerk aufbauen, und zwar sowohl unter den Mitgliedern unserer Zielgruppe als auch Studenten, Medien und Prominenten. Unser Ziel war Gruppenidentität und Gemein-

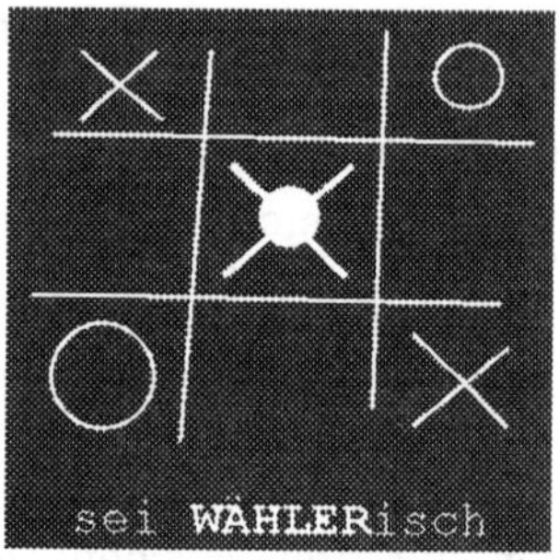

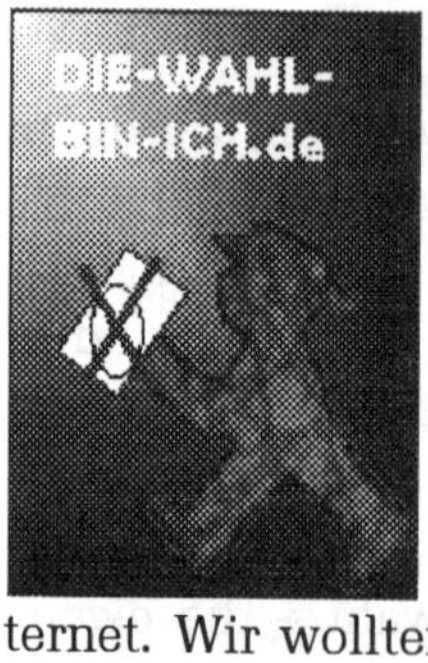

schaftsidentität für diese Kampagne. Die Botschaft, die wir vermitteln wollten: Wählen gehen gehört zum Lifestyle, und es ist wichtig für eine funktionierende demokratische Gesellschaft, in der man sich entfalten und individuell leben kann.

Tests und Vorbereitungen

Die Entwicklung des Claims und des Kampagnenlogos wurde, ähnlich wie bei den späteren Plakaten, durch Arbeit mit Fokusgruppen an mehreren Schulen unterstützt. Der Test in den Kleingruppendiskussionen ließ aus „WAHL GANG" bald „die WAHL GANG" werden. Wie wir feststellten, gingen viele der ursprünglichen Vorschläge für den Claim an der Zielgruppe vorbei. So ließ unser Favorit „Sexy, Macht, Wählen!" die Schüler kalt. Am Ende fiel die Entscheidung auf „die WAHL GANG – Wählen statt warten: am 22.09." Zeitgleich mit dem Feinschliff an den PR- und Werbestrategien bezogen die Kampagnenmacher Büros in Berlin-Mitte. Die Projektzentrale gab nun mit dem Wegzug vom Unicampus auch den bisherigen Arbeitstitel „Politikuni" auf und wurde zur „Politikfabrik". Sie organisierte sich in sieben Gruppen: (1) Interne Kommunikation kümmerte sich um Protokollierung, Informationsmanagement und Büroorganisation; (2) Internet kreierte die Webauftritte politikfabrik.de und diewahlgang.de; (3) Presse erstellte Presseunterlagen, organisierte Pressekonferenzen und koordinierte die „Medienguerilla"; (4) Sponsoring suchte nach Unterstützern und Schirmherren; (5) Event erfüllte die Logistik aller Veranstaltungen; (6) Werbung produzierte die Print-Werbemittel wie Postkarten, Plakate und Flyer; (7) Monitoring arbeitete mit Fokusgruppen, erstellte Dokumentationen und wertete unsere Aktivitäten aus.

Flache Hierarchie und hohe Flexibilität waren die Maßgabe. Zunächst versuchten wir es mit einem gewählten Sprechergremium aus Vertretern aller Gruppen gewählt, die wöchentlich zusammentrafen. Wie sich mit der Zeit herausstellte, war so der Überblick nicht zu halten. Professioneller erschien bald die Einführung eines Geschäftsführers.

Erste Kontakte und ein neuer Partner

Die Kampagne begann mit vorsichtigen ersten Schritten. Vernetzungsparties und Fußballspiele mit Bundestagsabgeordneten, Pressemannschaften sowie Jungwählerteams sorgten für die erste Aufmerksamkeit unserem Projekt gegenüber – sowohl bei den Journalisten wie bei Parteien.

Als n-tv-Moderatorin Sandra Maischberger als Schirmherrin zusagte, war ein wichtiger Schritt geschafft. Was fehlte, waren Sponsoren – an einem solchen politischen Projekt waren Unternehmen und Institutionen nicht genug interessiert. Schließlich brachte der Kontakt zur Bundeszentrale für politische Bildung (bpb) den Durchbruch: Denn die bpb hatte ohnehin ein Projekt für Jungwähler geplant. Für Politikfabrik und Bundeszentrale lagen die Vorteile einer engen Kooperation auf der Hand.

Mit dem neuen Partner waren die Zielsetzungen zu korrigieren. Eine Klausur zurrte neue Rahmenbedingungen fest. Auf Wunsch der Bundeszentrale wurde das Zielgebiet und die Zielgruppe eingegrenzt. Die Kampagne richtete ab da ihren Fokus nicht mehr allgemein auf junge Wähler in ganz Berlin, sondern ganz speziell auf Erstwähler im Berliner Bundestagswahlkreis 084, der Teile von Kreuzberg, Friedrichshain und dem östlichen Prenzlauer Berg umfasst. Dies ist einer der Wahlkreise mit der niedrigsten Wahlbeteiligung unter Jungwählern in Deutschland. Außerdem bietet er eine interessante Mischung aus Ost und West. Diese Einschränkung hatte aber auch ganz praktische Gründe: Sie konzentrierte die begrenzten Finanzmittel und vereinfachte die Evaluation, die auch für mögliche Folgeprojekte bei weiteren Wahlen genutzt werden sollte. Damit war unser studentisches Projekt bereits zum Piloten der Bundeszentrale für politische Bildung geworden – ein Meilenstein.

Die Bundeszentrale brachte die Idee für den Aufbau einer selbstorganisierten Aktionsgruppe von jungen Leuten im Wahlkreis mit in das Projekt ein und ebenso den Vorschlag, aus den Niederlanden die Lizenz für das erfolgreiche Softwaretool „Stemwijzer" zu kaufen. Es handelte sich um ein Programm, das nach Eingabe bestimmter Informationen Wahlempfehlungen aussprach.

Die Politikfabrik passte die Software an die Erfordernisse und Inhalte der Bundestagswahl an. Der Name lehnte sich an Douglas Adam an: „Wahl-O-Mat". Ebenfalls aus den Niederlanden importierten wir die Idee, ein Welcome-Paket für Erstwähler zu entwickeln und zu verteilen.

Kampagnenstart mit dem „Türsteher"

Der Startschuss fiel durch Prominenz: Schirmherrin Sandra Maischberger und der Präsident der Bundeszentrale für politische Bildung, Thomas Krüger, präsentierten auf einer Pressekonferenz zusammen mit den Studierenden im Juli 2002 die Kampagne. Die bekannte TV-Talkerin enthüllte vor der Politikfabrik kameragerecht das erste Großplakat. Das Motiv: Ein muskulöser Türsteher vor der Reichstagssilhouette und der Textzeile „Der mächtigste Club Berlins – Du bestimmst, wer reinkommt". Das Türstehermotiv

wurde das erfolgreichste und bekannteste der Kampagne. Sogar in so exotischen Ecken wie dem Vorwort des Motorradmagazins *Bikers World* fand es sich wieder.

Der „Türsteher" hing im ganzen Wahlkreis. Zeitgleich ging die Homepage *diewahlgang.de* mit vielen spielerischen und informativen Angeboten rund ums Wählen online. Sie war gleichzeitig Einfallstor für Meinungen, Vorschläge und Diskussionen aus der Zielgruppe heraus.

Nach dem Start im Juli fiel die Kampagne nicht in ein Sommerloch. Die Planung für die heiße Wahlkampfphase setzte vor allem darauf, in der Zielgruppe prominente Unterstützer zu finden. Für Plakatmotive gewannen wir das kultige Komikerduo Erkan & Stefan („Du hast das Wahl, Alter"), den TV-Schauspieler Daniel Brühl, die Musikkanalmoderatoren Sarah Kuttner (VIVA) und Tom Novy (MTV). Ein Kinospot wurde entwickelt und vor dem Reichstag gedreht. Der Spot „Du bestimmst, wer reinkommt" lief in den Wochen vor der Wahl in mehr als 350 Lichtspielhäusern in Berlin und sogar bundesweit. In der U-Bahn lief er über die Monitore des „Berliner Fenster", und nicht zuletzt zeigte VIVA den Clip mehrmals am Tag.

Schlammschlacht vor dem Reichstag

Ein bisschen Sommerloch war doch. Wir wussten, dass wir zwischen Kampagnenstart und heißer Wahlkampfphase Ereignisse schaffen mussten, die unsere Botschaft in Erinnerung hielten. Dafür waren Inszenierungen geplant, darunter die etwas frivole „Schlammschlacht" vor dem Reichstag. Sie bekam durch die Hochwasserkatastrophe im August 2002 ungewollte Brisanz. Verkleidet als Spitzenpolitiker der fünf Bundestagsparteien, lieferten sich OSI-Studenten ein Gefecht mit Schlamm, Wasserpistolen, aufblasbaren Flugzeugen und Transparenten. Wir erregten gezielt Aufmerksamkeit, und zwar für zwei Botschaften: Zum einen sollte mit einem Augenzwinkern in Richtung der Politik darauf hingewiesen werden, dass Wahlkampf nicht wörtlich gemeint ist und nicht in persönlichen Schlammschlachten (Bonusmeilenaffäre, Hochwassertourismus) ausarten sollte. Zum anderen wollten wir mit der Aktion gerade jungen Leuten zeigen, dass es durchaus Spaß machen kann, sich politisch einzumischen oder zu äußern. Die „Schlammschlacht" brachte uns eine erhebliche Medienresonanz und steigerte so den Bekanntheitsgrad der WAHL GANG in der Zielgruppe.

Neben der Schlammschlacht wurde noch eine Beachvolleyball-Barbecue-Party organisiert, um in Einzelgesprächen mit Erstwählern über das Ansinnen der WAHL GANG zu sprechen, zu diskutieren und zu streiten. Das lief erfolgreich. Was scheiterte, war die Idee, über den Kreis der Politikfabrik-Kampagnenmacher hinaus im Wahlkreis eine selbstorganisierten Aktionsgruppe zu initiieren. In den Sommerferien war es praktisch unmöglich, zehn bis 15 Personen zu finden, die örtlich selbständig, aber mit Unterstützung von bpb und Politikfabrik, eigene politische Veranstaltungen, Wahlumfragen und Aktionen organisierten. Alternativ wurden dezentrale Angebote aufgestellt. Neben Besuchen in den Wahlkampfzentralen aller Bundesparteien bot die Kampagne beispielsweise Hintergrundgespräche mit Journalisten an und stellte mit unterschiedlichen Initiativen – etwa dem Türkischen Bund oder der Ver.di-Jugend – Podiumsdiskussionen auf die Beine.

Heiße Phase: Der Wahl-O-Mat

Ende August 2002 begann auch für die WAHL GANG die heiße Phase des Wahlkampfes. Bei einer Pressekonferenz wurde neben dem Wahl-O-Mat auch der Beginn der Wähl-Bar Infobus-Tour eingeläutet. Der Wahl-O-Mat basiert auf einem Erfolgsmodell aus den Niederlanden. Bereits seit 15 Jahren gibt es dort den *Stemwijzer*. Was in Papierform begann, bietet mittlerweile auch im Internet (stemwijzer.nl) bei Regional- und Parlamentswahlen die Gelegenheit, sich Wahlhilfen geben zu lassen. Zuletzt lief er bei der Parlamentswahl im Mai 2002. Innerhalb von zwei Monaten ließen sich dort zwei Millionen Holländer ihre persönliche Wahlhilfe ausgeben.

Der Wahl-O-Mat bietet die Möglichkeit, online anhand von 27 zu beantwortenden politischen Thesen die eigene Parteipräferenz herauszufinden. Das besondere am Wahl-O-Mat gegenüber anderen Wahltest-Instrumenten ist die Legitimation durch die Parteien. Die gleichen Thesen, die der Nutzer beantworten muss, wurden auch von den Parteispitzen der Bundestagsparteien beantwortet. Kurios: Die Beantwortung der kurzen Thesen, die vornehmlich aus den Wahlprogrammen der Parteien gezogen wurden, machte diesen zum Teil große Probleme. Bei vielen Thesen hatten die Politiker Schwierigkeiten, sich auf die vorgegebenen Antworten (ja, nein, neutral) festzulegen und beantworteten sie mit langen Auszügen aus

ihren Programmen. Aus den übriggebliebenen wurden per Computerprogramm die 27 Thesen ausgesucht, die letztendlich im Programm zu beantworten sind.

Der schlicht designte Wahl-O-Mat ging am 26. August bei der Pressekonferenz online. Bereits drei Tage später brach der Server wegen Überlastung zusammen. Denn Harald Schmidt hatte zufällig den Wahl-O-Mat entdeckt und spielte ihn in seiner Late-Night Show durch – und die Nutzerzahlen explodierten. Nach einigen Stunden war ein größerer Server angemietet und der Wahl-O-Mat lief wieder. Das Medieninteresse am Online-Angebot und dadurch auch an unserer Kampagne stieg enorm. Aber der Ansturm auf den Wahl-O-Mat lag nicht allein an Schmidt und der Berichterstattung der Medien. Emails zahlreicher Nutzer belegten eindeutig, dass Mundpropaganda und schnelle Weiterleitungen und Empfehlungen im Internet die Klicks auf unsere Website ebenso schnell vermehrten.

Der Wahl-O-Mat war auch deshalb so erfolgreich, weil er besonders verständlich und absichtlich kurz gehalten war. Sicher gab es Thesen, bei denen der Nutzer das Gefühl hatte, *so einfach könne man das nicht sagen*, aber gerade in dem Zwang der Festlegung auf eine direkte Antwort lag der Charme des Tools. Dieses gewollte Abwägen zwischen *ja, aber* und *nein, aber* brachte die Nutzerinnen und Nutzer zum Nachdenken über politische Inhalte – ein Ergebnis, dass jede politische Kampagne als Ziel haben sollte und oft genug nicht erreicht. Der Wahl-O-Mat war nur knapp vier Wochen online. Über 2,2 Millionen Menschen ließen sich eine Wahlhilfe ausstellen.

Die Wähl-Bar Infobus-Tour

Neben dem Wahl-O-Mat begann Ende August auch die Wähl-Bar Infobus-Tour. Sie diente als Mittel, um mit der Zielgruppe örtlich intensiver in Kontakt zu treten. Bei zwölf Schulbesuchen insbesondere in Handelsschulen und Oberstufenzentren sowie bei einigen anderen Events waren wir mit einem Infobus unterwegs, um mit den jungen Leuten ins Gespräch zu kommen. Hier wurde das Welcome-Paket verteilt und erläutert. In vielen Einzelgesprächen wurden hier Erstwähler von der Wichtigkeit der Teilnahme an der Wahl überzeugt. Kleine Giveaways erleichterten das Ins-Gespräch-kommen. Im Welcome-Paket lagen neben Aufklebern und einer Gewinnspielkarte zwei Broschüren bei. Die eine erklärte „Alles rund ums wählen gehen“, die andere war ein „Wahl-ABC“, in dem die wichtigsten politischen Begriffe erläutert wurden. Beide waren der Sprache der Zielgruppe angepasst.

Auch bei der Schultour war der Wahl-O-Mat ein besonderer Anziehungspunkt. Auf mehreren Notebooks konnten die Jungwähler ihn testen. Spätestens hier zeigte sich, dass die Unterstellung, die Jugend sei politikverdrossen, nicht zutrifft. Alle Teilnehmer wurden von dem großen Interesse der jungen Leute an den politischen Inhalten überrascht. Schnell bildeten sich immer kleine Menschentrauben um die Rechner. Schon bald kamen sehr lebendige und kontroverse Diskussionen um die politischen Thesen in Gang.

Abschluss per SMS

Zum Abschluss der Kampagne feierte die WAHL GANG am Vorabend der Bundestagswahl mit den Erstwählern in den Wahltag hinein. Auf der Party sammelten wir die letzten Mobilfunknummern ein, die Gewinner unseres Gewinnspieles wurden gezogen.

Mit Hilfe der während der gesamten Kampagne gesammelten Mobilfunknummern erreichten wir – dank der Unterstützung des Handyportals Jamba AG – viele Erstwähler am Wahltag per SMS. Mit einem netten Wahlaufruf wurden sie noch ein letztes Mal von der WAHL GANG zum Wählen gehen bewegt. Die Gewinner des Gewinnspiels wurden mit großen Limousinen von ihrem Lieblingsprominenten in ihr Wahllokal chauffiert.

Was es brachte

Der Pressespiegel der Kampagne (einsehbar unter diewahlgang.de) belegt, dass die Zuspitzung auf den Wahltag funktionierte. Von der Vorbereitungs- zur Sympathiephase über Sommerlochbilder bis zur heißen Phase steigerte sich unser Angebot sowie das Interesse der Medienvertreter und der Zielgruppe. Die PR- und Werbestrategien der Politikfabrik sind aufgegangen.

Wir wollten es genauer wissen. In zwei Umfrage-Panels vor und nach der Wahl befragte FORSA Erstwähler im Wahlkreis 084 nach der Wirkung der Kampagne. Die ersten Ergebnisse der repräsentativen Umfragen waren ermutigend: So ergab die ungestützte Befragung über den Bekanntheitsgrad der WAHL GANG-Kampagne bei den im Wahlkreis 084 einen Wert von 18 Prozent. Gestützt erinnerten sich sogar 64 Prozent. Eines oder mehrere der Kampagnen-Plakate kannten 28 Prozent, 26 Prozent kannten den Spot aus der U-Bahn, aus den Kinos kannten ihn 20 Prozent, den Wahl-O-Mat kannten ebenfalls 20 Prozent. Die Schultour hatten immerhin fünf Prozent mitbekommen. Auf die Entscheidung wählen zu gehen, hatte die Kampagne in der Zielgruppe laut FORSA eine messbare Auswirkung. Wie hoch diese Auswirkung war, werden jedoch erst die Ergebnisse der zweiten Umfrage-Welle ergeben (Details auf der Website).

Die WAHL GANG hat ihr Ziel erreicht. Aus einem kleinen ambitionierten didaktischen Uni-Experiment wurde eine Kampagne mit bundesweiter Wirkung. Die Partnerschaft mit der Bundeszentrale für politische Bildung sowie der unermüdliche ehrenamtliche Einsatz der Studierenden hat sich ausgezahlt. Wegen der WAHL GANG sind mehr Erstwähler zur Wahl gegangen.

Die Gelegenheit, im Rahmen eines sozialwissenschaftlichen Studiums eine solche praktische und kreative Aufgabe zu erhalten, haben viele Teilnehmer als Chance gesehen, im Bereich der Wahlkampfführung berufsfeldorientierende Erfahrungen zu sammeln. Ganz nebenbei wurde durch diese Methode das sonst eher anonyme Nebeneinanderherstudieren aufgehoben und ein gemeinsames Ziel gesteckt und erreicht.

Aus diesem Projekt kann aber auch eine andere Lehre gezogen werden. Der Start wäre einfacher und vielleicht etwas professioneller gewesen, hätten wir eine stabilere finanzielle Basis gehabt. Projekte wie diese ziehen nicht automatisch kommerzielle Sponsoren an. Stiftungen und Einrichtungen der politischen Bildung sind aber natürliche Partner für überparteiliche Kampagnenprojekte. Ein frühzeitiges finanzielles Engagement solcher Partner wäre neuen Projekten zu wünschen.

Pressearbeit in der Soundbite-Ära

NEUE TÖNE, KLASSISCHE MUSTER

CAROLINE KÖNIG
BERLIN

AM 3. JANUAR 2001 ERSCHIEN IM BERLINER TA*gesspiegel* ein Namensartikel, der sich mit den neuen technischen Möglichkeiten in der Humangenetik beschäftigte. Im Zentrum stand die Frage, ob das therapeutische Klonen menschlicher Embryonen zulässig sei. Der Artikel verneinte dies, weil die Tür zum Klonen von Menschen geöffnet würde. Dennoch: am selben Tag Aufschrei und Entsetzen im ganzen Land – ein gefundenes Fressen für das Feuilleton. Was war geschehen?

Verfasser des Beitrages war der frisch nominierte Kulturstaatsminister Julian Nida-Rümelin. Als Philosophie-Professor und Experte für Bio-Ethik hatte er sich bereit erklärt, seine ablehnende Position zum

Thema darzulegen. Nur: Seine Botschaft kam ins Gegenteil verzerrt an. Zum einen war der Aufsatz im Stil eines wissenschaftlichen Traktats, mit deduktiver Hinleitung zum Thema und gespickt mit Fachbegriffen, geschrieben. Nicht jeder Leser wird bis zum entscheidenden Ende gelesen haben. Zum anderen erhielt die Fehl-Interpretation ihren *Spin* durch die Überschriften. So las sich die Dachzeile auf der Seite Eins: „Julian Nida-Rümelin: Warum nicht Menschen klonen?“ als lax formulierte Befürwortung, während der Beitrag Nida-Rümelins differenziert dagegen argumentierte. Auch die eigentliche Überschrift des Aufsatzes auf Seite 25 „Wo die Menschenwürde beginnt“ setzte den Leser nicht auf die richtige Fährte: Sie führte weg vom Hauptanliegen des Aufsatzes, indem sie auf das Detail der Menschenwürde abstellte. Beide Überschriften wurden dem Anliegen des Autors nicht gerecht.

Eine Geschichte, die beispielhaft die Hyperreagibilität und Oberflächen-Wahrnehmung der öffentlichen Meinung belegt. Die öffentlichen Akteure bewegen sich in einem Rasterfeld, was ergibt: Auch ein Kulturstaatsminister in spe ist ein Politiker, selbst wenn er noch nicht im Amt ist. Welchen Beruf er hat, spielt kaum eine Rolle. Er steht repräsentativ für eine Partei, für die Regierung, für die politische Klasse. Diese Wahrnehmungsschablonen lassen individuelle Konturen verblassen.

Und ein Politiker steht in einem medialen Verwertungszusammenhang, der sich mit den eigenen Interessen nicht immer deckt. Zeitungsredaktionen sind in der Regel interessiert an Namensartikeln prominenter Autoren, da diese zum Renommee des Blattes beitragen. Aber die Redaktionen wollen – Ausweis ihrer Pressefreiheit – selbst bestimmen, welche Überschrift die Texte in ihrem Blatt erhalten, wann ein Beitrag erscheint und wo er platziert wird. Das heißt: Wenn Sie einen Artikel in eine Redaktion geben, geben Sie in diesem Moment auch die „Hoheit“ über die darin enthaltende Meinung auf. Nicht immer gelingt es den zumeist unter Zeitdruck stehenden Tisch-Redakteuren, den Kern eines Namensartikels präzise in der Überschrift zu bündeln. Und bei der Formulierung lässt sich ein Redakteur immer auch von der Frage leiten, welche Überschrift die meiste Aufmerksamkeit erreicht. Erst einmal veröffentlicht, bewegt sich Ihre Botschaft auf dem offenen Nachrichtenmeer, kann je nach Zeitpunkt und Koinzidenz mit anderen Äußerungen zum Orkan werden oder nur ein Kräuseln auf dem Wasser verursachen. So konnte zum Beispiel der eingangs erwähnte Artikel am Ende der Weihnachtsferien seine Wirkung entfalten.

Die vierte Gewalt im Staate unterliegt seit einiger Zeit einem erheblichen Strukturwandel. Es sind vor allem zwei Maximen, die den Journalismus von heute kennzeichnen: Finanzökonomie und Aufmerksamkeitsökonomie. Die enorme Konkurrenz auf dem Medienmarkt zwingt zu immer größerer Effizienz und Leistung sowie zur noch stärkeren Orientierung an dem, was das scheue Reh Zuschauer, Leser oder Zuhörer vermeintlich wirklich interessiert. Boulevardisierung, Infotainment und Pop-Journalismus sind die Stichworte, die den Journalismus gegenwärtig charakterisieren.

Wer nun Henne und wer Ei bei diesem Phänomen ist und in welcher Wechselbeziehung beide zueinander stehen, ist nicht ohne weiteres auszumachen. Fest steht: Das Ei ist allen ins Nest gelegt. Oder anders: Die Henne erfreut sich ihres Lebens und legt munter Ei für Ei. Das heißt: Pressesprecher von Politikern und Leiter von Pressestellen politischer Institutionen müssen sich auf die differenzierte Medienlandschaft und die Gesetze der Aufmerksamkeitsökonomie einlassen und professionell damit umgehen.

Ihre Aufgabe ist es, trotz Overnewsment, trotz Marginalisierung politischer Themen und Inhalte, trotz zunehmender Politik(er)verdrossenheit Politik und die Leistungen politischer Akteure erfolgreich zu kommunizieren. Nur: was heißt „professionell" und „erfolgreich"?

Wo Pressesprecher stehen

Eine Pressestelle bildet das Scharnier zwischen dem Politiker und der von ihm geleiteten Institution einerseits und der Öffentlichkeit andererseits. Die Pressestelle sollte sich als Agentur beziehungsweise Agent in zweierlei Hinsicht verstehen: nach außen in die Öffentlichkeit sowie nach innen in den politischen Apparat.

Nach außen gilt es, die Arbeit des Politikers bzw. seiner Behörde zu erklären und zu vertreten, Fehlinformationen durch Stellungnahmen zu korrigieren und Hilfestellung zu geben bei der Interpretation und Einordnung politischer Entscheidungen, Konzepte und Maßnahmen. Nach innen gilt es,

- eine Kommunikationstrategie zu entwickeln für die Entscheidungen und Maßnahmen Ihres Chefs. Alle politischen Inhalte haben immer auch eine kommunikative Dimension und müssen pressetechnisch operationalisiert werden. Damit fängt man am besten im ersten Stadium an. Jedes politische Projekt muss von Anfang an im Hinblick darauf begleitet werden, wie und in welchem Zeitrahmen es öffentlich vermittelt werden kann;
- ein Image-Konzept zu entwickeln für das „Gesicht des Hauses", die Person an der Spitze der Institution;
- ein übergeordnetes Kommunikationskonzept zu entwickeln, das für eine Legislaturperiode festlegt, wann welches Thema wie kommuniziert wird;
- Anwalt der Öffentlichkeit zu sein, indem man die in den Medien artikulierten Auffassungen und Einwendungen zur Arbeit des Politikers beziehungsweise seines Amtes nach innen vermittelt. Dies nicht nur, um wichtige inhaltliche Hinweise für die politische Arbeit zu erhalten, sondern auch im Interesse einer guten Beziehung zwischen den Journalisten und

„Ihrem“ Politiker. Denn Journalisten wollen natürlich auch von Politikern gelesen werden. „Anwalt der Öffentlichkeit zu sein“ heißt aber auch, die Informationsbedürfnisse der Öffentlichkeit im Blick zu haben und nach innen zu vertreten.

Ohne was es einfach nicht geht

Eine Pressestelle ist – wie jedes Scharnier – ein exponierter und kritischer Punkt. Es kann langfristig nur dann funktionieren, wenn es in beiden Systemen, die es verbindet, fest verankert und gut geschmiert ist. Das schützende und funktionserhaltende „Öl“ einer Pressestelle ist die Information.

Auf der einen Seite verfügt der Pressesprecher über viele Informationen, die für die Arbeit der Journalisten und auch des Ministeriums von Interesse, bisweilen unverzichtbar sind. Auf der anderen Seite ist er abhängig von der Information durch seine Fachkollegen in den Abteilungen und Referaten des Hauses und natürlich von der Spitze, der Person, für die er arbeitet. Keine Pressestelle kann funktionieren ohne das Vertrauen des Politikers und ohne die Einbindung in die hausinterne Entscheidungsbildung und in die Informationsströme.

Noch immer verwechseln gerade Behörden und Ministerien „Pressereferat“ mit „Presse“ und zeigen sich entsprechend gegenüber ihren Pressekollegen zugeknöpft, was Informationen anbelangt. Dabei gilt für die politische Kommunikation:

- Wer zuerst ein Thema in die öffentliche Debatte einbringt, kann maßgeblich steuern, *wie* es diskutiert wird.
- Je mehr der Pressesprecher zu einem Thema weiß, desto sicherer kann er sensible oder heikle Details in der Kommunikation anpacken.
- Je früher die Pressestelle Bescheid weiß, desto besser kann sie

das Haus und den eigenen Minister für die öffentliche Debatte vorbereiten. Das Thema kann langfristig und damit nachhaltig angegangen werden.

Nicht nur die Mediennutzer, auch die Journalisten haben ihre Aufmerksamkeitsökonomie. Sie sind für ein Thema und der sich damit verknüpften Position offener, wenn man sie damit nicht kurzfristig überfällt, sondern zeitig Kontakt aufnimmt und mit deutlichem Vorlauf die entsprechenden Informationen liefert. Denken Sie daran: Wenn Sie es nicht tun, macht es vielleicht die Konkurrenz, die in der Sache vermutlich ganz anderer Auffassung ist als Sie.

Deswegen: Überzeugungsarbeit nach innen leisten. Sie müssen die notorische Verpuppungstendenz politischer Apparate unterbinden, für die Belange der Medien werben und ein Vertrauensverhältnis aufbauen. Machen Sie deutlich: Die Pressestelle ist das Aushängeschild des Hauses!

Auf der anderen Seite sollten Sie sicher stellen, dass nur durch Sie und die Pressestelle bzw. den Politiker an der Spitze der Einrichtung kommuniziert wird. Nichts gegen Kontakt zwischen einem Journalisten und einem Fachreferenten, wenn es um komplizierte Detailfragen geht. Diesen sollte man in Einzelfällen auch arrangieren, damit ein Journalist auch die Fachinformation erhält, die er braucht. Zugleich erspart es Ihnen Zeit, die Sie für die Erarbeitung der Sachverhalte bräuchten. Zum anderen kann es Ihrem Kollegen eine Bestätigung in seiner Arbeit geben, wenn er sein Fachwissen an die Öffentlichkeit weitergeben kann.

Wichtig ist jedoch in diesen Fällen die Abstimmung des Rahmens des Kontaktes durch Sie als Presse-Fachmann. Sie sollten die thematischen Details, Zeitpunkt und Art der Veröffentlichung klären, damit sich die Statements aus dem eigenen Hause nicht überlappen oder gar widersprechen. Es soll schon vorgekommen sein, dass Äußerungen eines Sachbearbeiters als Statement eines Ministers veröffentlicht wurden.

Deswegen gilt: Die Pressearbeit des Hauses geht über Ihren Tisch, sonst geht sie bald drunter und drüber.

Das A und O jeder Pressestelle

Würde das Bundespresseamt (offiziell: Presse- und Informationsamt der Bundesregierung) heute neu gegründet werden, gäbe der Regierungssprecher ihm mit hoher Wahrscheinlichkeit einen anderen Namen. Denn heute ist vom Selbstverständnis des Hauses der Begriff des „Amtes" weit entfernt – ein Wort, das noch immer bei vielen Bürgern das eher abschreckende Bild von Stuben, Stempeln und Ärmelschonern heraufbeschwört, von Belehrungen über Zuständigkeiten, von Formularen und abgelaufenen Sprechstunden. Eine Pressestelle sollte sich immer als Service-Einrichtung für Journalisten, Multiplikatoren und Bürger verstehen. Alle diese sind Kunden, keine Antrag- oder gar Bittsteller.

Wichtige Elemente eines professionellen Selbstverständnisses von Pressesprechern sind Transparenz, Offenheit, Glaubwürdigkeit und Zuverlässigkeit. Nichts wirkt langfristig giftiger auf den Kontakt zu einem Journalisten als ein Verstoß gegen diese Grundprinzipien. Sollten Sie schwierige und unangenehme Informationen verschweigen oder Sachverhalte dementieren, die dann doch, wenn auch mit einem Zeitverzug, das Licht der Öffentlichkeit erreichen werden, wird man einen Sprecher schnell nicht mehr Ernst nehmen. Sie riskieren damit, dass Sie und ihre Pressestelle über kurz oder lang aus dem Wahrnehmungsfeld von Journalisten einfach verschwinden, da ein Kontakt mit Ihnen lediglich unter „Zeitverschwendung" verbucht wird. Das heißt: Sie verlieren Einflussmöglichkeit auf die öffentliche Diskussion und Meinungsbildung.

Dasselbe gilt für das simple Thema „Zuverlässigkeit". Fast nichts ist so kontraproduktiv, wie einen Journalisten nicht zurückzurufen. Denken Sie daran: Sie sind Dienstleister gegenüber dem Kunden „Journalist". Und auch im Nachrichtengeschäft gilt: Der

Kunde ist König, nicht Sie! Vorbei sind die Zeiten, in denen durch Thesen-Anschlag an einer Holztür eine Revolution ausgelöst wurde. Es gibt so gut wie keine Informationsmonopole mehr, im Gegenteil: die Konkurrenz der Informanten ist groß.

Das Kommunikationskonzept

Auch wenn der Alltag in einer Pressestelle nicht immer den Eindruck strategischer Planung erweckt, da so manche Dinge unvorhergesehen kommen: Jeglicher praktischer Pressearbeit muss ein übergeordneter Fahrplan zugrunde liegen, der festhält, wohin die Reise gehen soll. Es muss klar sein, was die Ziele Ihrer Behörde bzw. Ihres Chefs sind. Darauf baut ein entsprechendes Kommunikationskonzept über Monate auf.

Dies bedeutet, dass zunächst mit dem Chef und den Spitzen der Behörde zu Beginn der Legislaturperiode eine Agenda der wichtigsten Themen und damit verknüpften Ziele entwickelt werden muss. Was ist die politische Leistung, mit der man in Verbindung gebracht werden soll? Wenn die einzelnen Themen, Ziele und – damit zusammenhängend – die Maßnahmen definiert wurden, schließt sich Thema für Thema die Formulierung entsprechender Botschaften an. Diese zentralen Botschaften bilden das Grundgerüst, um anschließend einen Kommunikationsfahrplan entwickeln zu können. Hierbei gilt es zu berücksichtigen:

- Was soll idealiter in den Medien zu einem Thema zu lesen, zu hören, zu sehen sein?
- Wie muss die Botschaft modifiziert werden, um die jeweils entscheidenden Zielgruppen zu erreichen?
- Wie muss die Medienstrategie für die Botschaften aussehen? Wie verteilen sich die Themen über die Monate? Welche Unterthemen bieten sich zu welchem Zeitpunkt an?

- Was sind die Stärken, was die Schwächen des Themas bzw. der damit verknüpften politischen Maßnahme?

Gerade in einer Zeit von zum Teil nebeneinander bestehenden Teil-Öffentlichkeiten ist es wichtig, sich auf einen fest umrissenen Katalog von Themen zu beschränken und diese innerhalb eines Zeitkontinuums zu wiederholen, das in Anlehnung an die eigenen zeitlichen Fixpunkte sowie an die allgemeinen politischen und gesellschaftlichen Daten strukturiert ist. Hierbei gilt: Jeder Auftritt – sei es ein Vortrag in der Universität, eine Rede im Bundestag, die Teilnahme an einer Talkshow oder ein Interview in einer Zeitung – sollte der Kommunikation dieser Themen und Ziele dienen.

Um eine Botschaft zu formulieren, ist es sinnvoll, sich die typischen Fragen zu vergegenwärtigen, die für die Berichterstattung durch die Medien entscheidend sind. Dies bedeutet insbesondere:

- Was bringt das darin angesprochene Ziel bzw. die Maßnahme konkret, was nicht? Was bringt das alles den Bürgern?
- Warum ist die Maßnahme nötig?
- Was bringt und was verändert sie kurzfristig, was langfristig?
- Worin liegt der Unterschied zum Status Quo?
- Worin liegt die spezifische Leistung Ihres Chefs?
- Wie sieht der Zeitplan aus?
- Was passiert, wenn die Maßnahme nicht umgesetzt wird?
- Woran macht sich die erfolgreiche Umsetzung bemerkbar?
- Was wird von den Bürgern damit erwartet?

Formulieren Sie die Botschaften einfach, klar und unmissverständlich. Stellen Sie sich vor, wie sie als Überschrift oder als Vorspann eines Artikels wirken würden. Überlegen Sie, wer Ihre Zielgruppen sind und über welche Medien Sie jene erreichen. Außerdem: Welche Medien könnten Interesse an Ihrer Botschaft haben? Wie wird der politische Gegner reagieren?

Sobald Sie die Botschaften formuliert haben, sollten Sie einen Kalender anlegen, der die Themen und die anhängenden Botschaften über die Tage und Monate verteilt. Orientieren Sie sich dabei an den allgemeinen Perioden des Jahres, den parlamentarischen Arbeitsphasen und an wichtigen Terminen Ihrer Hauptzielgruppen. Für einen Wirtschaftsminister mögen dies Steuerschätzungen, Tarifverhandlungen und die monatlichen Statistiken der Bundesagentur für Arbeit sein, für einen Kulturstaatsminister sind dies zum Beispiel Buchmessen, Internationale Festspiele oder Ausstellungen.

Bei aller Planung gilt es, Augen und Ohren offen zu halten für Kommunikationschancen, die sich kurzfristig im Alltag ergeben. Auch um zu vermeiden, wovor Friedrich Dürrenmatt warnte: „Je planmäßiger die Menschen vorgehen, desto wirksamer trifft sie der Zufall."

Die Klassiker der Pressearbeit

Wie erreicht man als politische Einrichtung die Öffentlichkeit? Einer Pressestelle steht ein ganzer Strauß von Möglichkeiten zur Verfügung, um sich an die Öffentlichkeit zu wenden. Die Form hängt zum einen davon ab, was Sie kommunizieren wollen, zum anderen davon, wie medien-kompatibel der Politiker ist, für den Sie arbeiten. Vor allem folgende Instrumente bieten sich ganz konkret an – und daran hat sich auch angesichts veränderter Bedingungen und Strukturen im Mediensektor prinzipiell nichts geändert:

- Pressemitteilung
- Pressekonferenz/-gespräch/Redaktionsbesuch

- Direkt-Interview oder Interview für ein Portrait
- Teilnahme an Hörfunk- und TV-Diskussionen, Internet-Chats
- Namensartikel
- Auftritte in sonstigen öffentlichen Veranstaltungen
- fester (Hintergrund-)Gesprächskreis.

Alle diese Klassiker der Pressearbeit haben Vor- und Nachteile bzw. ist ihre Zweckmäßigkeit an bestimmte Bedingungen geknüpft.

Die Pressemitteilung: bietet sich an, um schnell neue Sachverhalte zu transportieren oder um auf andere öffentliche Stimmen zu reagieren. Ihre Streuung ist groß – vorausgesetzt, die Pressestelle verfügt über einen differenzierten und gepflegten Verteiler. Einen Nachteil stellt die vergleichsweise hohe Anonymität und Unverbindlichkeit in der Kommunikation dar. Sie wissen nicht, ob und wenn ja, wie Ihre Pressemitteilung zur Kenntnis genommen wird. Die Gefahr ist groß, dass ein Journalist Ihre Botschaft nicht verwertet, weil die Bedeutung sich aus dem Text nicht erschließt oder Details nicht nachvollziehbar sind.

Daraus folgt: Wichtige Botschaften sollten nicht nur per Pressemitteilung kommuniziert werden. Auch wenn ein Thema noch so abstrakt ist, arbeiten Sie möglichst optisch-sinnlich. Wählen Sie einen eindrucksvollen und logisch einleuchtenden Ort, um die Botschaft zu überbringen. Nichts unterstreicht die Authentizität und Ernsthaftigkeit des eigenen Anliegens mehr als wenn zum Beispiel der Kulturstaatsminister seine filmpolitischen Reformideen auf einer Pressekonferenz im Rahmen von Internationalen Filmfestspielen vorstellt. Er geht damit nicht nur in die „Höhle des Löwen“, das heißt, er stellt sich der Reaktion und den Fragen der versammelten Fachklientel, sondern dokumentiert so auch seine Nähe zum Thema und zu den Menschen, die dieses Thema bewegt.

Pressekonferenz/-gespräch/Redaktionsbesuch: Wenn Sie zu einer Pressekonferenz oder einem Pressegespräch einladen wollen, sollten Sie sich klar machen, dass Sie in den Redaktionen Aufwand verursachen: Einer der Kollegen muss für den Termin abgestellt werden – das kostet Zeit, nicht nur für die Informationsbeschaffung als solche, sondern auch für die Hin- und Rückfahrt zum bzw. vom Termin. Das heißt: Sie müssen bei einer Pressekonferenz eine substantielle Botschaft liefern. Schlechte Berichterstattung ist so gut wie garantiert, sollte sich herausstellen, Sie wollten die Journalisten einfach nur mal wieder zusammen trommeln, um Ihren Politiker zu präsentieren.

Die Pressekonferenz stellt die lebendigste und kommunikativste Möglichkeit dar, Journalisten zu informieren. Der Original-Ton wird vom Politiker live geliefert, Nachfragen können gestellt werden. Das Gespräch davor oder danach ermöglicht Ihnen, die Kontakte, die oft ja nur telephonisch bestehen, durch direkten persönlichen Austausch zu vertiefen. Auf der inhaltlichen Ebene gilt: Sperriges und kompliziertes Datenmaterial kann aufgeschlüsselt werden. Zum Fachchinesisch eines Gesetzes wird die Übersetzung geliefert, und die Bedeutung des Sachverhalts kann vertiefend erläutert werden. Bei einer Pressekonferenz ist – wenn Sie den geeigneten Zeitpunkt (später Vormittag bis früher Nachmittag) und gut aufbereitetes Pressematerial zur Hand haben – eine einigermaßen hohe Reichweite gesichert.

Für den Redaktionsbesuch gilt Ähnliches. Sie sollten vorab klären, ob er lediglich dem Hintergrundgespräch dient und damit dem Kennenlernen oder ob sich eine direkte Verwertung (in Form eines Interviews) anschließen soll.

Interviews: sind die Trümpfe in der Hand der Journalisten! Nicht ohne Grund resümiert deswegen der langjährige Sprecher des Bundesarbeitsministeriums, Ludger Reuber: „Rohrkrepierer sind an der Tagesordnung." Journalisten können fragen, was sie wollen. Auch wenn unsere Verfassung nicht garantiert, auf alle Fragen immer auch exakte Antworten zu erhalten, ist die Pressefreiheit ehern. Das macht jedes Interview für den Interviewten in einem gewissen Ausmaß zu einem Ritt über den Bodensee. Zugleich bietet es jedoch einige Vorteile:

- Fragen und Antworten sind im allgemeinen eine für die Leser, Hörer, Zuschauer angenehmere, leichter verdauliche Form der Information. Lieber ein Dialog über das neue Zuwanderungsrecht in verständlichem Deutsch als eine fachwissenschaftliche Abhandlung über drei Spalten.
- Ein Interview transportiert nicht nur Information auf der Sachebene, sondern ist immer auch Spiegel der Persönlichkeit desjenigen, der interviewt wird. „Reden ist nun einmal das Kleid der Seele" (Seneca). Das heißt, Sie können nicht nur inhaltlich, sondern auch in puncto Sympathie und Image gewinnen, wenn sich Ihr Chef in einem Gespräch als sachkundig, problembewusst, souverän, offen und humorvoll erweist.
- Negativ-Botschaften kann man durch geschickte Argumentation den Schrecken nehmen. Denn in einem Interview geben Sie bzw. Ihr Chef eine Interpretation eines Negativ-Themas vor und können den Leser/Zuhörer/Zuschauer quasi direkt ansprechen. So kann man diesem zum Beispiel verschiedene Argumente nennen, warum eine Subventionskürzung dringend nötig ist – Argumente, die der Redakteur im Zweifelsfall in seinem Kommentar oder Bericht nicht erwähnt, da *bad news* nun einmal *good news* sind.

Sie sollten Häufigkeit und Art von Interviews davon abhängig machen, wie schlagfertig und flexibel „Ihr" Politiker ist. Nicht jeder mag einem Michel Friedman gewachsen sein. Nachteilig ist nicht nur die Gefahr des zumeist unbestimmten Erscheinungszeitpunktes, eventueller Kürzungen, sondern auch die Exklusivität eines Interviews. Diese ist weniger einschneidend, wenn man mit der entsprechenden Zeitung, dem Hörfunk- oder Fernsehsender verabredet, dass Teile an die Nachrichtenagenturen weitergegeben werden. Mittlerweile haben alle Redaktionen ausgeprägtes Interesse, ihre Produkte für die Eigen-PR zu nutzen, so dass zentrale Thesen eines Interviews mit Ihrem Chef quasi „von selbst" an die Nachrichtenagenturen weitergehen. Im Zweifelsfall sollte man aber auch dies vorab klären.

Das Interview bedarf der Vorbereitung und – sollte es ein Interview mit einer Zeitung, einem Internet-Magazin oder einer Zeitschrift sein – der Nachbereitung.

Checkliste: Interview-Anfragen

Zum Ärger der Opposition kommt jeder Exekutive – sei es auf Bundes-, Landes- oder Gemeinde-Ebene – ein Aufmerksamkeitsbonus zu. Und so ist der Alltag in der Pressestelle eines Ministeriums eher davon bestimmt, dass eine Fülle von Anfragen nach Statements und nach Interviews mit dem Minister eingeht. Das heißt: Man muss auswählen. Auch wenn es nicht immer „Heute Journal" oder „Tagesthemen" sind, die Ihren Chef zum Schaltgespräch einladen, können mit einer Interview-Anfrage viele Chancen verbunden sein. Deswegen gilt es, sich Fall für Fall zu vergegenwärtigen:

- Wird das Interview Sie weiterbringen bei der Umsetzung Ihrer Kommunikationskonzepts?
- Was ist der Anlass des Interviews? Verbirgt sich ein anderes Thema hinter dem Anlass?
- Welches Profil hat das Medium, das anfragt? Wie sieht seine Zielgruppe aus? Ist dies auch Ihre Zielgruppe?
- Wo im Medium wird das Interview platziert?

- Welcher Journalist wird das Interview führen?
- Wann soll das Interview geführt werden, wann wird es ausgestrahlt/gesendet/veröffentlicht? Passt dieser Zeitpunkt in die allgemeine Nachrichtenlage und in die eigene Kommunikationsstrategie hinein?
- Wofür wird das Interview gebraucht: als Hintergrund für ein Portrait, für einen Bericht oder soll es im 1:1-Format verwertet werden?
- Wenn die Redaktion es für einen Bericht benötigt: Wird noch jemand anderes für denselben Bericht interviewt? Wird das Interview gegengesetzt?
- Soll es live verwertet werden? Wird vorab aufgezeichnet?

Es ist auch hilfreich zu wissen,

- ob das Medium schon eine bestimmte Position zu dem Thema des Interviews formuliert und vertreten hat,
- wieviel der interviewende Journalist weiß,
- was er bisher dazu publiziert hat.

Aus all diesen Fragen und ihrer Beantwortung lässt sich erschließen, ob ein konkretes Interview gegeben werden sollte. Sie sollten sich darüber im klaren sein: Solange ein Interview noch nicht begonnen hat, kann man alles besprechen und miteinander abstimmen. Ist es aber soweit, sollte man dann dem Interview seinen Raum und damit die Möglichkeit zur Eigendynamik geben. Natürlich kann man ein schriftliches Interview nachbearbeiten, bei Hörfunk- und Fernsehaufzeichnungen abbrechen und nochmals neu ansetzen. Nur wird kein Journalist es sich nehmen lassen, Fragen so zu stellen, wie sie ihm in der Situation kommen und unter Umständen auch aktuelle Themen anzusprechen. An der Form kann man ändern, an den Inhalten nur schwer. Deswegen ist eine gründliche Antizipation der Interview-Situation unentbehrlich.

Um zum Gelingen beizutragen, sollte man auf jeden Fall dem Journalisten bzw. seiner Redaktion vor dem Interview Informationen anbieten. Dazu gehören Pressematerialien, frühere Interviews und andere Original-Töne Ihres Chefs, Fotos und gegebenenfalls auch Videomaterial. Mit anderen Worten: Geben Sie einem Journalisten alles, was ihn inhaltlich und auf die Persönlichkeit „Ihres" Politikers vorbereiten könnte.

Natürlich gilt dies auch in die andere Richtung: kein Interview ohne Vorbereitung. Auch Ihr Chef hat das Bedürfnis, informiert zu werden über die Themen, die ihn erwarten, über die zentrale, damit verbundene Botschaft (Thesen-Katalog, Rede-Bausteine). Hinzu kommen sollten eine Kurzinformation über wichtige Fach-Details (Fakten, Zahlen) und aktuell relevante Nachrichten. Versuchen Sie, jedes Interview auch als eine Unterhaltung zweier Menschen zu gestalten, nicht nur zweier Funktionsträger. Es wird beiden die Situation angenehmer machen und damit auch Ihrer Sache dienen.

Speziell für Hörfunk- und Fernsehstatements gilt: „Man kann über alles reden, nur nicht über 1:30." Dieses Diktat ist das Ergebnis harter Kämpfe um Sendeplätze, aber auch den spezifischen Rezeptionsbedingungen der elektronischen Berichterstattung geschuldet. Deswegen gilt für das Fernsehen mehr als für alle anderen Medien: einfache Wortwahl, kurze Sätze, Beherrschung von Mimik, Gestik und Körpersprache, Sensibilität für die Kleidung.

Teilnahme an Hörfunk- und TV-Diskussionen, Internet-Chats: Die Vorbereitung hierfür erfolgt prinzipiell wie für Statements und Einzelinterviews. Da es sich bei Rundfunkauftritten in der Regel um längere Gespräche dreht, werden gerne Argumentarien erstellt, in denen einzelne Fragekomplexe antizipiert und beantwortet werden. Wichtig ist dabei nicht nur, die eigenen Inhalte entsprechend für die Sendung aufzubereiten, sondern auch, sich vorher ein genaues Bild von den anderen Teilnehmern, von der eigenen (zugewiesenen) Rolle sowie von Ablauf und Stil der Sendung (Stil der Moderation) zu machen.

Die Kommunikationswissenschaft hat es mannigfach belegt: In der Fernseh-Kommunikation ist das Bild, nicht das Wort ausschlaggebend. Und mehr als in allen anderen Medien zählt hier der Politiker als Mensch. Das Fernsehen ist das Sympathie-Medium. Das bedeutet für Sie und Ihren Chef: Kontrolle über die komplette Palette der nonverbalen Sprache. Das Angebot an Ratgeber-Literatur zum ganzen Komplex Fernsehauftritte ist mittlerweile groß.

Namensartikel: Wer schreibt, der bleibt! Der Namensartikel in einer reichweitenstarken Zeitung oder Zeitschrift ist ein ideales Format, um einzelne Aspekte eines Themas vorzustellen. Er stellt aber auch ein Instrument dar, um die Persönlichkeit Ihres Politikers und seine intellektuellen Fähigkeiten stärker in den Vordergrund treten zu lassen. Um eine Situation zu verhindern, wie sie eingangs beschrieben wurde, ist zu empfehlen, den Artikel nach allen Regeln der journalistischen Kunst zu konzipieren. Sinnvoll ist es auch, mit den Redaktionen zu verhandeln, in welche Richtung in etwa die Überschrift gehen soll, auch wenn dies empfindliche Reaktionen auslösen wird. Kleines Faustpfand in diesem Zusammenhang ist das Recht am eigenen Wort, auf das sich jeder Autor berufen kann, selbst ein Politiker. Appellieren Sie entsprechend an den Autor im Journalisten, der selbst eine gewisse Sensibilität im Umgang mit seinen eigenen Artikeln hat.

Öffentliche Auftritte: sollten sich in die kommunikative Gesamtstrategie sinnvoll einfügen, d. h. ebenfalls der Übermittlung der eigenen Botschaften dienen bzw. zu der Persönlichkeit des Politikers passen. Konkret: Es hat keinen Sinn, auf die Berliner Love Parade zu gehen, wenn man mit der Techno-Musik und dem Lebensgefühl der Teilnehmer nichts anfangen kann und in der ganzen Veranstaltung eigentlich nur die Zerstörung des Berliner Tiergartens sieht.

Viele Termine sind jedoch unumstößliche Pflicht, Grußworte von Politikern ein beliebter Programmpunkt bei öffentlichen Veranstaltungen. Ein kommunikationsstrategischer Pluspunkt für alle, die diesen Parcours durchlaufen müssen: „Wenn einer eine Ansprache hält, müssen die anderen schweigen. Das ist deine Gelegenheit. Missbrauche sie." (Kurt Tucholsky). Man tut seinen Zuhörern aber immer einen großen Gefallen, wenn das eigene Grußwort buchstäblich nur wenige Worte umfasst, das heißt, der eigene Beitrag nicht ausufert, und wenn man die Dinge mit Humor angeht.

Fester (Hintergrund-)Gesprächskreis: Ein fester Kreis von Journalisten, die man regelmäßig einlädt, ist sinnvoll. Er dient nicht nur der Antizipation von Themen, die Ihnen wichtig sind, sondern vor allem der Chemie zwischen Ihrem Chef und den Journalisten. Wenn Sie von Anfang an den Charakter dieser Runde verabreden (Hintergrund, Informationsaustausch oder Information mit klarer Absprache darüber, was vertraulich ist und was veröffentlicht werden kann), hilft ein solcher Zirkel, um ein Vertrauensverhältnis aufzubauen, das Image zu pflegen oder zu korrigieren und immer auch: Eindrücke und Einschätzungen der Journalisten zu bekommen.

Nicht den Hampelmann machen

Auch wenn die Medienwirklichkeit manchmal etwas anderes zu suggerieren scheint: Man muss sich nicht zum Hampelmann machen, um wahrgenommen zu werden. Das klassische Muster der Rollen in der Demokratie sollte gewahrt bleiben: Politiker werden gewählt oder eingesetzt, um politische Probleme zu lösen, nicht um zu unterhalten.

Sicherlich sollte man in der Politik ruhig fortlaufend „neue Töne" spucken, aber immer nur mit Botschaft in der Sache. Wenn Ihr Chef auf jeder Ebene etwas zu sagen hat, ist die Schlacht schon halb gewonnen.

Die gesellschaftliche Kommunikation hat in den letzten zwanzig Jahren eine enorme Dynamik entfaltet. Wer politische Themen dabei in der Defensive sieht, für den ergeben sich mit dem Internet neue Perspektiven. Zwar ist das Internet noch immer davon entfernt, ein Massenmedium im wörtlichen Sinne zu sein. Für Pressearbeiter von Politikern bietet es aber zweierlei: Zum einen können Journalisten zeitgleich sowie zeit- und ortsunabhängig mit relevanten Informationen bedient werden – Terminkalender, Abschriften von Pressekonferenzen, Reden, Interviews.

Zum anderen hat das Internet die klassischen Muster politischer Kommunikation gesprengt, da auf dieser Plattform die Politik den Bürger direkt ansprechen kann – ohne den Transmissionsriemen Medien und damit jenseits von Soundbites und Formaten. Die publizistische Leistung der Medien kann durch die Netz-Kommunikation nicht ersetzt werden. Gleichwohl bietet sich mit ihr eine ergänzende Form von politischer Öffentlichkeit, die Bürgern wie Politikern neue und differenzierte Artikulationsformen bietet.

Amberger-Thiel, Sabine: Fit vor Kamera und Mikrofon. Frankfurt am Main: F.A.Z.-Institut für Management-, Markt- und Medieninformationen, 2001

Dörrbecker, Klaus/Fissenewert-Goßmann, Renée: Wie Profis PR-Konzeptionen entwickeln. Das Buch zur Konzeptionstechnik, Frankfurt/Main: Institut für Medienentwicklung und Kommunikation GmbH (IMK), 1997

Presse- und Informationsamt der Bundesregierung (Hrsg.): Kommunikation als Dienstleistung. Arbeit und Aufgaben des Bundespresseamtes, Berlin: 2001

Reuber, Ludger: Politik im Medienzirkus. Frankfurt/Main: Verlag der Universitätsbuchhandlung Blazek und Bergmann seit 1891, 2000

KAMERATAUGLICH IN DIE KAMPAGNE

MARCO ALTHAUS
HANNOVER

SCHON WENIGE BILDER ENTSCHEIDEN ÜBER Sympathie und Antipathie. 3 bis 10 Sekunden im TV-Newsclip mit einem knappen Blick auf Gesten und Habitus reichen bei den meisten Menschen aus, um ein positives oder ein vernichtendes Urteil über einen Politiker zu fällen. Sicher ist die visuelle Interpretation nur ein Vor-Urteil, das durch Nachdenken und mehr Informationen revidiert werden kann. Aber kommt es dazu überhaupt noch? Denn das Auge zweifelt nicht.

Am Beispiel von TV-Auftritten von Politikern hat der Duisburger Psychologe Siegfried Frey gemeinsam mit Kollegen aus den USA und Frankreich untersucht, wie nonverbales Verhalten die Urteilsbildung von Fernsehzuschauern beeinflusst. Was die Forscher herausfanden, war: Reflexartig deuten die Zuschauer die visuellen Eindrücke automatisch zu inhaltlichen Urteilen um. Den 221 Versuchspersonen aus drei Ländern wurden tonlose Clips aus den Abendnachrichten mit 180 „Stimuluspersonen" (Abgeordnete, Minister, Regierungssprecher aus Deutschland, USA und Frankreich) vorgespielt. Die Forscher maßen Reaktionen wie Hauttemperatur, Atmung oder Herzschlag, nach der Vorführung mussten die Zuschauer ihre Eindrücke auf einer Skala mit 15 Eigenschaften protokollieren. Nur in wenigen Sekunden wurde so Oskar Lafontaine abgestempelt zu „sehr inkompetent, unsympathisch, langweilig, unintelligent, arrogant", aber auch „verhältnismäßig selbstsicher" und „ziemlich attraktiv". Norbert Blüm wirkte „sympathisch, kompetent" und besonders „fair". Walter Wallmann „sehr kompetent, sehr dynamisch", aber auch „sehr unsympathisch" und „ziemlich unehrlich". Und: Die Tester in den drei Ländern reagierten mit großer Übereinstimmung auf die Politiker.[1]

Frey spricht von einer „Evidenz auf einen Blick" – einer spontanen emotionalen Stellungnahme zum Politiker. Was da aktiviert wird, ist der Informationsverarbeitungsprozess, wie er im Alltag der Beurteilung des sozialen Umfelds dient – am Arbeitsplatz, in der Betriebskantine, beim Einkaufen, im Treppenhaus, im Szeneclub. Mit politischen Inhalten hat das nicht viel zu tun. Aber wie sie wahrgenommen werden, darauf hat diese Affektladung Einfluss.

Bilder haben, vor allem seit sie laufen lernten, eine enorme Autorität über unsere Vorstellungskraft gewonnen. Frey prophezeit auch, dass die Balance zwischen Auge und Ohr im Kommunikationsprozess sich immer mehr in Richtung auf das Visuelle verschiebt. Er sieht uns am Vorabend einer „visuellen Zeitenwende": Höhepunkt der Kulturgeschichte, in der ein Bild schon immer mehr sagte als 1000 Worte. Der US-Publizist Walter Lippmann warnte schon im Klassiker *Public Opinion* 1922 vor der Stereotypen-Bildung, die unsere emotionale Position gegen oder für etwas maßgeblich bestimme. „Die Bilder in den Köpfen" seien „öffentliche Meinung in Großbuchstaben", meinte Lippmann.

Schiere Bildpräsenz in Fernsehen und Boulevardpresse (vulgo „Bild, BamS, Glotze") ist Voraussetzung für politische Spitzenpositionen und die Fähigkeit, Themen zu formen. Dass man darum jeden Journalisten, egal ob mit Stift oder Kamera, als Bildermacher ansehen sollte, gilt als Binsenweisheit. Nicht immer ist Politikern klar, wie kurz die Betrachtungszeit der erzeugten Bilder überhaupt ist. Knappste „visuelle Zitate", also die immer wiederkehrenden Fotos und TV-Kurzeinblendungen von Politikern, prägen das Image nachhaltig. In den USA sind Politiker meist nach spätestens 15, in Europa nach allerspätestens 30 Sekunden wieder von der Mattscheibe verschwunden.

Politiker haben es mittlerweile mit einem erfahrenen und verwöhnten Publikum zu tun. Multiplikatoren und einfache Wähler sind Bild-Experten in einer von Medien geformten Beobachtungsgesellschaft. Sie erwarten gut komponierte Bilder mit sofort verständlicher Aussagekraft. Da politische Prozesse oft nicht verbildlicht werden können, müssen Politiker fürs Bild symbolisch handeln – auch das erwarten die Zuschauer. So mag es sinnvoller sein, wenn ein Spitzenpolitiker bei einer Jahrhundertflut seinen Job im Krisenzentrum macht; Vertrauen in die Kompetenz der Regierung und Motivation zum Durchhalten erreicht er aber nur, wenn er sich selbst mit Grenzschutzparka, Gummistiefeln und besorgter Miene in der Krisenzone bei den Menschen zeigt. Politische Führung und Bildpräsenz gehen hier Hand in Hand.

Wähler erwarten überdies Politainment auf dem Bilderboulevard, und der „Human Interest", auch Klatsch genannt, soll ebenfalls nicht zu kurz kommen. Sie wollen nicht, dass der Wettstreit um die charmanteste Gattin, die netteste Tochter, den knuffigsten Hund, das gemütlichste Heim oder die Lieblingskneipe die politische Debatte ablöst; aber sehen wollen sie sie, die Gattin, die Tochter, den Hund, das Heim und die Pinte. Schließlich geht es bei

Wahlen auch um Sympathie, Vertrautheit und Vertrauen. Diese machen sich nicht an Programmatik fest, sondern an dem Gefühl, den Charakter eines Politikers verlässlich einschätzen zu können. Und das ist für die Menschen einfacher, wenn sie außer den kühlen Regierungsszenerien auch einen Blick in die persönliche Umgebung werfen können. Gerade bei Politikern erfährt man dabei ja oft auch mehr als beim Blick in das Gesicht.

Bild-Logistik und Bild-Performance

Das wichtigste, was Politiker zeigen, sind natürlich sie selbst. Sie sind die Gesichter ihrer Themen. Zu guter Performance gehört Training: Sprech- und Stimmübungen, ein Bewusstmachen von an den kleinen Bildausschnitt angepasster Gestik, Mimik, Bewegungstempo, das Herauskitzeln von Spontaneität, Witz und Schlagfertigkeit, um mit ganzem Körper souverän, kompetent und überzeugend wirken zu können. Eloquenz im elektronischen Zeitalter erfordert, Bilder nicht nur – wie mit der klassischen Rede – in den Köpfen zu erzeugen, sondern Bilder tatsächlich vor die Linse zu halten. Politische Inhalte müssen mit echten Bildern gerahmt werden. Und: Metaphern reichen nicht mehr; man muss sehen lassen, was man zu sagen hat.

Permanent unter Zeige-Zwang

Politiker stehen permanent unter diesem Zeige-Zwang. Sie und ihre Medienberater müssen zweierlei erlernen, um bei der Bildkommunikation einen „guten Schnitt" zu machen:

- Erstens die Bildsprache. Jeder größere Auftritt muss als Bild-Inszenierung begriffen werden, in der Sinn und Zweck der Bildsequenzen und Kameraeinstellungen diskutiert werden. Bevor man Bildstrategie betreiben kann, muss man mit den Augen eines Kameramanns auf Motivsuche gehen. Die Fragen: Was soll das Bild an Informationen transportieren, und wie bringen wir die gewünschte Aussage in eine Optik? Wie befriedigen wir das Bedürfnis nach ständiger visueller Reizerneuerung? Hintergrund und unmittelbares Umfeld (das „Makro-Bild") sind mit ihrer Symbolik – je nach Situation – oft fast genauso wichtig wie die Körpersprache, die die innere Befindlichkeit ausdrückt (das „Mikro-Bild").

- Zweitens müssen sie wissen, was Bildjournalisten tun und wollen. Die meisten Fehler im Umgang mit Bildmedien geschehen, weil PR-Leute nicht wissen, wie Fernsehen und Fotografie funktionieren. Sie müssen die redaktionellen Vorgaben, die Arbeitsbedingungen, Zwänge und Ansprüche von Fotografen und Fernsehteams kennen. Sie müssen wissen, welche Motive sie einzelnen Journalisten anbieten, und wie sie sich auf „die Meute" einstellen – wenn Bildjournalisten im Rudel auf Motivjagd gehen.

Polit-Ikonographie: Bildsprache und Strategie

„Politische Ikonographie" nennt sich ein Forschungszweig, der sich mit dem Stellenwert der Bildnisse, Themen- und Motivtraditionen im politischen Leben beschäftigt. Für sie tun moderne Kampagnen auch nichts anderes als die „Herrscherikonographie" alter Zeit. So lassen sich für heutige Bildstrategien historische Parallelen finden: vom Sonnensymbol über das „Bad in der Menge", den „Fels in der Brandung" über den „guten Hirten" und „Vater der Familie" bis zum „seetüchtigen Steuermann". In dieser Forschungstradition hat die Hamburger Kunstpolitologin Marion Müller für die US-Präsidentschaftswahlen der letzten 180 Jahre eine Typologie von neun Bildstrategien herausgearbeitet, die auch heute noch Verwendung finden. Die Basis: 500 Wahlplakate und 100 TV-Spots.[2] Sie argumentiert, es gebe zwei Wahlkampfarten: Pocketbook-Kampagnen, die sich vorrangig um materielle Themen und das

Portmonee drehen, und Lifestyle-Kampagnen, die mehr auf Bauch und Herz zielen, an Lebensgefühl und soziale Grundwerte appellieren. Dieses Schema präge auch die neun Bildstrategien, die sie in zwei Gruppen aufteilt: eher personenbezogene und themenbezogene. Als Personenstrategien klassifiziert sind die

- **Strategie des Schweigens:** Sie hat den Mut zum Rarmachen und versucht Bilder zu erzeugen, die Unabhängigkeit, Unnahbarkeit, Souveränität, Kompetenz, durchaus die Einsamkeit der Macht zeigen. Der Staatsmann regiert – sonst nichts. Vorteil: Maximiert den Amtsbonus und Statussymbolik. Nachteil: Nichts für Herausforderer. Für Amtsinhaber gefährlich, wenn sie statt als heraus- als abgehoben gelten.

- **Heldenstrategie:** Ob Feldherr, Kraftprotz oder Mutter Courage – das Idol wird zur Ikone. Typisch ist der General, Kriegsheld oder auch -gefangene. Akzeptiert ist aber auch der moderne Gründer und Bauherr der Geschäftswelt, der soziale Kämpfer, Bürgerrechtler, Athlet oder der Lebensretter. Vorteil: Seit dem 11. September 2001 stärker gefragt als zuvor. Und wer Helden mit Steinen bewirft, wird selbst erschlagen. Nachteil: Ohne heroische Taten oder Eignung zur moralischen Instanz geht's nicht. Übertriebene Glorifizierung provoziert.

- **Ahnenstrategie:** baut die Imagekonstruktion auf eine tatsächliche Verwandtschaft oder auf eine ideelle politische Herrschaftsübertragung (z.B. Foto von Clintons Händeschütteln mit Kennedy 1963). Vorteil: Nutzt die Vorliebe für Dynastien und zitiert die Geschichte. Nachteil: Man braucht die richtige, glaubwürdige Brücke in die Vergangenheit.

- **Common-Man-Strategie:** liefert Bildbelege für die volksnahe Aussage: „Einer von uns, Gleicher unter Gleichen, Mann von der Straße, versteht uns und kämpft für uns." Vorteil: Erleichtert populistische Aussagen. Nachteil: Durchschnittlichkeit ist keine Leistung. Und: Wer real aus besseren Verhältnissen kommt, wirkt mit diesem Widerspruch unglaubwürdig.

- **Familien-Strategie:** Porträtiert den Kandidaten als Familienvater und (treuen) Ehemann, fokussiert aber auch auf die Familie als Kern der Gesellschaftspolitik – und damit auf moralische Fragen. Vorteil: Spricht hoch emotionale Werte an und bündelt die Ansprüche an den „Landesvater". Nachteil: Kann die Gesellschaft an Moralfragen spalten.

Themenstrategien sind laut Marion Müller dagegen die

- **Ökonomische Strategie:** Verfolgt arbeitsmarkt- und wirtschaftspolitische Ziele und verbreitet Bilder, die entweder Aufschwung (hoffnungsvolle Arbeitnehmer, gut gehende Betriebe, steigender Wohlstand) oder Rezession (Pleiten, Arbeitslosigkeit, verängstigte Rentner, Armut) thematisieren. Vorteil: Greift existenzielle Bedürfnisse auf und bietet die Möglichkeit zur konkreten Bilanz. Nachteil: Globalisierung zerstört die Kompetenzvermutung nationaler Regierungen.

- **Edukative Strategie:** macht die Information der Wähler zu ihrem Hauptanliegen und versucht es mit „bildender Kunst" im Sinne von Edutainment. Vorteil: Sie ist stark im Programm, nimmt Wählerinteresse ernst, ist sehr glaubwürdig und baut ein Mandat für eine Regierung auf. Nachteil: Wenig boulevardtauglich und zieht wenig Aufmerksamkeit.

- **Emotionale Strategie:** erzeugt Angst, Verunsicherung, nationales Pathos oder umwirbt Wähler mit Glücksverheißung. Arbeitet stark mit Metaphern und Stimmungsbildern, braucht ein zentrales, stark symbolisches Thema. Vorteil: Kann eine dominierende Stimmungslage, äußere Bedrohung oder bewegende Ereignisse nutzen. Nachteil: Kann eine Stimmung nur verstärken, nicht konstruieren. Kassandrarufe werden oft nicht honoriert, Hoffnungskampagnen scheitern an Zynismus.

- **Negativ-Strategie:** zielt auf die visuelle Diskreditierung des

Gegners, der persönlich hart angegriffen wird. Vorteil: Kampagne erzeugt klaren Kontrast und weckt Interesse. Nachteil: Vorwurf der Schlammschlacht ist sicher, wenn die Fakten nicht eindeutig sind. Möglicherweise Demobilisierungseffekt.

Plakate und Spots

Die visuellen Hauptwerbeträger im Wahlkampf sind Plakate, Fernseh- und Kinospots. Einige aus dem Bundestagswahlkampf 2002 sind im Mittelteil dieses Buches abgebildet. Plakate kommen in vielen Varianten: Als 18-teilige (darum „18/1") Großfläche für feste Standorte oder mobile Wesselmänner, als A0-Bögen für Parteimitglieder zum Selberkleben und Aufstellen, als Litfasssäulen-Format, als Kunststofffolien für City-Light-Boards mit rotierenden Anzeigen, als digitale Anzeige auf Infoscreens in U-Bahnhöfen oder als haushohe Netzplane für Baugerüste und Fassaden (z.B. 2002 an der Berliner CDU-Zentrale). Manche kommen auf Zehntausender-Auflagen, andere gibt es nur einmal, für eine Pressekonferenz. Einige werden gestreut, andere nach regionalen Motiven, nach Standort-Kontaktqualität und Verkehrsströmen oder nach Wählerpotenzial selektiv aufgestellt. Spots kommen meist als 30-, 60- oder 90-Sekünder daher, meist seriös-ernst oder seriös-hoffnungsvoll fürs Allgemeinpublikum, kess-provokant oder satirisch fürs junge Kinovolk. Manche werden zielgenau in Programmen platziert, andere füllen den zugewiesenen Platz.

Beide erlauben den Parteien, ihre Kandidaten in Bildern perfekt so zu zeigen, wie sie wollen. Nicht immer haben sie den Etat und die Zeit, um die Bilder perfekt zu gestalten. Dennoch muss die Ästhetik mit den Standards der kommerziellen Werbung mithalten.

Das Medium zwingt nicht nur beim Text/Ton, sondern auch beim bildlichen Inhalt drastisch zur Reduktion. Die Bilder, die die Spots transportieren, tauchen idealerweise auch auf den Plakaten auf, um sich gegenseitig zu unterstützen. Der filmische Zusammenhang eines Spots geht auf einem Plakat aber verloren, und wo ein Spot noch etwas argumentieren kann, da zählt beim Plakat einzig plakativer Claim und eindeutiges Bild. Flüchtiger als der Spot ist es dennoch nicht. Der CDU-Werber Coordt von Mannstein bemerkt zum Stellenwert des Plakats:

> „Das Plakat ist – trotz zumeist flüchtiger Zuwendung durch den Rezipienten – kein flüchtiges Medium: Seine Stärke ist mit einem Fels in der Kommunikations-Brandung zu vergleichen. Seine emotionalisierende Kraft bleibt vergleichsweise lange öffentlich, seine kämpferische Wirkung für die politische Auseinandersetzung unverzichtbar. Es stärkt den Wahlkämpfern im Straßenbild den Rücken, wendet sich polarisierend an Unentschlossene und führt bestenfalls zu Irritation und Verunsicherung beim politischen Gegner. Und vergleichbar mit der Reaktivierung von Marken-Welten kurz vor dem Kaufentscheid am Point of Sale, unterstützt das Plakat die Stimmabgabe noch auf dem Weg ins Wahllokal.“[3]

Der Spot reduziert politische Bild-Botschaften auch, aber anders. Erstens sieht das Publikum die Bilder nicht wie beim Plakat am öffentlichen Ort oder während der Fahrt, sondern zu Hause im Wohnzimmer. Zweitens ist die Emotion beim Spot noch besser durch Bildfolgen, Schnitte, Musik und andere Töne sowie frontale Ansprache des Zuschauers durch den Kandidaten in die Kamera nutzbar (z.B. Schröder 2002: „Wir schaffen das“). Drittens kann auch ein 30-Sekunden-Spot eine Bilder-Geschichte erzählen. Viertens ziehen schnelle Schnitte („Clip-Ästhetik“) den Zuschauer viel intensiver in die Aussagen hinein als ein Plakat, denn er muss die Sequenz verfolgen, um sie verstehen zu können.

Da die Produktionsetats niedrig und hektische Politiker im Studio zwischen Terminen selten gute Models sind, greifen die Agenturen häufig auf vorhandenes Material zurück oder fotografieren und drehen während Veranstaltungen oder bei Gesprächen. Auch sie sind darauf angewiesen, dass der Mensch im Mittelpunkt ihrer Werbekampagne bereits kameratauglich ist.

Events ins Bild setzen

Manchmal ist ein Event nichts als ein Bild. So etwa, als die FDP im Sommer 2002 nachts mit einem extrastarken Projektor auf die Betonwand des Kanzleramts haushoch die Zeile warf: „Kann man hier bei 4,3 Mio Arbeitslosen ruhig weiterschlafen?“ Es brauchte keinen Menschenauflauf und keine Politikerreden. Aber meistens braucht es sowohl mehr Erlebnisqualität als auch mehr Inhalt.

Typische politische „Events“ reichen von der Pressekonferenz über die Firmen- oder Schulvisite bis zur Großveranstaltung. Es gibt solche, die auch ohne die Medien stattgefunden hätte, aber für die Medien völlig neu zugeschnitten werden: Parteitage etwa. Und es gibt solche Events, deren einzige Existenzberechtigung der Widerhall in den Medien ist: Dazu gehören viele Politikerreisen. Manche Events sind elitär – das „Fundraising-Dinner“ für Kanzler Schröder im Sommer 2002 in Hannover-Herrenhausen etwa, wo Katja Riemann sang, Mövenpick auftischte und jeder Gast mindestens 1000 Euro Eintritt zahlte. Andere Events tragen den Wahlkampf der Spitzenpolitiker aus den TV-Talkshows wieder dorthin, wo er hingehört: auf die Straßen, die Plätze, die Markthallen. In jedem Fall spielt die Planung der Bilder bei guten Events eine tragende, manchmal eine dominierende Rolle. Nicht nur deshalb, weil die Fernsehbilder und Fotos die Wähler direkt beeinflussen. Sondern

TV-gerechte Bühne mit digitalem Großdisplay: „Erinnern heißt Freiheit verteidigen“ – Merkel-Kundgebung zum Jahrestag des Mauerbaus in Berlin 2001. Pressetribüne rechts. Foto: CDU

auch, weil ein gut ins Bild gesetztes Ereignis auch den anwesenden Agentur-, Zeitungs- und Hörfunkjournalisten etwas gibt, was sie beschreiben und bewerten können. Die Szenen, die sie sehen, tauchen ja auch in ihren Texten auf. Und außerdem: Die vom Visuellen geprägte Stimmung des Events prägt auch die Einstellung der Schreiber über den Event. Denn die Zuschauer werden zu Mitwirkenden, die Pressetribüne eingeschlossen.

Kommerzielles Event-Marketing liest sich so: Gourmet-Parties auf Fernsehtürmen, im Alpeneis vergrabene Sportwagen, Schatzsuche im Wüstensand, oder: 4000 Mitarbeiter lösen mit ihren Laserpointern per Button an der Messehallendecke das Aufbrechen des Hallenbodens aus, der eine künstliche Stadt freigibt. Dafür werkeln Eventagenturen mit großen Etats monatelang. Aber: Nicht das Lauter-bunter-schriller mit immer mehr Spektakel, Sensation und Nervenkitzel ist das Vorbild für die Politik. Denn Glaubwürdigkeit ist mehr wert als Überraschung. Wohl aber die emotionale Markenführung, die durch persönliches Erlebnis, Kontaktintensität, Anfassen und Mitmachen, Dabeisein und Gruppenbindung entsteht.

Jede Bühne, ob im Saal oder Open-Air, sollte einem Fernsehbild entsprechen. Dass Kreation und Logistik mittlerweile zu kompliziert für Amateure geworden ist, haben die Parteien inzwischen begriffen. Die Werbeagenturen – und bei der SPD seit 1997 sogar Spezialagenturen für Events – spielen eine immer größere Rolle bei der Gestaltung von Veranstaltungen. Und davon gibt es viele: Im Wahlkampf 2002 brachten es die Parteien (ohne die Straßenstände) auf rund 1500. Diese Veranstaltungen kosten immer mehr Geld, und so werden andere Etats zurückgefahren.

Die meisten Veranstaltungen allerdings sind auch bei Sommertouren hausbacken und aktionsarm, außerdem bis auf kurze Reden relativ unpolitisch. Nur selten wird ein großer Aufwand getrieben, der ein politisches Thema zu thematischen Bildern macht. Ein positives Beispiel war im Wahlkampf 2002 etwa die regionale Aktion der FDP-Bundestagsabgeordneten Birgit Homburger: Für ihre

„Bürokratie-Abfuhr" durch die 37 Bundestagswahlkreise Baden-Württembergs mietete sie einen Müllwagen, strich ihn blaugelb und holte bei den Bürgern in blaugelben Mülltonnen zwecks „Entsorgung überflüssiger Gesetze, Verordnungen und Steuern" ab. Die wurden bildgerecht geschreddert; mit den Schnipsel füllte Homburger FDP-Kopfkissen, die die Bürger gleich wieder mit nach Hause nehmen konnten.

Originelles Politainment auch der von der PDS gemietete „Wahlzirkus" Harlekin in Berlin: André Brie in Frack und Zylinder auf einem mit rot-weißen Puscheln geschmückten Schimmel in der Manege – das hat was und war weit fotogener als die Politikerreden, die zwischen Clownerien und Tiernummern geboten wurden. Nur: Was ist die politische Aussage dieses Bildes?

Freundliche Gesichter, ein Redner, ein markanter Gegenstand oder Fahrzeug, ein Kostüm und eine bunte Kulisse – das sind Standardzutaten. Sind sie in der Hauptstadt, „kleben" die Politiker Satellitenplakate. Firmenbesuche umfassen meist einen Blick in die Produktion, ins Labor oder in die Lehrwerkstatt, und der Gast darf, zünftig in Arbeitskleidung, auch mal selbst anfassen. Wird die neue Website freigeschaltet, trifft man sich im Sushi-und-Internet-Café. Integrationspolitik wird durch den Politiker hinterm Tresen einer Dönerbude demonstriert. Ist es Sommer, kommt die Politik in sportivem Outfit zum Urlaubsort.

Foto: Bündnis90/Die Grünen

Was solchen Visiten Glanz und Dynamik verleiht, sind oft nur der Medienpulk und die Anreise mit den Wahlkampf-Transportern: Die Optik der als rollende Kommando- und Pressezentren ausgestatteten Merkel-, Stoiber- und Fischer-Reisebusse mit ihren hochwertigen Kandidatengesichterfolien, der markante 16-Tonnen-SPD-Mobiltruck mit 44-Quadratmeter-Bühne, das FDP-Guidomobil und bei der PDS das Boot „MS Socialist" auf der Elbe. Selten passierte Außergewöhnliches. Es wurden eben Wahlkampfreden gehalten.

Foto: Eigen

Einfaches, aber wirkungsvolles Bildelement: „Dranbleiben, Gerd"-Fan-Pappen für ein Meer der Begeisterung. Daran kommt keine Kamera vorbei.

Aber Bilder produzierte man jeden Tag neu. Ähnliche zwar, aber die Redundanz war erwünscht: Wenn immer wieder eine Menge blaue Dranbleiben-Gerd-Pappen in die Lüfte hielt und jubelte zu Kanzlers Standardrede, dann setzte sich das Bild auch fest.

Parteitage – Liturgisches Hochamt der Bilder

Das mit vielen Ritualen behaftete Hochamt des Wahlkampfes ist zweifelsfrei der Wahlparteitag. Wo früher nur ein Bühnenbauer den Schriftzug aufhängte, jemand die Mikrofonkabel verlegte und einer die örtliche Kulturgruppe engagierte, da sind heute ganze Profiteams monatelang mit dem Design, der Lichtregie, Megaprints und Rückwandprojektoren, Großleinwänden, Raumkameras, Surround-Sound, Nebelmaschinen und Videoservern, der Auswahl von Kameraplätzen und Programmablaufplanung mit Künstleragenturen beschäftigt, von VIP-Service, Cate-

Küsschen für Karin: Den 3'8"-Parteitagskuss von Al und Tipper Gore übertrafen Edmund Stoiber und Gattin weder stilistisch noch in der Dauer. Aber wer zeigt schon gern Leidenschaft, wenn Angela Merkel und Jürgen Rüttgers direkt zusehen? Foto: Eigen ring, Sicherheit ganz abgesehen. Das Podium dient längst nicht mehr nur dazu, den Vorstand für die Delegierten sichtbar zu platzieren. Noch hat man sie nicht ganz freigeräumt wie in den USA. Aber die Bühne ist zum Set einer Show geworden, manchmal wandelt sich Dekoration sogar im Programm. Das ist selbst bei den Grünen inzwischen so. Hochtrabend Inszenierung mögen das Fachleute nicht nennen, nur „professionelles Herangehen“. So heißt es beim SPD-Partner Compact Team: „Ein Kandidat muss im Licht stehen, er schleicht sich nicht über die Seitenbühne zum Mikrofon, die Aufmerksamkeit sollte gerichtet sein, Musik unterstützt die Atmosphäre. Das ist eine moderne Form der Botschaftsvermittlung und nicht inszeniert.“[4] (Naja.)

In den USA sind *National Conventions* schon immer Krönungsmessen gewesen, kaum Orte der Programmdebatte. Drei oder vier Tage lang mit ritualisiertem Ablauf, mitten im offiziellen Programm der Auftritt von Hollywood- und Popstars, permanente Partystimmung, der Höhepunkt am Schlusstag mit der Rede des Kandidaten und der Luftballondusche. Nun beginnt es auch in Deutschland interessant zu werden, weil sich unter dem Druck, Bilder erzeugen zu müssen, die typische Vereinssitzungsatmosphäre auflöst und Jahrzehnte alte parlamentarische Rituale in Frage gestellt werden. Dass sich damit auch die bisherigen Rollen und Erwartungen der Delegierten ändern, liegt auf der Hand. „Die Kraft des Neuen" der SPD in Leipzig 1998 machte den Anfang, heute wird von Choreographen und Dramaturgen alles massiv ausgebaut, was medialen und nicht Programm- oder Debattencharakter hat: der Ein- und Auszug der Führung und der Kandidaten, das Winken und Herzen und Küssen der Ehefrauen, die Geschenkrituale (ob mit Boxhandschuhen, Mistgabel oder Blumensträußen), die Testimonials von Veteranen der Partei, die biographischen Filme über den Kandidaten, die Präsentation von Spots und Werbemitteln, Showeinlagen, Musik (eigens komponierte Pop-Hymnen, die die Delegierten mitsingen) und nicht zuletzt die Bühnendekoration hinter, vor und neben dem Redner.

Zentrales Bildangebot jedoch ist und bleibt die große politische Rede und die Begeisterung, die sie bei den Anhänger auslöst. Wenn

Halbrund um die Vorsitzende: Beim Frankfurter CDU-Parteitag 2002 besteht das Bühnenbild aus mehreren Teilen, Motive: Bundesadler und Reichstagsportikus in bleu, über dem Pult die herabgelassene Projektionswand..Nur die Froschperspektive macht Merkel hier klein. Foto: CDU

in der Bundespolitik die Protagonisten ans Pult treten, werden Tausende von Fotos geschossen und Hunderte von Betabändern gefilmt. In den Medien finden sich nicht nur die Nahaufnahmen vom Redner, wie er wiegt, bebt, fuchtelt, schwitzt oder gelegentlich stolpert. Sie zeigen ihn vorzugsweise in Interaktion mit dem Saal oder im Kontext anderer Politiker auf der Bühne oder den Bühnenbauten. Ebenso wichtig wie die Close-ups sind die Totalen und Halbtotalen, die den Redner als beherrschende Figur vor grandioser Kulisse zeigen, durch Plasmawand oder Projektoren noch ein- oder zweimal übermenschlich und gigantisch an die Wand geworfen, auf einer strahlenden Bühneninsel über einem ins Halbdunkel getauchten, wogenden Meer der Begeisterung, Selbstverständlich nie ohne Parteisignets am Mikrofon oder sinnigen Satzteilen des Parteitagsmottos im Bildausschnitt hinter dem Rednerpult, die ganze Szenerie eingerahmt von Seiten-Großkulissen.

Kein US-Parteitag ohne Teleprompter – Links und rechts vom Pult aufzustellen. Statt Zettelwirtschaft und steifem Blick aufs Manuskript.

Im Vergleich sind US-Parteitage bei der visuellen Komponente immer noch stärker. Die Veranstalter bevorzugen Hallen und Stadien mit ovalem Grundriss. Die publikumsbetonte Arena-Sitzordnung ist für die Kameras attraktiver als die konfrontative, Hierarchien spiegelnde deutsche mit dem Vorstandspodium. Die Medien sind eher mittendrin als hinter oder neben den Delegierten. Außerdem: Auf dem US-Podium wird nur gestanden, nicht gesessen. Der Einsatz des Teleprompters ist selbstverständlich, was den in Deutschland üblichen gezwungen-steifen Blick aufs Redemanuskript verhindert. In den USA wird die visuelle Komponente auch gezielt durch Backstage-Vorberichterstattung gestärkt. Inzwischen dürfen auch deutsche Fotografen und Fernsehen über den Kulissenaufbau berichten, und Generalsekretär oder Parteichefin zeigen sich am Vorabend gern zur „Inspektion“ der Bühne.

Duell um Bilder

Die Print-Duelle von Schröder und Stoiber mit *Bild/Bild am Sonntag* und *Welt/Süddeutscher Zeitung* mögen weniger dynamisch gewesen sein als ihre Fernsehschwestern. Doch waren sie keine reinen Wort-, sondern auch Bilder-Duelle: Denn so nah waren die Kandidaten vorher nie, nur einen halben Meter voneinander entfernt. Während der Gespräche klicken permanent die Auslöser. Vor den Türen warten Dutzende von Fernsehteams. Der Ein- und Auszug der Gladiatoren zu diesen Redaktionsbesuchen kommt als Großereignis in die Nachrichtensendungen. Die Redaktionen feiern die Konfrontation an sich genauso wie das Visuelle – je nach den eigenen Vorstellungen. Und diese mussten nicht unbedingt denen der Kampagnenmacher entsprechen. Die Bibliothek des Axel-Springer-Verlags mit Herrenclub-Ambiente hatte zwar Stil, provozierte aber ein FDP-Plakat, das die Kulisse als Beleg für die Verstaubtheit der Volksparteien attackierte.

Das Mikrobild der beiden Duellanten wurde exakt registriert und dokumentiert. *Bild*-Autor Norbert Körzdörfer: „Faszinierend ist die Körpersprache der Konkurrenten. Was die TV-Kameras zu oft unterdrücken, spiegeln die 1000 Fotos der *Bild*-Fotografen." Bevor die Leser den Text kennen, druckt das Blatt am 6. Juli auf Seite 2 erste Fotos der Begegnung, eine Reportage und lange Stichwortlisten, die die Körpersprache kreativ bewerten. Über Schröder:

> „Er ist ein Sitz-Riese. Er lacht leise und oft. Er spielt mit Mimik und staunenden Grimassen. Er ist kämpferisch. Er setzt auf Staatsmann. Er spricht Talkshowdeutsch. Er guckt an die Decke. Sein Blick will sich vom Gegner befreien. Er wirkt elastisch. Er ist vorsichtig. Er ruht in sich. Er kapselt sich ab. Er doziert. Er juckt sich. Er legt das Kinn in den linken Handballen. Er muss seine kurzen Beine nicht ausstrecken. Er hakt Dinge ab. Er will schnell fertig werden. Es ist ein Heimspiel."

Und direkt darunter der Kasten mit Stoiber-Notizen:

> "Er ist ein staksiger Storch voller Energie. Er lächelt ironisch und staunend. Er spielt mit Gestik und protestierend betenden Händen. Er ist leidenschaftlich. Er setzt auf Wahrheit. Er spricht richtige, schmerzliche und lange Sätze. Er fixiert den Kanzler. Sein fordernder Blick will seinen Gegner entlarven. Sein Kopf ist in ständiger Bewegung. Er ist aufrichtig. Er ist unruhig. Er geht in die Offensive. Er berichtigt. Er nippt an der Kaffeetasse. Er hebt die Hand zum Protest in die Luft wie eine Fahne. Seine langen Beine sind zu gelenkig für den knarrenden Stuhl. Er hakt bei jedem Widerspruch nach. Er will alle Fakten richtig rücken und erklären. Es ist ein Auswärtsspiel"

Wie hier Amateurpsychologie, großzügige Interpretation von Körpersprache und politische Bewertung in eine Melange gegossen werden, ist nicht Boulevard-typisch. Im Gegenteil füllen die „seriösen" Kollegen noch blumiger ihre Spalten mit Beobachtungen. So beschreibt *WELT*-Autor Johann Möller die Duell-Eingangsszenerie:

> „Stoibers Lippen werden schmal. Er wippt ein wenig nach vorn, wie es seine Art ist. Wo bleibt der Gegner? (...) Stoibers Kinn wird spitzer, die Halsfalten lederner. Der Blick verliert sich in einer unendlichen Ferne. In München wäre so eine Situation undenkbar. Dann kommt der Kanzler. Er schwappt fast ins Haus, getragen von einer Welle von Kameras, die sich vor den Toren versammelt haben. Schröder springt in die Arena und nimmt sich gleich mit. Bei Stoiber hat man den Eindruck, dass er – ungeduldigen Schrittes – gleich nach sich kommt. Es soll kein Zweifel bestehen. Hier empfängt der Amtsinhaber seinen Herausforderer, demonstrativ müde, sichtlich genervt. Der unausgesprochene Begrüßungssatz an Stoiber heißt: Bringen wir das mal hinter uns."

Die Fernseh-Duelle

Die hohen Einschaltquoten des Schröder-Stoiber-TV-Duells besiegelten es: Mit großer Wahrscheinlichkeit wird sich die formale Kan-

didaten-Fernsehdebatte im deutschen Wahlkampf als regelmäßiges Ritual festsetzen. Zwischen Kanzlerkandidaten, zwischen Ministerpräsidenten in spe und zwischen denjenigen, die Wahlkreisabgeordnete, Bürgermeister oder Landräte werden wollen. Schon jetzt laden auch Lokalzeitungen, Jugendgruppen, Bürgervereine, Landfrauenverbände und Handelskammern im Wahlkampf dazu ein: Das Format hat seine Freunde gefunden, obwohl es – anders als in den USA – 2002 eher Sende- denn politisches Debattenformat war.

Zwar ist die Idee nicht ganz neu. In den dritten TV-Programmen gab es schon vor Jahren manches prominente Regional-Duell, bei N3 etwa die Debatte Schröder vs. Christian Wulff im Februar 1998 oder Bürgermeister Henning Voscherau vs. Ole von Beust im August 1996. Aber das erstmalige Kanzlerduell gab dem Ritual einen anderen Stellenwert. Praktisch heißt das: Wer kneift, wird es künftig schwer haben. Das Risiko ist gestiegen. Künftig werden Amtsinhaber, die nicht Schröders Beispiel folgen, mit Vorwürfen der Feigheit konfrontiert werden. Herausforderer, die die Chance eines Duells nicht nutzen wollen, wird es nicht viele geben. Hinzu kommt: Medien wittern ebenso wie Vereine und Institutionen ihre Chancen, solche Debatten zu sponsern und damit selbst eine größere Rolle im Wahlkampfgeschehen zu spielen. Sie haben gute Gründe dafür: Das Interesse des Publikums an einem solchen Ereignis ist im Vergleich zu anderen Wahlkampfaktivitäten sehr hoch – kein Wunder, denn gerade Fernseh- und Radioübertragung live steigern Drama und Unterhaltungswert ungemein. Die Bereitschaft, sich eine TV-Debatte anzusehen, ist weit höher als die, sich Spots oder Polit-Talks anzusehen oder gar Parteiveranstaltungen zu besuchen. Parteisympathisanten fühlen sich bestärkt und motiviert. Für eine kleinere Zahl von Bürgern bietet es eine Entscheidungshilfe. Auf jeden Fall können Debatten in der heißen Phase die Themen prägen, sie sorgen für Agenda-Setting. Aber dass ein TV-Duell auch stark über den Bilder-Gesamteindruck entschieden wird, das ist auch klar.

Zweifellos kann allein die Form des Schlagabtauschs in dieser Arena dazu beitragen, dass das Vertrauen in die Demokratie stabilisiert wird – denn der Zuschauer und Zuhörer kann sich ungefiltert ein vergleichendes Bild von den Kandidaten machen, er hört die Politiker in nicht einstudierter, freier Rede, er fühlt sich nah am Geschehen und darum besser informiert über Inhalte und Charakter der Kandidaten. Ob er es tatsächlich ist, ist eine andere Frage. Aber es entsteht nicht der Eindruck einer oberflächlichen Inszenierung, eher der einer fairen, ausführlichen und rationalen Auseinandersetzung ohne Showelemente. Der Eindruck mag trügen, aber er ist da.

In Amerika sind bei den Wählern – nicht aber bei den Journalisten und Politikern – die Debatten-Modelle besonders beliebt, bei denen es weniger formal und steif zugeht, sondern wo möglichst viel Interaktion zwischen den Kontrahenten möglich ist und wo Bürger im Studiopublikum authentische Fragen stellen. Zwar muss das Fernsehen hier auf ein One-on-one-Duell verzichten; die Zuschauer nehmen Fragen und Antworten aber als relevanter, interessanter und weniger langatmig wahr. Bürgerfragestunde statt formeller Debatte – das ist ein Rezept, auf dass sich SPD und Union 2002 nicht eingelassen haben.

Strategie der Manager vor und nach TV-Debatten

Für Wahlkampfmanager bleiben Duelle der Spitzenkandidaten ein zweischneidiges Schwert. Aus strategischer Sicht kann man eine Debatte in drei Phasen gewinnen oder verlieren: Vor dem Ereignis, während der Debatte und auch danach.

Vor der Debatte geht es natürlich zunächst darum, ob sie überhaupt stattfinden soll: Wenn die Wahl eher knapp entschieden werden wird, werden sich Kandidaten eher darauf einlassen. Sie neigen zur Zusage, wenn sie sich Vorteile versprechen: Entweder durch die Debatte oder überhaupt durch den bloßen Akt der Teilnahme. Für einen Herausforderer ist dies weit wichtiger. Der Amtsinhaber weiß auch, dass er in einem Duell automatisch in der Defensive ist: Er muss seine Amtsbilanz verteidigen, während der andere munter angreift. Drängt sich ein Dritter in die Arena, wird die Sache für die zwei Hauptkonkurrenten weit weniger interessant und weniger berechenbar.

Für die Vorbereitung der Kandidaten gibt es in Amerika Spezialisten, die „Debate Coaches“. Sie spielen in nachgebauten Fernsehstudios den Sparringpartner, analysieren gemeinsam mit dem Kandidaten die Videobänder von eigenen und gegnerischen TV-Auftritten, sie üben wichtige Gestik und Mimik, zentrale Aussagen und Argumente immer wieder – bis alles sitzt, und bis die Duellanten so getaktet sind, dass sie sich nicht im strikten Zeitformat verheddern. Das Problem: Wer zu viel einstudiert, hemmt die eigene Spontaneität. Und das ist vor Live-Kameras tragisch.

> **Überlebenstipps**
>
> ► Genau über die Spielregeln informieren: Antwortzeiten, Zwischenfragen, Eröffnungs- und Schlussstatements, Manuskripte, Hilfsmittel, Stehen/Sitzen, Präsenz und Rechte des Publikums
>
> ► Durchdenken: Welche Taktiken fördert das Format?
>
> ► Kurzformat üben
>
> ► Rolle des Moderators und der Fragesteller festlegen
>
> ► Pressebegleitung, Mitschnitt für TV/Radio klären
>
> ► Stark starten, stark schließen: Gute Sätze für Anfangs- und Schlussphase
>
> ► Überlegen, an welchen Stellen eine Kontroverse „eskalieren" kann
>
> ► Den Gegner direkt fordern, Köder legen, eigenes Zeitlimit und Chance zum Nachlegen berücksichtigen
>
> ► Bei Dreier- oder größeren Runden gut auf die eigene Rolle achten, andere gegeneinander ausspielen oder als „Vermittler" auftreten
>
> ► Nicht mit dem Moderator zanken.
>
> ► Auch schlichte Fragen erwarten wie „Warum sollen wir sie wählen?", „Gehen Sie in die Kirche?" oder „Wieviel kostet ein halbes Pfund Butter?"

Um die Vorbereitungsklausuren der deutschen Kanzlerkandidaten wurde 2002 ein großes Geheimnis gemacht. In den USA dagegen wird die „debate prep" semiöffentlich, also teilweise mit Journalistenbegleitung, zelebriert. 2000 zog sich Al Gore tagelang zur Debatten-Klausur mit so vielen Trainern zurück, dass einige seiner Berater im Nebenraum sitzen und die Übungen nur am Bildschirm beobachten konnten. Zusätzlich ließen seine Hausdemoskopen kleine Gruppen von Bürgern die Übungsduelle beobachten und bewerten. Aber nicht nur die Analyse wurde übertrieben: Gore bestand sogar darauf, dass alles in seinem Trainingslager 1:1 realistisch abgebildet wurde, selbst die Raumtemperatur sollte so sein wie später im TV-Studio. Er wollte das Bild in- und auswendig kennen, um sich im Bild perfekt bewegen zu können. Hemdsärmeliger ging es bei der Konkurrenz zu:

George W. Bush versammelte eine Handvoll Berater nach einem Barbecue-Grillabend in einer alten Kirche, in einem Provinztheater oder in einer kleinen Turnhalle, um dort zu proben. Auch dort gab es eine Saalatmosphäre. Aber wichtiger als die Kulisse war ihm, dass er die Sachfragen im Griff hatte und spontan auf jedes Thema mit Substanz antworten konnte. Und dass er auf jeden unfairen Trick vorbereitet war: weil Al Gore dafür bekannt war, dass er Spielregeln bricht, um den Gegner aus dem Gleichgewicht zu werfen. Gore hatte bei früheren Debatten beispielsweise Papiere und Daten aus der Tasche gezogen, sein Pult verlassen und war zum Gegner hinüber gegangen, hatte ihn angefasst, ihn zu einer Unterschrift unter eine politische Erklärung oder zu einem Handschlag genötigt. Außerdem fiel er seinen Gegnern permanent aggressiv ins Wort, polemisierte und polarisierte gekonnt. Mit solchen Kabarettstücken brachte Gore, der sonst als hölzern galt, auf Kosten des Gegners Dynamik und Drama ins Bild. Um sich darauf zu trainieren, holte sich Bush einen befreundeten Politiker als Sparringspartner. Dem war der rhetorisch wenig begabte Bush zwar stets unterlegen, aber er hatte mit ihm das Cool-Bleiben und telegene Gelassenheit geübt, um gegen Gores Profitricks zu überleben. Das funktionierte: Weil er sich gegen den Ersteklasse-Debattierer Gore als talentloser Underdog gut behauptet hatte, stand er trotz inhaltlichen Patts in der Medienbewertung als Sieger da.

Während der Debatte müssen sich die Kontrahenten darauf konzentrieren, frühzeitig eine klare, dominante Aussage zu treffen, die sie bei verschiedenen Fragen immer wieder aufgreifen und variieren können. Natürlich auch im Schluss-Statement. Es liegt auf der Hand, dass die meisten Zuschauer die meisten Einzelfragen und Detailantworten binnen Minuten wieder vergessen haben werden. Die zentrale Botschaft aber muss hängen bleiben. Diese ist verwoben mit dem Image, das sich der Politiker in der Debatte geben will. Er kann aktiv, aggressiv und fordernd auftreten und so seinen Führungsanspruch anmelden, dabei immer wieder auf eigene Initiativen und Vorschläge zu sprechen kommen. Oder er kann eher passiv und abwartend den kompetenten, ruhigen Entscheider geben, der im richtigen Augenblick die richtigen Wege wählt.

Ob das Image eher in Richtung „netter Kerl" oder „treibende Kraft" gehen soll, ob es den Typus „verständnisvoller Staatsmann", „effizienter Macher und Manager" oder „Werte-gebundener Erneuerer und Volkstribun" herausstreicht – immer sind rhetorischer Stil, Körpersprache und Inhalt eng gekoppelt. Darum ist es so schwer, gegen das Naturell des Kandidaten ein künstliches Image aufzubauen, dass auch in einer 90-minütigen Live-Debatte standhält.

Nur Minuten nach dem letzten Schluss-Statement in einer Debatte versuchen Wahlkampfteams, die Interpretation der Journalisten zu beeinflussen: Wer gewonnen hat, ob es ein Unentschieden gab, wie Patzer und Pannen kommentiert werden sollen, wie wichtig eine schlagfertige Antwort, ein Ausweichen oder ein Blackout bei einer wichtigen Frage waren – das sind Bewertungen, die nicht automatisch nach Redeschluss feststehen. Je besser koordiniert und abgestimmt die Sprachregelung zwischen den eigenen prominenten Spitzenleuten ist, die das Ereignis in der Vielzahl von Expertenrunden und gegenüber Journalisten kommentieren, desto eher drückt man der sich bildenden Medien- und Eliten-Meinung seinen Stempel auf. Das lässt sich durch das Forcieren von Interviews, Umfrageergebnissen oder Leserbriefaktionen noch steigern. Am Ende ist klar: Erst das Medienecho zeigt, wer wirklich gewonnen hat. Und dieses ist für die endgültige Einschätzung der Wähler wichtiger als deren eigenes Erleben der am Bildschirm. Die Bilder bleiben haften, aber die Interpretation der Bilder und Töne setzt sich erst mit Verzögerung fest.

TV-Journalisten: Wie sie arbeiten

Bisher haben wir Bildsprache und Bildstrategien aus der Sicht der Politik-Kommunikatoren diskutiert. Ebenso wichtig ist aber, die Arbeitsweise der Bildjournalisten zu kennen. Das gilt vor allem fürs technisch sehr komplizierte und hektische Medium Fernsehen. Wer an aktuelle TV-Politikberichte denkt, denkt häufig an die „Meute" – die Berliner Jagdszenen von erst lungernden, dann losstürzenden Kamerateams. Stundenlanges Warten, Verspätungen, plötzliche Hektik, gnadenloses Gedränge im Pulk, das prägt unser Bild von den Bilderjägern und -sammlern. Nachrichtenfilme sind in der Tat hektischer geworden, auch bei den öffentlich-rechtlichen Sendern sehen sie heute weniger dokumentarisch aus: Das Stativ bleibt stehen, auch bei ARD und ZDF wird mittlerweile die bewegte Kamera bevorzugt, die an die Politiker „rangeht". Dazu passend der improvisierte Bericht, das Überfall-Interview oder das Sieben-Sekunden-Statement eines Politikers, der sich durch den Reporterpulk mühselig vom Wagen zum Gebäude schiebt. Eine Menge unnütze Bilder werden so unter großem Stress produziert. Und die Redakteure nehmen im Zeitdruck am Ende das, was sie kriegen, für Selektivität bleibt wenig Raum.

Mit der Arbeitsschritte-Planung, wie sie Journalistikstudenten im Lehrstudio erlernen, hat dieser News-Alltag in der Tat wenig zu tun. Die politische PR kann sich planerisch darauf auch schlecht einstellen. Am Ende scheint es nur darauf anzukommen, dass ein Politiker sich schön

TV-Interview 1

► BLICKRICHTUNG: **Zum Reporter, nie zur Kamera. Knapp vorbeisehen. Sonst schaut man zu weit aus dem Bild.**

► PERSPEKTIVE: **immer normalsichtig, auf gleicher Höhe. Ist die Kamera „aufsichtig", wirkt der Gesprächspartner klein bis niedlich, „untersichtig" groß und bedrohlich.**

► HINTERGRUND: **TV-Interviewer wollen hinten Tiefe. Der Abstand des Interviewpartners zur Wand soll groß sein, sonst wirkt das Bild flach. Also wird eher in der Eingangshalle als im engen Büro gefilmt. Der Hintergrund sollte weder kahl noch unruhig sein. Lieber ein bisschen unscharf. Er sollte inhaltlich zum Thema und Interviewten passen. Die Tiefe kann mit zusätzlichem Hintergrundlicht verstärkt werden.**

hierhin und dorthin wendet, der selbst merkt, wenn er schlecht steht oder die Sicht versperrt ist, der auch mal winkt oder eine markige Geste macht, und das vielleicht sogar zwei- oder dreimal, damit alle ein gutes Bild haben. Der Malus geht an Politiker, die unsicher zu Boden schauen oder schnell und unwillig die Begegnung mit den Wegelagerern hinter sich bringen wollen.

Aber es existiert auch eine gewisse Routine in den TV-Redaktionen. Sie beginnt mit fernsehtypischer Recherche, plant den Dreh, geht in die Postproduktion und schließlich ins Texten. Wer fernsehtauglich arbeiten will, muss diese Schritte verstehen.

Storysuche ist Motivsuche

TV-Journalisten sortieren Themen anders und boulevardesker als Textjournalisten. Sie brauchen klare Rollenverteilung, eine These oder Hauptbotschaft – und sie müssen sie zeigen können. Die TV-Reporterin Nike Oehme beschreibt die Denke so:

> „Eine gute Geschichte muss, generell gesprochen, drei Komponenten haben: Opfer, Täter und Ex-

Antextbilder

O-Töne werden häufig mit Antextbildern gedreht, die den Gesprächspartner nicht redend, sondern in Bewegung oder bei einer typischen Tätigkeit zeigen. Sie dienen als Übergang und Einleitung. Häufig ist der Gang des Interviewten durch den Flur, über die Treppe, aus dem Auto oder an seinen Schreibtisch, wo er Akten sortieren darf.

Antextbildern sind meistens langweilig – weil nichts passiert. Wer mit Details und Requisiten spielt, bekommt bessere Bilder. Aber diese dürfen nicht vom Thema ablenken. Und für den späteren Schnitt ist ein „neutrales Ende“ der Antextsequenz wichtig: Wer eben noch gelaufen ist, darf beim Interview nicht plötzlich sitzend gezeigt werden, ohne dass irgendeine neutrale Bildsequenz dazwischen ist. Um den logischen Anschluss zu erleichtern, lassen TV-Teams Interviewpartner gern an der Kamera vorbei ins Nirgendwo laufen oder in einem Hauseingang oder Auto verschwinden.

perten. (...) Wenn ich einen Beitrag über Busunfälle machen will, dann brauche ich einen Menschen, der bei einem Busunfall verletzt wurde, einen Busfahrer, der mir im Interview sagt, dass die Fahrzeiten zu lang und sie Arbeitsbedingungen schlecht sind, und einen Experten, zum Beispiel vom ADAC, der sich objektiv dazu äußert."[5]

Klingt einfach? Die Produktion ist immer aufwändig. Fernsehen ist mehr als bebildeter Hörfunk. Kein Sender kann es sich leisten, seine Teams planlos zu Aufnahmen zu schicken, um spontan Filme zu drehen. Die Redakteure beginnen ihre Arbeit nach der Anrecherche darum mit einem Exposé (auch Ideenskizze oder Storyframe), einer Zusammenfassung der Story, der Hauptakteure, der Informanten und der Drehorte. Dies ist eine Entscheidungshilfe für die Redaktion, ob ein Beitrag in die Sendung passt und wie groß der Realisierungsaufwand ist.

Vor allem steht hier drin, wo die Bilder herkommen sollen; dazu gehören feste Zusagen von Menschen, die vor der Kamera ein Interview geben und nicht nur am Telefon. Politiker, Verbandslobbyisten und Pressesprecher sind dazu meist bereit, aber viele politische Beiträge sterben deshalb, weil sich sonst keine überzeugenden Interviewpartner finden, die z.B. von einer politischen Entscheidung persönlich betroffen sind. Oder weil sich für die Bilderstory einfach keine Dramaturgie aus Kontrahenten ergibt.

Vor allem die Einstiegsbilder müssen ziehen, denn jeder Fernsehjournalist hat Angst vor dem zappenden Zuschauer. Nicht der logische oder chronologische, sondern der fesselnde Hingucker ist gefragt. Er zieht den Zuschauer in die Story hinein – und dann beginnt die Handlung, der Plot. Erst wenn die filmische Idee und die Dramaturgie der Bilderstory klar ist, wird dem Chefredakteur oder Chef vom Dienst das Thema vorgeschlagen. Reportern das Problem visueller Umsetzung lösen zu helfen, das ist gute Fernseh-PR.

Der nächste Schritt des Fernsehredakteurs ist die detaillierte Dreh- und Zeitplanung, das Treatment (auch „Drehplan") auf dessen Basis die Redaktion in der Regel auch entscheidet, wann sie für das Thema Sendeplatz reserviert und welches Personal eingeteilt

TV-Interview 2

▶ EINSTELLUNG/SHOT: **Zeitraum von einem Schnitt zu nächsten. Nähe und Distanz, Sachlichkeit und Emotion werden durch Einstellungen stark beeinflusst.**

Man unterscheidet Panorama, Totale (eine oder mehrere Personen mit Umgebung), Halbtotale (zeigt eine Person in wenig Umgebung), Halbnah bzw. amerikanisch (Oberkörper ab Gürtel), Nah (ab Brust), Großaufnahme (nur Gesicht), Detail (Gesichtsteile).

▶ TON: **Das Stabmikro („Angel") wird als als Richtmikrofon vom Tonmann geführt, das Handmikro („Keule") vom Reporter, das Ansteckmikro („Funkstrecke") für den Kragen sendet drahtlos.**

Auch die Kamera hat ein Mikro: Auf einer zweiten Tonspur nimmt sie akustische Atmosphäre („Atmo") auf. Denn Hintergrundgeräusche sind erwünscht, wenn sie nicht zu laut sind und wenn ihre Quelle auch für den Zuschauer erkennbar ist (Menschenmenge, vorbeifahrende Autos).

wird. Hier wird der Ablauf des Films nach Bildblöcken links und Ton/Text rechts getrennt skizziert.

Handlungsabläufe müssen in Kameraeinstellungen umgesetzt werden. Bilder und dazu passende O-Töne (meist 10-25 Sekunden) werden aufeinander abgestimmt. Das heißt, Fernsehjournalisten überlegen sich, welche Antworten sie für ihren Beitrag benötigen, und bei der Feinplanung legen sie die ausformulierten Texte ihren Interviewpartnern schon einmal in den Mund, obwohl die Interviews noch gar nicht geführt wurden. Wer das weiß, wundert sich auch nicht mehr darüber, dass TV-Interviewer oft immer wieder auf derselben Frage herumreiten und zu Suggestivfragen neigen: Sie wollen die Antwort, die sie im Treatment bereits eingeplant haben, die sich perfekt in den ausgefeilten Schnitt einstellt.

Die journalistische Planung wird durch eine technisch-logistische ergänzt, die Disposition (kurz: Dispo). Fernsehredakteure müssen Personal (zum „EB-Team", kurz für Elektronische Berichterstattung, gehören meist zwei Kollegen neben dem Reporter, für Kamera und Ton) und Technik (Kamera mit Filtern und Zusatzgeräten, Akkus, Stative, Stabmikrofone, Funkzubehör für Ansteckmikros, Beleuchtung, ein Auto) für einen Dreh einplanen. Drehgenehmigungen müssen eingeholt werden, oder für nachgestellte Szenen werden Komparsen und Requisiten benötigt. Jeder Produktionsteil („Take") hat seinen eigenen Zeitaufwand und seinen eigenen Spielraum für Kreativität. Der Kameramann wird mit Schwenks, Zoom und Fahrten, mit Tempo, Farbe, Licht und Schatten als Stimmungsmacher spielen, die dramaturgische Achse, die das Bild in Links und Rechts teilt, sowie auf Hintergründe und Perspektiven achten, er wird die Bilder mehrfach und abwechslungsreich einfangen.

TV-Teams müssen sich im Alltagsstress oft mehr mit Licht, Ton, Einstellungsgrößen und Bildaufbau beschäftigen als mit der politischen Hintergründigkeit eines Themas. Weil sie unter enormem Zeitdruck stehen, um ihre Drehplanung einzuhalten, drängeln sie bei aktuellen Interviews oft besonders. Kritische und emotional aufgeladene Situationen entstehen

TV-Interview 3

TV-Journalisten legen es oft darauf an, ihren Gesprächspartner sichtbar in die Ecke zu drängen, ihn zu irritieren, die Fasson zu verlieren oder wütend wegzulaufen. Das steigert den Bilderwert – und die Quote. Diese Techniken nennt der Medientrainer Jörg-Michael Junginger „das dreckige Dutzend":

- **Beim Lufthol-Stopp aggressiv unterbrechen**
- **Immer wieder Nachklappen (selbe Fragen in immer neuen Versionen stellen)**
- **Unterstellung mit Folgefrage verbinden**
- **Mehrfachfragen („Fächer")**
- **Schwarz-Weiß-Fragen**
- **Ebenensprung**
- **Scheinzusammenhänge auftischen**
- **Ignorieren einer Antwort**
- **Scheinfragen („rhetorische")**
- **Blitzfragen (Überrumpeln)**
- **Versuchsballons**
- **Kunstpausen (um zum Weiterreden zu stimulieren)**

daher häufiger bei Fernseh- als bei Radio- und Zeitungsinterviews. Zugleich bevorzugen es Fernsehjournalisten, ihre Gesprächspartner bei rollendem Band aus der Reserve zu locken und spontane Antworten einzufangen. Warnung: Es ist immer besser, die filmische und journalistische Storyidee des Reporters zu kennen. Nie ohne ein Vorgespräch vor die Kamera!

Postproduktion

Schneiden, Texten und Vertonen – das ist Postproduktion zusammen, im Jargon kurz „Postpro". Es geht ums Schneiden fürs Texten und ums Texten aufs Bild.

Wenn das Team mit mehreren Bändern vom Dreh zurückkommt, dann erwartet der Cutter im fensterlosen Schneideraum, dass sich der Redakteur bereits für bestimmte Bildblöcke entschieden und eine Liste der Band-Zeitmarken („Time Code") mitgebracht hat. Am Schnitt-Computer wird das Material digital sortiert, natürlich nach den Regeln der Schnitt-Kunst und -Ästhetik, etwa Auf-, Über- Ab- und Ausblenden, harte und weiche Schnitte usw. Merke: Der Effekt unterschiedlicher Schnitte kann einen journalistischen Beitrag enorm verändern, auch wenn dieselben Bilder zu Grunde liegen.

Das gilt natürlich auch für die Töne: Nachrichtenfilm-Töne bestehen meist nur aus der lippensynchronen Stimme der Interviewten, des Redakteurs oder Sprechers, Nebengeräuschen plus akustischer Illustration, die die „Atmo" (Atmosphäre) herstellen soll. Ob Stimmengewirr, Autobahnlärm oder Vogelsingen: Der Fernsehjournalist kann mit Tonfarbe und Lautstärke, mit typischem Außen- oder Innen-Sound einiges gestalten. Mit Musik können politische TV-Journalisten manipulieren: Was ernst wirken sollte, wirkt durch eine Musik vielleicht tragisch oder albern.

Auch der Text hat Macht über Bilder

Am Schneidetisch entsteht auch das endgültige Textbuch. Das Bild wird in Stichworten beschrieben, dazu kommen die Zeiten der Textanfänge und Kommentartext in der endgültigen Reihenfolge. O-Töne werden 1:1 protokolliert. Das Texten ist also eine genau getaktete Aufgabe. Die Texte beschreiben die Bilder nicht, sondern geben Zusatzinformationen oder Erläuterungen, die zu den Bildern passen. Schließlich braucht jeder Beitrag einen Anmoderationstext.

Text und Bild müssen zusammenpassen. Stimmt das Zusammenspiel nicht, rauschen die Informationen am Zuschauer vorbei. Gute PR hilft Text und Bild zusammenzufügen. Oft dominieren die Bilder den Text. „Fight the pictures, and you'll lose“, mahnen Profis an US-Journalistenschulen. Aber Bilder sind mehrdeutig, ganz besonders in der Politik, und in der Regel steuert der Text die Informationen, die in Bildern, im Bildschnitt, in Musik, Geräuschen und Interview-O-Tönen liegen. Text bleibt der abstrakteste Teil des Films. Er kann die Zuschauer unter die Oberfläche der Bilder und Töne führen, er schafft eine Informations-Reihenfolge. Wenn man den Ton abdreht, wird man besonders Politik-Nachrichten kaum verstehen. Die Atmosphäre kommt von den Bildern, die meisten Fakten liefert der Text: Zahlen, Zeiten, Details. Für die Textinfos benötigen die Redakteure stützende Bilder und Geräusche.

Fazit

Wer heute professionell politische Kommunikation betreiben will, braucht eine Passion für Bilder. Wir leben in einer Bilder-Gesellschaft, und es sind meist die Fotos und TV-Szenen, die beim Bürger als erstes hängen bleiben und den Kanal für mehr öffnen. Politische Kommunikation nutzt Bilder, um Politik zu inszenieren und zu ästhetisieren, um Inhalte mit sinnlicher Wahrnehmung zu verbinden, um demokratische Eleganz und Souveränität zu demonstrieren. Nicht jedes Bild wird gleich zur Ikone der Weltgeschichte. Aber: Bilder werden selbst zur Botschaft, sie sind mehr als eine Illustration, die man haben kann oder auch nicht. Und wie andere Botschaften auch müssen Bilder als schnelle, kompakte, interessante Information immer wiederholt werden, um Penetration zu erreichen. Wiederholung guter, kreativ komponierter Bilder ist auch wichtiger als marktschreierische Originalität visueller Reize mit der Tendenz, immer schriller zu werden.

Amberger, Sabine (2001). *Fit vor Kamera und Mikrofon.* FAZ-Institut: Frankfurt.

Frey, Siegfried (1999). *Die Macht des Bildes.* Huber: Bern.

Holzbaur, Ulrich u.a. (Hg.) (2002). *Eventmanagement.* Springer: Berlin und Heidelberg.

Koelbl, Herlinde (2001). *Die Meute. Macht und Ohnmacht der Medien.* Knesebeck: München.

Kroeber-Riel, Werner (1996). *Bildkommunikation. Imagerystrategien für die Werbung.* Vahlen: München.

Laux, Lothar und Astrid Schütz (1996). *Wir, die wir gut sind. Die Selbstdarstellung von Politikern zwischen Glorifizierung und Glaubwürdigkeit.* München: dtv.

Müller, Marion G. (2002). „Parteitagskommunikation: Funktionen, Strukturen, Trends von Parteitagen in Deutschland und in den USA". *Politische Akteure in der Mediendemokratie: Politiker in den Fesseln der Medien?* Hg. Heribert Schatz u.a. Wiesbaden: Westdeutscher Verlag, 65-77.

Müller, Marion G. (1997). Politische Bildstrategien im amerikanischen Präsidentschaftswahlkampf 1828-1996. Berlin: Akademie-Verlag.

Müller, Wolfgang (2002). *Eventmarketing. Grundlagen, Rahmenbedingungen, Konzepte, Zielgruppe, Zukunft.* VDM Verlag Dr. Müller: München.

Pohlert, Christian-Matthias (1999). *Bilder in der Zeitung. Journalistische Fotografie 1949-1999.* Koehler & Amelang: München und Berlin.

Rossie, Michael (2002). *Sprechertraining.* (Mit CD). List: München.

Sachsse, Rolf (Hg.) (1994). *Bildjournalismus. Ein Handbuch für Ausbildung und Praxis.* List: München.

Schäfer, Stephan (2002). *Event-Marketing.* Cornelsen: Berlin.

Schult, Gerhard und Axel Buchholz (Hg.) (2000). *Fernsehjournalismus.* List: München.

---

[1] Behrend, Till. „Ziemlich unehrlich". Focus 9/1997: 42. Frey, Siegfried: Die Macht des Bildes. Der Einfluss der nonverbalen Kommunikation auf Kultur und Politik. Bern: Hans Huber 1999.

[2] Müller, Marion G. (1997). Politische Bildstrategien im amerikanischen Präsidentschaftswahlkampf 1828-1996. Berlin: Akademie-Verlag.

[3] Mannstein, Coordt von. „Zum Stellenwert des Plakativen in der politischen Kommunikation". Der moderne Medienwahlkampf. Hg. Otto Altendorfer u.a. Media Plus Verlag: Eichstätt 2000.

[4] Otto, Christine. „Handwerk und Perfektion". Event Partner 4/2002: 29.

[5] www.nikeoehme.de

Dialogmarketing in Kampagnen

HIGH-TECH, HIGH-TOUCH PER TELEFON

VON PETER TREICHEL UND MARCO ALTHAUS

BERLIN / HANNOVER

DAS TELEFON IST ZUM STANDARDMEDIUM IN europäischen Wahlkämpfen geworden. Aber gemessen am kommerziellen Vergleichsmaßstab sieht der Einsatz bestenfalls semiprofessionell aus: Die technischen Möglichkeiten computergestützten Telemarketings werden nicht ausgeschöpft. Dafür fehlt Geld, Wissen und Wille. Anders als in den USA sind hier meist keine Profis in Call Center am Werk, sondern einfache Mitglieder, die mit großem Aufwand geschult werden müssen.

Die Parteien versuchen mit Websites, Email, Chats und Foren die Interaktivität ihrer Wahlkämpfe zu erhöhen. Dabei ist das 120 Jahre alte Medium Telefon das interaktivste und zugleich das am weitesten verbreitete. Direkter und persönlicher ist kein Medium. Das Telefon ist ein echtes Dialog-Werkzeug und darum bürgernah: Es erlaubt den Kontakt von Mensch zu Mensch, es erlaubt einen echten Response und durch das Gespräch auch einen Eindruck, der bleibt.

Im Vergleich zum traditionellen Klinkenputzen, auch Canvassing genannt, ist der Zeitvorteil enorm. Das gilt vor allem in Vorstädten und ländlichen Gemeinden. Telefonieren ist nicht nur effizienter als Hausbesuche, weil es mehr Menschen erreicht und ein recht zielgenaues Kontaktmanagement einschließlich Ergebniskontrolle ermöglicht. Es ist pro Wähler-Kontakt nicht nur relativ billig, zumal sich Telefoneinheiten auch paketweise von der Telefongesellschaft kaufen lassen. Es ist auch bequemer. Damit können sich Mitglieder an dieser Kampagnen-Aktionsform beteiligen, die sonst die langen Fußmärsche von Haustür zu Haustür scheuen. Oder die ungern allein losziehen, sondern das Teamerlebnis bevorzugen.

Meist setzen SPD und Union Telefonaktionen bei bestimmten Wählergruppen in der heißen Phase des Wahlkampfes ein, also zwei bis vier Wochen vor dem Wahltag, um Sympathisanten in ihren Hochburgen zu motivieren und zu mobilisieren – ganz besonders gern auch bei Stichwahlen in Oberbürgermeister-Kampagnen. Spätestens seit 1998 wird das Telefon-Campaigning großflächig eingesetzt. Landesverbände der beiden großen Parteien trauen sich inzwischen ohne Weiteres zu, 60.000, 80.000 oder noch mehr Telefonate in einer Kampagne durchzuführen. Wohlgemerkt: durch Amateure, nämlich eigene Mitglieder. Nur selten werden dafür professionelle Telefondienstleister engagiert, wie es zum Beispiel die Niedersachsen-CDU mit dem Call Center des Osnabrücker Unternehmens b.u.w. mehrmals getan hat. Erstens fehlt oft der Wille, sich in der Etatplanung statt für klassische Werbemittel wie Plakaten und Broschüren eher für Dialogmedien zu entscheiden. Zweitens sind Telefonaktionen eine Möglichkeit, die eigenen Mitglieder zum Mitmachen zu bewegen und deren persönliche Überzeugungskraft im lokalen Gespräch mit den Nachbarn auszunutzen. Darum werden Telefonaktionen für Wählermobilisierung Wochen und Monate vorher oft auch solche allein für Parteimitglieder vorgeschaltet.

Seit 1983 der SPD-Unterbezirk Mülheim 6000-mal Telefonnummern anwählte und die NRW-Sozialdemokraten mit wissenschaftlicher Begleitung im großen Stil die Ära des Telefon-Campaigning einläuteten, haben vor allem die beiden großen Parteien in fast 20 Jahren stets weitgehend positive Erfahrungen gemacht. Gehen die Telefonisten sensibel mit der Privatsphäre der Wähler um und wählt man die richtigen Zielpersonen aus, so die SPD-Erfahrung, reagieren rund 85 Prozent der Angerufenen positiv. Das Interesse wird durch die persönliche Ansprache geweckt und erhöht, die Bereitschaft zum Wählen-Gehen steigt. Wer mit den Menschen direkt Kontakt aufnimmt, festigt und erwirbt Vertrauen. Dabei ist der psychologische Vorteil gegenüber dem Hausbesuch: Wähler sind zugänglicher, weil sie eher das Gefühl der Kontrolle haben und sich weniger belästigt fühlen. Sie können ja jederzeit auflegen. Das Gespräch verläuft anonymer und distanzierter.

Checkliste Etat

Für die Telefonaktion sind einzuplanen und im Etat zu kalkulieren:

- Raum und Möbel
- Extra-Anschlüsse von der Telekom schalten lassen
- Extra-Telefone mieten oder kaufen
- Telefongebühren
- Kauf Software oder Adressen-CD-ROM
- Kopieren/Druck für Adress- und Telefonlisten, Gesprächsleitfäden, Arbeitsbögen
- Schulung Telefonteam
- Verpflegung Telefonteam
- Porto für anschließenden Versand von Material
- Kosten für begleitende Pressearbeit oder Spezialbroschüren

Am geringsten ist der Widerstand natürlich bei einer Wahl-Hotline: Anders als beim aktiven Anrufen der Kampagne („Outbound Calls") entscheidet bei einer zeitlich befristeten Kampagnennummer für Fragen, Anregungen, Beschwerden und Abforderung von Material allein der Bürger, ob und wann überhaupt ein Gespräch zu Stande kommt. Voraussetzung für den Erfolg ist allerdings, dass mit anderen Medien massiv und sinnvoll für die Hotline geworben wird – das setzt entsprechende Anreize für den Wähler voraus. Aber solche „Inbound Calls", also die hereinkommenden Anrufe, sind dafür rechtlich völlig unproblematisch und wenig störanfällig.

Die Parteien bieten bereits seit einigen Jahren auch außerhalb der Wahlkämpfe Hotlines bzw. Bürgertelefone (und auch allgemeine Info-Email-Adressen) an. Zu verzeichnen ist ein in den letzten Jahren gewachsener Zuspruch zu diesen Angeboten – vor allem beim Emailverkehr sind die Zuwächse gewaltig.

Den Parteien ist dabei durchaus gegenwärtig, dass diese Service-Angebote von Außenstehenden kritisch beobachtet und getestet werden. Vor allem in Wahlkämpfen garantieren die Parteien Bearbeitungszeiten von knapp 24 Stunden im Emailverkehr.

Was Recht ist

Hartnäckig hält sich bei Politikmanagern und Parteimitgliedern der Irrglaube, das aktive Anrufen bei Wählern sei halb- oder gar nicht legal. Das ist falsch. Richtig ist, dass kommerzielle Telemarketingfirmen sich in einem engen rechtlichen Korsett bewegen und dass es eine Reihe von einschränkenden Gerichtsurteilen gibt. So ist das „Cold Calling" untersagt: Hat es vor dem Anruf keinen Kontakt zwischen Firma und Kunden gegeben, also zum Beispiel per Postkarte, Email oder Gespräch, liegt kein ausdrückliches Einverständnis für den Anruf vor. Dies greift nach Ansicht der Gerichte unzulässig in die Privatsphäre und Persönlichkeitsrechte der Kunden ein.

Nach dem Gesetz gegen den unlauteren Wettbewerb (UWG) gelten Werbeanrufe praktisch als sittenwidrig. Möglicherweise wird diese seit 30 Jahren durchgehaltene Rechtsprechung durch eine Liberalisierung überholt, für die die Direktmarketingbranche eintritt – sie berufen sich auf den informierten, mündigen Durchschnittsverbraucher.

Für politisches Telefoncampaigning gelten aber noch andere Regeln. 1991 verwies das Bundesverfassungsgericht beim Thema Mailings darauf, das allgemeine Persönlichkeitsrecht nicht schrankenlos gewährleistet sei, sondern im Rahmen der Verfassungsordnung. Und dazu gehört Grundgesetzartikel 21, der den Parteien aufgibt, an der Willensbildung des Volkes mitzuwirken. Werbung gehört dazu, und auch das Dialogangebot per Werbebrief (BverfG 1991, 481f.). Für Telefonwerbung kann nichts anderes gelten.

Entsprechend dürfen Parteien Wähler auch anrufen, wenn kein ausdrückliches Einverständnis vorliegt. Wer sich nicht aus dem Telefonverzeichnis hat streichen lassen, darf auch angesprochen werden – denn der Eintrag im Telefonbuch ist eine implizite Einwilligung zum Angerufenwerden.

Örtlich kommt es immer wieder einmal dazu, dass der politische Gegner Telefonaktionen rechtlich zu behindern versucht. Meist durch den Antrag auf eine einstweilige Verfügung bei Gericht. Das Hauptproblem dabei ist der Zeitverzug: Bis das Gericht endgültig entscheidet, ist die Wahl gelaufen.

Einfachstes Gegenmittel ist eine bei Gericht hinterlegte Schutzschrift. Diese nimmt die Einwände einer einstweiligen Verfügung vorweg und neutralisiert sie, weil das Gericht die Teleonaktion praktisch nicht mehr untersagen kann. Die Justitiare der Parteizentralen haben dafür fertige Mustertexte.

Sollte es dennoch zu rechtlichen Auseinandersetzungen kommen: Es hilft, die verwendeten Gesprächsleitfäden bereit zu halten. So ist nachzuweisen, was die Telefonisten sagen. In gleicher Weise sollte protokolliert werden, dass jeder Haushalt nur einmal angerufen wird (es sei denn, ein zweiter Anruf wird vereinbart).

Nicht die Wähler ärgern

Wer die Zielwähler effizient erreichen will, sollte sie nicht verärgern und sich darum an bewährte Telefon-Spielregeln halten. Dazu gehört, die Öffentlichkeit in jeder Phase über Verlauf und Ergebnis der Telefonaktionen zu informieren und sie von der Notwendigkeit des bürgernahen Wahlkampfes zu überzeugen. Je öffentlicher die Telefonaktion stattfindet, desto seriöser wirkt sie. Und desto weniger anfällig ist sie auch für Störaktionen des politischen Gegners.

- **Telefonaktionen öffentlich ankündigen:** Per Presseerklärung, mit Anzeigen, Handzetteln, Pressekonferenz mit einem publicity-wirksamen Start mit einem Prominenten.
- **Telefonaktionen permanent mit Pressemeldungen begleiten** (Zwischenbilanzen, Abschlussbilanz, Beteiligung des Kandidaten, Besuch von Prominenz im „Telefonie-Lokal").
- **Günstige Zeiten wählen:** Frühestens vier Wochen vor dem Wahltag (mit dem Versand der Wahlbenachrichtigungskarten), werktags am besten 10-12 und 17-20 Uhr, samstags 10-12 Uhr. Das heißt nicht, dass ein Anruf um 9.30 Uhr, um 20.30 Uhr oder am Sonntag tabu wäre – aber die Erfolgsquote sinkt. Wer die Ressourcen hat, kann auch zwölf Stunden an sieben Tagen durchtelefonieren lassen. Wichtige Events wie eine Fussball-WM o.ä. sollten aber respektiert werden.
- **Nicht länger als 7x klingeln lassen:** Wer bis dahin nicht abgenommen hat, ist bestimmt nicht in der besten Stimmung.
- **Keine Handy- und Firmennummern anrufen.**
- **Doppelanrufe** durch klare Zuständigkeiten vermeiden.
- **Persönlich werden, konzentiert, höflich, positiv bleiben:** Wer mehrmals mit Namen angesprochen wird, fühlt sich auch

wichtig genommen. Gut zuhören. Den Gesprächspartner mit Einwänden und Fragen zu Wort kommen lassen. Nicht unterbrechen. Nicht streiten und zweifeln, sondern positiv bleiben.

- **Hilfen anbieten:** Besuch in der Bürgersprechstunde, Kontakte zu Verantwortlichen anderer politischer Ebenen herstellen oder auch ein Treffen am nächsten Info-Stand vereinbaren.
- **Anliegen nicht zurückweisen:** Die Bürger unterscheiden nicht immer zwischen den einzelnen staatlichen Ebenen; sie nehmen die Gelegenheit wahr, diverse Dinge anzusprechen.
- **Lange, kontroverse Gespräche vermeiden:** Wer versucht, gründliche politische Überzeugungsarbeit am Telefon zu leisten, wird scheitern. Erstens wird niemand durch einen unerwarteten Anruf in seinen Glaubenssätzen erschüttert, zweitens kostet das Zeit, Geld und Nerven.
- **Auf Gesprächsharmonie achten:** Nicht brüllen und nicht flüstern, nicht hetzen und nicht Monologe halten. Und: Auch ein Lächeln am Telefon kann man hören.
- **Elegant und schnell aussteigen:** Die meisten Gespräche verlaufen schnell und unkompliziert. Die Botschaft „...bitte gehen Sie zur Wahl..." wird zur Kenntnis genommen. Dann ist es entscheidend, elegant und schnellen den Ausstieg aus dem Gespräch zu finden. Sonst wird es für den Angerufenen lästig.

Technik und Logistik planen

Der Raum ist meist das geringste Problem. Wichtig ist aber, dass die Helfer konzentriert arbeiten können, ohne sich gegenseitig zu stören, aber trotzdem ein Gemeinschaftserlebnis haben.

Vor allem aber muss die technische Ausstattung stimmen: Je nach der errechneten Zahl der Aktionsstunden und Teammitglieder sind Telefonanschlüsse zu besorgen. Das geht bei der Telekom meist nicht auf die Schnelle: Ein Vorlauf von zwei bis drei Monaten ist sinnvoll. Im Normalfall dürften sechs Wochen reichen.

Sechs bis zehn Apparate sind für die meisten regional begrenzten Kampagnen das richtige Maß. Der örtliche Telekom-Kundenberater vermittelt Angebot und Auftrag für Leitungen (vorzugsweise ein ISDN-Mehrgeräteanschluss) und die Vermietung von Telefonapparaten sowie Pakettarifen für die verbrauchten Einheiten. Die Alternative: Mieten von Telefonanlagen in geeigneten Räumen, zum Beispiel von einer Firma oder einem Kunden-Call-Center. Es versteht sich von selbst, dass die Helfer in die Technik und die Arbeitsplätze richtig eingewiesen werden sollten und dass bei Pannen die Nummer eines Fachmanns bereit liegt.

In Ballungsräumen kann die Telefonaktion auch in Kooperation mehrer Wahlkreise geplant und durchgeführt werden.

Telefonvolumen planen

Eine Telefonaktion sollte versuchen, mindestens zwei Prozent der Wahlberechtigten anzusprechen. Ein geringerer Umfang wird im Ergebnis kaum zu messbaren Resultaten führen.

Für eine Bundestagswahl bedeutet dies ein Volumen von mindestens 4000 Telefonaten. (entsprechen etwa 320 Helferstunden. Genaue Berechnung s.u.).

Anzustreben wäre also ein Stamm von zehn bis 15 Helferinnen und Helfern die, aufgeteilt auf die letzten vier Wochen eines Wahlkampfes konzentriert arbeiten und jeweils ca. 20 bis 30 Arbeitsstunden, verteilt auf vier Wochen, in die Telefonaktion einbringen.

Telefonlisten erstellen

Der Schlüssel zum erfolgreichen Dialogmarketing, egal ob per Brief oder Telefon, ist die Auswahl der Anzurufenden – das Targeting.

Für begrenzte Telefonaktionen unter den eigenen Mitgliedern ist das Mitgliederverzeichnis natürlich das Mittel der Wahl; hier lässt sich je nach Zweck eine Unter-Zielgruppe bilden (Ort, Alter, Geschlecht, Mitgliedsjahre, Ausbildung, Zugehörigkeit zu Vereinigungen, Interessen usw.) Eine solche Datenbank besteht für die allgemeine Wählerschaft allerdings nicht. Targeting ermöglicht es, für Telefonaktionen geeignete Stimmbezirke gezielt nach ihrem Anteil von Wechselwählern, Sympathisanten oder Nichtwählern zu identifizieren. (Mehr zum Wahlkreis-Targeting im Beitrag Althaus „Desktop Targeting: Wahlkreisanalyse für Dummies").

Das Ergebnis ist eine Liste von Stimmbezirken mit ihren Straßenzügen, in denen die Haushalte angerufen werden sollen. Aber welche Telefonnummern haben sie? Die Adressen- in eine Telefonliste umzuwandeln, ist am einfachsten durch eine Telefonauskunft-CD (ca. 20 Euro im Handel) möglich, die die nicht-namenbezogene Sortierung von Nummern über Gemeinden und Straßen erlaubt, z.B. „D-Info" (mit Telekom-CDs funktioniert es nicht). So lassen sich mit wenigen Mausklicks die beim Targeting ausgewählten Straßen mit den zugehörigen Telefonnummern und Namen ausdrucken oder als Datensatz in eine Tabellenkalkulation übertragen.

Das Telefonteam

Telefonaktionen sind keine Seminare an der Volkshochschule, und schon gar nicht sollen lange Argumentationsketten gebildet werden. Zwar geht es um Dialog, aber nicht in seiner ausführlichen Form. Die Gespräche müssen kurz sein, eine halbe oder ganze Minute strikt nach Skript. Die typischen Gesprächssituationen müssen trainiert werden und auch für Mitglieder, die so etwas noch nie gemacht haben, schnell erlernbar und beherrschbar sein – auch ohne Rhetorikzertifikat.

Trotzdem: Maulfaule Mitglieder sind nicht die richtigen für ein Telefonteam. Sie müssen argumentieren können, ohne zur Rechthaberei zu neigen. Sie müssen eine freundliche Ader haben, gerne telefonieren und improvisieren können. Wer sich am Infotisch vorm Aldi gut auf andere einstellen kann, kann dies möglicherweise auch am Telefon. Es geht nicht darum, ein auswendig gelerntes Sprüchlein immer wieder aufzusagen. Es geht darum, auf effiziente Weise möglichst vielen Wählern am Telefon das Gefühl zu geben, persönlich angesprochen worden zu sein. Einfühlungsvermögen ist wichtig. Aber auch die Bereitschaft, Knochenarbeit zu leisten und sorgfältig mit Detailaufgaben umzugehen.

Telefonaktionen sind eine intensive, anstrengende Tätigkeit. Spätestens nach vier Stunden Dauertelefonieren sind auch die tüchtigsten Helfer unkonzentriert, müde, durstig und hungrig. Eine gute Teamatmosphäre und ein Betreuer, der für Schnittchen, Getränke und Motivation in den Pausen zustän-

Gesprächseinstieg

„UMFRAGE"

✆ **„Guten Tag, mein Name ist Susanne Sommer von der CDU. Ich rufe auf Wunsch unseres Bürgermeisters Heinz Gerster an. Sie können mithelfen, dass die Verkehrsplanung in Neustadt verbessert wird. Wir würden gern Ihre Meinung zur neuen Ortsumgehungsstraße 23 erfahren... Ihre Meinung und Ihre Anregungen sind uns wichtig..."**

„THEMA"

✆ **„Ich rufe Sie an, um zu fragen, ob Sie in der Zeitung die Anzeige der CDU zum Thema Schulpolitik in Hessen gesehen haben? Ja? Finden Sie das Thema auch wichtig? Kennen Sie unsere Auffassung? Nein? Wir sind der Meinung, dass... Darum geht es auch bei der Wahl am 31. September..."**

„WÄHLEN GEHEN"

✆ **„Ich rufe Sie an, um Sie herzlich zu bitten, am 2. Februar wählen zu gehen. Uns fehlen bei der Kreistagswahl in Neudorf nur noch drei Prozent zum Wahlerfolg, das sind nur noch 7400 Stimmen. Wir rufen vorrangig die Stadtbezirke an, um die sich die anderen wenig kümmern. Die Wahl ist wichtig, weil..."**

dig ist, verlängern die Leistungskurve. Ebenso ein guter Arbeitsplatz im Tageslicht mit ausreichend Arbeitsmaterial, einer kleinen Stellwand zur Abgrenzung und komfortablem Telefon (ideal: mit Headset, also Ohrhörer und Bügelmikrofon).

Aber das ersetzt nicht die Planung, die bei der Zahl der Helfer beginnt – damit sich niemand langweilt und die Arbeit zu schaffen ist. Ein SPD-Rezept lautet: Pro Helferstunde werden 25-30 Anrufversuche angesetzt. Knapp die Hälfte der angewählten Telefonnummern werden tatsächlich erreicht (Erfolgsquote abhängig von der Tageszeit). Dabei steht eine Telefonnummer nicht für einen Wähler, sondern für einen Haushalt, in dem es mit Ehegatten, Lebensgefährten, Verwandten oder volljährigen Kindern mehrere Wähler geben kann. Bei maximal vier Stunden Telefonzeit pro Helfer ergibt sich: Um 150 Telefonate erfolgreich zu führen, werden 12 Telefonstunden benötigt. Vier Helfer schaffen das in drei, zwei Helfer in sechs Stunden.[1]

Daraus wird ein Wochen-Einsatzplan nach den Zeiten, in denen die Mitglieder des Telefonteams zur Verfügung stehen, erstellt. Im Idealfall telefoniert niemand allein, sondern es sind immer mehrere gleichzeitig dabei. Alleine eine Nummernliste abtelefonieren zu müssen, ist ein Motivationskiller. Motivationssteigernd ist es dagegen, wenn auch einmal Prominente – Abgeordnete, Ratsherrn, Vorstände oder einfach bekannte Menschen – mittelefonieren und die Presse über die Aktion berichtet. Außerdem sollten regelmäßig Teambesprechungen für Rückkopplung und Analyse stattfinden. Im übrigen kann eine kleine Feierstunde bei jedem Meilenstein – alle 1000 Anrufe zum Beispiel – auch nicht schaden.

Telefonteams müssen geschult werden. Dafür stellen die Parteizentralen Trainer und Schulungsmaterial bereit. Zum Gruppentraining gehört es, Ziele und Grundregeln klar zu erläutern sowie Gesprächsabläufe, Leitfaden und Arbeitsbögen durchzusprechen.

[1] *Telefon-Aktion für den Wahlkampf*, CD-ROM, Kampa02, Berlin 2002.

Wichtig ist auch das praktische Üben: Je zwei Mitglieder können miteinander unter Beobachtung der anderen „telefonieren". Begrüßung und Gesprächseinstieg, richtiges Antworten auf positive und negatives Feedback, Notieren von Wünschen, Gesprächsabschluss und Nachbereitung müssen immer wieder durchgespielt werden, bis es sitzt. Der Trainer sollte auf typische Fehler hinweisen. Auf ihrer Schulungs-CD 2002 stellte die Kampa02 als Hilfestellung Audiodemos bereit, darunter die typischen Situationen „Angerufener geht wählen", „Angerufener bittet um Fahrdienst", „Angerufener hat keine Zeit", „Angerufener bittet um Informationsmaterial", „Angerufener ist selbst Parteimitglied", „Anrufbeantworter läuft", „Angerufener fühlt sich belästigt" oder „Angerufener ist kein Sympathisant unserer Partei".

Dahinter stecken natürlich nicht immer nur nette, höfliche Gespräche – die Bürger schütten ihr Herz aus, schimpfen über „die da oben", stammeln Unverständliches, schweigen einfach nur, fangen Streit an oder drohen mit Strafanzeigen und dem Datenschutzbeauftragten. Der Umgang mit solchen Situationen erfordert Nerven und will geübt sein. Achtung: Immer wieder gibt es Helfer, die nicht sorgfältig oder höflich genug ihre Aufgabe erledigen, die regelmäßig vom Telefonskript abweichen oder sich den Regeln widersetzen. Wenn dies auffällig wird, sollten solche Helfer anderswo eine Aufgabe in der Kampagne finden – aber nicht am Telefon. Der Schaden, den ein schlechter Helfer in einer solchen Kampagne anrichten kann, ist einfach zu groß.

Das Telefonskript entwickeln

Das Telefon wird in Wahlkämpfen typischerweise für die Mobilisierung von Sympathisanten kurz vor dem Wahltag eingesetzt. Meist wird schlicht für die Partei geworben. Wie man den Dialog gestaltet und was dabei herauskommen soll, ist aber offen. Man kann die Botschaft stärker auf einen Kandidaten beziehen, für eine Veranstaltung werben oder ein Thema in den Mittelpunkt stellen. Man kann Unentschlossene zu gewinnen oder Sympathisanten zum Mitmachen zu bewegen versuchen. Man kann die Zahl der Briefwähler zu steigern versuchen oder Erstwähler ansprechen. Man kann sich dafür entscheiden, nur eine schnelle Werbebotschaft zu vermitteln, oder man kann Informationen sammeln, also eine informelle Umfrage durchführen, die eigentliche Form des Canvassing, bei der auch direkt nach der Wahlabsicht gefragt wird.

Wann und wer mit welcher Botschaft angerufen wird, ist eine strategische Entscheidung. Für das Telefonskript gilt aber in jedem Fall: Komplizierte Vokabeln, Details des Parteiprogramms und komplexe Themen gehören nicht hinein. Es schadet dem Erfolg, den Text zu überfrachten. Der Text sollte kurz und „zum Sprechen" geschrieben sein – also auf Konversation angelegt sein, ohne allerdings zu sehr einen unseriösen Plauderton anzunehmen.

Was die Telefonhelfer noch wissen müssen, sollte ihnen in Form eines ein- bis zweiseitigen Merkzettels vorliegen, zusammen mit einer Liste von Standardantworten auf typische Fragen („Wo haben Sie überhaupt meine Nummer her?") und einigen Broschüren und Themen-Argumentationskarten.

Nachbereitung und Nachfassen

Oft ergibt sich aus den Telefonaten irgendein Handlungsbedarf: Bürger wollen mehr wissen, verlangen Informationsmaterial, beschweren sich, geben eine Anregung, wollen einen Gesprächstermin mit einem Abgeordneten. Noch während die Aktion läuft oder unmittelbar danach müssen die auf den Protokollbögen aufgelisteten Aufgaben erledigt werden.

Hier Verlässlichkeit zu zeigen, ist für eine politische Organisation wichtig: Denn ohne Erledigung wird der eben noch als sympathisch angesehene Partei-Anrufer als einer angesehen, der Verspre-

Gesprächsprotokoll

Anrufer ________________________

Gesprochen mit ________________________

Adresse ________________________

Telefonnr. ________________________

Datum, Uhrzeit Anruf ________________________

Erreicht beim 1. 2. 3. 4. Anrufversuch

Gesprächsthema ________________________

Reaktion auf Anruf:

☐ aufgeschlossen ☐ reserviert

Gesprächsverlauf:

☐ positiv ☐ negativ ☐ abgebrochen

Wünsche:

☐ Infomaterial zu ________________

☐ Email-Newsletter

☐ Gespräch MdB, MdL, MdEP, Ratsmitglied

☐ Gespräch Experte zu ____________

☐ Briefwahl-Hilfe

☐ Fahrdienst am Wahltag

☐ Hausbesuch

☐ Will helfen bei Telefonaktion / Hausbesuchen / Verteilaktionen / Veranstaltungen

☐ Anregung / Beschwerde: __________

Wiedervorlage am ________________

chen leichtfertig bricht. Das gilt ganz besonders, wenn die Aktion als eine Art Wo-drückt-denn-der-Schuh-Bürgerumfrage aufgezogen worden ist. Die direkte Telefonansprache ist eben Vertrauensarbeit im Guten wie im Schlechten.

Vor dem möglichen hohen Verwaltungsaufwand darf man nicht erschrecken; keiner, der sich beschwert, sollte ohne Antwort bleiben. Und auch wer eine gute Idee beisteuert, hat eine Rückmeldung verdient. Das ist ja das Wesen des Dialogs. Eine Kopie des Protokollbogens sollte schnellstmöglich an einen Zuständigen gehen, das Original kommt in die Wiedervorlage für ein „Nachfassen". Eine laufende Kontrolle dieser Wiedervorlagen versteht sich von selbst. Wenn die Sache erledigt ist, kann ein Abschlussbrief noch einmal beim Bürger punkten. Unumgänglich ist eine interne Auswertung. Täglich und wöchentlich sollten die Ergebnisse der Telefonaktion in Zahlen festgehalten werden: Wie viele Anrufe und wie viele erfolgreiche Kontakte es gab, wie viele pro Stunde, wie viele Anrufbeantworter, wie viele Ausfälle (falsche Nummern, Gespräch abgebrochen usw.), wie viele positive, negative und ausweichende Reaktionen.

Telefon und Internet: Die perfekte Kombination

Was spricht dagegen, Angerufene nach Ihrer Email-Adresse zu fragen? Und zu fragen, ob Sie regelmäßig einen Newsletter erhalten möchten? Nichts spricht dagegen. Auf diese Weise lässt sich aber ohne großen Kostenaufwand die Telefonkampagne mit dem Low-Budget-Medium Email weiterführen, und zwar ohne Streuverluste, da die Angerufenen sich ja schon als Interessenten identifiziert haben. Auf diese Weise lassen sich Unterstützer kontinuierlich weiter pflegen und als Multiplikatoren gewinnen.

Wer sich am Telefon als Internetnutzer zeigt, kann sowohl mündlich als auch per Email auch auf die Website hingewiesen werden. Das sorgt für zusätzliche Besucherzahlen und befriedigt auch den Appetit auf weitere Informationen, egal ob es sich um Sachthemen oder um Kandidatenbiographien handelt.

Wahlkampftechnik der Zukunft – made in USA

In den USA lässt sich die Zukunft des Telefon-Campaignings gut beobachten. Dort spielen spezialisierte, professionelle Telemarketingfirmen seit Ende der Siebzigerjahre eine große Rolle in politischen Kampagnen. Dass sie überhaupt im Geschäft sind, liegt an dreierlei: Erstens an den großen Wahlkampfetats, die das Telemarkting einerseits ermöglichen, aber auch als Fundraising-Instrument benötigen, zweitens daran, dass Fernseh- und Radiospots noch teurer sind und drittens an einem recht umfassenden Markt für Wählerdatenbanken, die von Spezialdienstleistern mit kommerziellen Daten kombiniert werden.

Seit den Sechzigern nutzt die Mehrheit amerikanischer Kampagnen das Telefon, jedoch anfangs nur in der Sparversion: Freiwillige telefonierten von zu Hause aus ihre Listen ab. Bald wurde dagegen die zentralisierte „phone bank“ Standard, die das Problem mangelnder Qualitäts- und Ergebniskontrolle in den Griff bekam: Denn vorher war niemand sicher, wer was gesagt oder wie viele Anrufe tatsächlich gemacht worden waren. Auch die „phone bank“ bestand aus freiwilligen Wahlhelfern, aber ein professioneller Supervisor überwachte die Operation. Bald wurde dies in großem Stil aufgezogen. Ein Beispiel, wie die Demokraten im Bundesstaat Minnesota bei den Wahlen vor dreißig Jahren eine sechstägige Get-Out-the-Vote-Kampagne kurz vor dem Wahltag in ihren Hochburgen auftstellten: Vier Supervisors überwachten je rund 30 Leitungen (also insgesamt etwa 120 Telefonapparate), über 900 Wahlhelfer arbeiteten bei im Durchschnitt zwei Schichten pro Woche in drei Tagesschichten von 9 bis 21 Uhr, pro Stunde erreichten sie bis zu 3000 Anrufe, pro Tag bis zu 30.000. Mehr als 200.000 Anrufe schafften sie in dieser Sechstagsekampagne bei den Zwischenwahlen 1970, zwei Jahre später bei den Präsidentschaftswahlen steigerten sie sich auf 300.000 Anrufe.[2]

Für deutsche Verhältnisse klingt das schon enorm beeindruckend. Dreißig Jahre später greifen amerikanische Wahlkampfmanager immer noch auf Amateure zurück, aber inzwischen sind professionelle Telefondienstleistungen äußerst günstig geworden und dabei in ihrer Leistung völlig unschlagbar. „Predictive Speed Dialing Systems“ haben das Tempo der Telefonaktionen enorm gesteigert. Mit Computerunterstützung und Call-Center-Profis schaffen Kampagnen routinemäßig 100.000 Anrufe pro Stunde. Sie wählen dabei nach Zufallsgenerator, nicht nach Telefonverzeichnissen, da

[2] Beispiel aus Robert Agranoff, *The Management of Election Campaigns*, Holbrook Press : Boston1976:444f.

der Anteil derjenigen Telefoninhaber, der sich hat streichen lassen, in vielen Städten schon auf über 50 Prozent gestiegen ist.

Spezialisierte Polit-Telemarketer wie R.T. Nielson, The Clinton Group, Voter Roll Call oder The Parker Group besitzen Call-Center mit 150 bis 300 Computer/Telefonarbeitsplätzen. Die Nummer eins am Polit-Markt, National Telecommunications Services, bringt es auf 7000 Arbeitsplätze in 70 Zentralen. Sie erledigen Millionen von Telefonaten – und zwar ohne großen Zeitverlust innerhalb von Minuten nach Auftragsvergabe. Sie sind eng verzahnt mit Datenbank-Dienstleistern. Sie arbeiten nicht nur für Parteien, sondern auch für Verbände, Gewerkschaften, Unternehmen und zahlreiche Interessenorganisationen, die Lobbykampagnen für und gegen Gesetzesvorhaben mit ihren Mitgliedern oder Sympathisanten starten. Außerdem lassen sie sich von Meinungsforschungsfirmen in Auftrag nehmen. Ihre Call-Center bieten zahlreiche Dienstleistungen an, die wir uns bisher im Wahlkampf nicht kennen.

Hinzu kommt die Spezialisierung auf Politik: Denn die Kunden erwarten, dass die Mitarbeiter einer Firma mit den Anforderungen von Wählerkontakt und politischer Argumentation vertraut sind und nicht nur Marktforschung oder Produktwerbung betreiben. Das ist auch deshalb wichtig, weil sich die meisten Amerikaner mittlerweile von der Vielzahl von Werbeanrufen massiv belästigt fühlen. Wer nicht in den ersten Sekunden überzeugend vermittelt, dass er nichts verkaufen will, verliert den Wähler. Und wer anruft, obwohl sich der Angerufene bei seiner Telefongesellschaft auf einer Robinsonliste eintragen lassen hat, macht sich in vielen US-Bundesstaaten strafbar ((„Do Not Call“ oder „DNC Laws“).

Wahlkampf auf Autopilot: Broadcast Voice Messaging

Ein Beispiel für die jüngeren Angebote ist „Broadcast Voice Messaging“ (BVM): Kandidaten setzen in Ergänzung zu traditionellen Telefonaktionen zunehmend auf eine Mischung aus Radiospot und Telefonanruf. Computer wählen automatisch Nummern an und spielen dann die authentisch klingende, digital gespeicherte Stimme des Kandidaten ab. Oder die Stimme einer bekannten anderen Persönlichkeit, zum Beispiel eines wichtigen Politikers, eines Unternehmers oder eines Fernsehstars, der den Kandidaten unterstützt. Wessen Stimme in welchem Haushalt in welchem Stadtviertel abgespielt wird, hängt an der Zielgruppen-Strategie.

Rund 80 Prozent der Angerufenen, beteuern die Fachleute, hören sich die Botschaft in voller Länge an, ohne aufzulegen. Man darf skeptisch sein. Manche Firmen bauen das „Gespräch" darum sogar nur auf, wenn ein Anrufbeantworter entdeckt wird – das wirkt dann noch echter und wird erst recht abgehört. Größter BVM-Vorteil ist der Wegfall der hohen Personalkosten beim Telefonieren – bei rund 5 bis 15 Cent pro Anruf ist BVM auch in der Masse absolut konkurrenzfähig zu anderen Werbemedien. Kampagnen, die das Geschäft in Eigenregie betreiben wollen, können komplette BVM-Systeme für weniger als 2000 Dollar erwerben.

Angeblich hat es im Präsidentschaftswahljahr 2000 rund 92 Millionen BVM-Anrufe gegeben. Jetzt werden die Regeln enger ausgelegt: Einige US-Staaten beschränken BVM-Anrufe auf bestimmte Tageszeiten, andere erlauben BVM nur bei Anrufbeantwortern.

In „Legislative Alert"-Lobbykampagnen versuchen Interessenorganisationen oft, Angerufene zu einer Meinungsäußerung gegenüber einem Mandatsträger zu bewegen. Wer überzeugt werden kann, für oder gegen etwas zu sein, wird zum Beispiel gefragt, ob der Verband im Namen des Angerufenen einen Brief, eine Postkarte oder eine Email an seinen Wahlkreisabgeordneten in Washington schicken darf. Das soll die „Graswurzeln", also Bodenhaftung einer Kampagne demonstrieren.

Bei der „Patch-Through"- oder „Direct-Connect"-Technik wird der Angerufene sogar gefragt, ob man ihn zwecks Plädoyer oder Protest zum Büro seines Wahlkreisabgeordneten durchstellen darf. In wenigen Sekunden ist der aufgestachelte Bürger mit dem entnervten Mitarbeiter des Parlamentariers verbunden, wo er seine

Luft ablässt.

Selbstverständlicher Standard in Staaten wie Kalifornien, Texas, Arizona oder Florida ist der bilinguale Betrieb: Die Call-Center-Agents sprechen fließend Englisch wie Spanisch.

Leider werden die Telemarketer auch für unseriöse Taktiken eingesetzt, etwa für „Push Polls". Das sind Pseudo-Umfragen, die mit wissenschaftlicher Demoskopie nichts zu tun haben. Unter dem Vorwand einer Erhebung streuen die Mitarbeiter Negativ- oder sogar Falschinformationen und Gerüchte über den Gegner.

Fazit

Telefonaktionen kombinieren die Vorteile des persönlichen Gesprächs mit den Steuerungsmöglichkeiten elektronischer Medien. Außerdem bringen sie die Mitglieder sinnvoll in den Wahlkampf ein – oft sinnvoller, als etwa kleine Plakate hoch auf Laternenmasten an ausgestorbenen Straßen anzubringen. Knappe Personalressourcen werden effizient genutzt.

Woran es noch mangelt, ist professionelles Handling, denn die Träger solcher Aktionen sind vielfach Ortsverbände oder Unterbezirke. Nicht immer wird der Wert der Zentralisierung und Schulung begriffen, Rekrutierung und Qualitätskontrolle werden vernachlässigt. Und nur selten finden Telefonaktionen mit entsprechend hoher Zahl der Anrufe einen festen Platz in der strategischen Anlage von Kampagnen.

Die Folge: Tausende oder Zehntausende werden angerufen, aber danach weiß man nicht, wie groß der Erfolg eigentlich war. Sympathisanten werden gefunden, aber im Laufe der Kampagne nicht wieder angesprochen und – zum Beispiel in einer Wählerinitiative – als Multiplikatoren genutzt. Oder im Rahmen einer Fundraising-Aktion für Wahlkampfspenden gewonnen. Unentschlossene werden erkannt, aber nicht planmäßig und personalisiert bis zum Wahltag mit weiteren Informationen, Appellen und Werbung versorgt.

Dabei lässt sich „High Touch“ mit „High Tech“ durchaus überzeugend verbinden, übrigens auch in der Multikanal-Kombination von Telefon, Hausbesuch, Wählerbrief, Internet, Email-Newsletter, SMS und sonstigen Direktkontakt-Versuchen. Steter Tropfen höhlt den Stein: Die Botschaft wird so kontinuierlich verstärkt.

Aber: Ohne den systematischen Aufbau einer Datenbank durch die Kampagne, die Informationen bündelt und wirklich nach Zielgruppen filtert, bleiben Kampagnen hier zu Lande hinter ihren Möglichkeiten zurück. Daten sammeln heißt, Vorwissen über denjenigen zu haben, den man erneut ansprechen und dessen Verhalten man beeinflussen möchte.

Am Ende müsste das stehen, was in der Vertriebsoptimierung der Wirtschaft „Customer Relationship Management“ heißt, kurz CRM, Kundenbeziehungs- oder -bindungsmanagement: Es bleibt nicht bei einem einzigen Werbe-Anruf, sondern man versucht eine Beziehung zum Angerufenen aufzubauen.

Damit ist auch klar, dass CRM kein Technik-Projekt ist, sondern Vertrauensarbeit im Direktkontakt. Das Telefon ist nur ein Medium dafür, und nicht das einzige.

DIE INTERNET-STRATEGIE DER SPD

DIETRICH BOELTER UND VITO CECERE
BERLIN

KANN EINE PARTEI OHNE INTERNET HEUTE noch Wahlen in Deutschland gewinnen? Die Antwort ist eindeutig. Kein politischer Akteur, der sich in der Medienöffentlichkeit einer Informationsgesellschaft bewegt, kann auf eine moderne Kommunikationsstrategie im Internet verzichten. Nicht mehr das Ob, sondern das Wie beschäftigt heute die Strategen in den Parteien.

Die Mediendemokratie fordert auch hier ihren Tribut. Wer im Internet nicht vorne liegt, kann heute keine erfolgreiche Kampagne mehr führen. Die eigentliche Frage lautet also: Was muss getan werden, um im Netz kommunikations- und kampagnenfähig, also auf der Höhe der Zeit zu sein? Mit dieser Herausforderung sahen sich die Parteien im Bundestagswahlkampf 2002 konfrontiert. Die Aufgabe bestand darin, Online-Strategien für den Wahlkampf – und darüber hinaus – zu entwickeln. Galt das Internet 1998 noch überwiegend als Experimentierfeld mit Erkundungsfunktion für allerlei mögliche oder auch unmögliche Online-Aktivitäten, ging es spätestens in diesem Wahlkampf für die Parteien um eine neue Qualität internet-gestützter Politikvermittlung.

Der erste echte Internet-Wahlkampf

Die Kampagne zur Bundestagswahl 2002 wurde so zum ersten echten Internet-Wahlkampf in der Geschichte der Bundesrepublik. Nie zuvor nutzten die Parteien das Netz stärker zur Verbreitung ihrer Botschaften. Der Wahlkampf war durch eine deutliche Intensivierung politischer Kommunikation im Internet gekennzeichnet. Das Online-Campaigning hielt Einzug. Das Internet wurde nicht mehr nur als Informationsmedium neben anderen – TV, Rundfunk, Print – betrachtet; die Parteien entwickelten integrierte, inhaltlich, zeitlich und technisch aufeinander abgestimmte Kommunikationsstrategien für ihren Auftritt im Web. Online sollten Themen gesetzt, Debatten kommentiert, gegnerische Angriffe „just in time" beantwortet und gleichzeitig die eigenen Parteimitglieder als aktive „Kampagneros" und Multiplikatoren mobilisiert werden.

Die Online-Strateginnen und -Strategen knüpften virtuelle Netze aus politischen Inhalten, politischen Aktivitäten und politischer PR. Online-Campaigning wirkte als medialer Synchronisator zwischen externer und interner Öffentlichkeit, verstärkte und unterstützte die öffentliche Präsenz und Performance der Parteien. Es wurden eigene gestalterische Impulse gesetzt und so die gesamte Wahlkampagne auch im Netz emotionalisiert und erfahrbar gemacht.

Früh erkannten die Parteien die Potenziale des Online-Campaigning. Sie integrierten die Internet-Kommunikation von Anfang an in ihre jeweiligen Wahlkampfplanungen. Erfahrungen aus Online-

Wahlkämpfen in anderen Ländern, insbesondere aus der US-Präsidentschaftswahl 2000, waren hier hilfreich. So legte die SPD den Schwerpunkt auf die Entwicklung einer differenzierten Online-Kampagnenstrategie, deren Zielsetzung von Beginn an über den Wahltag hinaus angelegt war.

Am Ende des Wahlkampfes sollte eine Partei stehen, deren Kampagnen- und Kommunikationsfähigkeit nachhaltig verbessert worden war. Durch den Ausbau von Online-Kommunikationsinstrumenten sollte eine flexible Organisation mit vielfältigen Informations- und Interaktionsmöglichkeiten, wie sie für eine moderne Volkspartei unverzichtbar sind, befördert werden.

Der politische Kalender und die Dramaturgie im Netz

Die Dramaturgie im Netz orientierte sich dabei an den Eckdaten des politischen Kalenders im Wahljahr: Kandidatennominierungen, Kommunal- und Landtagswahlen, Bundes- und Wahlparteitage sowie die Fernsehduelle. Diese Ereignisse wurden von Online-Aktivitäten begleitet, ergänzt und erweitert. Gerade hier zeigte sich die Sinnhaftigkeit der Vernetzung unterschiedlicher Wahlkampfkanäle, um eine optimale Ressourcennutzung bei gleichzeitiger Reichweitensteigerung zu erreichen.

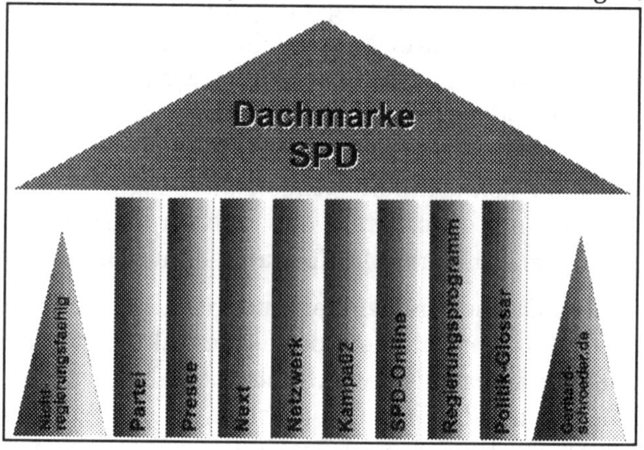

Die Online-Strategie der SPD ist aufgegangen. Nach einer Untersuchung des Profnet Instituts für Internetmarketing im Auftrag des

Wirtschaftsmagazins *Capital* hatte die SPD im Wahlkampf 2002 die professionellste Webpräsenz aller Parteien. Mehr noch, das Online-Angebot der Sozialdemokraten schnitt deutlich besser ab als die Websites der in der *Capital*-Testreihe regelmäßig untersuchten Online-Auftritte von Unternehmen. Auch in der Fachzeitschrift *Horizont* erhielt das SPD-Portal gute Noten. Besonders in den Bereichen „visuelle Gestaltung", „Nutzerfreundlichkeit", „Konzept" und „Content" lag das Internetangebot der Kanzlerpartei vorne.

Mit keinem anderen Medium erreichte die SPD im Bundestagswahlkampf 2002 mehr Menschen als über das Internet. Die Nutzerzahlen stiegen im Verlauf des Wahljahrs kontinuierlich an. Die Partei lag mit ihrer Konzeption im Netz richtig: Mit einem integrierten Channel-Konzept für die Dachmarke **spd.de,** mit Informationsplattformen wie **regierungsprogramm.spd.de** oder **politik-glossar.de,** mit dem Kampagnen-Angebot **nicht-regierungsfaehig.de** und der persönlichen Website des Bundeskanzlers **gerhard-schroeder.de,** mit der Live-Begleitung der TV-Duelle auf **spd-extra.de** und nicht zuletzt mit der Positionierung des Mitgliedernetzes **spd-online.de.**

Neue Kanäle für die Dachmarke

Besonderes Augenmerk legten die Online-Campaigner der SPD auf die Entwicklung ihrer Dachmarke **spd.de.** Dabei setzte man auf längerfristig nutzbare Angebote. Nach dem Relaunch der Website im Februar 2002 ging die Partei mit einer Portalstruktur in den Internet-Wahlkampf. Ein nachhaltiges Basis-Angebot im Informationsbereich wurde durch ein zielgruppenspezifisches Channel-Konzept unterstützt und erweitert. Neben dem herkömmlichen Informationsangebot der SPD wurden Sub-Portale aufgebaut:

- ein Service-Channel „Presse"
- ein zielgruppenspezifischer Jugend-Channel „Next"

- der „Netzwerk-Channel", als Plattform für parteinahe Foren und Arbeitsgemeinschaften sowie

- **Kampa02.de** als prominent positionierte Wahlkampf-Site.

Die Channels waren über Sub-Domains auch direkt erreichbar, z.B. presse.spd.de. Der Wahlkampf-Channel **kampa02.de** wurde darüber hinaus mit einer eigenen Toplevel-Domain gebrandet. Zusätzlich zu den auf Dauer angelegten Informationsangeboten auf **spd.de** wurde ein dichtes, schnell aktivierbares Netz kommunikationsorientierter Dienste entwickelt. Unter **politik-glossar.de** entstand ein Kompendium der wichtigsten politischen Stichworte für den Wahlkampf. Mit kurzen Texten bezog die Partei Stellung zu Sachthemen. Hypertextstrukturen gewährleisteten eine netzgerechte Aufbereitung. Die Art der Programmierung auf den Seiten des Glossars erfüllte zudem die Anforderungen der wichtigsten Suchmaschinen und legte damit die Basis für ein fundiertes Web-Positioning.

Auch für die Präsentation des SPD-Regierungsprogramms wurde eine eigene Plattform zur Verfügung gestellt. In der Logik der Dachmarkenstrategie entstand unter der Sublevel-Domain **regierungsprogramm.spd.de** eine Interaktionsplattform mit Chat-Angeboten und Themen-Newsletter. Die Informationsbereiche auf **spd.de** behielten so inhaltliche Tiefe, „Ruhe" und Seriosität, während im Kommunikationsbereich rasch und effizient reagiert werden konnte.

Hier setzte das eigentliche Online-Campaigning ein. Neben weiteren prominent platzierten Websites – **nicht-regierungsfaehig.de** und **gerhard-schroeder.de** – wurden E-Mail-Direktformate, Diskussionsforen und zielgruppenspezifische Newsletter auf den verschiedenen Plattformen eingerichtet und standardisiert. In der heißen Wahlkampfphase unterhielt die SPD fünf unterschiedliche Newsletter-Formate, die allesamt redaktionell betreut wurden.

Die Zugriffszahlen auf **spd.de** erhöhten sich im Wahlkampf kontinuierlich. In der heißen Phase verzeichnete die Site einen deutlichen Anstieg bei den Page-Impressions. Unter Marketing-Gesichtspunkten betrachtet wirkte sich das Channel-Konzept nachhaltig auf die Stärkung der Online-Marke **spd.de** aus. Bereits zu Beginn des Wahlkampfes war **spd.de** im Netz etabliert, so dass nicht die Implementierung, sondern Entwicklung und Ausbau der Marke im Zentrum der Online-Aktivitäten und der damit verbundenen Image-Bildung standen. So wurden die Anforderungen an die visuellen Gestaltungselemente im Internet-Auftritt der Partei in einem Online-Styleguide festgeschrieben. Später haben die hohen Zugriffszahlen auf **spd.de** und die Positionierung der Partei im deutschsprachigen Internet der Online-Marke sicherlich genutzt. In der Zielgruppe der politisch interessierten Internet-User war die Marke **spd.de** führend im *awareness set* positioniert; sie wurde eindeutig als Marke im Netz wahrgenommen. Die Informationsangebote lieferten Usern einen Mehrwert und erhöhten somit das tägliche Info-Level im Wahlkampf.

Netzpiloten: Interaktives Tool im Wahlkampfeinsatz

Teil der SPD-Online-Strategie war die Zusammenarbeit mit innovativen Internet-Dienstleistern und ihren speziellen Angeboten. Dabei wurden bewährte Tools auf den Seiten der SPD zum Einsatz gebracht, um deren Anwendungsmöglichkeiten im Wahlkampf zu erproben und Usern einen breiten Service zu bieten. Dazu zählten u.a. die Touren mit den sogenannten „Netzpiloten" durch die SPD-Seiten. Den ersten Rundflug über die Website moderierte Franz Müntefering. Zusätzlich bot die Partei den Redaktionen von Online-

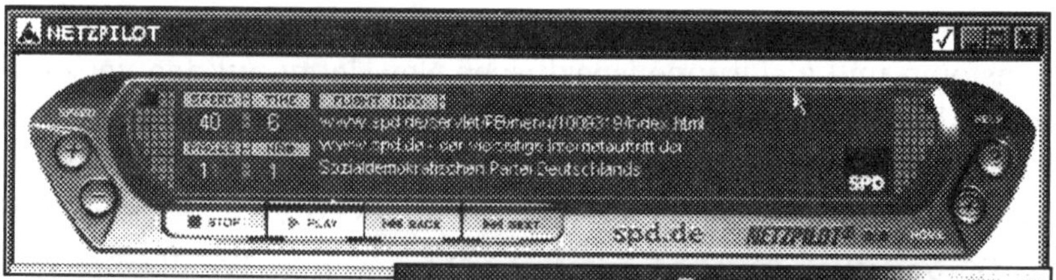

Magazinen diverse Services, wie z.B. schnelle Bearbeitung bei Interview- und Bildmaterialanfragen, Archivzugriffe auf Zitatdatenbanken etc. an, damit Journalisten schnell auf wichtige Informationen zugreifen konnten.

Die gute Positionierung von **spd.de** blieb allerdings auf das Internet beschränkt. Das Offline-Branding der Marke war während des gesamten Wahlkampfes äußerst zurückhaltend. Im Unterschied zu ihren politischen Mitbewerbern nutzte die SPD vorhandene Potenziale in diesem Bereich nicht. Nur sporadisch fand sich die Signatur **spd.de** auf Anzeigen und Plakaten der Partei wieder. Zum Vergleich: Die FDP setzte die crossmediale Vermarktung ihres Internetauftrittes konsequent um. „**www.fdp.de**" fand sich auf jedem Plakat, in jeder Anzeige und auf jeder Rückwand bei öffentlichen Auftritten und Veranstaltungen der Partei.

Konkurrenzbeobachtung im Infotainment-Format

Mit **nicht-regierungsfaehig.de** implementierte die SPD ein neues Format im deutschen Internet-Wahlkampf. Die Aktionsseite diente der politischen Auseinandersetzung mit der CDU/CSU und ihrem Kanzlerkandidaten, später auch mit einer möglichen schwarz-gelben Koalition. Die Plattform übernahm damit eine spezifische Funktion in der Online-Campaigning-Strategie der SPD und war zugleich eines der wichtigsten Kommunikationsinstrumente der Konkurrenzbeobachtung in der Kampa 02. „Wie die Sozialdemokraten im Internet Wahlkampf gegen Stoiber machen", beschrieb *Die Welt* im Frühjahr 2002 wie folgt:

> „Seit die Union nach langer, mühevoller Suche ihren Kandidaten gefunden hat, tobt der Wahlkampf auch im Internet. Im Zentrum der Schlacht: der Kandidat. Unter www.nicht-regierungsfaehig.de macht sich die SPD über den Herausforderer lustig, beschreibt Stoiber als einen Mann, der von Wirtschaft genauso wenig Ahnung hat wie vom Osten, der heute hü und morgen hott sagt und dessen persönlicher Fanklub, die CSU, gerade dabei ist, seinen größten Widersacher, die CDU, zu unterwandern." (Die Welt, 12.02.2002)

Eine aufgeschlossene, an Politik interessierte Internet-Öffentlichkeit wollte die SPD mit **nicht-regierungsfaehig.de** erreichen. Multiplikatoren sollten Einschätzungen zu Programm, Personal und Performance der Union im Wahlkampf erhalten, die aktiven Wahlkämpfer der SPD mit Argumentationshilfen versorgt werden. Überdies sollte die Website dazu beitragen, die Kampagnenfähigkeit der Partei – im Internet sowie im Wahlkampf insgesamt - unter Beweis zu stellen.

Die Aktionsseite gewann in der Dramaturgie des SPD-Wahlkampfes schnell einen festen Platz. Äußerungen und Aktivitäten der Union und ihres Kanzlerkandidaten wurden aufgegriffen und mit Gegenargumenten gekontert. Charakteristisch war dabei eine Mischung aus lockerer Kommentierung und Hintergrundinformation in Verbindung mit netzspezifischen Infotainment-Elementen. Flash-Animationen, O-Töne oder multimedialen Formate hatten jedoch eines gemeinsam: Es ging immer um eine inhaltliche Auseinandersetzung, nie um persönliche Angriffe gegen Unionspolitiker, wie sie auf vielen Anti-Stoiber-Seiten, die im Verlauf des Wahlkampfes geschaltet wurden, üblich waren. **Nicht-regierungsfaehig.de** sollte politische Botschaften für Zielgruppen transportieren, die nicht aus der Community der politisch interessierten User stammten. Die Verknüpfung von Online- und Offline-Kampagne war von Beginn Teil der Konzeption. Gestartet wurde die Website im Dezember 2001 zum CDU-Parteitag in Dresden. Mit dem CDU-Wahlkampfauftakt in Frankfurt am Main Ende Januar gewann die Plattform dann an Tempo und Taktung. Durch die permanente Kommentierung von Ereignissen und Entwicklungen im Wahlkampf der CDU/ CSU nahm die Textfülle kontinuierlich zu. Zusätzliche Aktualität wurde zeitweise durch die tägliche Fortschreibung eines

„Stoiber-Tagebuchs" gewährleistet. Mit dem „Empörungsstadl" gelang den Machern der Site im Frühjahr ein kleines Highlight. Das Magazin *Tomorrow.de* schrieb: „Auf der Website ‚nicht-regierungsaehig.de' des Parteivorstands inszenieren die Genossen im ‚Empörungsstadl' das Bundesrats-Entscheidungs-Theater zum Zuwanderungsgesetz (...) neu" (28.03. 02). In den Hauptrollen dieser interaktiven Flash-Animation präsentierte die Kampa in Ton und Bild den saarländischen Ministerpräsident Peter Müller als „reuigen Sünder", Hessens Ministerpräsident Roland Koch als „Springteufelchen", den „Regie" führenden Edmund Stoiber sowie Brandenburgs Innenminister Jörg Schönbohm als „Komparsen" in dieser tragischen Aufführung.

Mit dem CDU-Wahlpartei-tag in Frankfurt am Main (16. bis 18. Juni 02) wurde die Ereignis- und Terminplanung für die Website intensiviert. War die Seite zuvor noch etwas verspielt, so orientierte sie sich fortan deutlicher an der Wahlkampfkonzeption im Offline-Bereich. Marksteine für die Fortschreibung der Seite waren wahlkampfrelevante Ereignisse bei der CDU/CSU und auch bei der FDP sowie nicht zuletzt die beiden TV-Duelle. Das Redaktionsteam aus dem Kampa-Arbeitsbereich Analyse/ Konkurrenz/ Recherche lieferte von nun an bis zum Wahltag beinahe täglich Kommentierungen und Einschätzungen. Neue Module, wie die Dokumentation aktueller, für die Union unvorteilhafter Umfragewerte, grafische Elemente, Banner, Downloads etc. komplettierten sukzessive das Angebot. Der Neuigkeits- und Nutzwert der Aktionsseite konnte kontinuierlich erhöht werden.

Der Workflow zur redaktionellen und kreativen Gestaltung der Website wurde durch die enge Zusammenarbeit der Kampa-Konkurrenzbeobachtung mit dem Arbeitsbereich Online-Wahlkampf und der Agentur Ahrens & Behrent. face2net organisiert. Das Redaktionsteam arbeitete flexibel und projektbezogen. Das Screendesign wurde im Verlauf des Wahlkampfes fortentwickelt. Hohe Besucherzahlen, insbesondere in der Schlussphase des Wahlkampfes, sprachen für die Konzeption. Die Anzahl der Seitenansichten stieg von Mai mit 135.000 Page-Impressions auf fast 860.000 PIs im September. Die durchschnittliche Besuchsdauer der Site betrug in den Monaten des Wahlkampfes zwischen 7,02 und 7,25 Minuten.

In der heißen Phase enthielt **nicht-regierungsfaehig.de** ein ausgewogenes Infotainment-Angebot mit kommentierenden Beiträgen zur CDU/CSU und FDP. Auf der Startseite wurden aktuelle Texte eingestellt und die Kernargumente gegen Stoiber herausgearbeitet.

Dokumente zum Download, Links zu anderen Internet-Angeboten der SPD, Flashs, Banner und O-Töne, eine Stoiber-Netzpiloten-Tour, ein Voting-Modul mit wechselnden Fragen sowie ein E-Mail-Direkt-Formular und ein Newsletter, der in den letzten Wochen des Wahlkampfes aufgelegt wurde, ergänzten das Textangebot.

„Insgesamt bietet diese Seite dem Nutzer eine gute Zusammenfassung von Argumenten, die gegen Edmund Stoiber als Kanzlerkandidaten sprechen." Zu dieser Einschätzung kam *politik-digital* bei einem Vergleich ausgewählter Aktionsseiten (27.03.2002). Bei aller Kritik, die die Site wegen ihres pointierten Stils im Umgang mit der politischen Konkurrenz auf sich zog, erwarb **nicht-regierungsfaehig.de** schließlich eine eigene Positionierung innerhalb der Online-Strategie und damit im Wahlkampf der Partei insgesamt.

gerhard-schroeder.de – Der Publikumsliebling

Als wichtiger Meilenstein der Online-Kampagne der SPD wurde die persönliche Homepage des Bundeskanzlers der Öffentlichkeit zu Beginn der heißen Wahlkampfphase vorgestellt. Der Launch-Zeitpunkt von **gerhard-schroeder.de** war Teil der Kampagnenplanung (Abbildungen im Farbteil der Mittelseiten dieses Buches).

Die Verbindung von Gerhard Schröder und Internet war auch außerhalb des Netzes interessant genug, um mediale Aufmerksamkeit zu erzeugen. Die Berichterstattung in Printmedien und TV über den Start der Website war umfassend. Darüber hinaus war **gerhard-schroeder.de** an drei aufeinander folgenden Abenden Thema in der Harald-Schmidt-Show: Der Entertainer in der Rolle des Übersetzers der Website trug nicht unwesentlich zur Popularisierung bei.

Vor allem die auf der Website platzierte Kolumne von Kanzlergattin Doris Schröder-Köpf wurde zu einem Erfolg. Exklusive Inhalte der Online-Kampagne wurden auf diese Weise zum Gegenstand der Offline-Berichterstattung. Der Website eröffneten sich damit Zugänge für Zielgruppen, die normalerweise nicht auf eine Internet-Seite der SPD gelangt wären.

Im Netz selbst wurde die Site schnell zu einem Publikumsliebling. **gerhard-schroeder.de** verzeichnete allein in der ersten Woche nach dem Launch über zwei Millionen Page-Impressions. Mehr als 1000 E-Mails trafen am ersten Tag nach der Freischaltung der Seite in der Redaktion ein.

Die Website unterschied sich im Design und Aufbau von vergleichbaren Auftritten anderer Politiker im Netz. Großformatige Fotos transportieren die Inhalte. Kurze, netzgerechte Texte erhöhten die Lesbarkeit. Weiterführende Links zu den einzelnen Themen vernetzten die Website mit den Inhalten auf spd.de. Die einfache Navigation und Benutzerführung bot schnelle Orientierung. Das Layout in Form eines Tryptichons ermöglichte auch bei dynamischer Größenänderung des Browserfensters eine durchgehende, flächige Darstellung. Texte wurden automatisch in „Bilder" umgewandelt, um eine möglichst hohe Kompatibilität des Designs zu gewährleisten, unabhängig von der jeweiligen Bildschirmauflösung und den gewählten Browsern. Das eigenständige Design der Website korrespondierte nur in Form eines roten Quadrats mit der Marke spd.de. Dem personalisierten Auftritt **gerhard-schroeder.de** wurde damit ein eigenständiger Markenwert zugewiesen.

Ein hohes Maß an Interaktivität erzeugte anhaltendes Interesse bei den Nutzern. In den Rubriken „Vita" und „Tour" fanden sich zahlreiche Videosequenzen, O-Töne im Audioformat und flash-animierte Karten. Die Verweildauer auf der Site betrug durchschnittlich 7 Minuten. Gleichzeitig unterstützte die Konzeption von **gerhard-schroeder.de** den sogenannten „second visit": Viele Nutzer besuchten die Website mehr als einmal.

spd-extra.de – Synchronisation der TV-Duelle

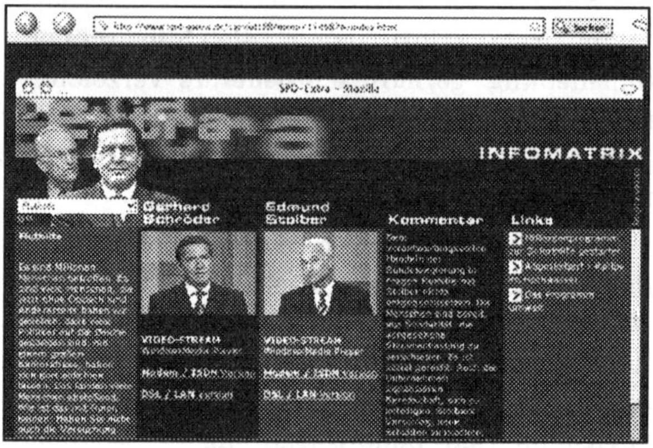

Die TV-Duelle zwischen Bundeskanzler Schröder und Kanzlerkandidat Stober waren eine Premiere im Fernsehen und zugleich die medialen Highlights im Bundestagswahlkampf. Die TV-Events leisteten der Personalisierung in der politischen Auseinandersetzung weiteren Vorschub. Für die Online-Kampagne der SPD war dieses Ereignis mit zwei Herausforderungen verbunden: Wie gelingt es, eine Verbindung des Kanzlerauftrittes mit der Dachmarke **spd.de** herzustellen? Und welche Möglichkeiten bestehen, eine Verknüpfung der Internet-Kampagne mit dem Fernseh-Wahlkampf zu erreichen?

Die On-Offline-Synchronisierung des TV-Duells erfolgte mit einem prominent positionierten Live-Reaction-Modul **spd-extra.de**. Technisch auf der Plattform **spd.de** angesiedelt, erhielt die Site ein eigenständiges „Look & Feel“ innerhalb der Online-Kampagne. Zielgruppe waren Internetnutzer, die während des TV-Duells online waren, vor allem Multiplikatoren und Journalisten, die auf Zusatzinformationen während der Sendung nicht verzichten wollten, sowie politisch interessierte Starknutzer, die das Notebook neben dem Fernsehgerät platzierten.

Das Team für die Darstellung und Pflege von **spd-extra.de** setzte sich aus unterschiedlichen Arbeitsbereichen der Kampa und der Agentur zusammen. Auf der temporären Plattform wurden die Offline-Aussagen der Duelle live aufgegriffen, bewertet und dokumentiert. Die Arbeit mit dem Content-Management-System, verschiedenen Datenbanken und Info-Tools ermöglichten fundierten Online-Reaktionen nahezu in Echtzeit. Die schnelle Reaktion wurde durch ein nachhaltiges Informationsangebot ergänzt. Hypertextstrukturen und thematische Verlinkung ermöglichten dem User die individuelle Vertiefung in die einzelnen Themengebiete, die in den TV-Duellen angeschnitten wurden. Die jeweils diskutierten Sachverhalte konnten auf diese Weise umfassend dargestellt werden. Fehlende Informationen, die weder von den beiden Hauptakteuren, noch von den Moderatoren bzw. Moderatorinnen geliefert wurden, konnten im Netz zur Verfügung gestellt werden.

E-Mails an die Redaktion wurden noch während der Sendung beantwortet. Live-Cams vermittelten die Arbeitsatmosphäre aus der Wahlkampfzentrale. Sechs Stunden nach den Duellen waren die wichtigsten Aussagen der Akteure als Videostreams dokumentiert und kommentiert. Interessierte Nutzer bekamen damit die Möglichkeit, die Wortbeiträge von Kanzler und Kandidat „on demand" abzurufen. Das Internet als Medium zeigte hier seine Stärken: Es war immer da und immer dabei. 20.000 verschiedene User nahmen das Angebot zum ersten TV-Duell auf **spd-extra.de** parallel wahr. 20.000 Multiplikatoren im Netz, die das Laptop neben dem Fernseher aufgestellt hatten. Der aktive Abruf einzelner Videosequenzen erreichte in den noch verbliebenen 27 Tagen bis zum Wahltag 140.000 Einzelabrufe.

Gemessen an der Kontaktqualität mit dem einzelnen User bzw. potenziellen Wähler sowie dem Imagegewinn und den PR-Effekten handelte es sich bei **spd-extra.de** um ein erfolgreiches Web-Event: ein erster gelungener Versuch, Fernseh- und Online-Wahlkampf miteinander zu verbinden und gleichzeitig die medienspezifischen Instrumente des Netzes zum Einsatz zu bringen.

Das Mitgliedernetz spd-online.de

Wissenstransfer und Online-Medienkompetenz erhöhen die Kampagnenfähigkeit der Parteien. Als zentrale Kommunikationsplattform für die interne Parteiöffentlichkeit wurde das Mitgliedernetz **spd-online.de** schon vor Beginn des Wahlkampfes etabliert. Seit Juli 2001 stand es allen SPD-Mitgliedern zur Verfügung. In diesem internen Netz fand eine tagesaktuelle Informationsaufbereitung zu relevanten Themen für die Parteimitglieder statt.

spd-online.de wirkte im Wahlkampf vor allem als Informationsdienst für die Mitglieder – ohne massenmediale Filter. Darüber hinaus offerierte das Mitgliedernetz zusätzliche Funktionen, quasi als Info- und Kommunikationsplattform für die interne Vernetzung. Das Forum zum direkten Austausch mit anderen Wahlkämpfern, die Downloads von aktuellen Flugblättern sowie der Bestellservice für Wahlkampfmaterialien standen dabei neben der Webmail-Funktion im Mittelpunkt. SPD-Online wurde so zu einem relevanter Faktor für die Kampagnen- und Reaktionsfähigkeit der Partei.

Verglichen mit dem Status von 1998 wurden die internen Kommunikationsstrukturen in der SPD 2001/2002 nachhaltig verbessert. Vier Jahren zuvor hatten nur die hauptamtlichen Funktionäre die Möglichkeit, eine interne Kommunikationsplattform – das Intranet des SPD-Parteivorstandes – zu nutzen. Im Bundestagswahlkampf 2002 war es jedem Mitglied möglich, sich mit seiner Mitgliedsnummer und Geburtsdatum in das Mitgliedernetz einzuloggen. So konnte SPD-Online jedem Mitglied Materialien und Informationen für die tägliche Arbeit anbieten. Damit wurde der Anspruch nachhaltiger Kommunikation nach innen verfolgt.

Zeit und Kostenersparnisse wurden an den Webmail-Funktionen und der Nutzung des Vertriebsservice in SPD-Online sichtbar. Jedem Mitglied stand und steht eine eigene SPD-Online E-Mail-Adresse zur Verfügung, die automatisch in die Mitgliederadressenverwaltung übernommen wird. Jeder Wahlkämpfer konnte Materialien im Mitgliedernetz bestellen. Die Gliederungen der Partei sparten dadurch nicht nur Geld, sondern auch Zeit.

Das Online-Campaigning-Team O.C.T.02

Für Ansprache und Mobilisierung von freiwilligen Helfern spielt das Internet eine zunehmend wichtige Rolle. Die SPD verband die Volunteering-Idee mit den Möglichkeiten des Internet. Bei der Etablierung des Online Campaigning Teams ging es um

- den Aufbau schneller und umfassender Mailnetze,
- die Beteiligung an Bannerkampagnen der SPD,
- die Integration aller SPD-Websites in den Wahlkampf,
- die Präsenz in Chats und Newsgroups zum Wahlkampf,
- die Steuerung der Freiwilligen im Wahlkampf über das Netz,
- den Austausch und die Verbreitung guter Wahlkampfideen.

Die über das Internet rekrutierten OCT-Mitglieder bildeten eine eigene Community aus internetaffinen Sympathisanten und Mitgliedern der SPD. Aus der Kampa heraus wurde dieser Community eine einfache, klare Netzwerkstruktur zur Selbstorganisation angeboten. In einem passwortgeschützten Bereich wurden „Jobs" aus der täglichen Arbeit im Wahlkampf ausgeschrieben („gepostet"), für die sich OCT-Mitglieder dann aktiv zur Verfügung stellen konnten. Einzige Voraussetzung dafür war eine entsprechende Qualifikation für die zu bearbeitende Aufgabe. Die Kontaktaufnahme zwischen dem Anbieter und dem Interessenten erfolgte direkt auf der Basis von E-Mail-Kommunikation. Sobald ein „Job" vergeben war, wurde dieser aus dem Jobmarkt gestrichen.

Das Mitgliedernetz SPD-Online bildet den Kern einer neuen Kommunikationslogistik für die Partei. Dahinter stehen Strukturen und eingeübte Prozessabläufe, die zu einer Erhöhung der Mitgliederbeteiligung führen können. Fortbildung und ein Zuwachs an Online-Medienkompetenz der Mitglieder stellen sich in der täglichen Arbeit ebenso ein, wie eine effektivere Koordination und Aufgabenverteilung. Alles in allem hat sich SPD-Online bewährt. Es ist zu erwarten, dass das Mitgliedernetz in den kommenden Jahren zur zentralen Plattform der internen Kommunikation ausgebaut wird.

Auf dem Weg zur virtuellen Arbeitsplattform

Anderthalb Jahre vor der Bundestagswahl hatte die SPD damit begonnen, die Voraussetzungen für ein erfolgreiches Online-Campaigning im Wahlkampf zu schaffen. Mit dem Aufbau des Mitgliedernetzes ging eine Modernisierung der technischen Netz-Infrastruktur des SPD-Parteivorstandes einher. Und mit der Implementierung eines Content-Management-Systems wurden die Workflows der gesamten Online-Kommunikation neu konzipiert. Diese Trennung von Technik und Inhalt bildete die Basis für eine schnelle, flexible und präzise Wahlkampfführung im Internet.

Die Internet-Redaktion im Willy-Brandt-Haus wurde durch ein eigenständiges Online-Team verstärkt. Die Vorbereitungen auf die eigentliche Online-Kampagne begannen dann im Januar 2002: Neben dem Ausbau der Internet-Plattformen wurde der Arbeitsbereich Online-Wahlkampf in der Kampa 02 etabliert. Projektorientiertes Arbeiten und die Übernahme einer Querschnittsfunktion kennzeichneten die Arbeit dieser Abteilung. Folglich zählten neben einem Kernteam auch Mitarbeiterinnen und Mitarbeiter der Pressestelle und der Konkurrenzbeobachtung zu diesem Arbeitsbereich. Für Kreation und Programmierung stand ein eigenes Team in der Online-Agentur zur Verfügung. Die ständige Präsenz von Beratern aus der Agentur und des technischen Dienstleisters im Kernteam des Arbeitsbereichs sicherte die Performance der Online-Kampagne. Alles in allem betrieb die SPD-Kampa also einigen Aufwand, um im Internet vorne zu liegen.

Bleibt abschließend die Frage, was der Partei der Online-Wahlkampf gebracht hat? Die Internet-Kampagne wurde im Verlauf des Wahljahrs mehr und mehr zu einem Eckpfeiler im Wahlkampf der SPD. Positive Trends für die Partei konnten im und durch das Internet verstärkt werden. In schwierigen Phasen avancierte der Online-Wahlkampf zu einer wichtigen Haltelinie für die gesamte Kampagne – intern wie auch nach außen. Im übrigen konnten im Netz kontinuierlich Multiplikatoren und Zielgruppen angesprochen werden. Mit dem Mitgliedernetz **spd-online.de** ist ein wichtiger Meilenstein für die interne Vernetzung der Partei gesetzt worden. Gleichwohl liegen hier sicherlich noch große Entwicklungspotenziale. Eine vordringliche Aufgabe wird darin bestehen, die Bedürfnisse der Mitglieder beim weiteren Ausbau stärker einzubeziehen und so vorhandene Hemmnisse abzubauen. Entscheidend wird dabei sein, ob die Präsenz im Netz mit einem konkreten Nutz- und Mehrwert für die Mitgliedschaft verbunden ist. Im Vordergrund stehen Service und Exklusivität, wodurch das Einzelmitglied in seinem Engagement für die SPD unterstützt und gestärkt wird.

Erst dann wird aus einem Informationsmedium, als das viele das Internet noch immer betrachten, ein Kommunikationsraum und zugleich eine Arbeitsplattform, die der Parteiorganisation wirksam dient. Am Ende einer solchen Entwicklung könnte ein spezifischer Rundum-Service für das einzelne Mitglied als Vorstufe zu einem zielgruppengerechten Angebot für Sympathisanten, Interessierte und potenzielle Wähler stehen. Auch wenn diese Vorstellung eines „Voter-Relationship-Management" analog zu Kundenbindungsstrategien im kommerziellen „Customer Relationship Marketing" noch ein wenig nach Zukunftsmusik klingt, lässt sie doch den Blick zu auf die Möglichkeiten, die das Internet den Parteien eröffnen kann.

Abgesehen davon hat der Online-Wahlkampf 2002 Maßstäbe für die Nutzung des Internet als Kampagnenplattform und -instrument gesetzt. Online-Campaigning ist im Wahljahr zu einem PR-Thema in den konventionellen Offline-Medien geworden und hat die Berichterstattung über den Wahlkampf – die Konzeptionen und Strategien der Parteien und deren Macher – nachhaltig beeinflusst.

Jenseits des politischen Kontextes unterstreicht das Online-Campaigning seine Tauglichkeit für vielfältige Aufgaben. In dieser Hinsicht sind die im Wahlkampf eingesetzten Formate – vor allem auf **nicht-regierungsfaehig.de** – auch in der Nachbetrachtung noch interessant. Aber auch beim Issue-Setting im Public-Affairs-Bereich oder bei der Imagebildung – überall dort, wo es um dauerhafte Wirkung geht, um die Verknüpfung unterschiedlicher Aktionsplattformen und Öffentlichkeiten und die Möglichkeit zur direkten Intervention – trägt der Online-Campaigning-Ansatz weiter als die klassische disziplinäre Zersplitterung. Damit wird das Internet zu einem Managementinstrument für die Kommunikation der Zukunft.

Online-Kampagne der CDU 2002

WAHLFAKTEN.DE UND MEHR

STEFAN SCHOLZ
BERLIN

VIELE BEHAUPTEN, DER BUNDESTAGSWAHLkampf 2002 sei der erste „Internet-Wahlkampf" in Deutschland gewesen. Aber war er das wirklich? Allein den TV-Duellen wurde weit mehr Aufmerksamkeit und Bedeutung beigemessen als den Netzaktivitäten der Parteien. In einem wirklichen Internet-Wahlkampf müssten sich die Gewichtungen noch ein ganzes Stück verschieben.

Allerdings besaß der Bundestagswahlkampf 2002 als erster nationaler Wahlkampf eine sehr starke Internet-Komponente. Und wie immer, wenn etwas zum ersten Mal durchgeführt wird, muss sehr viel ausprobiert werden. Nach dem Trial-and-Error-Verfahren testeten alle Parteien, was online in einem deutschen Wahlkampf funktioniert und was nicht.

Anders als 1998 war das Internet Bestandteil der Kommunikationsstrategie und nicht nur eine Verpflichtung aus Imagegründen. Auch die Besucherzahlen erreichten relevante Größenordnungen: Alleine im August besuchten nach einer Analyse des Instituts Net-Value mehr als 414.000 Menschen die Seiten von cdu.de.

Die CDU informierte sich umfassend und frühzeitig in den USA und auf internationalen politischen Tagungen über Erfahrungen mit Online-Kampagnen. Insbesondere die Aktivitäten im US-Präsidentschaftswahlkampf 2000 und bei den britischen Unterhaus-Wahlen 2001 wurden berücksichtigt. In der Folge fanden verschiedene Workshops statt, um die Erfahrungen auszuwerten und die Elemente zu identifizieren, die auch in Deutschland Erfolg versprachen.

Zumindest in der Union wurde der Rahmen, in dem bei dieser Auswahl agiert wurde, aber durch die Kommunikationsstrategie begrenzt, die dem gesamten Wahlkampf zu Grunde lag. Diese Strategie wurde recht früh festgelegt und mit dem Begriff „Kompetenzwahlkampf" umschrieben. Kompetenzwahlkampf war nicht nur ein Schlagwort, sondern eine kommunikative Grundentscheidung. Diese Entscheidung sollte sich auch im Internet widerspiegeln. Von vornherein verbot sich daher eine bunte Flash-Gimmick-Welt, die allein über Animationen und Politiker-Witzchen zu begeistern versucht. Natürlich darf der Aspekt des Infotainment nicht ausgeblendet werden, er sollte aber keinesfalls im Mittelpunkt der Online-Aktivitäten stehen.

Vor diesem Hintergrund wurde zusammen mit M.E.C.H.-Online, der Internet-Einheit unserer Werbeagentur McCann-Erickson, eine endgültige Liste mit verschiedenen Elementen für den Wahlkampf im Internet erarbeitet. Diese Elemente sollten auf unterschiedlichen Portalen und Aktionsseiten für verschiedene Zielgruppen aufbereitet werden.

Kampagnenstart mit wahlfakten.de

Die Online-Kampagne der CDU für den Bundestagswahlkampf startete mit einer Begleitaktion zum SPD-Parteitag in Nürnberg am 21. November 2001. Die wichtigsten Behauptungen aus der Parteitagsrede von Gerhard Schröder wurden aufgegriffen, auf der Seite **wahlfakten.de** zitiert und zahlreichen Fakten aus unabhängigen Quellen gegenübergestellt. Dabei arbeiteten im Medienbeobachtungsraum des Konrad-Adenauer-Hauses ein gutes Dutzend Referenten an PCs, Fernsehern und Videorecordern, griffen auf eine umfangreiche Datenbank zurück und parierten die Rede Gerhard Schröders Absatz für Absatz – eindrucksvolle Bilder für die zahlreichen Journalisten, die Angela Merkel während der Veranstaltung durch den Raum führte. Die Parteivorsitzende erläuterte die Funktionsweise des Systems und das Konzept, und die Presse griff diese neuartige Form der politischen Auseinandersetzung dankbar auf. Ein Hinweis auf **wahlfakten.de** gehörte mit zur Berichterstattung über den SPD-Parteitag sowohl in der Presse wie auch im TV.

Rapid-Response-Team bei Schröder-Rede: Gegnerbeobachtung findet selbst Medieninteresse. Foto: Eigen

Die CDU setzte dieses System als erste Partei in Deutschland ein und hat mittlerweile einige Nachahmer gefunden. Es unterschied sich von den bis dahin vorhandenen Internet-Angeboten dadurch, dass es ausschließlich Fakten aus unabhängigen Quellen nutzt, um Aussagen des politischen Gegners zu widerlegen. Durch die Angabe der Quellen und weiterführender Links erlaubt es den Nutzern, sich intensiv mit dem Inhalt auseinander zu setzen. Die Aussagen und Behauptungen können selbstständig auf ihren Wahrheitsgehalt hin überprüft werden. Damit werden die Möglichkeiten des Netzes für eine neue Form der politischen Kommunikation genutzt, die in anderen Medien so nicht stattfinden kann.

Nach diesem erfolgreichen Schema kam das Rapid-Response-Tool während der nächsten Monate noch häufig zum Einsatz. Zu den Höhepunkten gehörte der Einsatz parallel zum Kanzlerauftritt bei „Berlin Mitte" und zum „ZDF Sommerinterview". Aber auch zur Erwiderung auf zentrale Aussagen des SPD-Wahlprogramms eignete sich das Instrument.

Das Angebot wird mittlerweile regelmäßig von Journalisten als Recherche-Tool genutzt und die im Archiv abgelegten Inhalte dienen vielen Aktiven der CDU als Informationsquelle. Die Seite **wahlfakten.de** wird weiterentwickelt, und sie wird auch außerhalb des Bundestagswahlkampfes zum Einsatz kommen.

Erfolg schafft Probleme

Doch der sehr erfolgreiche Start von **wahlfakten.de** wurde schnell zu einem kleinen Problem. In der Berichterstattung setzte sich fest, es handle sich bei der Seite um die zentrale Wahlkampfplattform der CDU. Dabei war sie nur als eine von mehreren Aktionsseiten geplant. Sie sollte das Rebuttal-Element in der Online-Kampagne der Union bilden, mehr nicht. Weitere Wahlkampf-Seiten und eine zentrale Plattform waren bereits beim ersten Einsatz von **wahlfakten.de** in Arbeit. Alle Hinweise der Pressestelle, dass in den kommenden Wochen weitere und umfangreichere Seiten folgen würden, nutzten aber nur wenig. Für die Journalisten fand der CDU-Netzwahlkampf zunächst ausschließlich auf **wahlfakten.de** statt.

Während noch überlegt wurde, wie man sich aus diesem Dilemma befreien könne, kam der politische Gegner zu Hilfe und machte Werbung für eine weitere Internet-Plattform der CDU.

Der virtuelle Wahlkreis

Für Ende März war der Start der Wahlkampfsimulation **wahlkreis300.de** geplant, die zusammen mit der Rostocker Agentur OnlineX entwickelt wurde. Die Seite sollte eher parteiferne Nutzer für die Bundestagswahl gewinnen und Netzpräsenz und Kompetenz der Union demonstrieren. In dem „ersten virtuellen Wahlkreis Deutschlands", dem 300. neben 299 real existierenden, ging es nicht in erster Linie darum, Politik zu machen oder Internet-Kanzler zu wählen – wie etwa in der etablierten Online-Community dol2day. Der Fokus lag auf politischem Kampagnen-Management. Die Mitspieler konnten Plakate entwerfen, Flugblätter gestalten und Reden für ihren Spitzenkandidaten aus dem Wahlkreis300 schreiben. Um Positionen und Botschaften zu verbreiten, konnten die Parteien Ticker mieten oder, als Element des Direct Marketing, die Mitglieder und Bürger im Wahlkreis per interner Mail anschreiben. Auch eine eigene Parteihomepage konnte gepflegt und gestaltet werden. All diese Aktionen kosteten jedoch virtuelle Euro, die erst einmal durch Mitgliedsbeiträge und Spenden erwirtschaftet werden mussten. Wie im richtigen Leben waren die Ressourcen für den Wahlkampf also begrenzt. Wer aktiv werden wollte, musste seine Parteifreunde von den eigenen Aktionsideen zunächst überzeugen.

Ein Fax macht Freude

Der springende Punkt: Obwohl die Plattform im Auftrag der CDU entwickelt wurde, war der Wahlkreis300 offen für Anhänger aller demokratischen Parteien. Jede der fünf im Bundestag vertretenen Fraktionen hatte im Wahlkreis300 ihre virtuelle Entsprechung und bot sich als Anlaufstelle für Sympathisanten und Interessierte an. Für die öffentliche Beta-Test-Version wurden noch die offiziellen Parteinamen und Logos verwendet, was zu erbostem Protest seitens der SPD führte. In einem Fax forderte Generalsekretär Franz Müntefering die CDU auf, das Projekt einzustellen. Andernfalls sollte eine einstweilige Verfügung erstritten werden. Obwohl die CDU alle Parteien im Wahlkreis300 umbenannte, um den virtuellen und unabhängigen Charakter der Plattform noch stärker zu verdeutlichen, reichte die SPD ihre Klage ein. Im Zuge der juristischen Auseinandersetzung konnten einige Irrtümer ausgeräumt werden. Das zuständige Gericht, das die Möglichkeiten der politischen Willensbildung via Internet lobte, konnte die SPD schließlich zum Einlenken bewegen. Vor allem brachte die Klage der SPD eines: viel Werbung. Obwohl im Wahlkreis300 noch wenig los war, erschien ein gutes Dutzend Artikel über die angestrengte Klage und den geschlossenen Vergleich – jeder mit einem Link zum Wahlkreis.

RedSox bei der CDU

Und auch für den Wahlkreis300 selbst war die kostenlose Werbung hilfreich. Der Beta-Test, der eigentlich mit maximal 200 Nutzern geplant war, startete dank der Berichterstattung über den Prozess schon nach dem ersten Tag mit 272 Anmeldungen. Insgesamt registrierten sich im Laufe des Wahlkampfes weit über 4000 Teilnehmer in dem Spiel.

Die Plattform selbst hat sich, der Idee entsprechend, überparteilich entwickelt. Der Spitzenkandidat der PDS300, RedSox, entpuppte sich am Ende als ein echter Spitzenkandidat der echten PDS. Der Spitzenkandidat der SPD300 war auch im realen Leben ein engagierter Kämpfer für die sozialdemokratische Sache. Lediglich die Grünen300 hatten einige Probleme – nicht zuletzt durch Unterwanderungsversuche des Satiremagazins *Eulenspiegel*.

Das Projekt hat, das hat sich während des Wahlkampfes immer deutlicher gezeigt, bei vielen Netznutzern Lust am politischen Wettstreit geweckt. So wurde etwa ein halber Eishockey-Club in der FDP300 aktiv. Langfristig könnte die Plattform als Element politischer Bildung dienen. Derzeit wird noch ein unabhängiger Träger für den Wahlkreis300 gesucht.

Die Plakate und Flugblatt-Vorschläge, die von den Mitspielern eingestellt wurden, konnten sich von der Idee her durchaus mit Agenturentwürfen messen. Es wird in kommenden Kampagnen sicherlich ähnliche Elemente geben, um dieses kreative Potential für die Aktivitäten im „realen" Wahlkampf nutzbar zu machen.

Zeit für Taten

Nach der Verabschiedung des gemeinsamen Regierungsprogramms von CDU und CSU musste dieses auch im Netz präsentiert werden. Die Union nutzte dazu die gemeinsame Plattform **regierungsprogramm.de** und die Seite **zeitfuertaten.de**.

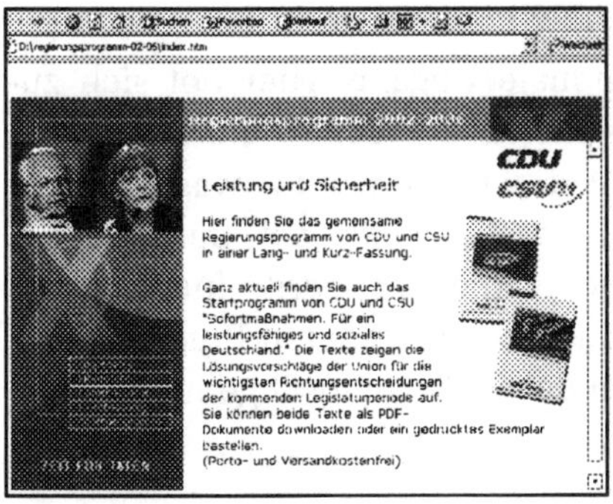

Die Seite **regierungsprogramm.de** war eine reine Service-Seite, die genau das lieferte, was der Titel versprach. Hier fanden die politisch interessierten Netznutzer das vollständige Programm der Partei in Lang- und Kurzfassung, mit Stichwortverzeichnis und knapper Kommentierung. Auf aufwändige Grafiken und Navigation wurde verzichtet. Die eher schlichte Seite fand enormen Zuspruch. Mehrere zehntausend Mal wurde das Programm heruntergeladen.

Auf der Seite **zeitfuertaten.de** wurde das gemeinsame Wahlprogramm der Unionsparteien internetgerecht aufbereitet. Im Gegensatz zu **regierungsprogramm.de** wurde für diesen Auftritt von M.E.C.H.-Online eine neuartige Navigationsstruktur entwickelt. Die Besucher der Seite konnten auf die Inhalte nicht nur nach Themengebieten sortiert zugreifen, sondern konnten sich auch an ihrer eigenen Lebenssituation orientieren.

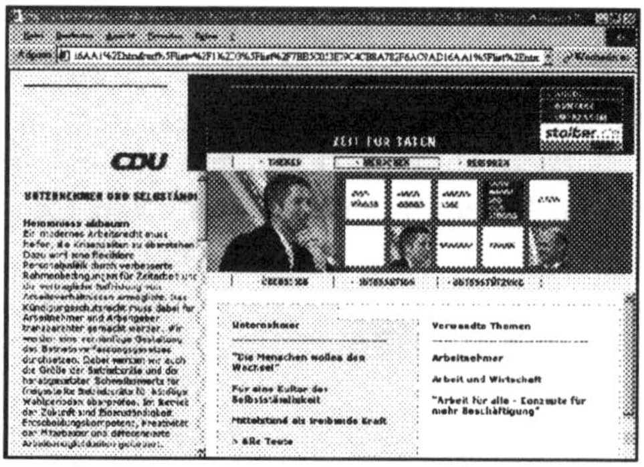

Wer als Arbeitnehmer wissen wollte, was CDU und CSU an Lösungsvorschlägen für seine Probleme anzubieten haben, der schaute genau dort nach – in der Rubrik Arbeitnehmer. Dort fand er dann nicht nur Aussagen zur Arbeitsmarktpolitik, sondern auch Hinweise auf spezielle Elemente der Gesundheitspolitik und der Altersvorsorge, die für seine Situation relevant sind. Gleiches wurde für Frauen, Unternehmer, Senioren, Erstwähler und andere Gruppen angeboten.

Ähnlich funktionierte der regionale Zugang. Hier bot sich zusätzlich die Möglichkeit, die Leistungen der Union auf der Ebene der Bundesländer darzustellen. Wer wissen wollte, was Edmund Stoiber in der Vergangenheit für Bayern geleistet hat, der brauchte nur dort nachzuschauen. Das gleiche Angebot wurde für Sachsen-Anhalt, Hessen, Schleswig-Holstein und alle anderen Bundesländer vorbereitet und von den Besuchern der Seite intensiv genutzt.

Programm und Kandidat

Das Pendant zur Zeit-für-Taten-Seite bildete die Kandidatenhomepage **stoiber.de**. Während auf **zeitfuertaten.de** das Programm von CDU und CSU im Mittelpunkt stand, war **stoiber.de** eine reine Personality-Seite, auf der Edmund Stoiber als Privat- und Staatsmann vorgestellt wurde. Durch die Aufteilung zwischen Programm- und Kandidatenseite wurde eine Informationsüberflutung der Besucher vermieden. Außerdem bot sich so die Möglichkeit, die Seiten ganz klar am Informationsinteresse der jeweiligen Zielgruppe auszurichten und lediglich relevante Informationen zu vermitteln. Die Kandidatenseite wurde von der Online-Redaktion der CSU betreut, die Programmseite durch den Online-Service der CDU. So entstand auch auf dieser Ebene ein permanenter Austausch von Informationen und Daten zwischen Berlin und München.

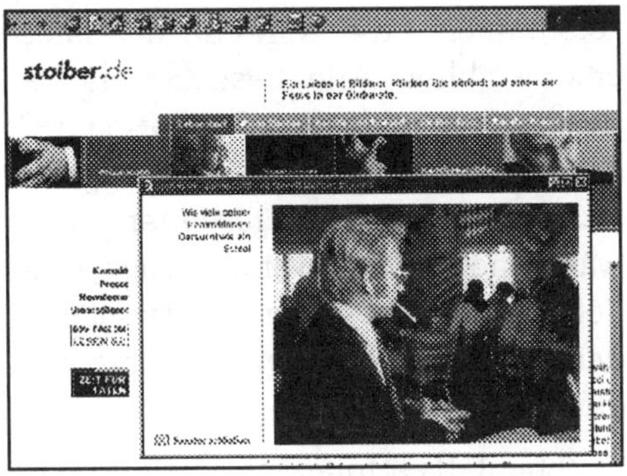

Alle zentralen Wahlkampfangebote im Netz wurden durch einen einheitlichen „Navigator“ miteinander verbunden. Auf allen Angeboten war über den Button „Weitere Seiten“ der Navigator erreichbar, der den direkten Link zu weiteren Wahlkampf-Seiten der Union anbot.

Klein und gemein

Ergänzt wurden diese Angebote in der heißen Phase durch kleine Sonderaktionen auf Extraseiten. Hierzu zählt der Film „Rote Laterne“ mit dem Gerhard-Gartenzwerg, der Deutschlands Schlusslichtposition beim Wirtschaftswachstum in Europa besang, um dann im Dunkeln zu verschwinden: „Ich geh mit der roten Laterne als Letztes durch die Tür / In Europa leuchten die Sterne, / und in Deutschland versagen wir. / Mein Licht geht aus, ich geh bald nach Haus, / rabimmel rabammel rabumm.“ Oder auch das Helm-Spiel mit Franz Müntefering, das seinen Ausspruch „Wir müssen den Helm jetzt enger schnallen“ aufgriff. Die Nutzer waren aufgerufen, einzel-

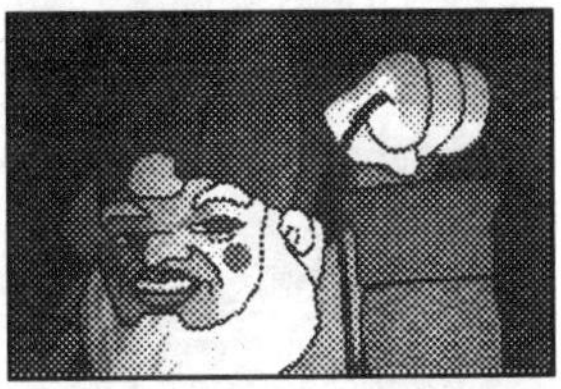

ne Helme vorzuschlagen und Begründungen zu liefern. Der Kreativität waren dabei keine Grenzen gesetzt.

Zu den erfolgreichsten Sonderaktionen gehörte die Aktion „Bürgerstimmen“, die während der letzten 50 Tage vor der Wahl auf **cdu.de** ablief. Alle Besucher der Seite konnten ihre persönliche Botschaft für Edmund Stoiber oder Gerhard Schröder via E-Mail an die Redaktion schicken. Die eingehenden Botschaften sollten dann auf der Homepage präsentiert werden. Die Resonanz war überwältigend. Binnen weniger Tage erhielten wir über 400 Zuschriften. Schnell wurden daher Sonderseiten zur Aktion eingerichtet. Unter **darum.cdu.de** konnten nun mehrere Bürgerstimmen täglich veröffentlicht werden.

Ebenfalls erfolgreich war die Aktion „Jede Stimme zählt!“, die in den letzten zwei Wochen vor der Wahl lief. Im Rahmen der Aktion wurden alle E-Volunteers, Mitglieder und Sympathisanten der Partei gebeten, einen Wahlaufruf zu Gunsten der Union via E-Mail zu

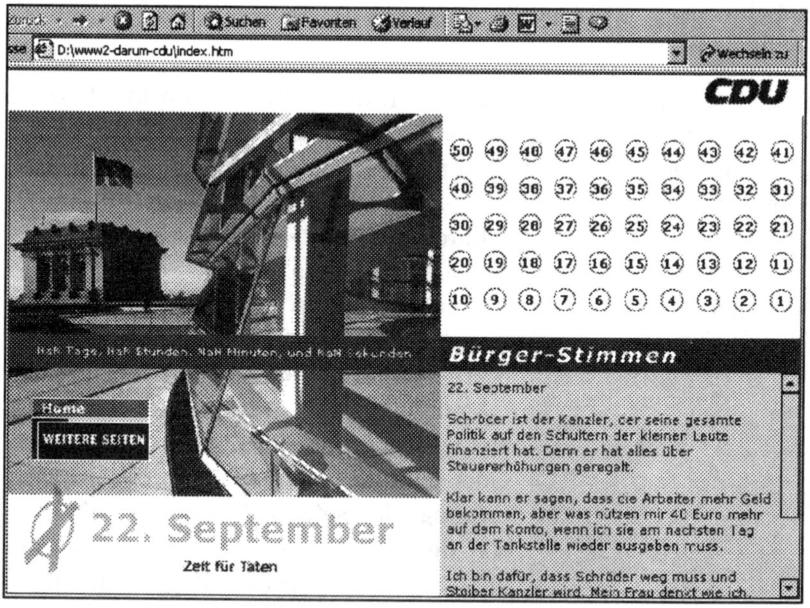

verbreiten. Aber nicht, wie bei Spam-Aktionen, im ziellosen Massenversand, sondern an ausgewählte Freunde und Bekannte. Zielgruppe waren alle Personen, die den Zielen der Union nahe stehen. Soweit es für die CDU verfolgbar war, wurden auf diesem Weg mehrere zehntausend Bürgerinnen und Bürger angesprochen.

Online-Werbung

Ein Bereich, in dem die CDU bewusst nicht aktiv wurde, war der Bereich der Online-Werbung. Im Rahmen der Media-Planung 2002 wurde ganz bewusst auf ein Budget für Maßnahmen im Bereich des Internetmarketing verzichtet. In diesem Punkt deckten sich die Empfehlungen der Agenturen HMS Carat und McCann Erickson mit der Einschätzung der Wahlkämpfer im Konrad-Adenauer-Haus. Einige europäische Schwesterparteien hatten zudem aus eigenen Erfahrungen berichtet, dass die ohnehin niedrigen Klick-Zahlen bei politischen Inhalten noch einmal deutlich geringer sind.

Neben der klassischen Bannerschaltung wurden auch neue Werbeformen wie die Suchwortbelegung oder die Werbung im E-Mail-Footer großer Free-Mail-Portale geprüft und verworfen. Um sich im Netz gegen die anderen Werbetreibenden zu behaupten, müssen enorme Mittel bereit stehen. Hier darf man nicht kleckern, sondern muss klotzen, um mit seiner Kampagne einen Effekt zu erzielen. Ganz offensichtlich schaffte dies keine Partei, denn nach der Wahl berichteten in Untersuchungen über 92 Prozent der User, ihnen sei keine Parteiwerbung im Internet aufgefallen.

CDUnet und Kandinet

Die gerade dargestellten, öffentlich erreichbaren Angebote machten einen wichtigen Teil des CDU-Wahlkampfes im Internet aus. Mindestens ebenso wichtig war aber der interne Einsatz von Internet und mobiler Kommunikation. Hier hat die Union gegenüber 1998 große Fortschritte gemacht. Über E-Mail-Verteiler sind mittlerweile mehr als 30.000 Abonnenten unterschiedlicher Dienste erreichbar. Via SMS können Parteispitze und Parteimitglieder blitzschnell über aktuelle Entwicklungen informiert werden und in der heißen Phase fand täglich ein Austausch mit den Kreisverbänden und Kandidaten statt. Diese Kommunikationswege werden in kommenden Kampagnen noch an Bedeutung zunehmen. Dies gilt ebenso für die Information über das interne CDUnet, das bereits im Oktober 1999 online ging und mittlerweile eine fest etablierte Nutzerstruktur hat. Fast alle Funktions- und Mandatsträger der regionalen und lokalen Gliederungen greifen auf dieses Service-Angebot zurück, um sich täglich mit den neuesten Informationen aus Berlin zu versorgen. Es hat sich bewährt, dass die CDU dieses Angebot bereits lange vor dem Wahlkampf eingerichtet und gepflegt hat, da es sich wie alle neuen Kommunikationswege erst etablieren musste.

Ergänzt wurde das CDUnet im Wahlkampf 2002 durch das Kandinet. Das Angebot enthielt spezielle Hilfestellungen für Kandidaten und Wahlkämpfer. Da es auf der gleichen technischen Basis aufbaut wie das CDUnet, ist eine enge Anbindung an das Know-How der Mitglieder gewährleistet. Beide Angebote werden fortgeführt und weiter entwickelt. Als erster Schritt findet eine umfangreiche Evaluation statt, in der die Nutzer nach ihren Erfahrungen und Verbesserungsvorschlägen gefragt werden.

Ergebnisse und Ausblick

Die Online-Kampagne 2002 der CDU war ein Erfolg. Das lässt sich zum einen an den zahlreichen direkten Reaktionen der Nutzer auf die Angebote ablesen, wird aber auch in dem überwiegend positiven Medienecho auf die Kampagne deutlich. Allerdings lassen sich fraglos auch noch zahlreiche Punkte optimieren. Es haben sich bestimmte Bereiche deutlich herauskristallisiert, in denen das Internet gegenüber anderen Medien deutliche Vorteile hat. Es ist schon lange kein Geheimnis mehr, dass das Netz schnell, leistungsstark und relativ preiswert ist. Daneben hat der Wahlkampf aber auch Vorteile aufgezeigt, die bisher nicht ausreichend berücksichtigt worden sind. Diese müssen bei strategischen Planungen beachtet werden.

So liegt eine klare Stärke des Internet in den Möglichkeiten der zielgruppenspezifischen Ansprache. Das Internet wurde früher häufig als Medium gelobt, über das schnell und kostengünstig Informationen an sehr viele Empfänger verteilt werden können. Die entscheidenden Vorteile liegen jedoch nicht nur in der Anwendung dieses Gießkannenprinzips, sondern viel eher in den nahezu unbegrenzten Möglichkeiten der zielgenauen Informationsvermittlung.

Denn im Zuge der immer weiter steigenden Informationsflut wird es zunehmend wichtiger, dass der Empfänger ausschließlich Informationen erhält, die für ihn relevant sind. Nur noch relevante Informationen werden wahrgenommen, alles andere wird weggeklickt. Diese Potenziale des Internet zu nutzen, ist das Ziel der CDU-Online-Kommunikation. Die zielgruppenspezifische Navigation auf **zeitfuertaten.de** und die fachpolitischen Informationen via Newsletter sind dabei nur als erste Schritte anzusehen.

Weiterhin hat der Bundestagswahlkampf deutlich gemacht, welch erhebliches kreatives Potenzial die Internetnutzer den Parteien zur Verfügung stellen. Die Aktion „Bürgerstimmen", der Wahlkreis300, zahllose E-Mails und Linkhinweise, Plakatentwürfe und Strategievorschläge haben deutlich gemacht, dass Politikverdrossenheit für viele Internetnutzer ein Fremdwort ist: Sie wollen sich an der Kampagne und dem politischen Wettstreit beteiligen.

Bis zur nächsten Bundestagswahl werden daher sicherlich Strukturen geschaffen, die den kreativen Input der Mitglieder und Sympathisanten institutionalisieren und gezielt in die parteipolitische Arbeit einfließen lassen. Die bisherigen Ansätze zur Beteiligung dieser Gruppen, sei es im Online-Campaining-Team

(O.C.T.) der SPD, als Kampagnenhelfer bei der FDP oder als E-Volunteer oder Wahlkreis300-Aktivist der CDU, bilden den Anfang dieser Entwicklung.

Neben diesen grundsätzlichen Überlegungen, deren Umsetzung langfristig auch zu Veränderungen in der Kampagnenplanung führen müssen, gilt für alle Parteien, dass mit dem Europawahlkampf im Frühjahr 2004 die erste bundesweite Kampagne ansteht, bei der auf eigene relevante Erfahrungen im Netz zurückgegriffen werden kann. Hier gehört schon mittelfristig jedes einzelne Tool auf den Prüfstand. Welche Elemente der Online-Kampagne 2002 haben sich bewährt? Welche greift man besser nicht wieder auf? Welche neuen Ideen sollen ausprobiert werden? Erstmals bietet sich auch die Gelegenheit, wissenschaftliche Analysen über die deutschen Internet-user und ihre Ansprüche und Wünsche an politische Internet-Seiten in die Planungen einzubeziehen. Neben der eCandidate-Studie von politik-digital sollten dabei auch die von Medien-Tenor und anderen Instituten durchgeführten Tests zur Benutzerfreundlichkeit der Parteiseiten berücksichtigt werden.

Die CDU beginnt jetzt mit dieser Arbeit, denn bereits 2002 hat sich gezeigt, dass eine langfristige Vorarbeit im Netz nötig ist, um in der heißen Wahlkampfphase optimale Ergebnisse zu erzielen. Das Internet ist zwar ein schnelles Medium; das heißt jedoch nicht, dass einem Erfolge auch schnell und unkompliziert zufliegen.

Auch die anderen Parteien werden sich kaum mit dem 2002 im Netz Erreichten zufrieden geben. Man kann daher davon ausgehen, dass die kommenden Kampagnen einen erheblichen Schritt näher am „Internet-Wahlkampf“ sein werden.

Das Internet als Quelle und Recherche-Tool

INFO-MANAGEMENT VIRTUELL

ALEXANDER BILGERI
MÜNCHEN

INTERNET UND NEUE MEDIEN HABEN UNSER VERständnis vom Umgang mit Informationen radikal verändert. Dieser Prozess ist heute nicht abgeschlossen – wir stehen vielmehr erst am Anfang eines neuen Paradigmas. „Informationsmanagement virtuell" lauten dabei zwei der Zauberworte, die die Herzen der neudeutsch „Knowledge Worker" oder „Infobroker" genannten Wissensarbeiter höher schlagen lassen.

Vieles, was vor zwei, drei Jahren freilich noch im Lichte des New Economy-Hypes glänzte – und zum Teil auch den Blick verstellte – ist inzwischen bei einer nüchterneren Betrachtungsweise entzaubert. Andererseits ist damit der Grundstein dafür gelegt, dass wir heute virtuelles Informationsmanagement als das sehen und nutzen können, was es eigentlich ist: ein modernes und komfortables Werkzeug beim Umgang mit Informationen und Wissen.

Dieser selbstverständliche Umgang mit Bits und Bytes ist zur conditio sine qua non für alle Akteure in sämtlichen gesellschaftlichen Bereichen geworden. Gerade im politischen System dreht sich heute alles um Bilder, Meinungen, Tatsachen, Positionen, Behauptungen – digital und im Sekundentakt. Wer Erfolg haben will, muss diese Informationen managen, und zwar ebenso schnell wie fehlerfrei.

Informationsmanagement ist im politischen Bereich aber aus einem weiteren Grund außerordentlich spannend: Das Ringen um die besten Argumente und das Überzeugen mit unwiderlegbaren Fakten setzt seit jeher auf eine bestimmte Art von Informationsmanagement. Insofern wird hier mit „Informationsmanagement virtuell" das Rad nicht neu erfunden, höchstens noch etwas leichtgängiger.

Der Informationspool, aus dem wir dabei schöpfen können, ist schier unermesslich: mehrere Milliarden Internetseiten warten auf den Abruf, dazu kommen einige Zehntausend Newsgroups. Was auf den ersten Blick so verlockend aussieht, bringt eine ganze Reihe von neuen Problemen mit sich. Besonders augenfällig ist:

- Die durchschnittliche Halbwertszeit einer Internetseite beträgt 35 Tage.
- Es gibt auf den ersten Blick keine geordnete Struktur.
- Wahrheit und Fälschung liegen oft nur einen Mausklick auseinander.

Wie ich trotzdem das Internet als wertvolles Recherche-Tool nutzen kann, wie ich Kampagnen mit und Politikberatung im Internet organisieren kann und wie schließlich das Internet die Politik auch verändert – dafür möchte ich Sie in diesem Beitrag mit auf die Reise nehmen. Auf geht's zu einer Entdeckungsreise durch die Welten des virtuellen Informationsmanagements!

Recherche im Netz

Beginnen wir mit der einfachsten und wichtigsten aller Übungen: Argumentieren und überzeugen muss man mit Fakten. Letztlich dreht sich alles in irgendeiner Weise um Fakten. Um bei drei Beispielen aus dem politischen Bereich zu bleiben: Die Medien wollen mit Fakten und Argumenten im Minutentakt gefüttert werden. Fakten werden auch benötigt, um Aussagen und Forderungen in Publikationen zu untermauern. Und schließlich müssen für die eigenen Wahlkämpfer und Mitglieder ständig aktuelle Informationen und Argumentationshilfen bereitgestellt werden. Die Botschaft ist klar, doch wie finde ich die entscheidenden Informationen, wenn unendlich viele andere zur Verfügung stehen? Zudem sind die allgemein zugänglichen Informationen meist weder strukturiert noch bewertet. Und dabei wäre eigentlich ein schnellerer und effizienterer Umgang mit Informationen gefragt...

Das Beschaffen von Fakten und Informationen ist offensichtlich mit hohem Zeitaufwand und Erfolglosigkeit verbunden – wenn man nicht weiß, wo und wie man suchen muss. Wer versucht, die genaue Faktenlage zu einem Thema zu recherchieren, oder auch nur schnell für eine Pressemeldung einige Informationen zu sammeln, weiß, was es heißt, recherchieren zu müssen.

Versuchen Sie sich an der Beschaffung der folgenden Informationen. Dabei sind alle Hilfsmittel erlaubt!

- Wie lautete der Name des im August 2002 gestarteten Wettbewerbs doch gleich, bei dem ein Bürgerpreis zur Deutschen Einheit vergeben wird, wer organisiert diesen Wettbewerb und wer ist der Schirmherr?

- Wie veränderte sich der Preisindex für den Neubau von Wohngebäuden in Deutschland zwischen 1995 und 2002?

- Welcher Anteil der im Moment Studierenden könnte sich vorstellen, nach dem Studium einer selbstständigen Betätigung nachzugehen?

Wie sind Sie vorgegangen? Wenn Sie zufällig eine Datensammlung zur Hand hatten oder auf ein Zeitungsarchiv zugreifen konnten, wurden Sie vielleicht fündig. Und wie lange haben Sie gebraucht? Wenn Sie wussten, wo Sie nachsehen können, ging es vielleicht schneller, als im Internet zu suchen. Denn die Suchmaschine Google beispielsweise liefert 213 Treffer, wenn man „Preisindex für den Neubau von Wohngebäuden" als Suchbegriff verwendet. Und diese Ergebnisse durchzusehen oder weiter zu filtern, dauert seine Zeit.

Google ist ein sehr effektives Suchinstrument für die Recherche im Netz. Und mit Google kann man sicher gehen, dass relevante Treffer an oberster Stelle ausgegeben werden. Denn Google macht sich zu nutze, dass relevante Informationen im Netz von anderen Seiten oft verlinkt werden, und baut seine Positionierung der Suchergebnisse darauf auf. Im hier angegebenen Beispiel müsste die Suche allerdings noch konkretisiert werden, um schnell die benötigten Informationen zu finden.

Der Ausspruch „im Internet ist prinzipiell alles zu finden, man muss es nur finden", hat eine gewisse Berechtigung. Denn Informationen sind sehr viele vorhanden. Man muss jedoch an den richtigen Stellen suchen und sich in der Informationsvielfalt mit angemessenem zeitlichen Aufwand orientieren können. Die gesuchten Informationen, die im Internet zur Verfügung stehen, könnte man deshalb unterscheiden in:

- Informationen, die man findet.

- Informationen, die man finden kann.

- Informationen, die man nur schwer finden kann.

Diese Unterscheidung mag auf den ersten Blick profan wirken. Doch sie bringt die Erfahrungen, die jeder bei der Suche nach Informationen macht, genau zum Ausdruck: Die Kategorie, in die Informationen eingeordnet werden, hängt nämlich nicht allein von den Informationen, sondern ebenso vom Suchenden ab.

Zur ersten Gruppe gehören Informationen, die man dort findet, wo man sie intuitiv vermutet. Beispielsweise könnte man annehmen, dass das Statistische Bundesamt auch eine Statistik über die Preise von Neubauten führt, und dort suchen. Bei der zweiten Gruppe handelt es sich um Informationen, die durch Suchmaschinen auffindbar sind. Dazu braucht man allerdings gewisse Erfahrung, um die Suchbegriffe gerade exakt genug zu wählen, um noch zu Ergebnissen zu gelangen, aber dennoch nicht eine Menge irrelevanter Treffer zu erhalten.

Die dritte Gruppe bezieht sich insbesondere auf Informationen, die zwar vorhanden sind, aber von Suchmaschinen nur „zufällig“ oder aber gar nicht gefunden werden können. Dies trifft auf die dritte oben gestellte Frage bezüglich der Studierenden zu. Glück hat hier, wer bei Google den Begriff „Studierende Selbstständigkeit“ eingibt. Bei vielen anderen Kombinationen von Suchbegriffen wie „selbstständige Betätigung“ erhält man zwischen 50 und einigen Tausend Treffern, die erst mühsam weiter zu durchsuchen wären.

Ebenso nicht gefunden werden so genannte „Deep Links“, also Unterseiten oder in Webseiten eingebundene Dokumente, die von Suchmaschinen nicht erfasst werden können. Auch problematisch sind dynamisch erzeugte Seiten, weil Suchmaschinen in der Regel deren Inhalt nicht lesen können. Um eine dynamisch generierte Seite handelt es sich, wenn eine Übersicht vorhandener Pressemeldungen nicht statisch als Webseite gespeichert ist, sondern bei jedem Aufruf neu aus einer Datenbank zusammengestellt wird. In diesen Fällen führt die Benutzung von Suchmaschinen zu keinem Erfolg. Hier hilft dann nur das systematische Absuchen vieler thematisch passender Seiten.

Quellen im Netz

Suchergebnisse im Internet sind niemals „gleichwertig". Treffer bei Suchmaschinen sollten nach der für eine Seite verantwortlichen Person oder Institution unterschieden werden, weil vor allem damit die Glaubwürdigkeit einer Information steht oder fällt. Nimmt man eine grobe Kategorisierung von Seiten vor, die für die politische Recherche Relevanz aufweisen, könnte man nach folgenden Betreibern unterscheiden:

- Bundes- und Landesministerien,
- nachgelagerte Behörden und Regierungsorganisationen,
- wissenschaftliche Einrichtungen,
- Parteien,
- NGOs, also Nichtregierungsorganisationen,
- Unternehmen,
- Lobby-Organisationen (Verbände, Initiativen etc.) und
- Medien.

Den „Hausherrn" einer Seite zu kennen, sagt viel über den Zweck einer Seite aus. Nur ein gewisser Grad an Glaubwürdigkeit und Verlässlichkeit macht Quellen zitierfähig. Seiten der hier aufgeführten Betreiber sind weitgehend zitierbar. Bei Seiten von Privatpersonen kann ein kritischerer Blick nicht schaden!

Generell sollte man jedoch insofern Vorsicht walten lassen, als grundsätzlich alle Organisationen, die eigene Interessen verfolgen, für die Unterstellung anfällig sind, dass Fakten in einer Weise dargestellt werden, die die eigene Position stützt. Das muss nicht bedeuten, dass Informationen falsch oder dargestellte Sachverhalte unzutreffend sind. Aber die Sichtweise kann einseitig sein. Deshalb ist es nie falsch, bei der Recherche mehrere Quellen zu vergleichen.

Ansonsten erleichtert ein Blick auf das Impressum einer Internetseite die Beurteilung der Glaubwürdigkeit. Dies gilt vor allem bei nicht bekannten Organisationen. Sind Kontaktpersonen und Telefonnummern vorhanden, erhöht dies die Seriosität der Informationen. Mit einem Kontrollanruf können dann auch die Informationen verifiziert werden.

Die Angabe von bekannten Quellen trägt ebenso bei, die Glaubwürdigkeit von Informationen zu erhöhen. Doch hier sollte man aufpassen, dass nicht ein „guter Name“ verwendet wird, um eigene Propaganda zu verbreiten. Die Nennung des Statistischen Bundesamtes beispielsweise lässt Statistiken glaubwürdig erscheinen, doch die gezogenen Schlüsse können dennoch unzutreffend sein.

Informationsportale

Informationsportale bieten gesammelt eine Vielzahl weiterer Verweise auf Informationsangebote im Internet. Mittels Internet-Verzeichnissen wie Yahoo konnten vor einigen Jahren die zu bestimmten Themen vorhandenen Seiten relativ gut überblickt werden. Doch die explosionsartige Zunahme von Internetseiten ließ die Verzeichnisse schnell zu endlosen Linksammlungen werden. So findet man heute in der deutschen Ausgabe von Yahoo beispielsweise zum Begriff Christentum 1830 Verweise auf weitere Internetseiten, in der englischsprachigen sogar über 30.000.

Die Masse an Verweisen wird in diesen Verzeichnissen dadurch erträglich gemacht, dass eine Unterteilung in immer feinere Kategorien vorgenommen wird. Aber selbst dann ist es unmöglich, dort die wichtigsten oder relevantesten Seiten zum Thema zu finden, da sehr viele Verweise – ohne eine Bewertung – aufgenommen werden. Zudem scheint es oft so, als würden Verweise aufgenommen, ohne dass deren Qualität kritisch geprüft wurde.

> **Politik-Portale**
>
> **Qualitativ gute deutschsprachige Informationsportale für Politik sind z.B.:**
>
> ► POLITIKERSCREEN: **www.politikerscreen.de**
>
> ► PIN: **www.politik-im-netz.com**
>
> ► POLITIK-DIGITAL: **www.politik-digital.de**
>
> ► E-POLITIK: **www.e-politik.de**

Redaktionell betreute Portale hingegen treffen eine Auswahl an Verweisen, die angeboten werden, und bewerten deren Qualität. Der Nutzer kann sich daher sicher sein, relevante und glaubwürdige Informationen zu bekommen. Eine solche Portalseite für Politik ist beispielsweise politikerscreen.de, der Informationsdienst für Politik. Mit politikerscreen.de wurde eine Plattform geschaffen, um die verstreuten Informationen zusammenzufassen und nutzbar zu machen (Joos 2001: 246).

Informationsportale für Politik sind nicht nur für Laien sehr hilfreich, die über eine Portalseite zu den verschiedenen Informationsangeboten geleitet werden wollen; auch erfahrene Nutzer politischer Informationen im Internet schätzen diesen Service, weil es doch immer wieder neue Quellen zu finden gibt. Gut gemachte Portale müssen zudem kein statisches Sprungbrett sein. Sie bieten eigenen redaktionellen Inhalt und weisen den Nutzer auf gerade aktuelle Themen hin. politikerscreen beispielsweise zeigt zusätzlich zwei Newsticker mit aktuellen Nachrichten sowie Pressemeldungen von Regierungen und Parteien.

Professionelle Recherche und Dokumentation

Das Internet wird zunehmend die Strukturen der realen Welt abbilden. Das bedeutet: Über alle Ereignisse des realen Geschehens sind im Internet Informationen vorhanden, und Zusammenhängendes ist durch die Verweisstruktur des Internets auch im virtuellen Raum verbunden. Doch derzeit bleibt eine vollständige Abbildung eine Zukunftsvision. Dies hat zur Folge, dass nicht für alle Themenbereiche und Informationen eine Recherche auf das Internet beschränkt bleiben kann.

Wer nur selten im Internet sucht, mag sich damit abfinden, dass es eben Zeit braucht, sehr spezifische Informationen zu finden, oder manches gar nicht gefunden werden kann. Doch wer bei seiner Arbeit im politischen oder journalistischen Bereich sehr häufig im Internet recherchiert, wird sich die Frage stellen, ob die im Internet verfügbaren Informationen ausreichend sind und ob der eigene zeitliche Aufwand überhaupt verhältnismäßig ist.

Erfahrene Internetnutzer kann man in der Abgrenzung zu Laien dadurch charakterisieren, dass sie in kurzer Zeit sehr gut abschätzen können, ob ihre Recherche überhaupt zum Erfolg führen kann. Daher bringen professionelle Recherche-Angebote allen, die Erfahrung im Recherchieren haben, einen großen Nutzen. Die professionelle Recherche kann als Zusatz zur eigenen Recherche dienen, wenn absehbar ist, dass die eigenen Ergebnisse nur unzureichend sein werden. Zudem können professionelle Recherchedienste neben dem Internet eine Vielzahl weiterer Quellen und Experten zu Rate ziehen und so sehr schnell Ergebnisse liefern. Sowohl in der Wirtschaft als auch in der Politik oder im Medienbereich mit Informationssuche Beschäftigte sind in der Lage, ihre Arbeit durch die Nutzung von Recherchediensten weiter zu professionalisieren.

Kurz zusammengefasst bieten Recherchedienste für alle, die selbst viel recherchieren, den Vorteil, dass sie punktgenau zusätzlich einsetzbar sind, wenn die eigene Quellenkenntnis nicht mehr ausreicht oder der eigene Kosten-Nutzen-Faktor zu hoch würde. Dies ist vor allem dann der Fall, wenn nicht im Internet gesucht werden kann. Denn im Internet kann durch die vorgenommene Kategorisierung in Verzeichnissen und die weitgehende Erfassung in Suchmaschinen relativ strukturiert gesucht werden. Außerhalb des Internet ist das dagegen anders: Es existieren unzählige Datenbanken, Fachinformationsdienste, Literaturquellen und mögliche

Ansprechpartner, die bei einer Recherche in Frage kommen, aber nicht im „Volltext-Modus“ durchsucht werden können.

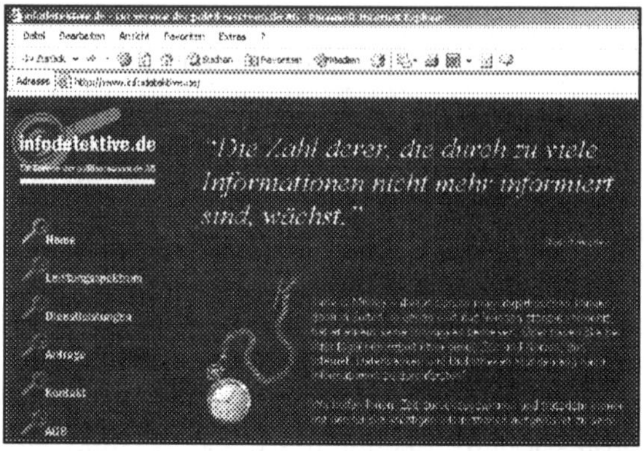

Bei der Recherche Unerfahrene haben zuweilen das Problem, aus einer Vielzahl von Informationen das Wesentliche herauszufiltern. Bei dieser Gruppe liegt die Stärke der professionellen Recherche darin, dass die Ergebnisse selektiert und aufbereitet werden. Auch alle, die eine Zusammenstellung bestimmter Informationen benötigen, ohne dafür Zeit opfern zu können, erhalten durch die Aufbereitung eine klar strukturierte Dokumentation.

Der Informationsdienst politikerscreen hat mit seinem Angebot Infodetektive.de einen professionellen Recherchedienst etabliert (siehe Abbildung). Das Leistungsspektrum umfasst nicht nur die Suche, Aufbereitung und Bewertung von Informationen. Aus den Ergebnissen der Recherchen werden auch einmalig oder regelmäßig Zusammenfassungen und Berichte nach individuellen Wünschen erstellt. Dazu gehört nicht zuletzt die Beschaffung von Dokumenten, beispielsweise Gesetzestexte oder Protokolle von Plenarsitzungen.

Das Internet – Ein Archiv?

Das Internet ist ein schnelles Medium. Der Hauptvorteil liegt auf der Hand: Informationen können schnell bereitgestellt werden. Der Nachteil, der sich daraus jedoch ergibt, ist die Vergänglichkeit der Inhalte. Die durchschnittliche Lebensdauer einer Internetseite, also die Zeit, in der Informationen auf einer Seite unverändert bleiben, wird auf 70 Tage geschätzt. Anders formuliert: Nach 35 Tagen – ich nenne sie Halbwertszeit einer Internetseite – sind bereits die Hälfte aller Internetseiten geändert oder aus dem Netz genommen worden. Bei Seiten, die von ihrer Aktualität leben, kann die Zeit zwischen zwei Änderungen oft auch nur Stunden oder Minuten betragen. Genau diese Aktualität führt zu den im ersten Kapitel aufgezeigten Grenzen bei der Verwendung des Internets zur Informationsrecherche. Ebenso problematisch ist das Zitieren des Internets als Quellenangabe. Denn es ist unmöglich sicher zu stellen, dass die als Quelle angegebene Seite zu einem späteren Zeitpunkt nicht verändert oder gar verschwunden sein wird.

Unter Archiven im Internet stellt man sich intuitiv Seiten vor, auf denen spezifische Informationen gesammelt werden, die auf *einer* Webseite verfügbar waren, beispielsweise wenn ein Ministerium die Pressemitteilungen der letzten drei Jahre in einem „Archiv" gesammelt zugänglich macht. Dass wir gar nicht an das denken, was ein Archiv eigentlich ist, nämlich ein universeller Aufbewahrungsort, zeigt, wie sehr wir uns mit den Eigenheiten des Internet abgefunden haben. Vielleicht würde man gar nicht erwarten, dass sehr umfassende Informationssammlungen zur Verfügung stehen. Doch selbst nahe liegende Archive existieren nicht. So stellen das Statistische Bundesamt und die Statistischen Landesämter sehr umfangreiches Datenmaterial bereit. Doch die Angebote sind nicht miteinander verbunden. Würde man nun demographische Daten der Bevölkerung für Deutschland gesamt und für einzelne Länder suchen, müsste man alle Internetangebote einzeln durchgehen.

Es ist nicht möglich, aus der Übersicht der in Deutschland insgesamt in den verschiedenen Bereichen des Gesundheitswesens Beschäftigten über eine Verknüpfung zu den Zahlen für die einzelnen Bundesländer zu gelangen. Es bleibt zu vermuten, dass die Erstellung solcher Archive weniger am fehlenden Interesse als an der Schwierigkeit der technischen Umsetzung liegt.

Für die Recherche wären wirkliche Archivfunktionen vor allem da interessant, wo Informationen eigentlich schon verschwunden sind. Wäre es nicht hilfreich, auf eine Pressemeldung zugreifen zu können, die der politische Gegner einige Stunden auf seiner Internetseite hatte und dann zurückzog? Ein umfassendes Archiv müsste also ausgewählte Seiten im Internet regelmäßig dokumentieren. Die älteren Versionen der Seiten wären im Archiv auch dann noch verfügbar, wenn die Seite sich ändert. Ein solches Archiv wäre – abseits aller eine Dokumentation betreffende urheberrechtlicher Fragen, die sich dabei stellen würden – ein nützliches Hilfsmittel. Selbst wenn man Archive nur zu sehr eingegrenzten Themen anlegen wollte, könnte man ein solches aufgrund der großen Zahl an relevanten Seiten und der benötigten Archivierungsfrequenz niemals manuell einrichten und fortlaufend ergänzen.

Um Seiten automatisiert zu archivieren, stellt die Technologie der Suchmaschinen keine Lösung dar. Denn diese ist auf die Vergänglichkeit von Internetseiten zugeschnitten. Sucht man mittels einer Suchmaschine, wird die Suche nicht im gesamten Internet, sondern in einer bei den Suchmaschinen lokal vorhandenen Daten-

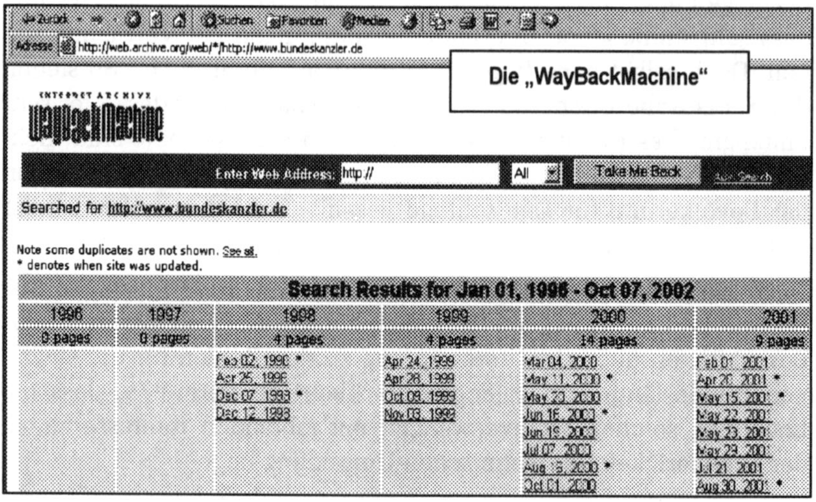

bank ausgeführt, in die zuvor Suchbegriffe oder ganze Seiten aus dem Internet eingelesen wurden.

Um eine „Archivfunktion der zweiten Generation" vorzustellen, kommen wir auf Google zurück. Die Suchergebnisse bei Google verweisen auf die „aktuelle", d.h. die zuletzt in die Datenbank der Suchmaschine eingelesene Seite. Der Befehl „Im Archiv" liefert eine ältere Seitenversion des Suchergebnisses, genauer gesagt, die vorletzte, die Google eingelesen hat. Auf diese Weise ist es nun möglich, eine Seite aus dem Archiv von Google zu betrachten, die im Internet schon gar nicht mehr existiert. Weiter gehende Möglichkeiten bietet die WaybackMachine (archive.org). Diese ermöglicht, Internetseiten in vielen verschiedenen früheren Versionen zu betrachten. Doch wer nach Seiten ganz spezifischen Datums sucht, wird feststellen, dass die Archivierungsfrequenz nicht sehr hoch ist, was angesichts des immensen Speicherbedarfs eines solchen Archivs nicht verwundern kann. Zudem bietet die Wayback Machine nur die Möglichkeit, Seiten „direkt" anzusteuern, d.h. nach Eingabe der URL, also bundeskanzler.de, kann aus den verfügbaren Zeitpunkten ausgewählt werden. Eine Funktion, die eine Suche nach Begriffen über alle archivierten Seitenversionen ausführt, ist nicht vorhanden. Wirkliche Archivfunktionen sind im Internet also erst in sehr rudimentären Formen zu finden.

Nur kurz der Vollständigkeit halber: Die beschriebenen Archivfunktionen würden im Internet auch einen Umbruch im Zitieren mit sich bringen. Zwar wäre dies im politischen Bereich weniger relevant als im wissenschaftlichen, doch wären Internetquellen dauerhaft und verlässlich verfügbar, hätte dies einen sprunghaften Anstieg der Zitierungen aus dem Internet zur Folge.

Medien- und Nachrichtenseiten im Internet

Ein Bereich, in dem die Tagesaktualität des Internet besonders deutlich wird, sind Nachrichten. Nur wenige Medien bieten Archive an, aus denen frühere Nachrichten abgerufen werden können. Besonders hervorzuheben ist hier das Archiv der *Welt* unter welt.de. Dieses beinhaltet alle Artikel, die seit 1995 in der *Welt*-Internetausgabe erschienen sind, und bietet einen sehr hohen Suchkomfort.

Zwei Suchmaschinen, mit denen viele Medienseiten im Internet durchsucht werden können, erfassen nur tagesaktuelle Nachrichten:

- Paperball.de greift auf die aktuellen Online-Ausgaben von 212 deutschen Zeitungen zu.
- Google hat vor kurzem eine eigene Nachrichten-Suche gestartet, mittels derer Suchergebnisse von aktuellen Nachrichtenseiten geliefert werden. Im Moment ist die Nachrichtensuche nur über das englischsprachige Google.com zugänglich und wertet auch nur englischsprachige Nachrichten aus.

Ein wirkliches Archiv im Internet, das die Nachrichten mehrerer Anbieter umfassen würde, d.h. eine Suche für ältere Nachrichten oder Artikel analog dem Angebot von Paperball, gibt es nicht. Auch Suchmaschinen sind ungeeignet, um Nachrichten zu finden, denn sie erfassen Seiten mit aktuellen Nachrichten nur sehr unzulänglich. Dies liegt daran, dass viele Anbieter alte Nachrichten durch neue ersetzen, bevor die Internetseite von Suchmaschinen gelesen wird. Einige Suchmaschinen behelfen sich dadurch, dass Nachrichtenseiten sehr häufig neu in den Speicher der Suchmaschine gelesen werden. Dies hat aber zur Folge, dass die Suchmaschine dann auf sehr aktuelle Nachrichten verweist, ältere jedoch auch im Speicher der Suchmaschine sehr schnell überschrieben werden.

Eine Alternative zur Recherche von Nachrichten oder Artikeln stellen professionelle Datenbanken dar, deren Nutzung allerdings kostenpflichtig ist. Eine sehr umfangreiche Datenbank bieten Genios.de oder GBI.de. GBI bereitet Print-Quellen aus dem Wirtschaftsbereich so auf, dass Recherche und Abruf von Dokumenten über das Internet möglich sind. Dabei erfasst werden Hunderte von

Zeitungen und Fachzeitschriften. Als Alternative können Angebote wie GBI jedoch nur gelten, wenn man sich bei der Recherche mit Print-Quellen zufrieden gibt, oder wenn – wie derzeit bei vielen Medien noch der Fall – die Angebote von Print- und Online-Ausgaben vollständig oder weitgehend identisch sind. Es ist aber zu beobachten, dass sich Tageszeitungen mittlerweile eigene Internetredaktionen leisten und ihre Internetseiten mit eigens verfassten Artikeln füllen. Von einer bloßen Wiedergabe der Print-Ausgabe kann somit keine Rede mehr sein, die Konvergenz der digitalen Medien und der konventionellen Printmedien nimmt tendenziell ab. Die in der Druckausgabe und die online verbreiteten Inhalte können im extremen Fall von zwei völlig getrennten Redaktionen verfasst werden. Zudem entstehen immer mehr Magazine und Nachrichtendienste, die nur im Internet publizieren. Diese werden momentan auch durch professionelle Mediendatenbanken nicht erfasst, so dass die Inhalte für eine Recherche nur dann erhalten bleiben, wenn der Herausgeber ältere Nachrichten dauerhaft zur Verfügung stellt. Als Beispiele für ein Magazin und einen Nachrichtendienst, die jeweils nur im Internet publizieren:

- Telepolis.de, das sich selbst als „Zeitschrift der Netzkultur" bezeichnet, aber als internetbezogenes Magazin dennoch über sehr viele politische Themen berichtet.
- Golem.de, ein technisch orientierter Nachrichtendienst, der aber auch regelmäßig zu politischen Fragen im Telekommunikationsbereich berichtet, z.B. zu Regulierung.

Bei diesen Magazinen und Nachrichtendiensten wäre die Erstellung eines eigenen Online-Pressespiegels durchaus vorstellbar. Ähnlich wie bei einem Pressespiegel, der aus Tageszeitungen und Zeitschriften zusammengestellt wird, bliebe der Aufwand für das tägliche Durchsehen einiger Internetmagazine überschaubar. Die relevanten Beiträge könnten sehr einfach in einem „Online-Pressespiegel" zusammengestellt werden. Im einfachsten Fall besteht dieser Online-Pressespiegel aus einer E-Mail mit den Links zu den jeweiligen Artikeln. Dabei stellt sich jedoch wieder die Frage, ob die Artikel nach einiger Zeit noch immer über die entsprechenden Links verfügbar sind. Fast schon anachronistisch erscheint es, die relevanten Seiten aus Internetmagazinen auszudrucken und einem kopierten Pressespiegel beizufügen, auch wenn man damit die Informationen wirklich dauerhaft verfügbar macht.

Wirklich komfortabel wäre ein Online-Pressespiegel erst, wenn man die Vorteile digitalisierter Informationen nutzen könnte. Im Idealfall wäre das eine automatische Indexerstellung für den täglichen Pressespiegel oder die Möglichkeit, die Pressespiegel für bestimmte Zeiträume nach Begriffen zu durchsuchen. Aber auf die Lösungen dafür müssen wir wohl noch einige Zeit warten.

Politikberatung im Internet

Bewegen wir uns noch weiter in den politischen Bereich, jetzt mit Fokus auf die Politikberatung. Politikberater und wissenschaftliche Forschungsstellen für Politikberatung nutzen das Internet, um sich und ihre Ziele darzustellen, die Vernetzung der Beratungslandschaft voranzutreiben und Forschungsergebnisse zu präsentieren. Unter Politikberatung ist ein sehr breites Spektrum von Tätigkeiten zu verstehen. Dazu gehören unter anderem Kommunikationsberatung im politischen Bereich, Wahlkampfführung, Lobbying, Marktforschung und auch wissenschaftliche Forschungsprojekte. Nachfolgend sind einige Angebote zusammengestellt, die guten Aufschluss über die aktuellen Themen der Politikberatung geben.

- Die Deutsche Gesellschaft für Politikberatung (www.degepol.de) ist ein überparteilicher Zusammenschluss von Politikberatern und Politikprofis aus verschiedenen Bereichen, auch aus dem Bereich Online- bzw. IT-Politikberatung
- Das Centrum für angewandte Politikforschung, kurz CAP

(www.cap.uni-muenchen.de), leistet langfristig orientierte Strategieberatung mit dem Fokus auf internationaler Politik.

- Das Rhein-Ruhr-Institut für Sozialforschung und Politikberatung an der Uni Duisburg: (www.uni-duisburg.de/ Institute/ RISP/ abtpro/svp/index.htm) betreibt Politikberatung im Bereich Verwaltung durch Forschungsprojekte.
- Das österreichische Forschungsprogramm zu Technologie, Information und Politikberatung: (www.tip.ac.at) ist ein Forschungs- und Beratungsprogramm für Technologie und Innovationspolitik mit Fokus auf Österreich, EU und OECD.

Die Gründung der Deutschen Gesellschaft für Politikberatung im Mai 2002 zeigt, dass sich die Politikberatung und die Erbringung von Tätigkeiten im Umfeld der Politik auch in Deutschland zunehmend professionalisieren (vgl. dazu Meier in diesem Buch). Die im ersten Kapitel aufgezeigten Möglichkeiten des Zusammenspiels von im Bereich der Politik Tätigen und professionellen Recherchediensten lassen sich in viele andere Bereiche übertragen.

Für Erfolg braucht man in der Politik die richtigen strategischen Konzepte. Erfolgsdruck bedeutet daher immer auch Veränderungsdruck, weil es keine dauerhaft erfolgreichen Konzepte gibt. Die Beschleunigung, die auch die Politik durch das immer schnellere Veralten von Inhalten und Konzepten erfährt, lässt sich durch die Verzahnung der eigenen politischen Arbeit und Kommunikation mit den Leistungen externer Experten abfedern.

Chancen und Grenzen für die Parteien

Der Hauptfehler, der bei der Einschätzung der Bedeutung des Internet für die Politik gemacht werden kann, ist, im Internet mehr als nur ein Medium unter vielen zu sehen. Das Internet spielt sicher in machen Bereichen der Parteiarbeit schon heute eine besondere Rolle und wird in Zukunft zu einem noch wichtigeren Medium. Beispielsweise ist das Internet sehr effizient, wenn es darum geht, sehr schnell Informationen an viele Empfänger zu verteilen oder viele parallele sehr zielgruppenspezifische Kommunikationsangebote zu etablieren. Doch das Internet ist nicht unschlagbar und hat auch seine Nachteile. Sollen zum Beispiel eigene Wahlkämpfer sofort über Sprachregelungen zu aktuellen Ereignissen informiert werden, erreicht man diese per SMS schneller und ortsunabhängiger als per E-Mail. Und auch in den Kommunikationsstrategien der Parteien im Bundestagswahlkampf zeigte sich, dass in einem Medienwahlkampf das Internet als weiteres Medium eingebunden werden muss, aber mit Sicherheit auch in weiterer Zukunft nicht die Hauptrolle spielen wird. Zudem wird aufgrund der schnellen Zuwächse der Internetnutzung das tatsächliche Nutzungsverhalten bisweilen überschätzt. Mehr als die Hälfte der deutschen Internetnutzer geht nicht täglich online und ein Viertel sogar seltener als einmal pro Woche (Altendorfer 2000: 280). Fraglich bleibt auch, ob das Internet in absehbarer Zeit den Verbreitungsgrad des Fernsehens besitzen wird, oder ob es einen Deckeneffekt gibt, weil von bestimmten Bevölkerungsgruppen – wie alten Menschen – nur ein sehr geringer Teil das Internet nutzen wird. Allgemein näherte sich in den letzten Jahren das Profil des durchschnittlichen Nutzers dem des Durchschnittsbürgers an, doch nach wie vor sind die „Offliner" deutlich älter, haben ein formal niedriges Bildungsniveau und ein geringeres Einkommen. Diese Ergebnisse sind im *(N)Onliner Atlas 2002* nachzulesen, der von Emnid und der Initiative D21 herausgegeben wurde. Die Zukunftsaussichten mögen zu wenig euphorisch erscheinen. Doch man sollte bedenken, dass die bereits heute sich im Internet bietenden Möglichkeiten zur politischen Kommunikation nicht ausgeschöpft werden. Eine Untersuchung des Beratungsunternehmens Accenture und politik-digital.de zeigt, dass Möglichkeiten, Online-Beziehungen zu Nutzern aufzubauen, nur sehr unzureichend genutzt werden. Solche Möglichkeiten umfassen das Sammeln von Informationen über die Nutzer und die Fähigkeit, aufgrund des Wissens über die Nutzer diesen passende Angebote zu machen. Bei Internetauftritten von kommerziell ausgerichteten Medien werden die Möglichkeiten am stärksten genutzt. Im Bereich der politischen Kommunikation werden nur ein Fünftel der Möglichkeiten genutzt, von Bundestagsabgeordneten sogar nur 15 Prozent (Bill 2002: 93). Dabei besaß im Mai 2001 gerade einmal die Hälfte aller Bundestagsabgeordneten einen eigenen Internetauftritt (Bilgeri/Lamatsch 2001, 315).

Was das heißen könnte? Nun, Kennedy gewann den Präsidentenwahlkampf 1960. Der Eindruck, den Kennedy im damals noch recht neuen Medium Fernsehen machte, wurde oft als ausschlaggebend bezeichnet. Zentrales Ereignis war das TV-Duell: Nixon verlor, obwohl Radiohörer der Meinung waren, er habe die Debatte gewonnen. Erst als Nixon sich auf das Medium Fernsehen mit größter Perfektion eingelassen hatte, zog er 1968 und 1972 ins Weiße Hause ein. Bei der Frage, wie das Internet die Politik verändert, wird für das Internet ein ähnlicher Effekt erwartet (Reitze 2001: 25). Ob dieser Effekt wirklich eintreten wird, dessen können wir uns nicht sicher sein. Wir können gespannt die weitere wechselseitige Beeinflussung von Internet und Politik verfolgen. Dass wir erst am Anfang hinsichtlich der Ausschöpfung der Möglichkeiten des Internets stehen, dessen können wir uns sicher sein.

Altendorfer, Otto: „Nutzer und Nutzungsstruktur der Online-Medien." Altendorfer, O./Wiedemann, H./Mayer, H. (Hg.): *Handbuch Der Moderne Medienwahlkampf*. Eichstätt: Media Plus, 2002: 277-285

Bilgeri, Alexander/Lamatsch, Dorothea: „Offliner 2001 – Abgeordnete meiden die Datenautobahn." Joos, K./Bilgeri, A./Lamatsch, D. (Hg.): *Mit Mouse und Tastatur: Wie das Internet die Politik verändert*. München: Olzog, 2001: 315 - 322

Bill, Holger: „Einfach näher dran? Kosten und Nutzen von politischer Kommunikation im Internet." Siedschlag, A./Bilgeri, A./Lamatsch, D. (Hg.): *Kursbuch Internet und Politik*, Band 1/2002. Opladen: Leske + Budrich, 2002: 91 - 97

Joos, Klemens: „www.politikerscreen.de – Ein Internetportal fördert die politische Kultur in Deutschland." Joos, K./Bilgeri, A./Lamatsch, D. (Hg.): *Mit Mouse und Tastatur: Wie das Internet die Politik verändert*. München: Olzog, 2001: 244 - 250

Reitze, Helmut: „Wer wird Kanzler in de.land? – Wie das Internet die Politik verändert". Siedschlag, A./Bilgeri, A./Lamatsch, D. (Hg.): *Kursbuch Internet und Politik*, Band 1/2001. Opladen: Leske + Budrich, 2001: 21 - 25

Wahlkreisbetreuung mit PC-Informationssystem

DATENGEDÄCHTNIS DER KAMPAGNE

STEPHANIE OHNMACHT
BERLIN

JEDER WAHLKREIS IST EIN SCHWERPUNKTWAHLkreis: Das war eine wichtige Mobilisierungsleitlinie der Kampa|02. Die Wahlkampfzentrale der SPD sah eine ihrer Hauptaufgaben darin, als Service- und Dienstleister für die Kandidaten und aktiven Wahlkämpfer vor Ort tätig zu sein. Dies galt für alle 299 Wahlkreise in gleichem Umfang. Wie bewältigt man den schnellen Informations- und Kommunikationsfluss?

Tempo, transparente Arbeitsvorgänge und der Zugriff auf einen aktuellen Datenpool sind Grundvoraussetzungen für jede effektive Projekt- und Kampagnenarbeit. Ebenso wichtig ist die Betreuung und der regelmäßige Kontakt zu den an einer Kampagne beteiligten

Akteuren. Es gilt Stimmungen, Kritik und Anregungen vor Ort aufzufangen und entsprechend darauf zu reagieren. Zwei Kampagnen-Tools wurden nach diesen Anforderungen für den Bundestagswahlkampf 2002 entwickelt und in der Kampa|02 eingesetzt:

- **Die Hotline** (Kampa-Informationspool) war die zentrale telefonische Anlaufstelle für alle Fragen der Aktiven aus den Wahlkreisen. Sie führte zusätzlich in regelmäßigen Abständen Gruppen-Anrufe (z.B. Kampa-Vertrauensleute, GeschäftsführerInnen, KandidatInnen) durch. Dadurch konnten in den einzelnen Wahlkampfphasen Stimmungs- und Meinungsbilder direkt aufgenommen werden. Anregungen und Anforderungen zu den zentralen Wahlkampfinstrumenten konnten über diese Telefonkontakte gesammelt werden. Die Kampa|02 erhielt so eine Gesamtübersicht über die jeweiligen Aktivitäten der Wahlkreise. Diese wichtigen Informationen sind in eine interne Datenbank eingeflossen und abgebildet worden – nämlich dem
- **Kampa-Informationssystem (KIS)**. Denn die Hotline der Kampa|02 benötigte für ihre Arbeit einen „Datenspeicher". Dieser musste während der Telefonate schnell abrufbar sein und aktuelle Daten enthalten, um Fragen zügig beantworten zu können. Der Informationsfluss in die Wahlkreise hinein und die Rückkoppelungen aus den Wahlkreisen in die Kampa|02 sollten abgebildet werden können. Darüber hinaus sollte ein solches KIS allen MitarbeiterInnen einen zentralen Zugriff auf relevante Wahlkreisdaten gewähren.

KIS: Datenspeicher für die Kampagne

Das so entstandene ursprüngliche Profil eines elektronischen „Datenspeichers" wurde kontinuierlich ausgebaut und erweitert. Die MitarbeiterInnen der Kampa-Arbeitsbereiche stellten ihre jeweiligen

Anforderungsprofile zusammen. Diese wurden in das Kampa-Informationssystem eingearbeitet. Eingehende Informationsdaten mussten eindeutig den entsprechenden Wahlkreisen zuordenbar und darstellbar sein. Zusammengefasst ergaben sich für das Kampa-Informationssystem die folgenden Anforderungen:

- Tool zur Wahlkreisbetreuung und –analyse
- Internes/Externes Informations- und Kommunikationstool
- Zentrales Arbeitstool der einzelnen Kampa-Arbeitsbereiche.

Wahlkreisbezogene Kerndaten im KIS

Der Start und die Implementierung des Kampa-Informationssystems in die Arbeitsprozesse der Kampa|02 begann im November 2001. Die KIS-Arbeitsdaten wurden im Laufe der Kampagne aufgefüllt und ergänzt. Kernstück und Datenausgangsbasis waren wahlkreisbezogene Grundinformationen, welche bereits auf die neu zugeschnittenen Bundestagswahlkreise ausgerichtet waren:

- Wahlkreisname und Wahlkreisnummer als Primärschlüssel in der Datenhierarchie
- Bundesland und zuständige SPD-Bezirke/Landesverbände, Unterbezirke, Geschäftsstellen
- Kennzahlen aus der hauptamtlichen Organisation
- Mitgliederdichte
- Kontaktdaten der DirektkandidatInnen
- Kontaktdaten/Funktion der Ansprechpartner im Wahlkreis
- Auszüge aus den jeweiligen Landeslisten

- Aufstellung der GegenkandidatInnen
- Erst- und Zweitstimmenergebnisse der Bundestagswahl 1998

Die fixen Grundinformationen konnten abgerufen werden. Zusätzlich wurden sie in digitalisierten Wahlkreiskarten dargestellt und visualisiert.

Der Zugriff auf diese Datenansicht hat die Arbeitsabläufe innerhalb der Kampa|02 vereinfacht, beschleunigt und effektiv gestaltet. Eine umfassende Datenrecherche und die Erfassung musste nur einmalig erfolgen. Entsprechend wurde eine unsaubere Datenkonsistenz vermieden und die zeitaufwendige Pflege von Einzeldaten entfiel. Sukzessive konnten Datensätze aus den verschiedenen Arbeitsprojekten ins KIS automatisiert übernommen werden.

Wahlkreisbezogene Projektdaten im KIS

Hilfestellungen für Wahlkreise können nur dann zielgerichtet erfolgen, wenn ein Gesamtbild der wahlkampfrelevanten Aktivitäten vor Ort gezeichnet wird. Aber: Die erfassten Organisationsdaten stellten nur einen Teil der für die Kampagnenarbeit erforderlichen Informationen dar.

Deshalb wurden im KIS wahlkreisbezogene Projektdaten erfasst. So zeichnete sich im Laufe der Kampagne ein sehr genaues Bild von allen 299 Wahlkreisen und deren Aktivitäten im Wahlkampf ab. Die wahlkreisbezogenen Projektdaten wurden ebenfalls wie die Organisationsdaten im KIS innerhalb von Wahlkreiskarten zusammengefasst und dargestellt.

Diese Transparenz hat dazu geführt, dass Aktionen miteinander effektiver verknüpft werden konnten. Sie hat darüber hinaus gezeigt, wie wichtig das Zusammenspiel einzelner Wahlkampfinstrumente ist. Mit dem Kampa-Informationssystem konnten auf diese Weise Veranstaltungen gemeinsam koordiniert und organisiert werden. KIS-Daten bildeten die Entscheidungsgrundlage und beantworteten wichtige Fragen in der Praxis.

Bei der Mobilisierung für zentral geplante Veranstaltung ließen sich beispielsweise mit wenigen Mausklicks Antworten abrufen auf Fragen wie:

- Gibt es zeitgleich noch weitere Veranstaltungstermine im betreffenden Wahlkreis ?Wenn ja, wer ist verantwortlich ?
- Ist im Wahlkreis ein „Roter Bus" des Parteivorstands unterwegs, der die Veranstalter unterstützen kann ?
- Wenn ja, kann der Einsatz mit dem Veranstaltungstermin koordiniert werden ?
- Ist eines der „Jungen Teams" im Wahlkreis aktiv ? Wenn ja, wer sind die Ansprechpartner ?
- Sind regionale Unterstützergruppen ansässig ? Wenn ja, wer sind die Ansprechpartner ?

Wahlkreisbetreuung und Konkurrenzbeobachtung

Der Arbeitsbereich Konkurrenzbeobachtung stellte an das KIS andere Anforderungen als die für die andere zentrale Kampagneninstrumente zuständigen Kampa-Arbeitsbereiche.

Zu Beginn der Konzeption stand die Frage im Mittelpunkt, wie eine Gruppe von WahlkämpferInnen vor Ort aktiv in die regionale Konkurrenzbeobachtung einbezogen werden könnte. Der Informationsaustausch sollte wechselseitig stattfinden und über ein Internet-Tool einfach zu handhaben sein. Ergebnisse mussten wahlkreisbezogen recherchierbar sein und sich zusätzlich im KIS eingliedern. Eine direkte Dateneingabe durch eine externe Benutzergruppe in das Kampa-Informationssystem war wegen der notwendigen Sicherheitsbeschränkungen nicht möglich.

Realisiert wurde die interaktive Konkurrenzbeobachtung im ersten Schritt über ein einfach gestaltetes Online-Formular im SPD-Mitgliedernetz. Dieses Formular bildete die Schnittstelle zwischen dem KIS und dem SPD-Intranet. Fragen der Kampa-Konkurrenzbeobachtung wurden im KIS eingegeben und über die Funktion „Publizieren" im Online-Formular sichtbar. Auf diese Weise konnte das Formular den sich ändernden Fragestellungen einfach und flexibel angepasst werden. Antworten, Kommentare oder sonstige regional relevante Beobachtungen flossen den Wahlkreisen zugeordnet in KIS ein.

Der wichtige Informationsfluss aus den Wahlkreisen in die Kampa|02 hinein sollte sich nicht einseitig gestalten. Aus diesem Grund stellten die Verantwortlichen dem geschlossenen Benutzerkreis der interaktiven Konkurrenzbeobachtung exklusive Zusatzmaterialien und Informationen online zur Verfügung.

Mit dieser Form der Online-Zusammenarbeit sind unterschiedliche technische Plattformen miteinander verbunden worden. Benutzerfreundlichkeit, Flexibilität und Effektivität in Kombination mit einer optimalen Ausnutzung moderner Informations- und Kommunikationstechnik konnten dabei erreicht werden.

Wahlkreisbetreuung in der heißen Wahlkampfphase

Für die heiße Phase des Wahlkampfes gewann die Funktionsfähigkeit und der Nutzungsgrad des KIS immer mehr an Bedeutung. Die bis zu diesem Zeitpunkt mit dem KIS gewonnenen Erfahrungen wurden ausgewertet. Zugangsmöglichkeiten, Weiterverarbeitungsfunktionen und die Benutzerfreundlichkeit sind in mehreren Prozessen kontinuierlich verbessert worden. Zusätzlich gestellte Anforderungen wurden neu eingearbeitet. Einzelne KIS-Funktionen, die sich in der Praxis als zu aufwändig und daher wenig effektiv erwiesen hatten, wurden in den Arbeitsroutinen nicht mehr weiter berücksichtigt.

Eine der wichtigsten Anforderungen an das KIS in der heißen Phase bestand darin, den Informationsaustausch noch einmal zu beschleunigen. Wichtig war zudem die Erfassung von Rückmeldungen über den Einsatz der zentralen Mobilisierungsinstrumente in den Wahlkreisen.

Zur Steuerung dieser Aufgaben wurden „Adhoc-Umfragen" im KIS eingesetzt. Dabei konnten einfache Ja/Nein-Optionen genauso eingebunden werden wie freie Textfelder und Zahleneingaben. Diese Adhoc-Umfragen wurden über eine entsprechende Verknüpfung mit dem Mailprogramm an die Empfängergruppen versendet.

Das Beantworten und Ausfüllen der Umfragen konnte über die Funktion „Antwort senden" in jedem beliebigem Mailprogramm erfolgen. Auch hier speisten sich die eingehenden Antworten den Wahlkreisen zugeordnet wieder ins KIS ein. Die Häufigkeit und der Umfang der versendeten Adhoc-Umfragen variierte. Wichtig war hierbei die Orientierung darauf, was in den Wahlkreisen zu leisten war. Die Hilfestellungen für die Aktiven standen im Vordergrund, Arbeitsabläufe sollten nicht unnötig kompliziert werden.

PC-gestützte Wahlkreisanalysen

Die über das KIS gewonnenen wahlkreisbezogenen Daten (Organisationsdaten, Summe der Projektdaten, Abfrageergebnisse zu bestimmten Themen und die Erfassung der Wahlkreisaktivitäten, Hotline-Kontakte) spiegelten in ihrer Gesamtheit einen Aktivitätsgrad der Wahlkreise im Bundestagswahlkampf 2002 wider.

Die Messung dieser Aktivitäten erfolgte anhand von ausgewählten Parametern. Diese konzentrierten sich auf den Einsatz der zentralen Mobilisierungsinstrumente. Dazu zählten beispielsweise

- der Einsatz von Telefoncampaigning,
- die Existenz von „Jungen Teams",

- die Teilnahme an Schulungsmaßnahmen,
- Einsatztermine der „Roten Busse“ sowie
- die Bestellung von bestimmten Wahlkampfmaterialien.

Der sich aus diesen Daten darstellende Aktivitätsgrad gab Auskunft über den Stand der Mobilisierung in jedem Wahlkreis. Mit diesem Status konnte innerhalb der Kampagnenarbeit zusätzlich Unterstützung organisiert werden. Zielgerichtet wurden den Wahlkreisen Hilfen, wie z.B. zusätzliche Seminare oder Mobilisierungsveranstaltungen, angeboten. Auch persönliche Gespräche mit den Aktiven in den Wahlkreisen erfolgten aufgrund der vorgenommen Analysen.

Nicht alle für eine detaillierte Wahlkreisanalyse erforderlichen Daten konnten über das KIS einbezogen werden. Gegebene technische Limitierungen im Bereich der Darstellbarkeit mussten berücksichtigt werden. Die Auswertung der vorhandenen Daten sollte nicht in komplizierten und zeitaufwändigen Berechnungen enden sondern einfache, aussagekräftige Grunddaten liefern. Es kommt hinzu, dass nicht alle Aktivitäten eindeutig messbar sind.

Die Struktur der Wahlkreise etwa im Bereich der ehrenamtlichen WahlkämpferInnen und regionale Besonderheiten lassen sich nicht in Kennzahlen ausdrücken. Zur Bewertung greifen hier Erfahrungen und Kenntnisse der Parteigliederungen weitaus mehr.

In einigen Wahlkreisen wurden nicht alle zentralen Wahlkampfinstrumente der Kampa|02 eingesetzt. Natürlich waren diese Wahlkreise nicht weniger aktiv als andere, wenn z.B. statt einer Telefonaktion verstärkt Hausbesuche durchgeführt wurden oder KandidatInnenflyer in hoher Auflage verteilt wurden. Vor konkreten Handlungsanleitungen und Nachsteuerungen stand deshalb immer ein Gespräch mit den Verantwortlichen vor Ort.

KIS ist in Zusammenarbeit mit der Internetagentur Ahrens & Behrent. face2net entstanden. Da die Agentur bereits mit der grafischen und technischen Umsetzung der SPD-Online-Auftritte vertraut war, gab es keine Schwierigkeiten bei Konzeption und Weiterentwicklung.

Fazit

Mit KIS gelang es der SPD im zurückliegenden Bundestagswahlkampf, Arbeitsprozesse und Wahlkampfaktivitäten transparent darzustellen. Diese Transparenz ist eine Grundvoraussetzung, um den Verlauf einer Kampagne in den unterschiedlichen Phasen zu beobachten und zu messen.

Defizite können schnell und treffsicher erfasst, notwendige Handlungsanleitungen abgeleitet werden. Der Einsatz von bestimmten Wahlkampfinstrumenten kann abhängig von den Anforderungen forciert oder gestoppt werden.

Zielgerichtetes Kampagnenmanagement erhöht die Effektivität um ein Vielfaches und senkt den Verbrauch von knappen Ressourcen. Dies gilt sowohl für die Aktiven in den Wahlkreisen als auch für die Aktiven in den Kampagnenzentralen.

Neue Agenturen, neue Services

PUBLIC AFFAIRS BOOMTOWN BERLIN

AXEL WALLRABENSTEIN
BERLIN

LUDWIG ERHARD, WIRTSCHAFTSMINISTER UND später Kanzler, bezeichnete Lobbyisten in den 50er Jahren einmal als „Geschmeiß". Für ihn wäre Berlin heute sicherlich eine wahre „Geschmeiß-Metropole", denn seit dem Umzug von Bonn nach Berlin hat die Zahl der Lobbyisten „dramatisch" zugenommen, wie Bundestagspräsident Wolfgang Thierse in einem Interview mit der *Stuttgarter Zeitung* bekannte.

Die deutsche Hauptstadt hat sich in den letzten Jahren neben Brüssel zum wichtigsten europäischen Lobbying-Standort entwickelt. Gleichzeitig hat sich die Art und Weise, wie Lobbying betrieben wird entscheidend verändert. Die professionellen Berater bieten heute nicht mehr nur klassisches Lobbying an, sondern Public Affairs: eine Kommunikations-Technik, die der Steuerung von Entscheidungsprozessen an der Schnittstelle zwischen Politik, Wirtschaft und Gesellschaft dient. Public Affairs ist strategisch geplante Kommunikation, die sich der Werkzeuge der klassischen Werbung und Public Relations bedient, um ein Unternehmen nachhaltig in gesellschaftliche und politische Prozesse einzubinden.

Das professionelle Verständnis der Public-Affairs-Berater in den Vereinigten Staaten hat dort bereits zu einem positiven Imagewechsel der Branche geführt. In Deutschland wird dies sicherlich noch einige Zeit dauern. Doch eine neue Generation von Beratern, die Next Generation sozusagen, legt momentan in den PA-Hochburgen Berlin und Brüssel den Grundstein für eine veränderte, positive Wahrnehmung der Politikberater in der Zukunft.

Auch wenn es noch ein weiter Weg ist: So abfällig, wie der Ex-Kanzler Erhard würde sich heute sicherlich kaum ein Politiker mehr äußern. Dennoch ist der Ruf der Branche nicht der Beste. Einzelne Vertreter dieser Zunft haben durch ihr Geschäftsgebaren nicht gerade zu einer Imageverbesserung beigetragen, sondern alte Vorurteile bestätigt. Schlechtes Image und dennoch eine stark wachsende Nachfrage? Warum ist das so, und was hat Berlin damit zu tun?

Das Ende der Bonner Gemütlichkeit

Der Regierungsumzug von Bonn nach Berlin stellt einen Quantensprung für die professionelle Interessenvertretung in der Bundesrepublik dar. Die Berliner Republik ist lauter, schneller und chaotischer als die Bonner Republik, aber auch transparenter und öffentlicher. Das zeigt sich nicht nur in der Architektur der neuen Gebäude von Parlament und Regierung, sondern im Stil der Kommunikation von Parteien und anderen politischen Akteuren in der neuen Hauptstadt. Aber auch das sich ändernde Verhältnis von Parlament und Regierung und die Schwerfälligkeit und mangelnde

Flexibilität der Verbände begünstigt das Wachstum der deutschen Public-Affairs-Branche.

Bonn zeichnete sich durch Übersichtlichkeit und kurze Wege aus. Diese gemütliche, fast intime Atmosphäre ist Großbaustellen, verstopften Verkehrsadern und der hektischen Geschäftigkeit einer Millionenstadt gewichen. Besprachen Verbandsvertreter früher ihre Anliegen mit den Abgeordneten bei Hintergrundgesprächen oder dem abendlichen Bier in einer der einschlägigen Bonner Kneipen, so trifft man sich heute bei Podiumsdiskussionen, Netzwerkparties und Politischen Salons. In der Hauptstadt finden an einem durchschnittlichen Abend ein Dutzend Veranstaltungen statt, auf denen man die Berliner Polit-Szene treffen kann. Die Chance, dabei zufällig den gewünschten Gesprächspartner zu treffen, ist allerdings gering: ein Grund, warum der Bedarf an strategisch geplanter Kommunikation wächst.

Auch die Veränderungen im Verhältnis von Parlament und Regierung begünstigen die Nachfrage nach professioneller Politikberatung. Die Bedeutung des Parlaments nimmt ab. Die Bundestagsabgeordneten, früher bevorzugter Anlaufpunkt für Interessenvertreter, treten in den Hintergrund. Der Großteil der Gesetze, Verordnungen und staatlichen Investitionsentscheidungen werden von der Regierung vorbereitet und getätigt.

Darüber hinaus verlieren die großen Verbände immer mehr von ihrem Einfluss, da diese nicht mehr in der Lage sind, ihre Mitglieder und deren zunehmend spezialisierten Interessen angemessen zu vertreten. In den Vereinigten Staaten geht schon seit geraumer Zeit der Einfluss der ehemals übermächtigen Verbände, wie der National Association of Manufacturers, der National Rifle Association oder des Gewerkschaftsdachverbands AFL-CIO zurück.

Bis vor ein paar Jahren wäre in Deutschland kaum jemand auf die Idee gekommen, Einzelinteressen zu formulieren und durch eigene Lobbyisten zu artikulieren. Dies war die Aufgabe der jeweiligen Verbände. Die zunehmende Komplexität, wie z.B. in Fragen der

Gentechnik und der Biotechnologie, aber auch Privatisierungen, wie die der europäischen Telekommunikationsmärkte, hat in den letzten Jahren dazu geführt, dass Wirtschafts- und andere Organisationen immer häufiger selbst zu Akteuren auf der politischen Bühne werden. Das Stichwort heißt: Selbstrepräsentanz.

Um die Defizite der Verbände auszugleichen, haben viele Großunternehmen Büros in der deutschen Hauptstadt eröffnet, die sich einzig und allein der Kontaktpflege und Information von Politik und Medien widmen. Der BASF-Konzern zum Beispiel hatte in Bonn keine eigene Vertretung. In Berlin arbeiten mehrere Mitarbeiter in der neuen Repräsentanz. Für viele mittelständische Unternehmen lohnt es sich allerdings nicht, ein eigenes Büro in Berlin zu unterhalten. Die Fragen, um die es geht, betreffen in der Regel hoch spezialisierte Themen und sind zeitlich begrenzt angelegt. Für diese projektbezogene Interessenvertretung greifen die Wirtschaftslenker auf Agenturen und Einzelberater zurück, die ihre Auftraggeber sicher durch den Behördendschungel führen. Sie kennen die administrativen, politischen und kommunikativen Trampelpfade.

Doch nicht nur mittelständische Unternehmen nutzen das Know-how der Berater. Auch Großunternehmen arbeiten immer wieder mit Agenturen zusammen, da das eigene Personal meist nicht über die nötigen Ressourcen verfügt. Die Zahl der Adressaten einer Lobbying-Kampagne kann schnell einige Hundert erreichen: Abgeordnete, Minister, Staatsekretäre, Abteilungsleiter, persönliche Referenten und Büroleiter. Oft ist es notwendig, auf verschiedenen Ebenen zu arbeiten, so dass die Ansprechpartner auf lokaler, regionaler, Landes- und Bundesebene sowie internationaler Ebene identifiziert und informiert werden müssen. Dies erfordert Zeit und kompetentes Personal. Nur kreative Konzepte und langfristige Strategien führen letztendlich zum Erfolg.

Kontinuität und Vertrauen sind das A und O der modernen Interessenvertretung. Die Affäre Scharping zeigt jedoch, dass einzelne Vertreter der Branche ein etwas eigenwilliges Verständnis von kreativen Konzepten haben. Die Befürchtungen, dass sich das Verhältnis der Politiker zu den Vertretern der Wirtschaft durch das Geschehene auf Dauer abkühlen könnte, haben sich jedoch nicht bestätigt.

Das ist eigentlich auch nicht verwunderlich, denn sowohl die Politik als auch die Interessenvertreter sind auf den ständigen Informationsaustausch angewiesen. Umfragen belegen immer wieder das große Interesse von Politik und Verwaltung an Fachinformationen und externem Sachverstand. Bei einer Umfrage, die Publicis Public Relations im Herbst 2002 unter 55 Hauptstadtbüros großer Unternehmen durchführte, schätzten 90 Prozent der Unternehmensrepräsentanten die Bereitschaft der Politik, externe Kompetenz zu nutzen, als „vorhanden" oder „hoch" ein.

Absprachen und Mauscheleien sind passé. Transparenz ist Trumpf! An die Stelle einseitiger Einflussnahme ist heute eine dialogorientierte Kommunikation zwischen Politik, Wirtschaft und Medien getreten. Der Austausch und die Öffentlichkeit werden von den Lobbyisten offensiv gesucht.

Dieses Dialog-Lobbying geht einher mit einer anderen Entwicklung, die als Coalition-building, also die zeitlich begrenzte Zusammenarbeit verschiedener Partner in einzelnen Sachfragen, bezeichnet wird. Dabei kommt es mitunter zu ungewöhnlichen Allianzen. So haben sich Vertreter der Autofahrer-Lobby und Naturschützer in einer Initiative zusammengeschlossen, deren Ziel es ist, den Güterverkehr von der Straße auf die Schiene zu verlagern.

Wer „Glanz" will, muss auffallen

Rund 2500 Lobbyisten waren in der 14. Wahlperiode bei der Bundestagsverwaltung registriert. Zu ihnen zählen vor allem Vertreter von Wirtschaftsverbänden, Gewerkschaften und Non-Profit-Organisationen. Dazu kommen rund 70 freiberufliche Einzelberater und rund ein Dutzend Agenturen mit bis zu 20 Mitarbeitern. Ihre Ansprechpartner finden die Interessenvertreter unter den 603 Bundestagsabgeordneten und ihren Mitarbeitern, den Mitgliedern der Bundesregierung und ihrer Stäbe sowie bei den 10.000 Beamten der Ministerialbürokratie, die vom Rhein an die Spree umgezogen sind.

Als Public-Affairs-Profi und Veranstalter von Polit-Events steht man vor dem Problem, bei den unzähligen Veranstaltungen, die täglich von Verbänden, Hauptstadtrepräsentanzen, Parteien, Landesvertretungen und Lobbying-Agenturen durchgeführt werden, die richtigen und relevanten Personen für seine Veranstaltung zu begeistern. Einen solchen Event erfolgreich durchzuführen und die richtigen Leute miteinander ins Gespräch zu bringen, das ist eine Kunst, die neben guten Kontakten auch eine professionelle Vorbereitung und eine gehörige Portion Know-how verlangt.

Wer heute die Polit-Größen der Hauptstadt auf seiner Veranstaltung haben möchte, muss auffallen. Entweder durch eine besonders beieindruckende Speisenfolge, einen ausgefallenen Veranstaltungsort, hochrangige Referenten – oder am besten alles zusammen.

Es muss natürlich nicht immer der Bundesminister oder der Fraktionsvorsitzende sein, obwohl deren Anwesenheit auf einer Party oder Podiumsdiskussion nicht nur das Interesse der Parlamentsredakteure und Hauptstadtkorrespondenten weckt, sondern dem Ganzen auch den nötigen „Glanz" verleiht. Effektiver und der jeweiligen Sache zuträglicher ist oftmals der direkte Kontakt zu den Mitarbeitern der Abgeordneten sowie den Abteilungs- und Referatsleitern in den Ministerien. Denn sie sind es, die Informationen filtern und aufbereiten und Prozesse wirkungsvoll steuern können. Sie beraten die Entscheider und erstellen die Dossiers, die als Grundlage für politische Entscheidungen und neue Gesetze dienen.

Falls nun der Eindruck entsteht, in der Berliner Berater-Szene geht es vornehmlich darum, wer die besten Parties veranstaltet, so ist dies nicht ganz richtig. Polit-Parties bieten zwar die Möglichkeit, in lockerer Atmosphäre seine persönlichen Netzwerke auf- und auszubauen. Somit sind sie ein wichtiges und effektives Kommunikationswerkzeug, die tägliche Arbeit der Public-Affairs-Profis hat aber auch eine ernsthaftere Seite.

Public Affairs bezeichnet ein Vorgehen, das die Analyse und Beobachtung der Medien und gesellschaftlicher Entwicklungen ebenso einschließt wie klassisches Lobbying, Strategie und Umsetzung von politischen Kommunikationskampagnen. Die modernen Politik-Berater nutzen die gesamte Klaviatur der Kommunikation vom persönlichen Gespräch unter vier Augen bis zum offenen Medien-Feldzug, der, wie bei der Altautoverordnung oder dem Dosenpfand, bei großen Teilen der Bevölkerung auf Interesse stößt und sich zum vielbeachteten medialen Top-Thema entwickeln kann.

Im Hinblick auf die Komplexität vieler Fragen, die Entscheidungen von Parlament und Regierung erfordern, kommt den Public-Affairs-Profis eine besondere Aufgabe zu. Ähnlich wie ihre Kollegen aus Werbung und PR verfügen sie über die Fähigkeit, schwierige Themen prägnant zu verkürzen und sie mit Hilfe von Kampagnen an die richtigen Gruppen zu kommunizieren.

Junge Spezialisten, alte Haudegen

Viele jüngere Consultants verfügen heute über eine spezielle Ausbildung und besondere fachliche Qualifikationen. Die Next Generation hat ihr Handwerk mitunter in speziellen Kursen für Politikmanagement oder an Universitäten im Ausland gelernt, in Europa wie in den USA. Angehörige der Next Generation waren es auch, die im Mai 2002 in Berlin die Deutsche Gesellschaft für Politikberatung (degepol, siehe Beitrag Meier in diesem Buch) gründeten. Zu den Zielen des Zusammenschlusses gehört unter anderem der fachliche Austausch, die praxisorientierte Weiterbildung, die Entwicklung von Qualitäts- und ethischen Standards sowie die Vernetzung von Experten aus den verschiedenen Feldern der Public Affairs. Mit *politik & kommunikation* wird in Berlin erstmals eine deutschsprachige Fachzeitschrift herausgegeben. Doch nicht nur die Jungen haben die Branche in der letzten Zeit verändert. Auch viele ältere Berufspolitiker oder hochrangige Ministerialbeamte finden, nach dem Ende ihrer politischen Laufbahn, ein neues Betätigungsfeld als Public-Affairs-Berater. Sie sind begehrte Mitarbeiter in den Agenturen. Durch ihre langjährige Berufspraxis verfügen sie über die Netzwerke, die sich die jungen Kollegen erst mühsam erarbeiten müssen. Ihre profunden Kenntnisse der politischen Landschaft ermöglichen die Optimierung von Strategien und tragen zur zielgerichteten Kommunikation bei. Fast jede Agentur, die PA-Dienstleistungen anbietet, hat einen „alten Haudegen“ oder eine „eiserne Lady“ in ihren Reihen. Etliche von ihnen betätigen sich auch als Einzelberater und bieten ihr Know-how, das sich oft auf bestimmte Politikbereiche konzentriert, Organisationen und Agenturen an.

Die Ableger internationaler Kommunikationsagenturen legen besonderen Wert auf den richtigen Mix von Erfahrung und jugendlichem Elan, aber auch auf den kombinierten Einsatz von Public Affairs, klassischer Werbung und PR. Vor allem Agenturnetzwerke mit amerikanischen Dependancen kennen das Geschäft und haben Erfahrung mit integrierten Lösungsansätzen in der Politischen Kommunikation. In den USA ist die professionelle Interessenvertretung schon seit den 80er Jahren ein lukratives Geschäft. Der Umsatz der Branche liegt allein in der Hauptstadt Washington bei geschätzt 1,5 Milliarden Dollar. Umsätze, die in den 50 Staatshauptstädten erwirtschaftet werden, dabei nicht mitgerechnet.

Sprungbrett nach Osteuropa

Auch wenn die Summen, die in Deutschland in der Public Affairs Branche umgesetzt werden, wohl auf längerer Sicht nicht an die der Amerikaner heranreichen werden, so haben die Branche und der Standort Berlin dennoch gute Zukunftsaussichten. Die Stadt wird von der EU-Osterweiterung profitieren, da die neuen Mitgliedstaaten eine beachtliche Dynamik entwickeln werden. Die besondere Stellung Deutschlands innerhalb der Union und die guten Kontakte zu den östlichen Nachbarn werden dazu führen, dass Berlin seine Stellung als einer der wichtigsten europäischen Lobbying-Standorte ausbauen kann.

Agenturen und Berater könnten nicht nur osteuropäische Regierungen und Unternehmen bei ihrer Kommunikation mit ihren Ansprechpartnern in der deutschen Hauptstadt unterstützen, sondern auch nach Warschau, Prag und Bratislava expandieren. Große Agenturnetzwerke wie Publicis nutzen die Stadt bereits als Sprungbrett und setzen das Know-how ihrer Berliner Berater für den Aufbau von Public-Affairs-Agenturen in Osteuropa ein.

Der Blick nach Osten macht allerdings nur Sinn, wenn man gleichzeitig die europäische Hauptstadt im Westen nicht vergisst: Brüssel. Denn nicht nur die Erweiterung, sondern auch die Vertiefung und intensivere Zusammenarbeit der EU-Mitgliedstaaten wird positive Auswirkungen auf die Entwicklung der Politikberatung haben – sowohl in Brüssel als auch in Berlin.

Wie auch immer die konkreten Impulse aussehen, die von den Entwicklungen auf europäischer Ebene ausgehen werden, fest steht schon heute, dass sich die Branche in Deutschland professionalisiert. Eine Entwicklung, von der nicht zuletzt auch Kunden und Auftraggeber profitieren. Ihnen wird es in Zukunft leichter fallen, sich zu informieren, zu vergleichen und seriöse Agenturen und Berater zu finden, die ihre Interessen und Ziele nach allen Regeln der Kunst – dabei aber fair und seriös – vertreten.

PLATTFORM FÜR EIN NEUES BERUFSFELD

DOMINIK MEIER
BERLIN

DIE POLITIKBERATUNGSSZENE IN DEUTSCHLAND befindet sich im Wandel. Der Umzug der Regierung nach Berlin hat ihre Spielregeln erkennbar verändert. Bonn – das war ein geschlossener Zirkel, in dem jeder jeden kannte. Es gab nur einen begrenzten Spielraum für politische Vermittler und Kommunikatoren. In der neuen Metropole hat sich die politische Kultur verändert. Immer mehr Akteure ringen um Einfluss.

Die Medien sind ungeduldiger, der Entscheidungsdruck größer und der Kampf um öffentliche Aufmerksamkeit härter. Der Informationsfluss gewinnt an Geschwindigkeit. Die Transparenz und Offenheit der politischen Entscheidungsverfahren nimmt stetig zu.

Gleichzeitig wächst der Anspruch an die politischen Entscheidungsträger, mit der gesellschaftlichen und ökonomischen Dynamik Schritt zu halten. Nur mit Dialogbereitschaft und Vermittlungsfähigkeit gegenüber den unterschiedlichen Akteursgruppen lässt sich dieser Anspruch erfüllen.

Auch das traditionell starke deutsche Verbandswesen, das in der Politik über enormen Einfluss verfügt, steht vor entscheidenden Herausforderungen. Die Mitglieder von Verbänden fordern zunehmend individuelle Lösungskonzepte für ihre konkreten Probleme und politischen Interessen. Anstelle pauschaler und sehr allgemein gehaltener Dienstleistungen benötigt jedes einzelne Verbandsmitglied heute schnelle, kurzfristige und projektbezogene Unterstützung und Beratung. Den Verbänden gelingt es immer weniger, dem Wandel der Ansprüche gerecht zu werden. Die langwierigen und oft schwierigen internen Abstimmungsprozesse innerhalb der Verbände passen nicht mehr zum Berliner Politikstil. Hierin nähert sich Berlin immer mehr Brüssel und Washington an.

Diese Annäherung ist auch auf die zunehmende Internationalisierung deutscher Politik und ihrer Entscheidungswege zurückzuführen. Deutsche Politik ist zunehmend europäische Politik. Dies zeigt sich vor allem an dem steigenden Bedarf an politischer Beratung und Public-Affairs-Leistungen in Brüssel. Der heimische Markt für Politikberatung wird dabei wesentlich ergänzt durch die wachsende Bedeutung Brüsseler Politik. Politikberatung in Deutschland gelingt fast nur noch im europäischen Kontext. Sie muss daher in hohem Maße über das Rüstzeug und Verständnis für die europäische und internationale Dimension der Politikberatung verfügen. Dabei spielt kommunikative wie kulturelle Kompetenz genauso eine wesentliche Rolle wie die Fähigkeit, strategische Allianzen zwischen den relevanten nationalen und europäischen Entscheidungsträgern zu bestimmten Themen herzustellen. Nicht zuletzt die Internationalisierung treibt die Professionalisierung der deutschen Politikberaterszene mit großen Schritten voran.

Ansprüche an professionelle Politikberatung

Mit dem Wandel der deutschen Politikberaterszene haben sich auch die Ansprüche an Politikberatung verändert. Diese Ansprüche lassen sich mit den Schlüsselbegriffen Professionalisierung, Kommunikation und Operationalisierung am besten zusammenfassen. Kanzleramtsminister Frank-Walter Steinmeier spricht von Politikberatern als „Managern von Organisationsprozessen, die das notwendige Verständnis für die Rahmenbedingungen unserer Arbeit aufbringen"[1]. Gefragt sind Berater, die wissen, was in der Politik möglich ist und wie in dem komplexen deutschen und europäischen Politikgeflecht Konzepte und Kampagnen umgesetzt werden können. Operative Politikberatung muss rasch auf veränderte Bedingungen reagieren können und gleichzeitig langfristig und nachhaltig angelegt sein[2]. Dafür benötigt es nach Steinmeier eine „neue, ergebnisorientierte Dialogkultur zwischen Politik, Wissenschaft, Wirtschaft und kritischer Öffentlichkeit"[3].

Dieser Vermittlungsanspruch von Politikberatung wird in Deutschland selten erfüllt. Oft fehlt es an der Verbindung von politischer Analysefähigkeit mit strategischer Kompetenz, um daraus umsetzbare Konzepte zu entwickeln und eine effektive und flexible politische Steuerung zu ermöglichen. Dieses Defizit wird umso deutlicher, wenn man sich die rasanten Veränderungen in unserer Gesellschaft, vor allem im technologischen Umfeld und Medienbereich vergegenwärtigt.

Das wissenschaftliche Politikberatungssystem ist zu institutionalisiert, hierarchisiert und kaum auf das praktische Politikgeschäft ausgerichtet. Viele Organisationen der wissenschaftlichen Politikberatung sind zum größten Teil längst systemimmanenter Teil traditioneller Formen abstrakter Sachverständigen- und Gutachter-Politikvermittlung geworden. Einen Wettbewerb der Berater auf dem Markt für politische Konzepte gibt es praktisch nicht.

Aber gerade moderne Politikberatung muss die Verknüpfung von wissenschaftlicher Politikberatung einerseits und strategisch-operativer Konzepte andererseits leisten. Ohne das analytische Rüstzeug der Wissenschaft und ein Verständnis für die Komplexität von Sachproblemen ist eine erfolgreiche Umsetzung neuer Konzepte in die politische Praxis nicht möglich. Die Sprache und Ideen der Wissenschaft in einfache und operationell handhabbare Vorlagen für die Politik zu „übersetzen", verlangt Erfahrung und Kenntnis der relevanten Sachthemen und Verfahren.

Gewandelt hat sich auch die Bedeutung des Begriffes Politikberatung. Politikberatung umfasst sowohl Beratung der Politik als auch Beratung Externer über die Politik. Ohne ein umfassendes Wissen über interne politische Vorgänge ist auch keine Beratung von Unternehmen und Organisationen, die sich im politischen Feld positionieren möchten, möglich.

Nur wer beide Seiten der Politikberatung kennt, kann eine professionelle Politikberatung bieten. Eine Trennung dieser beiden Ebenen von Politikberatung ist künstlich. Sie entspricht in einem komplexen System gegenseitiger politischer, wirtschaftlicher und zivilgesellschaftlicher Abhängigkeiten nicht der politischen Realität.

Gerade Politikberatung als Public-Affairs-Beratung versucht im intermediären Bereich zwischen Politik und Wirtschaft eine Gratwanderung zwischen Transparenz und Diskretion. Die richtige Mischung entscheidet über Erfolg und Einfluss.[4] Die richtige Mischung heißt, dass politikberatende Arbeit auf hohen Qualitäts- und ethischen Standards beruhen muss. Politikberatung lebt von der Loyalität zum Kunden und vom Vertrauen des Kunden in seinen Politikberater. Hierfür bedarf es eines professionellen Selbstverständnisses und Berufsbildes von Politikberatung, das auf einem Fundament systematisierten Wissens und praktischer Instrumentarien beruht.

Die Berliner Initiative junger Politikberater

Um den Herausforderungen einer sich wandelnden und internationalisierenden Politikberaterszene gerecht zu werden, sind eine verstärkte Professionalisierung und ein neues Selbstverständnis von Politikberatung erforderlich. Diese Ziele können Politikberater nur gemeinsam erreichen. Vor diesem Hintergrund entstand die Idee, die neue Generation der deutschsprachigen Politikberaterinnen und Politikberater aus Deutschland und Brüssel zusammenzubringen, um sich über die gemeinsame Profession auszutauschen. Die Idee fand ihre Umsetzung in der Berliner Initiative junger Politikberater, die von Daniel Dettling, Cornelius Winter, Kathrin Schmidt und dem Autor ins Leben gerufen wurde.

Im Rahmen der Initiative trafen sich im Mai 2002 in Berlin 30 junge Politikberaterinnen und Politikberater. Die Teilnehmer des Treffens kamen aus unterschiedlichsten Teilbereichen des Berufsfelds Politikberatung: von Kampagnenexperten, Public-Affairs-Professionals und Lobbyisten über Experten aus der strategisch-inhaltlichen Politikberatung und den Think Tanks bis hin zu Experten aus dem Bereich Strategic Research (z.B. Meinungs- und Marktforschung, Denkfabriken) und politische Internetkommunikation. Trotz der großen Spannbreite an Tätigkeitsfeldern ließen sich Gemeinsamkeiten erkennen: die meisten Teilnehmer besitzen Erfahrungen als Mitarbeiter oder Referenten in Partei- und Fraktionsstäben oder Behörden, haben im PA- und Lobbybereich in Deutschland oder Brüssel gearbeitet, kennen die PR- und Werbebranche oder haben Stationen in der Unternehmensberatung oder in internationalen Organisationen hinter sich.

Es zeigte sich zudem, dass selbst eine Trennung zwischen Angestellten und Selbständigen wenig sinnvoll ist, da Politikberater nicht selten zwischen selbständigen Beratertätigkeiten und Arbeitsverhältnissen als Angestellte wechseln.

Im Verlaufe der Diskussion zeigte sich bei den Teilnehmern des Treffens das gemeinsame Interesse, die Professionalisierung von Politikberatung voranzutreiben, ein gemeinsames Fundament an Wissen und Instrumentarien praktischer Politikberatung zu erarbeiten, den Austausch und die Vernetzung zu intensivieren sowie das berufliche Selbstverständnis über Politikberatung als spezialisierte Beratungsleistung weiter zu entwickeln.

Dieses gemeinsame Interesse fand auf dem Treffen seinen Ausdruck in der Gründung der degepol – Deutschen Gesellschaft für Politikberatung und in der Verabschiedung eines gemeinsamen Abschlusskommuniqués, in dem die Gründungsmitglieder die Ziele ihrer zukünftigen Arbeit darlegen (vgl. www.degepol.de).

Kein Verband, sondern eine Plattform

Den Mitgliedern ging es bei der Gründung von degepol nicht um die Etablierung eines neuen Berufsverbandes. Vielmehr stand die Schaffung einer eigenen Plattform für die neue Generation von Politikberatern jenseits von Parteigrenzen im Vordergrund. Unter diesem Vorzeichen vereinigt die degepol gegenwärtig Professionals aus den Bereichen Public Affairs und Lobbying, Kampagnenberatung, strategisch-inhaltliche Politik- und Politikfeldberatung, politische Kommunikation, persönliches Coaching, Strategic Research/Think Tanks und Internetkommunikation. Die degepol-Mitglieder bieten ihr Know-how nicht nur Regierungen, Parlamenten, Ministerien und Verwaltungen an, sondern auch der Wirtschaft und gesellschaftlichen Organisationen.

Die degepol richtet sich an alle, die über mehrjährige Berufserfahrungen im Bereich Politikberatung auf nationaler oder internationaler Ebene verfügen. Ob sie in Deutschland oder in Brüssel, Westminister oder Washington beraten und leben, spielt dabei keine Rolle. Der gemeinsame Hintergrund, das Arbeitsfeld und hohe Ansprüche an Politikberatung verbinden die Mitglieder. Derzeit kommen die Mitglieder mehrheitlich aus Berlin und Brüssel und arbeiten oft in mehreren der beschriebenen Bereiche der Politikberatung. Bei ihren Tätigkeiten beraten sie oft parallel einzelne Politiker, Parteien, Fraktionen, Unternehmen und gesellschaftliche Organisationen.

Seit ihrer Gründung entwickelt die degepol ein vielfältiges Angebot für ihre Mitglieder. Neben öffentlichen Veranstaltungen bietet die degepol ihren Mitgliedern interne Veranstaltungen zur Professionalisierung mit einem Weiterbildungsanspruch. Hierbei geben degepol-Mitglieder ihren Kollegen Einblick in ihr spezifisches Arbeitsgebiet. Arbeitsgruppen innerhalb der degepol unterstützen die Professionalisierung, beispielsweise durch die Entwicklung von Qualitätsstandards und ethischen Standards, die Vernetzung mit der Wissenschaft und die Formulierung eines professionellen Selbstverständnisses.

Unter den Mitgliedern der degepol soll ein Netzwerk entstehen, das die Möglichkeit zum Austausch von Know-how und zur Bildung von Kooperationen eröffnet. Ein eigener Newsletter informiert über neueste Entwicklungen. Ein interner Referentenpool dient der Vermittlung von Spezialisten bei Anfragen für Interviews, Expertenmeinungen, Vorträgen oder Projektbeteiligungen.

Die Entstehung einer gemeinsamen Identität unter den degepol-Mitgliedern ermöglicht eine von Partei- und Interessenkonflikten abgelöste fachliche Diskussion. Generell zeichnet sich in der Politikberaterszene ab, dass die Bindung der Berater an einzelne politische Parteien kontinuierlich abnimmt. Die Europäisierung und Professionalisierung der deutschen Politik sowie ein neuer Umgangsstil haben dazu geführt, dass die verbreitete Vorstellung, man dürfe nur einer Partei dienen, immer weniger der politischen Praxis entspricht – jedenfalls, wenn es nicht ausschließlich um parteibezogene Tätigkeiten wie etwa Wahlkampfplanung geht.

Glaubwürdigkeit, Qualität, Diskretion

Eine entscheidende Aufgabe der degepol besteht darin, das neue Profil von Politikberatung den Akteuren im politischen Feld, den Unternehmen und Organisationen in der Wirtschaft und Gesellschaft und der Öffentlichkeit zu vermitteln. Während Politikberatung in Brüssel, Washington und London bereits seit Jahren als eigenständiges Berufsfeld anerkannt ist, steckt sie in Deutschland noch in den Kinderschuhen. Die Berührungsängste zwischen Vertretern aus Regierung, Parlamenten und Ministerien einerseits und Politikberatern andererseits sind hier zu Lande im Vergleich zu Brüssel groß. Von einem partnerschaftlichen Austausch, wie er in Brüssel zwischen den EU-Institutionen und Politikberatern an der Tagesordnung ist, ist man in Berlin noch meilenweit entfernt.

Die degepol möchte maßgeblich dazu beitragen, die Vorstellungen über die Profession Politikberatung mit den Begriffen Glaubwürdigkeit, Qualität und Diskretion zu verbinden. Wenn das Image von Politikberatung in Deutschland nachhaltig verbessert werden soll, muss es gelingen, Politikberatung jenseits von „Strippenziehern“ und „schwarze Koffern“ als professionelles Berufsfeld zu etablieren. Dabei ist die Erarbeitung theoretischer Grundlagen genauso wichtig, wie das Bekenntnis zu ethischen Standards und die internationale Zusammenarbeit.

Professionalisierung

Die degepol hat begonnen, sich über das Fundament und die Standards professioneller Berufspraxis für Politikberater auszutauschen. Einerseits prägen bereits die unterschiedlichen Berufsfelder und Arbeitsweisen der degepol-Mitglieder das berufliche Selbstverständnis der degepol, anderseits gilt es, diese Erfahrungen auf gemeinsame Grundlagen zu stellen und mit Blick auf angrenzende oder konkurrierende Bereiche wie z.B. die wissenschaftliche Politikberatung und die PR-Branche weiter zu entwickeln.

Schon die unterschiedlichen Werdegänge der degepol-Mitglieder zeigen, dass in Deutschland bisher keine relevanten Einrichtungen für die Aus- und Weiterbildung von Politikberatern existieren. Politikberater sind nach wie vor vorwiegend Autodidakten. Das notwendige Handwerkszeug und ihre Kompetenz erwerben sie meistens erst nach dem Studium im Rahmen von Praktika, freier Mitarbeit und befristeten Arbeitsverträgen.

Von Einrichtungen wie der Washingtoner Graduate School of Political Management (GPSM) oder den Brüsseler Public-Affairs-Seminaranbietern können Politikberater in Deutschland nur träumen: Erst langsam beginnen sich die deutschen Hochschulen auf spezielle berufsnahe Weiterbildungsangebote einzustellen, so etwa die Universität Erfurt mit ihrem Programm „Master of Public Policy", das Professor Dietmar Herz an der staatswissenschaftlichen Fakultät nach dem Harvard-Vorbild „Kennedy School of Government" entwickelt hat, oder die Hochschule Bremen mit dem „Internationalen Studiengang Politikmanagement" (ISPM).

Um diesen Schwierigkeiten zu begegnen, möchte die degepol mit internen und externen Veranstaltungen, der Einrichtung einer eigenen Arbeitsgruppe und dem Aufbau praxisorientierter Weiterbildungsangebote die Professionalisierung von Politikberatung in Angriff nehmen. In verschiedenen Phasen sollen folgende Aspekte der Professionalisierung diskutiert und definiert werden:

- Erstellung einer systematischen Übersicht von Inhalten, Werkzeugen und Erfahrungen, die eine moderne Politikberatung, wie degepol sie versteht, von benachbarten Berufsfeldern abgrenzt und den Kontext der europäischen und internationalen Entwicklungen widerspiegelt.

- Entwicklung von beruflichen und ethischen Standards für Politikberatung. Hierbei kommt dem Beratungsdreieck von

Glaubwürdigkeit, Qualität und Diskretion eine wesentliche Bedeutung zu. Auch Dialog- und Kommunikationskompetenz sowie der (inter-) nationale Praxisbezug sind Grundlagen moderner Politikberatungsstandards. Die Bedeutung von ethischen Standards hat sich zuletzt wieder bei der Diskussion um den PR-Berater Hunzinger gezeigt. In einem Bereich, in dem der Umgang mit sensiblen politischen Informationen zum Alltagsgeschäft gehört, müssen Verhaltensregeln gegenseitig anerkannt werden, die die Beziehungen zwischen den Klienten, Kollegen, politischen Entscheidungsträgern und der Öffentlichkeit regeln. Professionelle Politikberatung lebt letztlich von der Seriosität ihrer Beratungstätigkeit und dem Vertrauen der Klienten in die Loyalität ihrer Berater. Zudem lässt sich Seriosität sehr schnell zerstören aber nur sehr mühsam wieder aufbauen.

- Austausch über den technologischen „state of the art" im Bereich Politikberatung. In diesem Bereich gilt es, technische Neuerungen, wie z.B. Online-Umfragetechniken oder Fundraisingtools für die Politikberatung nutzbar zu machen.
- Austausch und Kooperationen mit politischen Organisationen, Hochschulen, Unternehmen, Verbänden und Repräsentanten aus der Zivilgesellschaft, um die Annäherung zwischen theoretischen Konzepten und Operationalisierung voranzubringen.

Allerdings wird auch eine zielgerichtete Professionalisierung nichts daran ändern, dass sich Politikberatung in Deutschland mittelfristig nicht an der amerikanischen Szene messen lassen kann. Hierzu sind die Voraussetzungen zu verschieden. Vor allem die unterschiedlichen Finanzierungsstrukturen des amerikanischen und des deutschen Politiksystems begrenzen den Markt für Politikberater in Deutschland. Während die finanziellen Handlungsspielräume der einzelnen Politiker oder Kandidaten in den USA für externe Beratung groß sind, konzentriert sich die Finanzierung des politischen Personals in Deutschland auf die Parteien. Externe Politikberatung kann aus wirtschaftlichen Gründen daher in Deutschland fast nur mit einem Mix aus öffentlichen und privatwirtschaftlichen Auftraggebern überleben.

Austausch mit der internationalen Beraterszene

Die degepol kann ohne eine Anbindung an die europäische und internationale Politikberaterszene kaum erfolgreich sein. Einerseits können die jüngeren degepol-Mitglieder von den Veteranen lernen, andererseits ist die Organisationsgeschichte für den Verein interessant. Daher hat sich die Berliner Initiative junger Politikberater von Anfang an um einen engen Kontakt zu führenden Vertretern der European Association of Political Consultants (EAPC), insbesondere zu Professor Volker Riegger von der Münchner Logos AG, und der International Association of Political Consultants (IAPC), hier insbesondere zu dem New Yorker Wahlkampfberater Joe Napolitan, bemüht. Die Initiative wurde – Riegger war dabei – Anfang Mai 2002 auf dem Jahreskongress der EAPC vorgestellt und fand dort

Beraterverbände

- DEUTSCHE GESELLSCHAFT FÜR POLITIKBERATUNG: **www.degepol.de**
- EUROPEAN ASSOCIATION OF POLITICAL CONSULTANTS: **www.eapc.com**
- INTERNATIONAL ASSOC. OF POLITICAL CONSULTANTS: **www.iapc.org**
- ASSOC. OF PROFESSIONAL POLITICAL CONSULTANTS: **www.appc.org.uk**
- AMERICAN ASSOCIATION OF POLITICAL CONSULTANTS: **www.theaapc.org**
- ASOCIACION LATINO-AMERICANA DE CONSULTATORES POLITICOS: **www.alacop.org**

große Unterstützung. Napolitan, 1969 Mitbegründer der amerikanischen und internationalen Politikberatervereinigung, sandte ein Grußwort für das Treffen der Berliner Initiative, in dem er die Hoffnung zum Ausdruck brachte, dass durch den Zusammenschluss der Politikberaterszene in Berlin eine internationale Kooperation auf breiter Ebene beginnen wird.

Die Gründung der degepol stellt den Versuch dar, außerhalb der etablierten Parteiapparate und traditionellen politischen Organisationsstrukturen eine Plattform für die Professionalisierung des noch jungen, sehr heterogenen Berufsfelds Politikberatung zu schaffen. Inwieweit es der degepol gelingen wird, den beschriebenen Wandlungsprozess in der Politikberaterszene aktiv mitzugestalten, hängt letztlich vom Engagement ihrer Mitglieder ab.

Kontakt:
Deutsche Gesellschaft für Politikberatung e.V.
www.degepol.de
C/O Dominik Meier, miller meier Consulting (Sprecher)
Email: dominik.meier@degepol.de

---

1 Nina Grunenberg (2001). „Die Mächtigen schlau machen". *Die Zeit* 5. Juli.

2 Vgl. Steinmeier, in: Franz Müntefering, Matthias Machnig (2001). *Sicherheit im Wandel*, Berlin: 264.

3 Ebenda: 265.

4 Vgl., Gregor Schönborn (Hrsg.)(2002), Dagmar Wiebusch, *Public Affairs Agenda, Politikkommunikation als Erfolgsfaktor*, Luchterhand: 4.

Think Tanks

POLITIKBERATUNG IM POSTKORPORATISMUS

DANIEL DETTLING

BERLIN

WO LASSEN POLITIKER UND UNTERNEHMER MIT politischem Veränderungswillen denken? Politikberatung von außen hat in Deutschland keine lange Tradition. In der Bonner Republik blieb man lieber unter sich. Die Berliner Republik ist unübersichtlicher, komplexer und dynamischer. Es ist Aufgabe von Think Tanks, zwischen Politik, Wissenschaft und Wirtschaft zu vermitteln und ungewohnte, bislang unbeschrittene Wege in der neuen politischen Landschaft aufzuzeigen.

Doch wie sieht die Landschaft aus? Wo sind die politischen Pfadfinder, die Überkommenes in Frage stellen und neue Wege wagen? Welche Hindernisse und Wegelagerer haben sie zu überwinden?

Beratungsdilemma: Politik- oder Politikerberatung?

„Politikberatung, wie man sie in Deutschland kennt, geht an ihrem Ziel vorbei." So lautet der Befund von Susanne Cassel (2001). Politikberatung richtet einen zwar richtigen Rat an den faschen Adressaten – oder einen falschen Rat an den richtigen Adressaten. Die wissenschaftlichen Berater ignorierten oft das Wiederwahlinteresse der Politiker. Dazu seien sie sogar institutionell verpflichtet, wie der Sachverständigenrat zur Begutachtung der gesamtwirtschaftlichen Entwicklung mit seinem Empfehlungsverbot.

Es ist daher sinnvoll, zwischen Politikerberatung, die sich an einzelne Entscheidungsträger richtet, und Politikberatung, die sich an die Öffentlichkeit wendet, zu unterscheiden.

In Deutschland ist die Beraterlandschaft sehr stark auf die Exekutive ausgerichtet. Legislative und Öffentlichkeit werden als Adressaten kaum berücksichtigt. Die Folge ist eine mangelnde Transparenz der Beratung in der Öffentlichkeit und eine geringe Pluralität in den Strukturen der Beratung. Informationen über Inhalte und Zielsetzungen der vergebenen Beratungsaufträge sind kaum zu erhalten. Eine intensive Öffentlichkeitsarbeit leistet daher so gut wie kein staatlich finanzierter Think Tank.

Politikberatung in der Bürgergesellschaft

Der rasante technologische und gesellschaftliche Wandel verlangt von der Politik Beschleunigung und Entschleunigung zugleich. Politik soll rasch auf veränderte Bedingungen reagieren – und gleichzeitig langfristig und nachhaltig angelegt sein (Steinmeier 2001: 264). Struktureller Wandel kann nicht allein als Politik der Politiker stattfinden. Die vom Chefdenker des Kanzlers, Frank Walter Steinmeier, verkündete „neue, ergebnisorientierte Dialogkultur zwischen Politik, Wissenschaft, Wirtschaft und kritischer Öffentlichkeit" (Steinmeier 2001: 265) fand bislang nicht statt. Warum? Offenbar bleibt auch die Politik in der Berliner Republik gerne unter sich. Die

„neue" Kultur bleibt eine Kommunikation der Einverstandenen und gewohnten Pfade.

Die Organisation des Verhältnisses von Wissenschaft und Politik verläuft in Deutschland überwiegend bürokratisch. Auch die großen Organisationen der wissenschaftlichen Politikberatung sind längst zum Teil der korporatistischen Veranstaltung geworden. Der Raum für wissenschaftliche Berater, neue und umfassende Lösungskonzepte zu entwickeln, ist wesentlich geringer als früher.

Beratung wird oft mit dem Ziel eingesetzt, politisch opportune Maßnahmen zu rechtfertigen. Zudem haben die traditionellen Think Tanks kaum ein Interesse an neuen Instrumenten und Strategien. Die dazu erforderliche Öffentlichkeitsarbeit scheuen sie, mit der Übergabe an den Auftraggeber betrachten die meisten Berater ihre Arbeit als getan.

Hinzu kommt, dass die Gutachten und Studien der klassischen Think Tanks, wie dem Sachverständigenrat und Kommissionen der Ministerien, nur wenig Einfluss auf die öffentliche Meinungsbildung haben. Hier stehen meist die Konjunktur- und Wachstumsprognosen im Mittelpunkt, weniger die ordnungspolitischen Analysen, die der Rat als wichtigsten Teil der Gutachten ansieht.

Diese Art von Beratung muss einflusslos bleiben. Von politischen Entscheidungsträgern kann nicht erwartet werden, dass sie Ratschläge in politische Maßnahmen umsetzen, so lange dadurch ihre Wiederwahl gefährdet wird. Am Ende stehen gegenseitige Schuldzuweisungen zwischen Wissenschaft und Politik. Lachende Dritte sind schließlich PR-Agenturen.

Politik als Denkfabrik

Wichtiger wird im Zeitalter der Mediendemokratie die Dialogkompetenz von Politik und ihre Fähigkeit, die Ideen gerade junger Führungskräfte und Wissenschaftler, deren Innovationspotenzial oft größer ist als ihr erreichtes Renommee, jenseits traditioneller Partei-

und Verbandsstrukturen in politische Prozesse einzubringen. Eine progressive Politik für die Wissensgesellschaft braucht aber nicht nur vernetzte Institutionen. Institutionelle Rahmenbedingungen für die wissenschaftliche Beratung sind wichtig, werden aber ohne mehr Wettbewerb von außen wenig ausrichten.

Wer sind die neuen gesellschaftspolitischen Unternehmer und Berater? Welche Schule haben sie durchlaufen? Was unterscheidet sie von den vielen Hunzingers? Sie werden Fach- und Sachkompetenz verbinden und transparent agieren müssen. Es wird nicht genügen, die beste Kampagne zu entwickeln, wenn damit weder Kompetenz noch Glaubwürdigkeit verbunden werden.

Nicht öffentliche Aufmerksamkeit, sondern Glaubwürdigkeit ist die wichtigste Ressource. Die Merkmale der neuen Think Tanks sind Konzepte, Kompetenz und Kontakte. Diese machen den Reichtum an immateriellen Ressourcen aus, der im Zeitalter des permanenten Wandels gebraucht wird. Konzepte – die besten und neuesten Kenntnisse und Ideen; Kompetenz – die Fähigkeit, auf dem höchsten Niveau jedes gegebenen Ortes zu funktionieren und Kontakte – die besten Beziehungen, die Zugang verschaffen zu den Ressourcen anderer Menschen und Organisationen. Die Philosophie der neuen Berater: „Politik als Experiment, das Land als Denkfabrik!"

Im gleichen Maße, wie die Erneuerung der Parteien und Verbände von innen unwahrscheinlich wird, wird Beratung und Druck von außen wichtig werden für die Qualität demokratischer Politik. Die bestehende repräsentative Demokratie scheint allein nicht in der Lage, die notwendigen politischen Änderungen hervorzubringen. Wichtige Fragen bleiben auf der Strecke. Noch ist der Einfluss von Partikularinteressen, insbesondere der Industrie, der Gewerkschaften und des öffentlichen Dienstes, zu groß.

Politikberatung ist – im Gegensatz zu Public Affairs und Public Relations – dem Allgemeinwohl und dem großen Ganzen verpflichtet. Nicht das Produkt ist entscheidend, sondern der Produktionsprozess: eine intensive Einbindung des Parlaments und eine stärkere direkte Beteiligung der Bürger. Doch wer hat das „große Ganze" im Blick und stellt das nötige Geld für gemeinnützige Think Tanks, Denkfabriken und Ideenagenturen zur Verfügung? Das deutsche Beratungssystem ist überwiegend staatsfixiert und wenig transparent. Die meisten Institute und Think Tanks sind interessengeleitet, verbands- oder politikabhängig, mithin in ein staatlich abgesichertes Meinungskartell verstrickt. Als privater Think Tank steht die Bertelsmann-Stiftung allein auf weiter Flur.

Politikberatung ist ein öffentliches Gut. Dies muss jedoch nicht bedeuten, dass allein der Staat die finanziellen Mittel bereitzustellen hat. Ob es hier mit verstärkten Anreizen für die private Finanzierung getan sein wird, etwa durch eine großzügigere Regelung im Stiftungsrecht, ist mehr als zweifelhaft.

Politikberatung im Zeitalter des Postkorporatismus heißt neben einem stärkeren verbandsunabhängigen Vorgehen in der Kommunikation auch eine stärkere finanzielle Förderung von kleinen privaten, aber gemeinnützigen Think Tanks. Ohne eine solche Beteiligung Privater und Unternehmern heißt die „Vision": geschlossene Gesellschaft und blockierte Republik. Eine solche zu verhindern bzw. zu überwinden, wird zur Agenda einer neuen Generation von Politikberatern.

Susanne Cassel: Politikberatung und Politikerberatung. Bern 2001
Franz Müntefering, Matthias Machnig: Sicherheit im Wandel. Berlin 2001
Frank Walter Steinmeier, in: Müntefering/Machnig, 263-272

Kurzbiografien und Kontakt

HERAUSGEBER UND AUTOREN

Dr. Marco Althaus, Diplom-Politologe, M.A.P.M. (USA), Jahrgang 1971, ist Pressesprecher des Niedersächsischen Ministeriums für Wirtschaft, Technologie und Verkehr. Mitglied der Strategiegruppe der NiedersachsenKampa im Landtagswahlkampf 2001-03. Redaktionsbeirat beim Fachmagazin *politik & kommunikation.* Lehrbeauftragter der Hochschule Bremen, Internationaler Studiengang Politikmanagement. Herausgeber, *Kampagne! Neue Strategien für Wahlkampf, PR und* Lobbying (2001). Autor, *Wahlkampf als Beruf: Die Professionalisierung der Political Consultants in den USA* (1998). Bis 2001 Politikredakteur der Neuen Presse, Hannover. Volontariat bei der F.A.Z. Redakteur im Informations- und Pressestab des Verteidigungsministeriums Bonn. Studium an der Freien Universität Berlin und der Duke University in Durham(USA), Promotion an der Georg-August-Universität Göttingen. Absolvent der Graduate School of Political Management, George Washington University, Washington. Fellow, German Marshall Fund of the United States; Stipendiat der Friedrich-Ebert-Stiftung. ✉ **dmalthaus@aol.com**

Vito Cecere, M.A., Jahrgang 1967, arbeitet im Planungsstab des SPD-Parteivorstands in Berlin. Er war stellvertretender Leiter des Arbeitsbereichs Analyse, Konkurrenz, Recherche in der Kampa02 und mitverantwortlich für den Online-Wahlkampf der SPD. Zuvor war er beim Beauftragten der Bundesregierung für Kultur und Medien, Staatsminister Michael Naumann, zuständig für Öffentlichkeitsarbeit. Davor arbeitete er als Referent beim SPD-Parteivorstand in Bonn und befasste sich in der Kampa98 mit der Konkurrenzbeobachtung. Er war wissenschaftlicher Mitarbeiter der SPD-Fraktion im Niedersächsischen Landtag, Mitarbeiter des Landtagsabgeordneten und Kultusministers Rolf Wernstedt und Berater von Hannovers Oberbürgermeister Herbert Schmalstieg im Kommunalwahlkampf 1996. Studium der Geschichte, Politikwissenschaft, Germanistik und Philosophie an der Universität Hannover und an der Università degli Studi di Bologna. Stipendiat der Friedrich-Ebert-Stiftung. ✉ **cecere@web.de**

Marcus R. Becher, Diplom-Politologe, Jahrgang 1965, ist wissenschaftlicher Mitarbeiter des Bundestagsabgeordneten Fritz Kuhn. Er war Referent für Gegnerbeobachtung und Meinungsforschung im Wahlkampfteam von Bündnis90/Die Grünen zur Bundestagswahl 2002. Er war zuvor persönlicher Referent des politischen Geschäftsführers Reinhard Bütikofer sowie Pressesprecher und Vorstandsreferent der Grünen in Sachsen-Anhalt. Er leitete dort zudem den Landtagswahlkampf 1998 der Partei und war danach in weiteren Landtagswahlkämpfen für die Grünen beratend tätig. Er war Mitte der Neunzigerjahre Mitglied im Landesvorstand der Hamburger Grünen und arbeitete als Referent für Hochschul- und Forschungspolitik der GAL-Bürgerschaftsfraktion. Studium der Politikwissenschaft und Soziologie in Bonn und Hamburg. ✉ **marcus.becher@web.de**

Dr. Bernd Becker, Jahrgang 1968, ist selbstständiger Politikberater in Wachtberg bei Bonn. Studium der Politikwissenschaft in Bonn und Edinburgh. Mitarbeiter im Wahlkampfteam Robin Cook 1997 in Schottland. Mitarbeiter von Bodo Hombach im SPD-Wahlkampf 1998. Bis Ende 1999 Mitarbeiter der Planungsabteilung des Bundeskanzleramtes und Koordinator der Deutsch-Britischen Arbeitsgruppe. Teilnehmer, International Visitor Program des State Departments und Königswinter-Konferenz 1999. Autor des Buches *Innerparteiliche Demokratie und Mitgliederbeteiligung in britischen Parteien – Modelle für die deutschen Parteien* (1999). ✉ **uzsxc7@uni-bonn.de**

Dr. Martin Biesel, M.A., Jahrgang 1962, ist Geschäftsführer von 18|2002 „Bürgerfonds für Deutschland", der Unterstützer-Kampagne der FDP in Berlin. Studium der Politischen Wissenschaften, Geschichte und Germanistik an der Universität Bonn. Er war Referent für internationale Beziehungen der FDP, später Büroleiter der FDP-Generalsekretäre Dr. Werner Hoyer (1993-94) und Dr. Guido Westerwelle (1994-98). 1995 bis 1999 Leiter der Abteilung Politik und Strategie der FDP-Bundesgeschäftsstelle in Bonn. 1999 bis 2001 Senior Manager EADS (vormals DaimlerChrysler Aerospace AG). ✉ **martin.biesel@fdp.de**

Alexander Bilgeri, Diplom-Kaufmann, Jahrgang 1974, ist seit 2000 Vorsitzender des Vorstandes der politikerscreen.de AG mit Sitz in München. 1995 bis 2000 Studium der Betriebswirtschaftslehre an der Ludwig-Maximilians-Universität München. Seit 1992 Inhaber der PRO-motion Consulting, seit 1994 tätig als freier Journalist. 1995 bis 1999 Persönlicher Referent des Geschäftsführers der EU-TOP Gesellschaft für europäisches Marketing, Beratung und Führungsschulung mbH, Sitz in München, Tochtergesellschaften in Brüssel und Berlin, Repräsentanz in Washington D.C. Mitherausgeber *Kursbuch Internet und Politik*. ✉ **bilgeri@politikerscreen.de**

Dietrich Boelter, M.A., Jahrgang 1964, ist Gründungsmitglied und geschäftsführender Gesellschafter von Ahrens & Behrent face2net Agentur für Online-Kommunikation GmbH. Studium der Kommunikationswissenschaften, Geschichte und Politik an der Freien Universität in Berlin. 1992 bis 1996 Mitglied in der Forschungsgruppe Telefonkommunikation an der Freien Universität Berlin. Seit 1994 Kommunikationsberater mit Engagements in PR-, Werbe- und Multimedia-Agenturen. Dietrich Boelter leitete im Bundestagswahlkampf 2002 gemeinsam mit Kajo Wasserhövel den Arbeitsbereich Online-Wahlkampf der SPD in der Kampa 02. ✉ **d.boelter@face2net.de**

Dr. Jorgo Chatzimarkakis, M.A., Jahrgang 1966, ist seit 1999 Geschäftsführender Gesellschafter von polit data concept Unternehmensberatung (Luxemburg, Brüssel, Berlin), Generalsekretär der FDP Saarland und Mitglied des FDP-Bundesvorstands. Studium der Agrarwissenschaften, Politikwissenschaft, Wirtschaftsgeschichte sowie des Völker- und Europarechts in Bonn. Dort Promotion am Lehrstuhl für Politische Wissenschaft. 1993 bis 1996 Wissenschaftlicher Referent im Deutschen Bundestag, 1996 bis 1998 Mitglied im Planungsstab des Auswärtigen Amtes. 1997 bis 2002 Lehrauftrag für Europapolitik an der Universität Duisburg, 2002 Lehrauftrag für Informationswissenschaft an der Universität Saarbrücken. Herausgeber von *Die 98er — Generation im Aufbruch* (2000), *Brücken zwischen Freiheit und Gemeinsinn* (1999), *Freiheit und Gemeinsinn — Vertragen sich Liberalismus und Kommunitarismus?* (1997). ✉ **jorgo@chatzi.de**

Daniel Dettling, Jurist und Politikwissenschaftler, leitet den Think Tank BerlinPolis und ist Mitbegründer der Deutschen Gesellschaft für Politikberatung. Nach seinem Zivildienst in Israel studierte er Rechts- und Politikwissenschaften sowie Politische Ökonomie an den Universitäten Freiburg und Fribourg (CH). Neben seiner verwaltungswissenschaftlichen Promotion arbeitet Dettling als wissenschaftlicher Mitarbeiter an der Universität Potsdam im Bereich europäisches Verfassungs- und Sozialrecht. Politikberatend war er 1998 im Projekt TAURIS (Integration Langzeitarbeitsloser über 50 Jahre) des Freistaates Sachsen tätig. Er ist Herausgeber der *edition Berliner Republik*. Zahlreiche Veröffentlichungen zu Fragen der Netzdemokratie, Sozial- und Wirtschaftspolitik und politischen Kommunikation. Er berät Wirtschaft und Politik in den Gebieten Kommunikation, Strategieentwicklung und NGO-Relations. Herausgeber *Marke D – Das Projekt der Nächsten Generation* bei Leske + Budrich (i.E.). ✉ **daniel.dettling@berlinpolis.de**

Nora Damme, Jahrgang 1978, studierte die Fächer Journalistik und Soziologie an der Universität Leipzig. Sie absolvierte das Redaktionsvolontariat bei den Holtzbrinck-Tageszeitungen *Tagesspiegel* in Berlin und bei den *Potsdamer Neuesten Nachrichten*. Von November 2001 bis September 2002 arbeitete sie in der Wahlkampfzentrale der SPD, Kampa 02, im Bereich Analyse, Konkurrenz, Recherche und war dort vor allem für die für die Beobachtung der PDS zuständig. ✉ **nora.damme@t-online.de**

Dr. Susanne Fengler, M.A., Jahrgang 1971. Studium der Publizistik- und Kommunikationswissenschaft an der Freien Universität Berlin und an der Columbia University, New York. Danach Wissenschaftliche Mitarbeiterin an der Freien Universität Berlin am Lehrstuhl für Journalistik und Medienmanagement. Promotion im Fach Publizistik- und Kommunikationswissenschaft an der FU Berlin. Lehrbeauftragte an der Freien Universität Berlin und an der Università della Svizzera italiana, Lugano. Jüngere Veröffentlichungen u.a.: *Medienjournalismus in den USA*. Konstanz 2002; gemeinsam mit Stephan Ruß-Mohl (Hg.): *Business Journalism, Corporate Communications, and Newsroom Management*. Lugano 2002; *Medien auf der Bühne der Medien*. Berlin 1999. ✉ **sfengler@yahoo.de**

Daniel Holefleisch, Jahrgang 1973, studierte Rechtswissenschaften an der Georg-August-Universität Göttingen und Politikwissenschaften am Otto-Suhr-Institut (OSI) der Freien Universität Berlin. 2000 war er einer der Gründer der Onetrade AG. 2002 war er Geschäftsführer der Berliner Politikfabrik. Die Politikfabrik ist ein Projekt von OSI-Studierenden. Im Rahmen eines einjährigen Projektkurses zum Thema „Politische Werbung" führte die Politikfabrik in Kooperation mit der Bundeszentrale für politische Bildung die Kampagne „Die WAHL GANG" zur JungwählerInnenmobilisierung durch und wertete sie aus. ✉ **holefleisch@onetrade.de**

Dr. Uwe Jun, Jahrgang 1963, ist seit 1998 wissenschaftlicher Assistent am Lehrstuhl „Regierungssystem der Bundesrepublik Deutschland" der Universität Potsdam. Studium der Sozialwissenschaften, Germanistik und Philosophie in Braunschweig, Hamburg und Göttingen. Promotion im Fach Politikwissenschaft an der Georg-August-Universität Göttingen. Danach tätig in Lehre und Forschung an der Universität Göttingen, der Universität Lüneburg, Harvard University und der Freien Universität Berlin. Jüngere Veröffentlichungen u.a.: „Der Wahlkampf der SPD zur Bundestagswahl 1998: Der Kampf um die ‚Neue Mitte' als Medieninszenierung. In: Gerhard Hirscher/Roland Sturm (Hrsg.), *Die Strategie des „Dritten Weges"*, München 2001; „Politische Parteien und Kommunikation in Großbritannien – Labour Party und Konservative als professionalisierte Medienkommunikationsparteien?" In: Ulrich von Alemann und Stefan Marschall (Hrsg.), *Parteien in der Mediendemokratie*, Wiesbaden 2002. ✉ **jun@rz.uni-potsdam.de**

Stefan Kapferer, Diplom-Verwaltungswissenschaftler, Jahrgang 1965. Studium an der Universität Konstanz. Nach der Tätigkeit in einem Forschungsprojekt der Treuhandanstalt Berlin von 1994 bis 1998 Landesgeschäftsführer und Pressesprecher der FDP Niedersachsen in Hannover, seit 1999 Leiter der Abteilung Strategie und Kampagnen in der FDP-Bundesgeschäftsstelle. Seit April 2002 stellvertretender Bundesgeschäftsführer, u.a. Wahlkampfleiter der FDP bei den erfolgreichen Landtagswahlen in Berlin (2001) und Sachsen-Anhalt (2002). ✉ **stefan.kapferer@fdp.de**

Caroline König, M.A., Jahrgang 1966, ist Pressereferentin der Beauftragten der Bundesregierung für Angelegenheiten der Kultur und der Medien und Leiterin des Referats „Kultur und Medien" im Presse- und Informationsamt der Bundesregierung in Berlin. Davor Referentin für Medien und Medienpolitik im Bundespresseamt. Studium der Politikwissenschaft, Kommunikationswissenschaft und Geschichte an den Universitäten Münster und München. Neben dem Studium freie Mitarbeit als Zeitungsjournalistin und Verlagsassistentin. ✉ **caroline.koenig@bpa.bund.de**

Heiko Kretschmer, Diplom-Physiker, Jahrgang 1967, ist seit 2001 geschäftsführender Gesellschafter der 12Cylinders Corporate Strategies GmbH (Berlin und Hamburg). Er ist Berater für Internationale PR- und Public Affairs-Kampagnen, Issue- und Krisenkommunikation, Non-Profit PR und Themen-Kampagnen. Schwerpunkte in den Bereichen Energie, Technologie, Politik, Behörden und Institutionen. Diplom der Physik an der Philipps-Universität Marburg. Prüfung zum PR-Berater (DAPR) an der DAA Marburg. PR-Berater in Agenturen in Hamburg und Berlin, u.a. als Geschäftsleiter der BSMG Worldwide Berlin. Acht Jahre Mitglied des Juso-Bundesvorstands. Dozent am PR-Kolleg Berlin. ✉ **heiko.kretschmer@12ccs.com**

Alexander Mauß, M.A., Jahrgang 1974, ist Projektleiter Politikforschung bei Infratest Sozialforschung, Berlin. Er war Mitarbeiter der SPD-Landtagswahlkampfzentrale in Stuttgart 2001, zuvor Research Analyst der Politikforschungs- und Politikberatungsgesellschaft Cooper & Secrest, Washington. Als Project Director der Medienberatung Jennifer Laszlo & Associates, Inc., Washington, betreute er vorrangig Wahlkämpfe in Österreich. Studium der Sozialwissenschaften an der Georg-August-Universität Göttingen. Absolvent der Graduate School of Political Management der George Washington University, Washington. ✉ **alexander.mauss@nfoeurope.com**

Dominik Meier, M.A., Jahrgang 1969, hat in Freiburg und Paris Geschichte und Soziologie studiert. Während seines Studiums war er Mitarbeiter einer Europaabgeordneten und bei internationalen Organisationen. 1997 gründete er zusammen mit Constanze Miller in Bonn die Politik- und Projektberatung miller und meier consulting (Berlin/ Brüssel). miller und meier berät Organisationen und Entscheidungsträger in Deutschland und Brüssel dabei, sich optimal im politischen Feld zu positionieren. Leistungsbereiche von miller und meier sind Informations- und Wissenstransfer, strategische Politikberatung und Projektsteuerung, politische Kommunikation sowie die Akquisition von Fördermitteln. Meier ist Mitbegründer und Sprecher der Deutschen Gesellschaft für Politikberatung (degepol). ✉ **dmeier@miller-meier.de**

Stephanie Sofie Ohnmacht, Diplom-Informationswirtin (FH), Jahrgang 1968. Mitarbeiterin der SPD-Kampa|02 in Berlin, Arbeitsschwerpunkte: Partei, KandidatInnen, Wahlkreise, Mobilisierung und Kampa-Informationssystem (KIS). Mitarbeiterin der SPD-Kampa im baden-württembergischen Landtagswahlkampf 2001 in Stuttgart. Arbeitsschwerpunkte: Aufbau eines Intranet, Betreuung des Internetauftritts, Mikromarketing. Während des Studiums persönliche Mitarbeitern des baden-württembergischen SPD-Landtagsabgeordneten Stephan Braun. ✉ **ssohnmacht@yahoo.de**

Peter Radunski, Diplom-Politologe, Jahrgang 1939, ist Senior Consultant bei Publicis PR Berlin. Studium der Rechtswissenschaft, Geschichte, Romanistik und Politischen Wissenschaften in Berlin, Bonn und Straßburg. Leiter der Hauptabteilung Öffentlichkeitsarbeit der CDU verantwortlich für die Bundestagswahlen 1976 und 1980 sowie die Europawahlen 1979. 1981 bis 1991 Bundesgeschäftsführer der CDU, verantwortlich für die Bundestagswahlen 1983, 1987, 1990, die Volkskammerwahlen und Landtagswahlen in den neuen Ländern 1990 sowie die Europawahlen 1984 und 1989. Ab 1991 Senator für Bundes- und Europaangelegenheiten, 1996 bis 1999 Senator für Wissenschaft, Forschung und Kultur in Berlin. 1999 bis 2001 Mitglied des Abgeordnetenhauses. Seit 2000 bei Publicis, u.a. tätig im Wahlkampfmanagement der ÖVP, der CDU Baden-Württemberg und Sachsen-Anhalt. Gastprofessor und Lehrbeauftragter mehrerer Hochschulen. Autor, *Wahlkämpfe. Moderne Wahlkampfführung als politische Kommunikation* (1980). ✉ **peter.radunski@publicis-berlin.de**

Oliver Röseler, Volljurist, Jahrgang 1969, Studium der Rechtswissenschaft, Politikwissenschaft und Neueren Geschichte an der Universität Bonn. 1994/95 Bundesvorsitzender des Rings Christlich-Demokratischer Studenten (RCDS), 1998/99 und ab 2000 Mitarbeiter der CDU-Bundesgeschäftsstelle, Abteilung Grundsatzfragen und politische Planung; 2001 und 2002 Mitarbeiter der Stabsstelle Wahlkampf in der CDU-Bundesgeschäftsstelle und im Stoiber Team. ✉ **oliver.roeseler@cdu.de**

Stefan Scholz, M.A., Jahrgang 1973, ist seit 2000 Mitarbeiter des Bereichs Marketing und Interne Kommunikation in der CDU-Bundesgeschäftsstelle. Verantwortlich für die Koordination der Online-Kampagne 2002. Nach dem Abitur 1993 und einem Jahr Zivildienst Studium der Rechts- und Politikwissenschaft in Bonn und Bradford (Großbritannien) von 1995 bis 2000. Während dieser Zeit als Stipendiat der journalistischen Nachwuchsförderung der Konrad-Adenauer-Stiftung Praktikant in diversen Redaktionen und als freier Mitarbeiter tätig bei lokalen Ausgaben der WAZ und verschiedenen PR-Abteilungen. Ehrenamtlich tätig im v.f.h., dem überparteilichen Verein zur Förderung politischen Handelns. ✉ **stefan.scholz@cdu.de**

Peter Treichel, Jahrgang 1956, ist Referent beim SPD-Parteivorstand. Er trat 1972 im Wahlkampf („Willy wählen") in die SPD ein und wurde für seine kreativen Aktivitäten prompt ausgezeichnet. Von 1977 bis 1983 studierte er (Germanistik und Geschichte) in Braunschweig, Budapest und Pecs. Nach dem Referendariat 1985/86 in Wolfsburg ging er 1987 nach Bonn und war dort bis 1998 als Internationaler Sekretär im Bundesbüro der SJD Die Falken in Bonn tätig. Ab 1998 arbeitet er als Referent für den SPD Parteivorstand, zunächst in der Abteilung Internationale Politik, seit dem Umzug nach Berlin in der Abteilung Parteiorganisation. Seit 1999 lebt er in Pankow und ist dort in der Bezirksverordnetenversammlung stellvertretender Vorsitzender. In der Kampa|02 war er zuständig für das Telefoncampaigning der Wahlkreise und leitete die Hotline, die Schnittstelle zwischen Wahlkreisen und der Wahlkampfzentrale.. ✉ **peter.treichel@spd.de**

Axel Wallrabenstein, Jahrgang 1965, ist Managing Partner bei Publicis Public Relations GmbH, Berlin. Er ist dabei zuständig für nationale Networkkontakte, Public Affairs und Medien. Studium der Politik- und Sozialwissenschaften. Von 1990 bis 1994 war er Geschäftsführer der Jungen Union, von 1994 bis 1995 Pressesprecher im Innenministerium des Freistaats Sachsen, 1995/96 Redakteur beim Sender Deutsche Welle TV, Berlin, und von 1996 bis 1999 Pressesprecher der Senatsverwaltung für Wissenschaft, Forschung und Kultur des Landes Berlin. ✉ **axel.wallrabenstein@publicis-berlin.de**

Schlagwortregister

Marco Althaus (Hg.)

Kampagne!

Neue Strategien für Wahlkampf, PR und Lobbying

Moderner Wahlkampf, das ist ein aggressives High-Tech-Geschäft mit hohem Tempo und hohem Risiko für das Politikmanagement. In “Kampagne!” erklären 24 junge Autoren – Medienberater, Meinungsforscher, Marketingexperten, Parteiprofis, Journalisten und Wissenschaftler – die dramatischen Veränderungen politischer Kommunikation. Sie öffnen die Türen zum “War Room” der Wahlkampfzentralen in Deutschland, Österreich, Großbritannien und den USA mit spannenden Fallstudien und klarem Blick auf Faktoren von Sieg und Niederlage.

Strategisch denken lernen, Zielgruppen definieren, Themen steuern und Erfolg kontrollieren: “Kampagne!” zeigt, wie die immer knappen politischen Ressourcen Zeit, Talent, Geld und Organisation effektiv eingesetzt werden – und wie Profis Kurzatmigkeit, Krisenkoller und konzeptionslose Schnellschüsse vermeiden.

Beim Gerangel um Einfluss und Entscheidungen verknüpfen immer mehr Unternehmen, Verbände, Gewerkschaften und Nonprofit-Organisationen ihr Lobbying mit Kampagnen, die Menschen und Medien für ihre Sache mobilisieren. “Kampagne!” liefert den Marschkompass für ein umfassendes Public Affairs Management in Wirtschaft und drittem Sektor.

2001, 392 S., 20,90 €*, br., ISBN 3-8258-5292-x